Vahlens Handbücher
der Wirtschafts- und Sozialwissenschaften

Wirtschaftspädagogik
Ein interdisziplinär orientiertes Lehrbuch

von

Univ.-Prof. Dr. Richard Huisinga
Otto-von-Guericke-Universität Magdeburg

und

Univ.-Prof. Dr. Ingrid Lisop
Johann Wolfgang Goethe-Universität Frankfurt am Main

Verlag Franz Vahlen München

Die Deutsche Bibliothek – CIP-Einheitsaufnahme
Huisinga, Richard:
Wirtschaftspädagogik : ein interdisziplinär orientiertes Lehrbuch /
von Richard Huisinga und Ingrid Lisop. – München : Vahlen, 1999
 (Vahlens Handbücher der Wirtschafts- und Sozialwissenschaften)
 ISBN 3-8006-2263-7

ISBN 3 8006 2263 7

© 1999 Verlag Franz Vahlen GmbH, München
Satz: DTP-Vorlagen der Autoren
Druck und Bindung: Schätzl-Druck, Donauwörth

Gedruckt auf säurefreiem, alterungsbeständigem Papier
(hergestellt aus chlorfrei gebleichtem Zellstoff)

Vorwort und Danksagung

Wer sich im Zeitalter des Konstruktivismus darauf einläßt, eine hochdifferenzierte wissenschaftliche Disziplin wie die Wirtschaftspädagogik darzustellen, geht ein Wagnis ein. Das zeigt sich sogleich an den "Gretchenfragen", die er beantworten muß. Lauten sie doch: "Wie hältst du es mit der Geschichte, ... mit der Politik, ... mit dem Verhältnis von Theorie und Praxis, ... mit den verschiedenen wissenschaftlichen Schulen und ihren Paradigmen, ... mit der Wertfrage u.a.m."
Wissenschaftliche Darstellungen können solche Fragen nicht umgehen. Wollen sie sich aber nicht im Enzyklopädismus verlieren, dann müssen sie Auswahlentscheidungen treffen. Das galt für uns umsomehr, als wir uns – bis auf wenige Teile vor allem des fünften und siebten Kapitels – nicht auf eigene Publikationen stützen konnten, sondern neu zu konzipieren hatten. Auch gab es eine verlegerische Grenze für den Umfang dieses Buches.

Im ersten Kapitel haben wir die Auswahlkriterien näher erläutert. An dieser Stelle seien lediglich zwei Aspekte erwähnt. Der eine betrifft das uns wichtige Anliegen, die Wirtschaftspädagogik so vorzustellen, daß die vielfältigen Brücken und Beziehungen sichtbar werden, die von ihr aus zu anderen Wissenschaften oder zu generellen erziehungswissenschaftlichen Problemen bestehen.

Der andere Aspekt betrifft die Tatsache, daß auszuwählen und zu komprimieren immer ein interpretierender Akt ist, was Fehldeutungen einschließen und Kritik nach sich ziehen kann. Hier hoffen wir auf einen fruchtbaren wissenschaftlichen Diskurs. Auch möchten wir ausdrücklich darauf hinweisen, daß die Gliederungspunkte mehr als lediglich formale Funktion haben. Sie drücken inhaltliche bzw. systematische Zuordnungen aus und sind insofern beim Lesen begleitend mitzubedenken.

Im übrigen bauen wir auf den Vertrauensvorschuß, den wir dadurch erhalten haben, daß uns so freundlich und spontan von vielen Kolleginnen und Kollegen ein Foto zur Verfügung gestellt wurde. Dadurch waren wir in der Lage, ergänzend zu den Theorien auch deren Verfasserinnen und Verfasser vorzustellen.

Ein ebenso herzlicher Dank gilt Frau Dipl.-Hdl. Isabel Perez und Herrn Dipl.-Soz. Wolfgang Petran für ihre konstruktive Mitarbeit und die vielen hilfreichen Anregungen, aber auch die Kritik.

Auch diesmal konnten wir auf die zuverlässige Stütze durch Frau Ilse Habermann und Herrn Filippo Tiberia bauen. Sie betreuten informationstechnische und redaktionelle Arbeiten. Ihnen beiden gilt unser Dank für ihre Leistungen, aber auch für ihren Humor und ihre Geduld.

Einen besonderen Dank haben wir Herrn Dipl.-Volkswirt Dieter Sobotka vom Verlag Franz Vahlen abzustatten. Er hat uns ermuntert, auch die neuen und zukunftsorientierten Wege der Wirtschaftspädagogik zu präsentieren. Darüber hinaus hat er die "Farbtupfer" angeregt, die in diesem Buch zu finden sind.

Frankfurt am Main und Magdeburg

im März 1999

Ingrid Lisop   Richard Huisinga

Inhaltsverzeichnis

Vorwort und Danksagung V

KAPITEL 1: Blickrichtung und Grundposition

1.1 Die Verwendungsebenen dieses Lehrbuches 1
1.2 Zur Blickrichtung und Zielsetzung
 der Darstellungen 4
1.3 Die paradigmatische Grundposition dieses Buches 9
  1.3.1 Das Theorem
      "Gesellschaftliche Konstitutionslogik" 11
  1.3.2 Das Theorem
      "Freisetzung und Vergesellschaftung" 13
  1.3.3 Das Modell
      "Gesellschaftlicher Implikationszusammenhang" . 14
  1.3.4 Das Modell
      "Psychodynamischer Implikationszusammenhang
      der Lebenskräfte und Lebensbedürfnisse" 14
1.4 Zentrale Begriffe 17

**KAPITEL 2: Funktionen, Strukturen und Systeme
 wirtschaftsbezogener Bildung** 21

2.1 Die gesellschaftspolitische Grundfunktion 21
  2.1.1 Reproduktion des gesellschaftlichen Ordnungs-
      gefüges und Entwicklung des Arbeitsvermögens . 21
  2.1.2 Soziale Integration und Allokation 24
2.2 Strukturmuster und Strukturfunktionen 26
  2.2.1 Typologien 26
  2.2.2 Rationalitätsfunktionen 29
2.3 Das deutsche System der Berufsausbildung
 (Das korporative Duale System) 32

2.4	Beispiele europäischer Berufsbildungssysteme	52
	2.4.1 Ländergruppe Frankreich, Luxemburg, Schweden, Norwegen	52
	2.4.2 Ländergruppe Dänemark und Niederlande	54
	2.4.3 Zur Rolle der betrieblichen Berufsbildung im internationalen Vergleich	57

KAPITEL 3: Die Wirtschaftspädagogik im gesellschaftlichen Wandel

3.1	Zum Sachverhalt "gesellschaftlicher Wandel"	67
3.2	Das Duale System als Projekt struktureller Reform	71
	3.2.1 Systemimmanente Reformvorschläge	71
	3.2.2 Aspekte der Deregulierung des Ausbildungssystems	75
3.3	Modularisierung, Satellitenmodell und Lernfeldorientierung	79
	3.3.1 Begriff und Modelle	79
	3.3.2 Modularisierung und Arbeitsmarktsegmentierung	81
3.4	Gesamtbeurteilung der Strukturveränderungen	83
3.5	Der Kompetenzansatz in der Weiterbildung	86
	3.5.1 Die generelle Problematik: "Passung"	86
	3.5.2 Die aktuelle europäische Problematik	87
	3.5.3 Kompetenz und Zertifizierung aus wirtschaftspädagogischer Sicht	91
	3.5.4 Theoretische Einwände gegen den Kompetenzansatz - die Auffassung Rolf Arnolds	94

KAPITEL 4: Die Wirtschaftspädagogik im Spektrum der Wissenschaften

4.1	Zur Blickrichtung dieses Kapitels	99
4.2	Zur Binnendifferenzierung der Disziplin	102
	4.2.1 Die Arbeitspädagogik	102
	4.2.2 Die Betriebspädagogik	104
	4.2.3 Die Wirtschafts- und Berufspädagogik	111

4.3	Das wissenschaftliche Selbstverständnis der Wirtschaftspädagogik im Spiegel ihrer Entwicklungsphasen	113
	4.3.1 Die Früh- oder Vorphase der Wirtschafts- und Berufspädagogik	114
	4.3.2 Die Phase von 1919 bis 1945	121
	4.3.3 Die Phase von 1945 bis 1969	122
4.4	Wissenschaftstheoretische Positionsbestimmung	124
	4.4.1 Das Grundproblem Bildung und Politik	124
	4.4.2 Wodurch wird Wissenschaft bestimmt?	128
4.5	Zuordnung der Wirtschaftspädagogik zu Theorie-Richtungen der Erziehungswissenschaft	133
	4.5.1 Die Geisteswissenschaftliche Pädagogik	134
	4.5.2 Die Kritische Erziehungswissenschaft	134
	4.5.3 Die Systemtheoretische Erziehungswissenschaft	135
	4.5.4 Die Empirische Erziehungswissenschaft	138
	4.5.5 Resümee: Streit um "Wahrheit"	139

KAPITEL 5: Theorien und Theoriebildung innerhalb der Wirtschaftspädagogik

5.1	Die »klassischen« Berufsbildungstheorien	143
	5.1.1 Die Allgemeine Problematik: Legitimation von Berufsausbildung als Bildung	143
	5.1.2 Konkrete Ausformungen der »klassischen« Berufsbildungstheorie	145
	5.1.3 Ablösung und Modernisierung der klassischen Positionen zur Berufsbildungstheorie	156
5.2	Theorieansätze zur Moralerziehung	160
	5.2.1 Die allgemeine Problematik: Gesellschaftliche Funktion von Moral	160
	5.2.2 Der wirtschaftsethische Ansatz von Klaus Beck	163
	5.2.3 Der moralphilosophische Ansatz von Manfred Horlebein	167
5.3	Die arbeitsorientierte Subjektbildungstheorie von Lisop und Huisinga	172
	5.3.1 Die historische Tradition des Subjektbildungs-Diskurses	172
	5.3.2 Zum gegenwärtigen Subjektbildungs-Diskurs in der Erziehungswissenschaft	175

	5.3.3	Die Spezifik der Subjekt-Bildungstheorie "Arbeitsorientierte Exemplarik"	178
5.4	Systembezogene Theorie-Ansätze		193
	5.4.1	Die generelle Problemstellung	193
	5.4.2	Der Typisierungsansatz von Wolf-D. Greinert	194
	5.4.3	Die politisch orientierte Systemanalyse nach Günter Kutscha	195
	5.4.4	Der multiperspektivische Ansatz von Fingerle, Kell und Lipsmeier	197
	5.4.5	Der systemtheoretisch-handlungslogische Ansatz von Klaus Harney	199
	5.4.5	Der implikationstheoretische Ansatz von Lisop und Huisinga	200
5.5	Sozialisationsforschung und -theorie		203
	5.5.1	Die generelle Problemstellung	203
	5.5.2	Fragerichtungen und Bedeutung der Sozialisationstheorie für die Wirtschaftspädagogik	204
	5.5.3	Abriß der wichtigsten Ansätze der Sozialisationstheorie	206
5.6	Internationale und interkulturelle Wirtschaftspädagogik		221
	5.6.1	Der allgemeine Problemzusammenhang	221
	5.6.2	Internationale und interkulturelle Wirtschaftspädagogik als wissenschaftliche Disziplin	225
	5.6.3	Interkulturelle ökonomische Handlungskompetenz	226
	5.6.4	Internationale und interkulturelle Wirtschaftspädagogik im Spiegel der Psychologie interkulturellen Handelns	229

KAPITEL 6: Curriculumtheorie und Didaktik

6.1	Curriculumtheorie		235
	6.1.1	Begriff und Entstehungsgeschichte	235
	6.1.2	Curriculumansätze in der Wirtschaftspädagogik	238
6.2.	Didaktische Konzepte und Konzeptionen		258
	6.2.1	Das Konzept Handlungsorientierung	259
	6.2.2	Die Leittextmethode	266
	6.2.3	Die antizipierende Didaktik von Jürgen Zabeck	269

6.2.4	Didaktik als Entscheidungstheorie: Ein Konzept betriebswirtschaftlicher Ausbildung - Der Ansatz des Göttinger Instituts für Wirtschaftspädagogik	271
6.2.5	Die Arbeitsorientierte Exemplarik von Lisop und Huisinga	277
6.2.6	Fachdidaktische Differenzierungen	283

KAPITEL 7: Neue Praxis- und Forschungsfelder der Wirtschaftspädagogik

7.1	Organisationsentwicklung und Programmplanung an Bildungseinrichtungen	287
	7.1.1 Autonomie	292
	7.1.2 Organisationsentwicklung	295
	7.1.3 Programmplanung	299
7.2	Bildungs-Controlling und Qualitätssicherung	302
	7.2.1 Bildungs-Controlling	302
	7.2.2 Qualitätssicherung	316
7.3	Wissensmanagement und Führung	323
	7.3.1 Wissensmanagement	323
	7.3.2 Führung	335

Glossar: Berufliche Schulen	343
Literaturverzeichnis	351
Namensverzeichnis	375
Sachwortverzeichnis	379

Abkürzungen

AFPA	Association pour la Formation Professionnelle des Adultes (F)
AG	Arbeitgeber
AN	Arbeitnehmer
BEP*	Brevet d' études professionnelles, Berufsbildungszeugnis (F) (Niveau: Facharbeiter-/Angestelltenebene mit höheren theoretischen Anforderungen als bei der Prüfung CAP)
BIBB	Bundesinstitut für Berufsbildung
BWFT	Bundesministerium für Bildung, Wissenschaft, Forschung und Technologie
KMK	Kultusministerkonferenz
BDA	Bundesvereinigung der Deutschen Arbeitgeberverbände
BDI	Bundesverband der Deutschen Industrie
CAP*	Certificat d' aptitude professionnelle, Berufsbefähigungsnachweis (Niveau: Facharbeiter, Angestelltenebene - je nach Fachrichtung) (F)
CATP*	Certificat d' aptitude technique et professionnelle, Lehrabschluß- brief (qualifizierter Facharbeiterabschluß, Gesellenbrief) (L)
CEDEFOP	European Centre for the Development of Vocational Training Europäisches Zentrum für die Förderung der Berufsbildung (EU)
CEREQ	Centre d' Etudes et de Recherches sur les Qualifications Nationales Forschungsinstitut, das Studien über Berufsbildung und Entwicklungen am Arbeitsmarkt erstellt. (F)
CPC	Commissions Professionnelles Consultatives (F) Konsultative Berufsausschüsse beim Erziehungsministerium
CQP*	Certificat de Qualification Professionnelle, berufsqualifizierender Abschluß nach einem Contract de Qualification, einem befristeten Anlernvertrag mit einer Dauer von 9-24 Monaten (F)
DIHT	Deutscher Industrie- und Handelstag
DHT	Deutscher Handelstag
DGB	Deutscher Gewerkschaftsbund
EU	Europäische Union
HBO	Hoger beroepsonderwijs (höherer berufsbezogener Ausbildungs- gang, NL)
HBV	Gewerkschaft Handel, Banken und Versicherungen
HDE	Hauptgemeinschaft des Deutschen Einzelhandels
IHBB	Internationales Handbuch der Berufsbildung
IHK	Industrie- und Handelskammer
ILO	International Labor Office
MBO	Middelbaar beroepsonderwijs (mittlerer berufsbezogener Aus- bildungsgang, NL)

(die mit * gekennzeichneten Abkürzungen sind Zertifikatsbezeichnungen)

Blickrichtung und Grundposition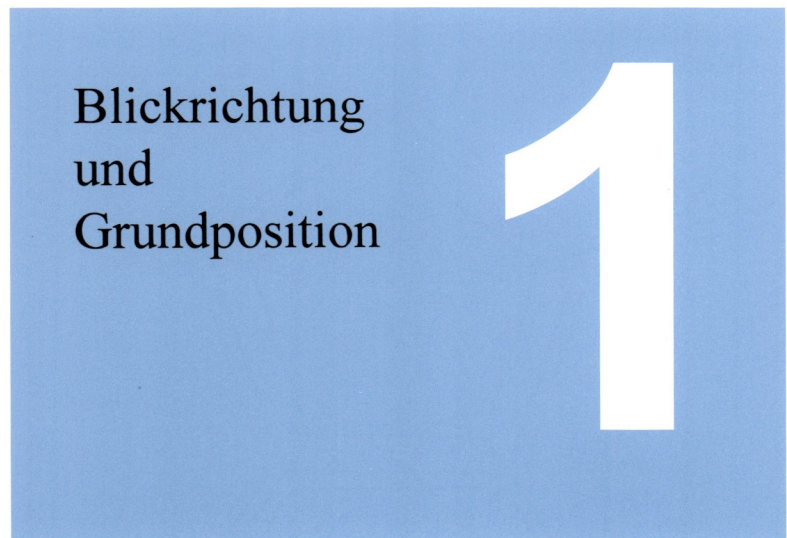

1.1 Die Verwendungsebenen dieses Lehrbuches

Die Wirtschaftspädagogik bezieht sich in Theorie und Praxis auf ein breites Feld. Mit dem vorliegenden Buch wird versucht, den Umfang und die Bedeutung dieses Feldes für Theorie und Praxis darzustellen.

Eine Beschränkung der Wirtschaftspädagogik auf den Objektbereich kaufmännisch verwaltender Berufsausbildung ist längst obsolet geworden. Das gilt auch für solche Auffassungen, welche unter Wirtschaftspädagogik lediglich eine spezielle Schulpädagogik verstehen.

Das *Praxisfeld* der Wirtschaftspädagogik umfaßt zwei inhaltliche Ebenen, drei institutionelle Bereiche des Bildungssystems, vier Adressatengruppen, vier Hierarchieebenen und drei Verwendungsbereiche. Die Abbildung auf der nächsten Seite veranschaulicht dies.

Ein zentraler Bereich der Wirtschaftspädagogik ist die ökonomische Bildung. Sie beginnt heute als Teil der Sachkunde bereits in der Grundschule. In der Sekundarstufe I begegnet sie uns im Polytechnik/Arbeitslehre-Unterricht und überall dort, wo es um Fragen der Berufswahl und der Hinführung zur Arbeitswelt geht. Schließlich ist ökonomische Bildung Teil der politischen Bildung, vor allem in der Sekundarstufe II.

1. Blickrichtung und Grundposition

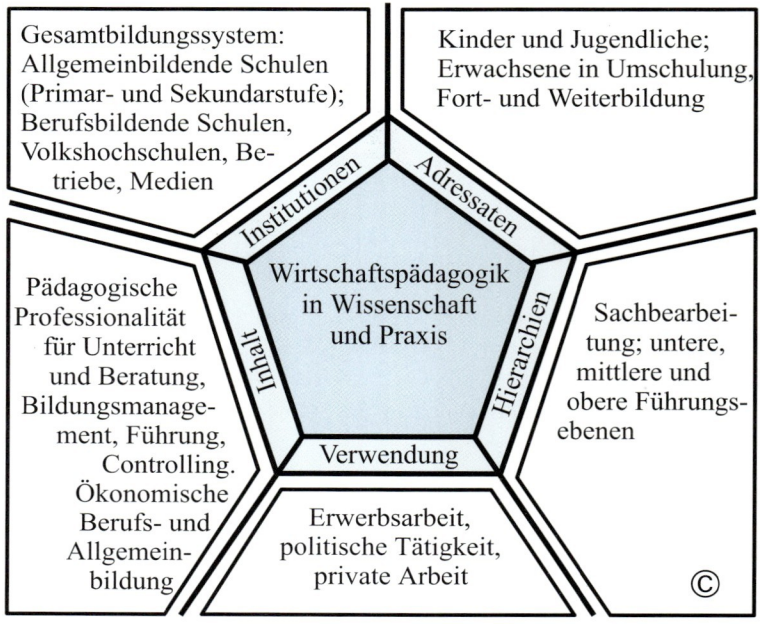

Abb. 1.1: Felder (Objektbereiche) der Wirtschaftspädagogik

Im Sektor der Berufsbildung ist Ökonomie zwar das Spezifikum der kaufmännisch-verwaltenden Ausbildung; doch ist sie heute auch in der gewerblichen Bildung unverzichtbar. In der sogenannten schlanken Produktion und bei Budgetierungen bis hinunter zur Ebene der gruppenbasierten Tätigkeit wird ökonomisches Wissen auf allen Hierarchieebenen erforderlich. Schließlich belegt das Ausmaß, mit dem die Printmedien und das Fernsehen sich der Ökonomie annehmen, welche Bedeutung diese für alle Lebensbereiche hat.

Nun befaßt sich die Wirtschaftspädagogik nicht nur mit ökonomischer Bildung. Strukturen und Funktionen des Bildungssystems, gesellschaftlicher Qualifikationsbedarf, Entwicklung von moralischer Urteilsfähigkeit, Sinngebung des Lebens unter der Bedingung von Arbeit und Beruf, Führungs- und Managementkompetenzen, das alles fällt heute in das *Lehr- und Forschungsgebiet* der Wirtschaftspädagogik. Damit steht sie im Schnitt-

1.1 Die Verwendungsebenen dieses Lehrbuches

feld verschiedenster Arbeits- und Lebenswelten und zahlreicher wissenschaftlicher Disziplinen.

 Den Verwendungsebenen wirtschaftspädagogischen Wissens entsprechend wendet sich das vorliegende Buch an die folgenden *Gruppen von Leserinnen und Lesern*:

(1) Studierende des Faches Wirtschaftspädagogik – unabhängig von Studienorten und -konzepten – in den Phasen des Studiums und des Referendariats.
In erster Linie ist bei der Adessatengruppe "Studierende und Referendarinnen und Referendare" an angehende Diplomhandelslehrerinnen und -lehrer bzw. Lehrerinnen und Lehrer im Berufsfeld Wirtschaft und Verwaltung gedacht. Sie studieren Wirtschaftspädagogik im Hauptfach.

(2) Sodann ist an Studierende der Studiengänge Betriebswirtschaftslehre, Volkswirtschaftslehre und Erwachsenenbildung mit dem Zweit- oder Wahlfach Wirtschaftspädagogik zu denken. Für diese Studiengänge ebenso wie für Wirtschaftspädagoginnen und Wirtschaftspädagogen im Hauptfach bieten sich u.a. Praxisfelder in der Unternehmensberatung, im Personalwesen, in der Organisationsentwicklung, in der Aus- und Weiterbildung, in der Bildungs- und Arbeitsmarktforschung sowie in der Bildungsberatung. In diesen Bereichen wird heute zunehmend auf wirtschaftspädagogisches Wissen zurückgegriffen.

(3) Analog zu den Studierenden, die unter Punkt zwei genannt werden, wendet sich dieses Buch an alle Praktikerinnen und Praktiker der entsprechenden Tätigkeitsfelder. Insbesondere Führungskräfte sind heute auf wirtschaftspädagogische Erkenntnisse angewiesen.

(4) Ferner richtet sich das vorliegende Buch an all diejenigen, die im Bereich des Schulmanagements, der Schulverwaltung und -aufsicht sowie in der Lehrerfortbildung tätig sind.

(5) Erstaunen dürfte es, daß wir zu den Adressatinnen und Adressaten eines Lehrbuchs für Wirtschaftspädagogik auch Studierende der kulturwissenschaftlichen Magisterstudiengänge rechnen. Soweit ihre zukünftigen Berufsrollen analysierende, beratende und innovierende Tätigkeiten verlangen, die durch gesellschaftspolitische und wirtschaftliche Faktoren bestimmt sind, bietet ihnen die Wirtschaftspädagogik nützliche Erkenntnis- und Problemlösemuster.

(6) Nicht zuletzt sei die Relevanz betont, welche die Wirtschaftspädagogik für das Studien- und Arbeitsfeld der Berufs- und Betriebspädagogik bzw. für den gewerblichen Bildungsbereich hat.

1.2 Zur Blickrichtung und Zielsetzung der Darstellungen

Blickrichtung und Zielsetzung sind durch sieben Aspekte gekennzeichnet:
(1) Modernitätsorientierung,
(2) Gebrauchswertorientierung,
(3) Strukturorientierung,
(4) Internationalität,
(5) Zentrale Positionierung der Wirtschaftspädagogik im Rahmen der Wirtschafts- und Sozialwissenschaften,
(6) Ganzheitlichkeit,
(7) Ausbalancierung von Theoriedarstellung, Systemdarstellung, Praxisbezug und kritischer Reflexion.

Die *Modernitäts- und die Gebrauchswertorientierung* sind miteinander verknüpft. Diese Verschränkung verweist auf ein neues Wechselverhältnis von Theorie und Praxis. Erfahrungswissen ist nach wie vor von hoher Bedeutung. Wirtschaftliche, technische und soziale Dynamik erfordern jedoch immer stärker auch in der Erstausbildung, in der Fort- und Weiterbildung, in Führung, Management und Beratung eine solide Wissenschaftsbasierung. Diesem Ziel dient der breite Überblick, den das vorliegende Buch anbietet.

Es ist auch zu sehen, daß in lernenden Organisationen mit der Ressource Humanvermögen entwickelnd und fördernd umgegangen werden muß. Eine solche Arbeit ist bezüglich der Arbeitsorganisation, der Lernarrangements, der Motivation und des Wissensmanagements auf die Erkenntnisse einer Disziplin wie die Wirtschaftspädagogik angewiesen.
Modernitätserfordernisse und Gebrauchswertorientierung werden in allen Kapiteln berücksichtigt, gelangen aber im sechsten und siebten Kapitel besonders zur Darstellung.
Zur Gebrauchswertorientierung gehört auch, daß versucht wird, in der Darstellung ein ausgewogenes Verhältnis von *Systembetrachtung, Theorieanalyse und Methodendarstellung* zu finden. Außerdem werden Angebote zur kritischen *Reflexion* gemacht. Dadurch sollen die Leserinnen und Leser die Möglichkeit erhalten, ihre eigene Position zu finden und zu entscheiden, welche wissenschaftlichen Ansätze für ihre jeweilig subjektive Perspektive und objektive Aufgabe besonders geeignet sind.

Mit *Strukturorientierung* wird darauf abgestellt, daß wirtschaftsbezogene Bildung und Qualifizierung permanent vom gesellschaftlichen Strukturwandel berührt wird. Sie muß auf diesen vorbereiten, seine Entwicklung

1.2 Zur Blickrichtung und Zielsetzung der Darstellungen

flankieren, "time-lags" ausgleichen, aber nötigenfalls auch Gegengewichte entwickeln. All dies berührt ethische Fragen ebenso wie solche neuartiger Handlungsfelder in der Praxis, Veränderungen von Ausbildungssystemen, von Ausbildungsrecht wie veränderte Wertmuster und Mentalitäten sowie wissenschaftliche Sichtweisen und Forschungsmethoden.

Im *internationalen Vergleich* ist die wissenschaftliche Disziplin der Wirtschaftspädagogik bislang noch ein Unikat der deutschsprachigen Länder. Wie wir im vierten Kapitel darlegen, resultiert dies aus der Geschichte des mitteleuropäischen Berufsbildungssystems, speziell aus der Geschichte der beruflichen Schulen. Im Zuge der Europäisierung und Internationalisierung verändert sich das System der beruflichen Erstausbildung und der Weiterbildung grundlegend. Für die Wirtschaftspädagogik liegt hier eine Chance, breitere internationale Akzeptanz zu erlangen.

Hierauf beziehen sich insbesondere das zweite und das fünfte Kapitel. Berücksichtigt werden dabei auch Fragen der interkulturellen Psychologie im Hinblick auf Personalfragen in internationalen joint ventures, auf die Entsendung von Personal ins Ausland und auf die Wahrnehmung der Arbeitsmöglichkeiten in einem internationalen Arbeitsmarkt.

Die *zentrale Positionierung der Wirtschaftspädagogik im Rahmen der Wirtschafts- und Sozialwissenschaften* erfolgt im wesentlichen aus zwei Gründen:

(1) Das Verhältnis von Bildung, Qualifikation und Kompetenz ist für die individuelle und gesellschaftliche Entwicklung zentral geworden. Nicht umsonst wird von der Wissens- oder Bildungsgesellschaft gesprochen. Allgemeinbildung läßt sich heute nicht mehr zeitgemäß realisieren, wenn sie sich gegenüber der Berufsbildung scharf abgrenzt. Von der Wirtschaftspädagogik verlangt das andererseits Öffnungen gegenüber anderen erziehungswissenschaftlichen Disziplinen.

(2) Dadurch, daß der Wirtschaft eine gesellschaftliche Basisfunktion zukommt, zentrieren sich im Problemkreis Wirtschaft und Bildung ethische, gesellschaftspolitische, soziale, technische sowie ökologische und persönlichkeitsbezogene Fragen. Hierin kommt der Wirtschaftspädagogik eine vermittelnde und bündelnde Position zu.

Der Wirtschaftspädagogik einen zentralen Platz im Spektrum der Wissenschaften zuzuweisen, bedeutet eine Modifizierung traditioneller Sichtweisen. Keinesfalls ist intendiert, die erziehungswissenschaftliche Teildisziplin Wirtschaftspädagogik zum Nabel der Wissenschaft oder zu einer Art "Globus von Deutschland" hochzustilisieren. Auch geht es nicht um ein Ranking wissenschaftlicher Disziplinen (vgl. dazu Kapitel fünf). Der breiter gezogene Erkenntnisradius ergibt sich allerdings zwangsläufig aus der gesellschaftlichen Praxis und der Bedeutung von Bildung und Qualifikation in allen Lebens- und Arbeitsbereichen. Die zentrale Positionierung im Rahmen der Wissenschaften ist speziell mit der Strukturorientierung verschränkt. Dies mag ein Blick auf das vergangene Jahrzehnt verdeutlichen:

Am Anfang unseres Jahrzehnts steht der Zusammenbruch einer Vielzahl sozialistischer Staatssysteme. Man hofft auf Freiheit und Wohlstand für diese Regionen. Doch in der Folge der Veränderungen läßt sich primär etwas ganz anderes beobachten. Weltweit verschärfen sich nämlich ältere Strukturprobleme. Hierzu gehören vorrangig die Allokation von Kapitalien bzw. die Standortfrage ganzer Nationen im internationalen Konkurrenzkampf mitsamt der Verteilung von Arbeit, Rohstoffen und Ernährungsbasen. Es gehört hierzu die ökologische Herausforderung ebenso wie die ethnische und nationale Problematik einschließlich der Flüchtlingsströme.

Die damit verbundenen Probleme der Qualifizierung, der Veränderung von Bildungssystemen, von Identität und Lebensstilen, aber auch der Wertorientierung fordern im Rahmen der Erziehungswissenschaft speziell die Wirtschaftspädagogik heraus. Muß sie sich doch darüber klar werden, welche Sachverhalte sie aufklären, welche Gestaltungsperspektiven sie entwickeln und welche politischen Optionen sie erleichtern will. Die tiefgreifenden Umbrüche, mit denen wir weltweit konfrontiert sind, stellen auch die Wirtschaftspädagogik vor die Aufgabe einer kritischen Selbstbefragung wie neuartiger Kreativität.

Eine Wissenschaft, die sich derartigen Herausforderungen nicht stellt, wird alsbald mit ihrem Gegenstandsbereich selbst zum "Modernisierungsprojekt". Als solches sieht Euler (vgl. Euler 1998) zumindest das Duale System der Berufsbildung.

Ganzheitlichkeit bedeutet, daß wir die Erkenntnis nicht gesellschaftlich sektoral einschränken. Auch betrachten wir die Wirtschaft nicht lediglich als gesellschaftlichen Teilbereich und auch nicht als vorgebende Determinante für Bildung.

Am Beispiel der Zuordnung des gesellschaftlichen Handlungsfeldes Erziehung zu den übrigen Handlungsfeldern menschlicher Praxis sei die Gefahr gezeigt, die aus einer sektoralisierenden Sicht für die Wirtschaftspädagogik erwachsen würde.

Benner (vgl. Benner 1996) veranschaulicht das Verhältnis von Erziehungswissenschaft und menschlicher Praxis, indem er die Erziehungswissen-

1.2 Zur Blickrichtung und Zielsetzung der Darstellungen

schaft bzw. die Aufgaben von Erziehung und Bildung auf sechs Grundbereiche menschlicher Existenz bezieht.

"Der Mensch muß durch Arbeit, durch Ausbeutung und Pflege der Natur seine Lebensgrundlage schaffen und erhalten (Ökonomie), er muß die Normen und Regeln menschlicher Verständigung problematisieren, weiterentwickeln und anerkennen (Ethik), er muß seine gesellschaftliche Zukunft entwerfen und gestalten (Politik), er transzendiert seine Gegenwart in ästhetischen Darstellungen (Kunst) und ist konfrontiert mit dem Problem der Endlichkeit seiner Mitmenschen und seines eigenen Todes (Religion). Zu Arbeit, Ethik, Politik, Kunst und Religion gehört als sechstes Grundphänomen das der Erziehung; der Mensch steht in einem Generationenverhältnis, er wird von den ihm vorausgehenden Generationen erzogen und erzieht die ihn nachfolgenden Generationen" (Benner 1996,20).

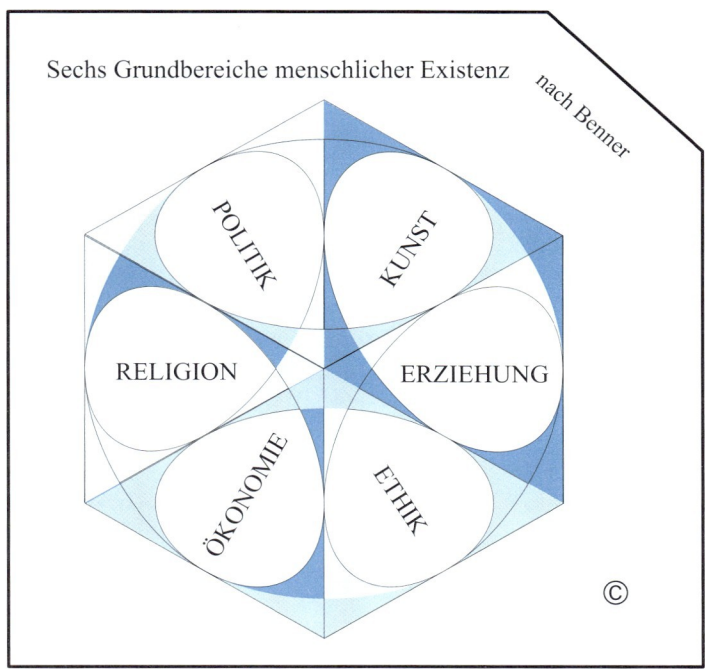

Abb. 1.2: Sechs Grundbereiche menschlicher Existenz nach Benner (Quelle: Benner 1996,20)

Die von Benner genannten sechs Grundphänomene gesellschaftlichen Handelns stehen nun aber in der Realität nicht nebeneinander. Sie sind miteinander in einem komplexen Wirkungszusammenhang verschränkt. Die Veränderungen in je einem Bereich sind immer auch für alle anderen Bereiche folgenreich und ziehen Rückwirkungen nach sich. Würde man Benners paradigmatischer Sicht einer Segmentierung der gesellschaftlichen Handlungs- und Reflexionsbereiche folgen, so ergäbe sich für die Praxis ein Verständnis von Wirtschaftspädagogik, das diese lediglich als kaufmännische Schulpädagogik anerkennen könnte. Zumindest bliebe offen, ob die wissenschaftlichen Disziplinen anders geschnitten sind als die Bereiche gesellschaftlichen Handelns.

Eine segmentierte Sicht von Wirtschaftspädagogik wurde in der Tat in den 50er und 60er Jahren unseres Jahrhunderts vertreten (vgl. dazu Stratmann/Bartel 1975), und sie läßt sich zum Teil bis heute hin verfolgen (vgl. Kapitel fünf). Als bloße Angestelltenpädagogik verstanden, wäre die Wirtschaftspädagogik gegenwärtig jedoch mit ihrer Existenzkrise konfrontiert. Aufgrund derjenigen technisch-ökonomischen Entwicklungen, welche einerseits einen gesellschaftlichen Berufs- und Tätigkeitsverlust bewirken, andererseits neuartige Kombinationen von gewerblicher, kaufmännischer und allgemeiner Qualifikation erfordern, stellt sich die Grundfrage von Wirtschaft, Bildung und Qualifikation neu. Diese Neubestimmung durchzieht das gesamte Bildungssystem und verweist das Forschungsgebiet der Wirtschaftspädagogik außer auf die Ökonomie zweifellos auch auf Ethik, Politik, Technik und Humanökologie.

Man sollte nicht daran vorbeisehen, daß die Wirtschaftspädagogik (genau so wie die Berufspädagogik) im Laufe der Geschichte dadurch in ein Dilemma geraten ist, daß sie einer sektoralisierten Sicht folgte. Obwohl auf die Qualifizierung für kaufmännische Berufstätigkeiten ausgerichtet, soll sie doch so qualifizieren helfen, daß Flexibilität im gesellschaftlichen Struktur- und Berufswandel entsteht. Insofern dies, wie noch zu zeigen sein wird, über sogenannte Schlüsselqualifikationen erfolgen soll, ist zumindest über das Berufskonzept hinauszugehen. Darüber hinaus stellt sich die Frage, ob nicht das Gesamtspektrum von Produktion, Verteilung und Konsumtion, von Erwerbsarbeit, öffentlicher Arbeit und privater Reproduktionsarbeit zu berücksichtigen ist. Dies verlangt aber eine neue Verschränkung von Allgemeinbildung und Spezialbildung und überwindet auch insofern sektoralisierte Einengungen.

Die Geschichte der Berufsausbildung zeigt im übrigen, daß das Verhältnis von Allgemeinbildung und Berufsbildung stets aufs Neue zu gestalten war. Im Mittelalter zum Beispiel bezog sich die Berufsausbildung nicht nur auf den Beruf. Es galt als unverzichtbar, mit der Berufsausbildung auch den

Bürger "zu qualifizieren". Heute belegt dies neben den Schulgesetzen auch der § 25 des Berufsbildungsgesetzes. Er fordert ausdrücklich, daß die Berufsausbildung neben den technischen und wirtschaftlichen auch die gesellschaftlichen Erfordernisse zu berücksichtigen hat.

 Die Darstellungsweise des vorliegenden Buches folgt insgesamt dem Ziel, die historischen bzw. gesamtgesellschaftlichen Entwicklungslinien von Problemstellungen und von Theorieansätzen transparent zu machen. Zur Transparenz gehört auch, daß wir die Fakten und Probleme der Objektebenen ebenso wie die Theorieansätze jeweils von ihrer generellen Seite her wie aus speziell wirtschaftspädagogischer Sicht beleuchten. Diese Doppelsicht verhilft zu einer vertieften Problemanalyse und damit zu verbesserter Beurteilung möglicher Lösungswege. Bezieht sich doch die Modernisierungsperspektive auch auf mögliche Veränderungen der Wirtschaftspädagogik selbst.

Die einzelnen Kapitel des Buches lassen sich unabhängig voneinander lesen. Querverweise im Text markieren Verschränkungen.

1.3 Die paradigmatische Grundposition dieses Buches

Mit der gesellschaftlichen Praxis verändern sich die Fragen und Probleme, welche wissenschaftlich zu bearbeiten sind. Im Laufe der Wissenschaftsgeschichte hat sich gezeigt, daß dann auch jeweils veränderte wissenschaftliche Denkweisen und Instrumentarien notwendig werden.

Wenn in diesem Buch der Anspruch vertreten wird, die Wirtschaftspädagogik unter dem besonderen Gesichtspunkt von Breite und Ganzheitlichkeit, Internationalität und Zukunftsbezug bzw. von gesellschaftlicher Strukturorientierung darzustellen, so muß dies einen entsprechenden Niederschlag in den zugrunde gelegten Erkenntnisinstrumenten haben. Wissenschaftlich geschieht dies über die Frage nach dem Paradigma, d.h. nach der wissenschaftlichen Weltsicht, nach den wissenschaftlichen Denkmustern und der Breite und Schärfe der daraus resultierenden Erkenntnisse.

Wissenschaftsintern gilt das Paradigma als dasjenige Instrument, welches über Perspektive, Radius und Differenziertheit der Ergebnismöglichkeiten von Forschung entscheidet. Kuhn hat dies in seinen Büchern "Die Entstehung des Neuen (1978)" und "Die Struktur wissenschaftlicher Revolutionen (1973)" dargestellt.

Der *Begriff Paradigma* hat bei Kuhn (vgl. Kuhn 1989), dem wir hier folgen, drei Bedeutungen, die sich verschränken:

(1) eine als erfolgreich angesehene Problemlösung, welche tendenziell als Standardverfahren oder Lösungsmuster fungieren kann (z.B. Modelle);
(2) Kausalgesetze oder Gesetzesannahmen;
(3) Klassen von Fakten (also Kategorien), "die ... als für die Natur der Dinge besonders aufschlußreich bezeichnet" werden (Kuhn 1989,39).

Insgesamt handelt es sich also um Lösungsmuster, quantitative und qualitative Gesetze oder Gesetzesannahmen über Korrelationen und deren Wirkungen, um die Bestimmung der Wesenselemente von Phänomenen sowie um Lehrsätze (Theoreme). Paradigmen dienen folglich dazu, Funktionszusammenhänge, Faktoren- und Determinantengefüge, Entsprechung und Sinn aufzuhellen.

 Unsere paradigmatische Grundposition wird durch zwei Theoreme (Lehrsätze) sowie durch zwei Struktur- und Prozeßmodelle bestimmt. Es sind dies:

(1) das Theorem "Gesellschaftliche Konstitutionslogik";

(2) das Theorem "Freisetzung und Vergesellschaftung";

(3) das Modell "Gesellschaftlicher Implikationszusammenhang";

(4) das Modell "Psychodynamischer Implikationszusammenhang der Lebenskräfte und Lebensbedürfnisse".

Die Modelle dienen der Lösung von Analyse- und Entscheidungsproblemen. Sie enthalten gleichzeitig diejenigen Fakten, die wir für die Natur (wirtschafts-)pädagogischer Phänomene als aufschlußreich ansehen. Die Theoreme beziehen sich auf die Bewegungen basaler gesellschaftlicher Prozesse, in welche die wirtschaftspädagogisch relevante Praxis eingebunden ist. Die paradigmatische Grundposition wird im folgenden nur kurz erläutert. Eine ausführliche Darstellung findet sich in Kapitel fünf.

1.3.1 Das Theorem "Gesellschaftliche Konstitutionslogik"

Die Formgebung gesellschaftlicher Prozesse und Strukturen vollzieht sich aufgrund eines Bedingungsgefüges. Wir nennen dieses "Gesellschaftliche Konstitutionslogik". Sie besteht aus einer grundlegenden Kausalgesetzlichkeit bzw. Rationalität, nämlich der Reproduktionslogik. Damit verschränkt sind fünf weitere Rationalitäten (vgl. Abb. 1.3)

Zur Erklärung der Rationalitäten

(1) Die Reproduktionsrationalität
Aus der "Mensch-Natur-Dialektik" heraus gedacht, ergibt sich zunächst eine Grundrationalität, nämlich die der Reproduktion der individuellen und gesellschaftlichen Existenz. Die Grundrationalität

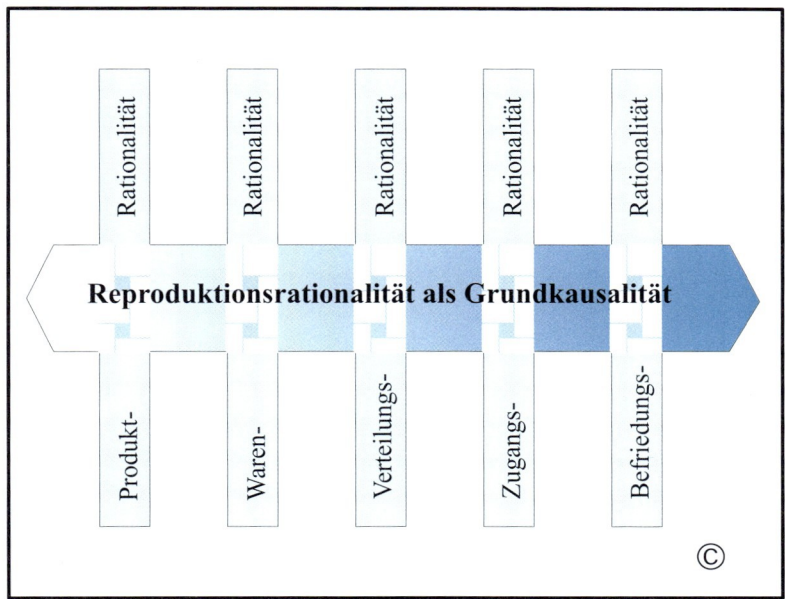

Abb. 1.3: Die gesellschaftliche Konstitutionslogik

konkretisiert sich in einer Art Sicherungsarbeit, die sich auf das Bedingungsgefüge der Existenz bezieht. In dieser Arbeit ist der Mensch zugleich Objekt und Subjekt. Objekt ist er aufgrund seiner natürlichen Natur, die ihn den Naturgesetzen unterwirft. Er ist aber auch gesellschaftliches Objekt, insofern er von gesellschaftlichen Bedingungsgefügen geprägt und abhängig ist. Als Subjekt ist er jedoch auch zur Freiheit, zur Überwindung von Abhängigkeit und zur kreativen Gestaltung fähig. Die Grundrationalität der Reproduktion vollzieht sich daher in einer spezifischen Einheit von Gegensätzen, nämlich von Freiheit und Gebundenheit, Subjekt- und Objektstatus.

Es gibt zwei Prinzipien des Umgangs mit der Grundrationalität, ein ökonomisches und ein ökologisches. Das ökologische Prinzip denkt in Richtung einer Sicherung größerer Einheiten und Zusammenhänge, woraus sich – historisch sehr vermittelt – das Sozialethos und die Ideen der Freiheit, Gleichheit und Brüderlichkeit in Verbindung bringen lassen. Das ökonomische Prinzip denkt instrumentell. Es vergleicht bilanzierend Aufwand und Ertrag, zugespitzt im Minimal-Maximal-Prinzip. Danach ist aus gegebenen Ressourcen ein höchstmöglicher Ertrag zu erzielen bzw. eine gegebene Ertragsmöglichkeit mit minimalem Aufwand zu realisieren.

Die Reproduktionsrationalität erfährt im Prozeß der Geschichte ihre je spezifische Ausformulierung als Gesellschaftsformation (z.B. als Feudalismus oder Kapitalismus, als Industriegesellschaft oder Wissensgesellschaft). Für die Ausformulierung der Formation sind die Machtsicherung (Verfügungsgewalt) über Produktion und Verteilung und deren Regeln zentral.

Unter marktbeherrschten Verhältnissen verschränkt sich die Reproduktionsrationalität mit weiteren fünf Rationalitäten.

(2) Die *Produktrationalität*
bezeichnet die Notwendigkeit der Herstellung von Artefakten mit einem Gebrauchs- und Marktwert.

(3) Die *Warenrationalität*
bezeichnet die Tatsache, daß der unmittelbare Gebrauchswert der produzierten Güter (Güter hier im weitesten Sinne) einem Tauschwert weicht, der lediglich auf den Zuwachs von Vorteilen, Profit oder Geld abstellt.

(4) Die *Verteilungsrationalität*
meint die Formen der Verteilung des gesellschaftlichen Reichtums oder der Armut nach Normen und Werten. Sie wirkt in der Steuergesetzgebung ebenso wie im Rentenrecht und in der Tarifautonomie oder z.B. der Schulgeldfreiheit.

1.3 Die paradigmatische Grundposition dieses Buches 13

(5) Die *Zugangsrationalität*
bezeichnet die Normen und Formen, mit welchen der Zugang zu Ressourcen reguliert wird. Hierzu gehört z.b. der Zugang zu Märkten oder der Zugang zu Informationen.

(6) Die *Befriedungsrationalität*
kennzeichnet die Normen und Formen des Ausgleichs und der Schlichtung im Rahmen der sozialen Ungleichheit und daraus resultierender Konfliktpotentiale.
Während Verteilungs- und Zugangsrationalität die Fragen der sozialen Gerechtigkeit betreffen, bezieht sich die Befriedungsrationalität auf den sozialen Frieden.

1.3.2 Das Theorem "Freisetzung und Vergesellschaftung"

Gesellschaftliche Sach- und Sinnzusammenhänge, d.h. gesellschaftliche Strukturen sind niemals statisch. Sie unterliegen einem Prozeß permanenter Veränderung. Dieser Prozeß vollzieht sich als "Freisetzung" von Zusammenhängen und Verschränkungen sowie als Neukonfiguration. In ihr fügen sich alte, veränderte und neue Sachkomplexe und Werte aufgrund der Konstitutionslogik erneut, aber verändert, zusammen. Diese Seite des historischen Prozesses nennen wir in Anlehnung an Negt und Kluge "Vergesellschaftung" (vgl. Negt und Kluge 1976). Instanzen und Institutionen, Wissens- und Wertbestände, Urteils- und Handlungsmuster, Lebensgewohnheiten und nicht zuletzt die Organisationsformen der Arbeit sind in den Prozeß von "Freisetzung und Vergesellschaftung" einbezogen.

Das Theorem von "Freisetzung und Vergesellschaftung" dient dazu, historische Veränderungen in ihrer Richtung und Reichweite differenzierter zu erfassen und zu beurteilen. In historischen Umbrüchen verändern sich ja nicht nur einzelne gesellschaftliche Bereiche, sondern das gesellschaftliche Gesamtgefüge und damit sogar die Traditionsbestände des Denkens, Fühlens und Wollens bzw. die Mentalitäten.

Das Freigesetzte fordert zur Überwindung der entstandenen Diffusionen neue gesellschaftliche Formgebungen heraus, damit neue soziale Entsprechungen bzw. neue gesellschaftliche Sinngebungen entstehen können. In diesem Prozeß kommt dem Bildungssystem eine steuernde und regulierende Aufgabe zu.

1.3.3 Das Modell "Gesellschaftlicher Implikationszusammenhang"

In ausdifferenzierten Gesellschaften realisiert sich die Konstitutionslogik in der Gesamtheit der menschlichen Lebenspraxis. Die hierzu gehörenden Instanzen, Institutionen, Wissensbestände, Werte, Fähigkeiten und Fertigkeiten formieren sich individuell als Persönlichkeit und überindividuell als Gesellschaft. Deren jeweilige "Ganzheit" ist ein komplexes dynamisches Gefüge. Wir sprechen von Implikationszusammenhängen. Der Gesellschaftliche Implikationszusammenhang ist ein modellhaftes Grundgefüge der gesellschaftlichen Komplexität, das als erkenntnistheoretisches Modell dem Auslegen (Hermeneutik) und Entscheiden (Heuristik) dient. Es korreliert, wie die Abbildung 1.4 zeigt, vier Einheiten, die in ständiger Wechselwirkung stehen. Seine Anwendung im Zusammenhang von Bildungspolitik, Institutionentheorie, Curriculumtheorie und Didaktik wird in den nachfolgenden Kapiteln ausgeführt.

1.3.4 Das Modell "Psychodynamischer Implikationszusammenhang der Lebenskräfte und Lebensbedürfnisse"

Der menschliche Lebensprozeß ist zugleich körperlicher, emotionaler und geistiger wie individueller und sozialer Prozeß. Er ist an Bedürfnisse, Kräfte und Bewegungsformen gebunden, deren Zusammenwirken wir gleichfalls modellhaft als Implikationszusammenhang fassen. Mit der Entäußerung von Lebenskräften und der Befriedigung von Lebensbedürfnissen verwirklichen sich Sinn, Identität und Selbstvergewisserung. Historisch differenzieren sich die anthropologisch grundlegenden Lebenskräfte und Lebensbedürfnisse vielfältig aus und bestimmen dadurch die individuellen und gesellschaftlichen Handlungsmöglichkeiten. Der Implikationszusammenhang von Lebenskräften und Lebensbedürfnissen vermittelt zwischen gesellschaftlichen Außen- und individuellen Innenprozessen. Da sich in den konkreten Lebenskräften und Lebensbedürfnissen die menschlichen Potentiale als gesellschaftliche Formgebung ausprägen, ist dieser Implikationszusammenhang nach unserer Auffassung pädagogisch von besonderer Bedeutung. Auch dies wird in den nachfolgenden Kapiteln erläutert.

1.3 Die paradigmatische Grundposition dieses Buches

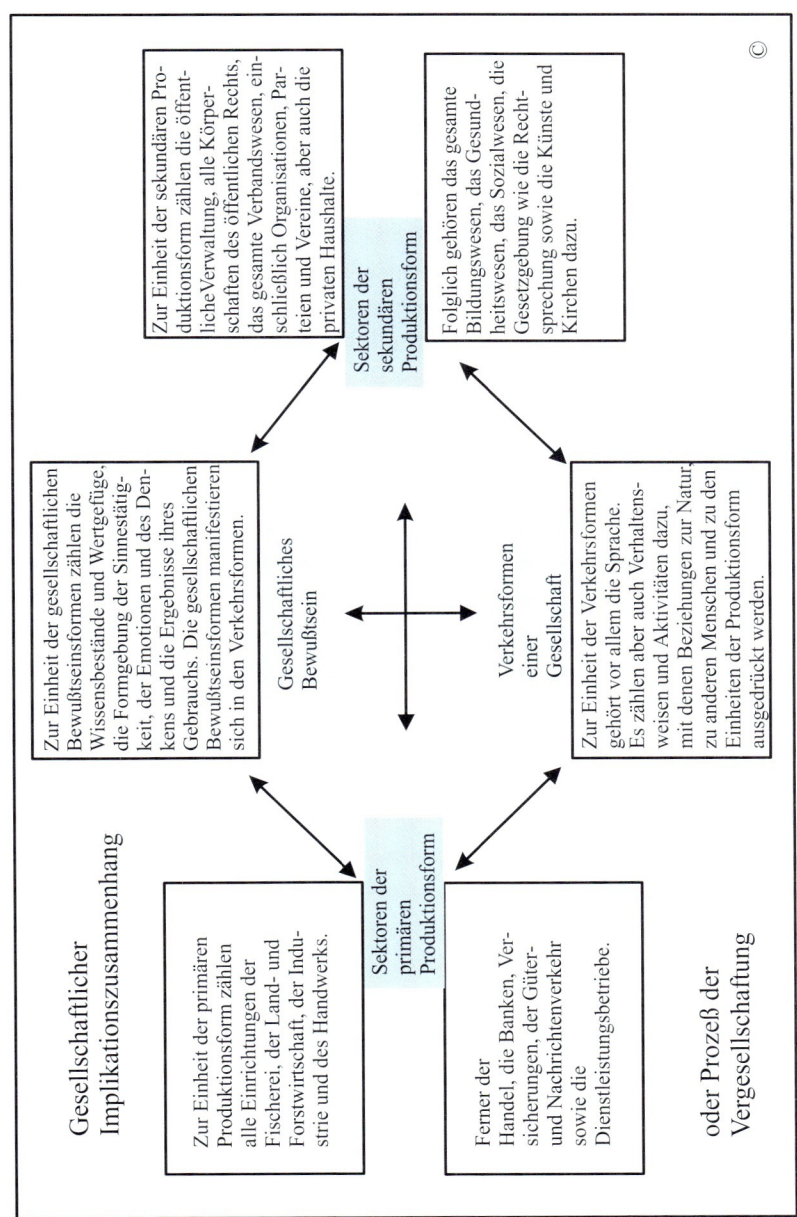

Abb. 1.4: Gesellschaftlicher Implikationszusammenhang

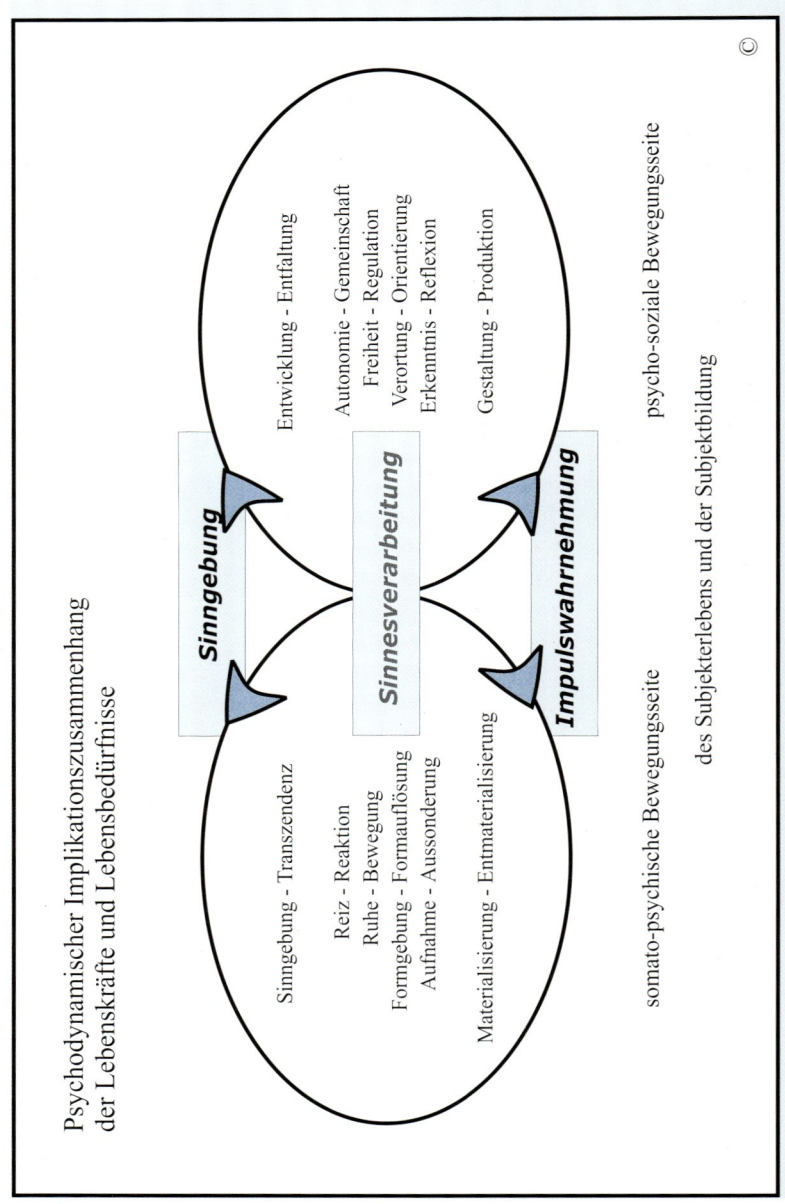

Abb. 1.5: Psychodynamischer Lebenszusammenhang

1.4 Zentrale Begriffe

Die folgenden Begriffe, die für unsere paradigmatische Grundposition zentral sind, unterliegen im erziehungswissenschaftlichen Sprachgebrauch einer Reihe von Definitionsvarianten. Wir müssen daher erläutern, welchem Begriffsverständnis wir folgen.

Arbeit   Wir benutzen einen bildungstheoretischen Arbeitsbegriff, der sehr weit gefaßt ist und auch die Muße einbezieht: Unter Arbeit verstehen wir jegliche, auch spielerische Tätigkeit, jedoch stets im Sinne der *Bewußtwerdung, der Gestaltung und Reflexion von Leben*. Im gesellschaftlich arbeitsteiligen Verständnis fassen wir darunter die Erwerbsarbeit, die öffentliche Arbeit sowie die private Reproduktionsarbeit. Arbeit ist sinnerfüllte Tätigkeit, insofern in ihr und durch sie menschliche Potentiale entäußert und angeeignet werden und insofern sie das Medium der Befriedigung der Lebenskräfte und Lebensbedürfnisse ist.

Beruf   Beruf verstehen wir als tendenziell komplexes, d.h. ganzheitliches, umrissenes, aber verzweigtes System von Tätigkeiten, die gesellschaftlichen Aufgabencharakter haben und zu deren Erfüllung besondere Fähigkeiten, Fertigkeiten und Kenntnisse erworben und öffentlich ausgewiesen werden müssen. Die Ausübung erfolgt als Beitrag zum Sozialprodukt im Rahmen der gesellschaftlichen Arbeitsteilung und zur Sicherung des privaten Lebensunterhaltes. Mit dem Beruf wird zugleich gesellschaftlicher Status erlangt wie damit die Erfüllung von Lebenssinn verbunden wird; letzteres allerdings nicht im ausschließlichen Sinne.

Zusammenfassend gelten fünf Determinanten:

- die volkswirtschaftliche und privatwirtschaftliche Relevanz;
- die zu einem abprüfbaren Qualifikationsbündel gefügte Kombination von Wissen und Können;
- die Notwendigkeit und öffentliche Kontrolle von Ausbildung;
- die gesellschaftliche Positionierung und die Erfüllung von Lebenssinn;
- die Funktion als Ordnungsregulativ.

Mit der Determinante Ordnungsregulativ wird darauf verwiesen, daß der Beruf im klassischen Sinne ein Konstrukt ist. Er bezeichnet weniger die konkreten Tätigkeiten (Arbeit) als das, worauf sich zuständige Interessengruppen bezüglich Ausbildungsinhalten, Abschlußprüfungen und daran geknüpfte Berechtigungen/Ansprüche geeinigt haben.

Bildung   Bildung ist, statisch betrachtet, eine komplexe Einheit entfalteter Bewußtseinsformen und Kompetenzen. Auch Bildung läßt sich nur als eine Implikation fassen. Es gehören dazu nämlich Selbst-, Sach- und Sozialkompetenz; Handlungs-, Gestaltungs- und Kommunikationsfähigkeit; Wahrnehmungs-, Erkenntnis- und Verarbeitungsfähigkeit; Besetzungsfähigkeit und Reflexivität. Dynamisch betrachtet ist Bildung der Prozeß der Entwicklung und Entfaltung des Subjektes (vgl. unten). Die Fokussierung der Einheit der Subjektidee und der Kompetenzen im Bildungsbegriff ist für uns der Grund, am Bildungsbegriff festzuhalten.

Erziehung   Im Gegensatz zu Bildung wird Erziehung ausschließlich im prozessualen Sinne verwandt. Schwergewichtig wird dabei das Generationenverhältnis im Sinne der Sozialisation, d.h. der Tradierung und Übernahme von Normen und Werten, Denk- und Handlungsmustern, Mentalitäten und Habitus thematisiert. In diesem Kontext spielen Fragen der Selbst- und Fremdbestimmung sowie der Sanktionen eine bedeutende Rolle. Erziehung und Bildung sind nicht scharf und endgültig voneinander zu trennen.

Exemplarik   Bei der Exemplarik handelt es sich um ein Erkenntnisprinzip, das schon in der Antike eine Rolle spielte, wenn es um das Zusammenwirken von Teilen und Ganzen, um die Einheit von Wesen und Erscheinung ging. In der Didaktik fungiert die Exemplarik als Leitprinzip für die Auswahl und Aufbereitung von Lerngegenständen. Die Exemplarik zielt auf das Erkennen bzw. Entfalten von Kontenpunkten/Verdichtungen vom Typ der Implikation. Sie verschränkt die individuellen Lernbedürfnisse und die gesellschaftlichen Qualifikationsanforderungen bzw. den individuellen Lebenszusammenhang und den Gesellschaftlichen Implikationszusammenhang.

Die Exemplarik hat nichts mit (prototypischen) Beispielen zu tun, wohl dagegen mit Muster. Das einzelne, ein Lernziel, ein Thema, ein Stoffgebiet entfaltet seine bildende Wirkung,

1.4 Zentrale Begriffe

wenn erkannt werden kann, womit es zu einem Ganzen gehört. Dessen Muster ist geprägt durch die Konstitutionslogik, welche die Beziehung der Teile zueinander strukturiert. Worauf es ankommt, das ist, dieses Strukturmuster des Ganzen von seinen Teilen aus zu erschließen.

Implikation Bildungsprozesse verlaufen ebenso wie die Prozesse gesellschaftlicher Konstituierung als Verdichtung bzw. Verknotung von Implikationen. Hierunter sind Faktoren bzw. Faktorengefüge zu verstehen, die durch folgende Charakteristika bestimmt sind:
(1) aufeinander verwiesen sein;
(2) ineinander enthalten sein;
(3) sich durchdringen;
(4) sich wechselseitig einbeziehen.
Implikation bedeutet von seinem lateinischen Wortstamm her Verflechtung. Bei einfachen Implikationen ist eine Sache oder ein Sachverhalt, eine Idee, eine Aussage oder Wirkung in etwas anderem enthaltenen. Es gibt aber auch wechselseitige Implikationen. In diesem Fall und dann, wenn es sich um ein Gefüge von Implikationen handelt, sprechen wir von Implikationszusammenhängen.
Implikationen kommen, strukturell betrachtet, durch Konstitutionslogik zustande. Darüber hinaus bewirken Funktionen und Kausalrelationen Implikationen. Auch die Einheit von Gestalt und Sinn einer "Sache" stellt eine Implikation dar.
Prozessual ist zu bedenken, daß die Implikation zwischen Latenz und Manifestation schwanken kann.
In der Didaktik ist die Exemplarik ein Verfahren zur Handhabung von Implikationen.

Kompetenz Der Kompetenzbegriff bezeichnet zunächst einmal Zuständigkeit und Befugnis im juristischen Sinne wie im Sinne der Qualifikation. Subjekttheoretisch wird darunter die Befähigung zur freien Verfügung über Kräfte, Kenntnisse, Erfahrungen, Fertigkeiten und Werte verstanden. Sie wird dann als mündige Urteils- und Handlungsfähigkeit begreifbar und realisiert sich als Einheit von Selbst-, Sach- und Sozialkompetenz.

Pädagogik Der Begriff Pädagogik bezeichnet die Lehre, die Theorie, die Wissenschaft wie die Praxis der Erziehung und Bildung in allen Bereichen der Gesellschaft, also in der Familie, in

Schulen und Betrieben und in der Freizeit. Adressaten sind Kinder und Jugendliche ebenso wie Erwachsene.

Qualifikation Der allgemeine Bedeutungsradius dieses Begriffes umfaßt: Kenntnisse, Fertigkeiten und Haltungen ebenso wie Eignung, Befugnis, Ausbildungsabschluß und Status. Durch diesen weiten Radius entstehen Überschneidungen zum Begriff Kompetenz, teilweise auch zum Begriff Beruf. Wir benutzen den Begriff in der Regel zentriert auf die gesellschaftlichen Verkehrsformen (vgl. Gesellschaftlicher Implikationszusammenhang).

Subjekt Subjekt ist nach unserer Definition der selbstbestimmte, die ihn umgebende Welt und die Geschichte gestaltende und reflektierende wie sich selbst durch Arbeit entfaltende Mensch. Er ist einmalig, einzigartig und mit ganz individuellen Potentialen ausgestattet; zugleich aber Teil und Geprägter der Gemeinschaft(en), Gruppe(n), Gesellschaft, in der bzw. in denen er lebt. Subjekt ist und wird er durch tätiges und bewußtes In-Beziehung-Treten zur äußeren, ihn umgebenden Welt, wodurch zugleich seine innere Welt sich entwickelt.

Die Kategorie Subjekt und der damit verbundene Gedanke der Autonomie hat eine lange philosophische und pädagogische Tradition, zu der es allerdings auch immer Gegenpositionen gegeben hat.

Technik Wir verwenden einen sozialwissenschaftlichen Technikbegriff. Er umfaßt alle Artefakte, d.h. die von Menschen geschaffenen, zweckdienlichen Objekte, ferner deren Herstellung und Verwendung im Rahmen zweckorientierten Handelns.

Wirtschaft Wirtschaft fassen wir als das Ensemble aller gesellschaftlichen Einrichtungen und Akteure sowie sämtlicher Prozesse und Tätigkeiten, welche der Befriedigung von Bedürfnissen an Gütern und Leistungen dienen. Hinzuzurechnen sind auch die den wirtschaftlichen Prozessen zugrundeliegenden Normen und Werte.

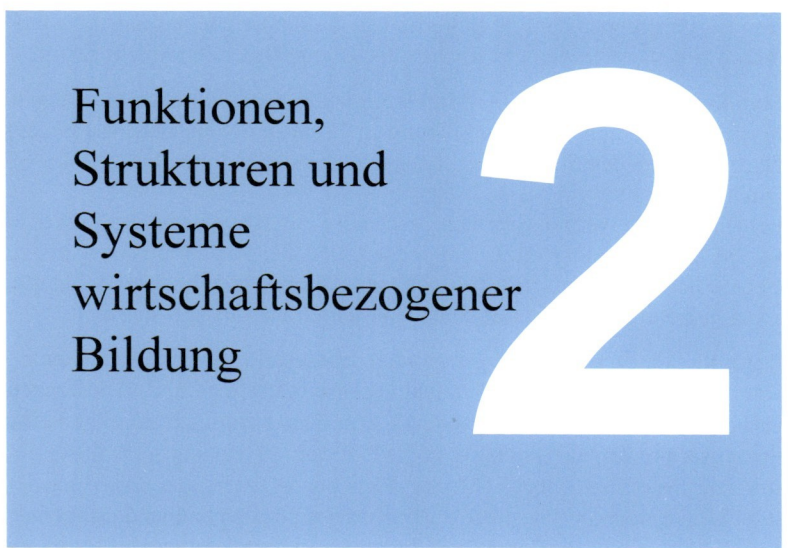

Funktionen, Strukturen und Systeme wirtschaftsbezogener Bildung

2.1 Die gesellschaftspolitische Grundfunktion

2.1.1 Reproduktion des gesellschaftlichen Ordnungsgefüges und Entwicklung des Arbeitsvermögens

Die gesellschaftspolitische Grundfunktion des mitteleuropäischen Systems der Aus- und Weiterbildung läßt sich am besten erkennen, wenn man einen Blick auf die Entstehungsgeschichte wirft. Diese sei im folgenden skizziert, ohne daß damit der Anspruch einer historischen Darstellung verbunden wäre. Hierzu verweisen wir auf die Historiographie.

Nach dem Zerfall der Sippenverfassung entstehen in Europa zwischen dem achten und elften Jahrhundert die Gilden. Gilden waren Genossenschaften, die der gegenseitigen Unterstützung und dem Rechtsschutz dienten. Aus ihnen gehen später die Zünfte, die Kaufmannsgilden und die Hansen hervor. Im Rahmen der im ersten Kapitel dargestellten Verteilungs- und Zugangsrationalität regelten die Zünfte und Gilden den Zugang zur Ausbildung, zum Beruf selbst und zu den Liefer- und Abnehmermärkten. Sie hatten sozialpolitische, ordnungspolitische, religiöse und sittlich-kulturelle Funktionen. Ferner dienten sie der genossenschaftlichen Unterstützung und der Aufsicht (vgl. Stratmann 1993, Le Goff 1993). Zu den einflußreichsten Bürgergruppen der mittelalterlichen Stadt entwickelten sich die Kaufmannsgilden, deren eigenes Recht stark zum späteren Stadtrecht beitrug.

Man kann sagen, daß die für Mitteleuropa bis heute hin charakteristische Form der niederen Berufsausbildung in Form der Meisterlehre aus dem Doppelprozeß der Stadtentwicklung und der expandierenden Märkte erwuchs.

Lehrling durfte werden, wer von "ehrbarer Geburt" war und das Lehrgeld zahlen konnte. Dabei muß man wissen, daß die Ausbildungszeit bis zu sieben, im kaufmännischen Bereich zum Teil bis zu zehn Jahren dauerte, speziell wenn sie bei befreundeten Kaufleuten im Ausland stattfand.

Der mittelalterliche Lehrling, aber auch der Geselle und Gehilfe, lebten im Hause des Meisters bzw. Prinzipals. Lehre, Gesellen- und Gehilfenzeit verliefen über die familiale Ein- und Anbindung zugleich als allgemeine Sozialisation, d.h. als Einübung in die Normen, Werte und Verhaltensmuster zünftlerischen Lebens. Mußte doch der Meister oder Prinzipal der ständischen Korporation, d.h. der Zunft oder Gilde, gegenüber dafür gerade stehen, daß er mit der Einhaltung der christlich bestimmten Hausordnung zu beruflich-fachlichen wie allgemeinen Verhaltensmustern erzog und anhielt. Da die Wertmuster des jeweiligen Standes zugleich gesellschaftliche Wertmuster waren, fielen fachliche Qualifizierung und gesellschaftsbezogene Erziehung zusammen. So enthielten beispielsweise Handbücher für die Lehrlingserziehung auch Verhaltensregeln des täglichen Lebens, die nichts mit der Berufsausübung im engeren Sinne zu tun hatten.

In der ständischen Gesellschaft war die Arbeitstätigkeit des Einzelnen in eine nach Berufen untergliederte gesellschaftliche Ordnung eingebettet.

Charakteristika der ständischen Ordnung waren:

· Feste gesellschaftliche Positionierungen;
· Verteilungsregeln der Arbeit und der zugehörigen Ressourcen;
· Wert- und Verhaltensmuster (Ethik) auf christlicher Basis;
· Vorgegebenes Verhaltensrepertoire in Familie, Beruf und Öffentlichkeit.

Die städtischen Regulatoren für dies alles waren die Zünfte und Kaufmannsgilden, und die zugehörige erzieherische bzw. qualifizierende Institution war die Lehre mit dem Lernort "Haus des Meisters oder Prinzipals".

 Am Beispiel der mittelalterlichen Lehre wird also ersichtlich, daß die qualifizierenden Institutionen einer Gesellschaft neben ihrer speziellen Funktion der Vermittlung von Wissen, Können und Fertigkeiten zur Ausübung konkreter Arbeit die generelle

2.1 Die gesellschaftspolitische Grundfunktion

Funktion haben, das Ordnungsgefüge der Gesellschaft zu reproduzieren.

Nun ist diese Reproduktionsfunktion ihrem Charakter nach ambivalent. Sie zielt einerseits auf Tradierung und Konservierung des Bestehenden, andererseits muß sie den realisierten gesellschaftlichen Veränderungen folgen, weil sie sonst ihren Sinn verliert.

Je stärker die Ausbildung an ständische Geschlossenheit und Abgrenzung und damit an Tradierung von Erfahrung gebunden war, desto heftiger geriet sie im Laufe der Geschichte mit dem technischen, ökonomischen und sozialen Strukturwandel in Krisen. Die Wanderschaft der Gesellen, die ebenso der fachlichen Horizonterweiterung diente wie die Reisen der Kaufleute, reichte nämlich weder aus, das ständische Ordnungsgefüge auf Dauer zu reproduzieren noch den Modernisierungszwängen zu entsprechen. Mit der Einrichtung von Manufakturbetrieben im 18. Jahrhundert geriet schließlich das Handwerk unter so starken Konkurrenzdruck, daß die Lehre sich nicht selten von einem Ausbildungs- in ein Arbeitsverhältnis verwandelte. Zur Sicherung eines qualifizierten Nachwuchses entstand somit das Erfordernis, die Ausbildung getrennt von der betrieblichen Leistungserstellung, und das heißt schulisch zu organisieren. Dies wiederum warf einerseits die Frage der Vorbildung in Schreiben, Lesen, aber auch Rechnen auf, andererseits die Frage nach einer betriebsübergreifenden fachlichen Systematik, wodurch allgemeine Qualitätsstandards angestrebt werden konnten. Interessanterweise kommt es zum ersten Mal im Bereich des Maurer- und Zimmererhandwerks zu einer "Berufsschulpflicht" im modernen Sinne. 1769 schreibt der Markgraf von Baden den Besuch von Zeichenunterricht vor, welcher als der Vorläufer der modernen gewerblichen Fachkunde angesehen werden kann (vgl. Stratmann 1993,499). Im Bauhandwerk - man denke nur an die Leistungen der mittelalterlichen Dombauhütten - hatten systematische bzw. technologische Kenntnisse allgemeiner Art bereits eine große Tradition. Im Kaufmännischen war der entsprechende theoretische Ausbildungsbedarf vor allem durch die Beherrschung der fremden Sprachen und der Theorie des Rechnungs- und Frachtwesens sowie durch die Maß- und Münzsysteme gegeben.

Mit dem Merkantilismus und mit dem Verfall der feudalistischen Ordnung gerieten die Zünfte in eine Krise (vgl. Stratmann 1967). Damit wurden im Prinzip auch die bildungsbezogenen Grundfunktionen, die sie bis dahin gesichert hatten, in einen Freisetzungsprozeß gezogen. Die jeweilige Reorganisation der freigesetzten Grundfunktionen, nämlich der Übermittlung von allgemeinen Wert- und Verhaltensmustern, von Zugängen zu Arbeit und Beruf, von gesellschaftlicher Positionierung, spitzt sich zu auf die Grundfragen der Kombination von Allgemeinbildung und Berufsbildung sowie von Theoriewissen und praktischem Erfahrungswissen. Verbunden damit ist die Frage nach den jeweiligen Lernorten, speziell nach Schule und Betrieb.

Die hier beschriebene Bedeutung der gesellschaftspolitischen Grundfunktionen läßt sich bis auf den heutigen Tag nachweisen, auch wenn sie dabei unterschiedlichen Konjunkturen folgt.

2.1.2 Soziale Integration und Allokation

Beck, Brater und Daheim (vgl. Beck, Brater und Daheim 1980) nennen in ihrer inzwischen als klassisch geltenden Studie »Soziologie der Arbeit und der Berufe« Qualifizierung, Sozialisierung und Allokation als Funktionen beruflicher Ausbildung. Gegenüber der breiten Funktion, wie wir sie noch im Mittelalter finden, stellt dies eine Verengung dar. Sie hängt mit der Ausweitung der Allgemeinbildung und der Schulpflicht zusammen, wodurch sich die Berufsbildung auf spezielle Aufgaben konzentrierte.

Durch die Trennung von Arbeits- und Lebenswelt, die sich im Zuge der Industrialisierung und Verstädterung vollzog, wurden die Funktionen der Berufsbildung immer stärker an diejenigen des Arbeitsmarktes gekoppelt. Greinerts Funktionsanalyse des Dualen Systems der Berufsausbildung in Deutschland (vgl. Greinert 1995,85 f.) spiegelt dies. Neben der *Qualifizierungsfunktion* und der persönlichen *Verwertung* von Ausbildung durch spätere Arbeitsverträge nennt Greinert die Funktion der *Allokation*, der *Selektion* und *Statusdistribution*, der *Absorption* und *Aufbewahrung* sowie der *Integration*. Die Allokationsfunktion diene der Anpassung des Arbeitskräftepotentials an den Bedarf des Beschäftigungssystems, und zwar nach Art und Niveau. Selektion und Statusdistribution reguliere die (hierarchische) soziale Schichtung der Gesellschaft, während durch die Absorptionsfunktion "überflüssige" Arbeitskraft vom Markt weg und im Ausbildungssystem gehalten werde. Die Integrationsfunktion schließlich diene über Allokation, Selektion und Statusdistribution der Vermittlung von Denk- und Verhaltensmustern zum Zwecke der Loyalitätssicherung.

2.1 Die gesellschaftspolitische Grundfunktion

- Stellenwert der beruflichen Bildung in der Gesellschaft/ Grundfunktion und Grundwerte des Systems;
- Übergang von der Schule zur Arbeitswelt;
- Übergang von der Ausbildung in den Arbeitsmarkt;
- Finanzierung der beruflichen Bildung;
- Verantwortungs-Anteile von Staat, Arbeitgebern und Gewerkschaften;
- Akzeptanz der beruflichen Abschlüsse auf dem Arbeitsmarkt;
- Anpassung der beruflichen Bildung an neue Wirtschafts- und Arbeitsmarktstrukturen (Entwicklungsstand und Entwicklungspotentiale);
- Schwerpunkte der Qualifizierungsstrukturen;
- Konkurrierende Wege beruflicher Erstausbildung;
- Historischer Entwicklungsstand der nationalen Systeme im internationalen Entwicklungskontext.

Abb. 2.1: Funktionsmerkmale von Ausbildungssystemen im internationalen Vergleich
(Quelle: IHBB 1995,31 f./VGL)

Kommentar

Während Greinerts Sicht der gesellschaftspolitischen Funktionalität vom Reproduktionsparadigma her entwickelt ist (auch wenn er diese Kategorie nicht benutzt) und auf die Zugangs-, Verteilungs- und Befriedungsrationalität abstellt, denkt die Systematik des Internationalen Handbuchs der Berufsbildung im wesentlichen von der Zugangsrationalität her und fokussiert dabei die bedarfsgerechte "Passung" zwischen Wirtschaftssystem, Gesamtbildungssystem und berufsbezogenem Bildungssystem, zugespitzt gesprochen zwischen Bildungssystem und Arbeitsmarkt. Auf diese utilitaristische, d.h. auf die ökonomische Verwertung beschränkte Sicht werden wir an anderen Stellen noch zurückkommen.

2.2 Strukturmuster und Strukturfunktionen

2.2.1 Typologien

Strukturelemente

Wir beginnen dieses Teilkapitel zunächst mit Gliederungsmustern, welche – entwickelt vom Internationalen Handbuch der Berufsbildung – beim Vergleich von Ausbildungssystemen gängig geworden sind. Erst dann folgen theoretische Überlegungen zu Fragen der Strukturbildung und zu Strukturfunktionen. Sie zielen darauf, Maßstäbe zur Beurteilung der Strukturleistung zu erlangen.

Neben den bereits erwähnten Funktionsmerkmalen nennt das Handbuch sieben Strukturmerkmale.

- Das Gesamtbildungswesen und seine Zuständigkeiten, Träger und Verwaltungsinstanzen;
- die berufliche Bildung nach Zuständigkeiten, Trägern und Verwaltungsinstanzen;
- die Regelung von Schulpflicht und im Vergleich dazu der empirisch tatsächliche Schulbesuch;
- der Aufbau der einzelnen Schulstufen;
- der Charakter der Lernorte beruflicher Bildung;
- der Charakter der Lernorte von Weiterbildung;
- die Ausbildung des Personals im beruflichen Bildungswesen.

Abb. 2.2: Strukturmerkmale von Ausbildungssystemen im internationalen Vergleich
(Quelle: IHBB 1995,31 f./VGL)

Bevor wir näher auf die genannten und weitere Strukturelemente eingehen, müssen wir uns über den *Begriff der Struktur* in der Wissenschafts- und Bildungssprache verständigen.
So, wie viele andere Begriffe auch, gehört das Wort Struktur zu den ebenso häufig wie vieldeutig verwendeten Termini. Oftmals ist ohne einen weiteren erkenntnistheoretischen Anspruch mit "Struktur" lediglich Aufbau,

2.2 Strukturmuster und Strukturfunktionen

Gefüge oder Ordnung gemeint. Wissenschaftlich wird der Gebrauch dann, wenn es um Beziehungsgefüge geht, die durch Relatoren beschreibbar sind, oder wenn die Beziehungsgefüge durch Regeln bestimmt werden. Es geht dann darum, die Funktion von Elementen eines übergreifenden Ganzen aus dessen Gesamtaufbau zu bestimmen.

 "Gegliederten Bau oder Struktur hat ein Gebilde der Wirklichkeit, wenn es ein Ganzes ist, in dem jeder Teil und jede Teilfunktion eine für das Ganze *bedeutsame* Leistung vollzieht, und zwar so, daß Bau und Leistung jedes Teiles wieder vom Ganzen her bedingt und nur vom Ganzen her verständlich sind" (Spranger 1949,8).

Die von Spranger aus der kulturwissenschaftlichen Tradition heraus formulierte Definition von Struktur weist auf etwas hin, was für unseren Zusammenhang von Bedeutung ist: Es ergibt nämlich keinen Sinn, einzelne Elemente isoliert zu betrachten und sie so nicht nur aus dem Zusammenhang mit dem Ganzen, sondern auch noch aus dem historischen Kontext herauszunehmen.

 Struktur sei in unserem Zusammenhang das Zusammenwirken der Relatoren im Hinblick auf die gesellschaftspolitischen Rationalitäten. Die gesellschaftliche Konstitutionslogik mit ihren zugeordneten Prinzipien gibt dem Strukturbegriff den Bedeutungsradius "relative Festigkeit" mit "Beziehungen und Abläufen" nach geordnetem Muster.

Nicht selten werden – gerade im Hinblick auf internationale Vergleiche – Strukturen und Funktionen zu Modellen zusammengefügt und so Typen von Ausbildungssystemen gebildet. In der internationalen Zusammenarbeit erleichtern Modelltypen die Orientierung, allerdings nur im jeweiligen systemimmanenten Rahmen, also in der Binnenperspektive. Bildungspolitisch, bildungstheoretisch und institutionentheoretisch bleiben Modelltypen allerdings meistens ohne Erklärungsgehalt. Sie erschöpfen sich in einer enumerativen Deskription und sind insofern nicht geeignet, Aussagen über Kausalitäten im Strukturwandel zu machen.

Als Grobübersicht stellt das Handbuch acht Modellsichten von Ausbildungssystemen vor. Sechs dieser in der Abb. 2.3 kurz skizzierten Modellentwürfe basieren auf dem Kriterium "leitender Lernort". Nur ein Entwurf (Pampus) kombiniert die Frage nach dem leitenden Lernort mit der Frage nach Lernorganisation und Didaktik. Gleichfalls nur ein Entwurf (Greinert) folgt dem Kriterium Staat versus Markt als Regulatoren.

Modellsichten von Ausbildungssystemen
(nach: Internationales Handbuch der Berufsbildung)

Verfasser	Einteilung nach/in
Lauterbach (1984)	Berufsbildung in Unternehmen, in Schulen, im Dualen System und in Mischsystemen
Pampus (1985)	zwei Strukturebenen: institutionelle Ebene und lernorganisatorisch didaktische Ebene
Maslankowski (1986)	Staaten mit einem dualen System, schulischer Berufsausbildung, Modul-Ausbildung, nationalen Berufsbildungsdiensten, Training-on-the-job
Hegelheimer (1988)	duale Systeme, vollschulische Systeme und gemischte Berufsausbildungssysteme
Zedler (1988)	Duales System der Berufsausbildung, vollschulisches System, gemischtes System, Berufsausbildung als Training-on-the-job
UNESCO/BMBW (1989)	Betriebsmodell, Schulmodell, kooperatives Modell Schule und Betrieb, kooperatives Modell Zentrum und Betrieb
Greinert (1992)	Marktmodell (Staat spielt nur eine geringe Rolle), staatliches Modell (Staat reguliert allein), staatlich gesteuertes Marktmodell (Staat setzt nur Rahmenbedingungen)
de Moura Castro (1993)	berufliche Vollzeitschule, Gesamtschule, Duales System, Berufsbildungszentrum, Ausbildung in Unternehmen

Abb. 2.3: Modellansichten von Ausbildungssystemen

Qualitätselemente

Will man die Qualität eines Ausbildungs- oder Gesamtbildungssystems beurteilen, dann muß man Funktionen und Strukturen unter den Leitaspekten Demokratisierung (Gleichheit, Partizipation und Rechtsstaatlichkeit), Subjektbildung (Kompetenz, Reflexivität und Handlungsfähigkeit) und Qualifizierung (Befähigung, Verkehrsformen zu handhaben) betrachten.

Gegenwärtig gibt es drei idealtypische Positionen der Qualitätsbeurteilung:

(1) Eine Allgemeinbildung und Berufsbildung separierende Sicht, welche die Berufsbildung lediglich unter qualifizierendem Gesichtspunkt im Hinblick auf die Allokation am Arbeitsmarkt betrachtet. Wir nennen dies die berufsorientierte Sicht (vgl. hierzu Kutscha 1997, 649 ff.).

(2) Eine Sicht, welche einerseits berufsbezoge Funktionalität, andererseits gesellschaftliche Integration bzw. Desintegration fokussiert. Wir nennen dies die arbeitsmarkt- und sozialpolitische Sicht (vgl. Greinert 1995, 85 f.).

(3) Eine verknotende bzw. bündelnde Sicht, welche die Entwicklung der Persönlichkeitspotentiale ebenso wie die Gestaltung der Gesellschaft durch Arbeit als Aufgabe und Möglichkeit fokussiert. Wir nennen dies die subjektbezogene Sicht (vgl. Lisop und Huisinga 1994).

Zwecks quantifizierender Überprüfung der arbeitsmarkt- und sozialpolitischen Leistungen auf den Gebieten der Qualifikation, der Allokation, der Selektion und Statusdistribution, der Absorptions- und Aufbewahrungsfunktion, der Verwertung von Qualifikation sowie der Integration von Berufsbildungssystemen hat Greinert 35 Überprüfungsindikatoren ausgearbeitet. Sie dienen dem Controlling und der Planung (vgl. Greinert 1995, 87 ff.).

2.2.2 Rationalitätsfunktionen

Das Bildungswesen ist Teil des gesellschaftlichen Ganzen. Das Ganze aber ist dynamisch und einem permanenten Prozeß im Sinne von Freisetzung und Vergesellschaftung unterworfen. Seine Probleme sind stets solche einer spezifisch historischen bzw. gesellschaftspolitischen Entwicklungskonstellation.

Wenn wir die Struktur des beruflichen Ausbildungs- und Schulwesens betrachten, so tun wir dies nicht im Hinblick auf die Elemente von Organisation, Recht und Ökonomie an sich, auch nicht nur im Hinblick auf das

Gesamtbildungssystem, sondern stets im Hinblick auf die Konstitutionslogik der Gesellschaft und auf Leitbilder vom Menschen und von Gesellschaft.

Will man erfassen, weshalb sich in der Entwicklung menschlicher Gesellschaften überhaupt Qualifizierungssysteme mit spezifischen Strukturen herausgebildet haben, so stößt man zunächst auf ein generelles Phänomen. Der von der praktischen Arbeit abgelöste Prozeß der Qualifikation bedarf dann eines eigenen "Lernortes", wenn der notwendige Grad von Allgemeinheit und Systematik sowie von Übung nicht mehr durch Erfahrungsweitergabe beim mithelfenden Tun realisiert werden kann. Mit einem separaten Ort der Qualifizierung ergibt sich dann das Problem seiner strukturellen Formgebung und der Verfügungsgewalt über die jeweilige Einrichtung. So bedarf es der Finanzierung für Gebäude, Ausstattung, Unterhalt und Personal sowie der Regelung der Zugänge, des Curriculums, der Dauer der Ausbildung und der Abschlüsse und ihrer Anerkennung.

Über die Kategorie "Konstitutionslogik" (vgl. Kapitel eins) mag deutlich werden, daß auch die spezifische gesellschaftliche Arbeit "Bildung bzw. Qualifikation" funktional durch die Rationalitäten der Konstitutionslogik bestimmt wird. Sie lassen strukturell bestimmte Formgebungen entstehen. So war z.B. die in den 60er Jahren unseres Jahrhunderts verbreitete Unterscheidung nach zweijährigen Anlernberufen (vor allem für Mädchen) und dreijährigen Vollberufen Ausdruck einer spezifischen Verteilungs- und Zugangsrationalität des Arbeitsmarktes und der gesellschaftlichen Statuszuweisung. Die Einrichtung z.B. des Berufsvorbereitungsjahres ab Mitte der 70er Jahre ist Ausdruck einer Befriedungsrationalität, die dem Mangel an Ausbildungsplätzen und damit einhergehender Jugendarbeitslosigkeit durch besonderen Förderunterricht vorbeugen will.

Mit Hilfe des Gesellschaftlichen Implikationszusammenhangs (vgl. Kapitel eins) von Bewußtseins- und Verkehrsformen sowie von Produktionsformen läßt sich die Frage nach dem gesellschaftlich funktionalen Sinn von Strukturgebilden, d.h. ihren gesellschaftlich bedeutsamen Leistungen, in einem ersten Schritt ausdifferenzieren. Die leitende Frage lautet, welche Leistungen für welchen Bereich der gesellschaftlichen Produktionsformen und für welche Adressatengruppen durch welche spezifische curriculare Kombination von Bewußtseins- und Verkehrsformen erbracht werden. Hieran ist die Kombination der oben angegebenen Strukturelemente des Bildungssystems gesellschaftspolitisch und pädagogisch zu messen. Wir müssen die Strukturelemente allerdings dahingehend erweitern oder ausdifferenzieren, daß auch die Zulassungsbedingungen sowie die Abschlüsse und die daran geknüpften Berechtigungen im Bildungssystem und auf dem Arbeitsmarkt berücksichtigt werden.

Sodann sind zwei Ebenen zu unterscheiden.

Auf einer ersten Ebene fragen wir danach, wie aufgrund der gesellschaftlichen Rationalitäten die Strukturelemente des Bildungswesens geprägt werden. In erster Linie spielen die Verteilungs- und Zugangsrationalität eine Rolle. Über Zulassungsbedingungen, Abschlüsse und Kosten der Ausbildung wird sowohl der Zugang ins Ausbildungssystem als auch der Wert des Abschlusses auf dem Arbeitsmarkt reguliert. Die zuständigen staatlichen, öffentlich-rechtlichen oder privaten Instanzen und Träger (z.B. Ministerien, gesetzlich vorgeschriebene Ausschüsse, Kammern, Trägervereine) fungieren dabei zusammen mit den "betrieblichen Abnehmern" als Regulatoren.

In zweiter Linie ist die Warenrationalität von Bedeutung. Sie bezieht sich auf die Breite und Differenziertheit der Qualifikation und darauf, welche unmittelbare Verwertung möglich oder erforderlich ist.

Schließlich ist die Befriedungsrationalität zu nennen. Hier geht es darum, wie zum Beispiel gesetzlichen Auflagen der Gleichheit Genüge getan wird oder wie sozialer Desintegration vorgebeugt werden kann.

In den Rationalitäten manifestieren sich Prinzipien, die entweder eher egalitär und integrativ oder selektiv wirken bzw. entweder eher von öffentlichen oder privatwirtschaftlichen Belangen dominiert sind.

Die zweite Ebene ist der Subjektbezug. Hier geht es darum, welche Leistungen aufgrund des pädagogischen Ethos für die Entwicklung und Entfaltung von Selbst-, Sach- und Sozialkompetenz erbracht werden. Auch wenn die Subjektbildung im Rahmen des beruflichen Ausbildungs- und Schulwesens schwergewichtig auf ein Berufs- und Qualifikationsfeld und einen Beruf bzw. ein Qualifikationsbündel bezogen ist, so hat sie doch einen allgemeinen Erziehungs- und Bildungsauftrag zu erfüllen. In allen Landesschulgesetzen der Bundesrepublik Deutschland wird dieser Auftrag ausführlich expliziert und ist für alle Schulen bindend. Wir können diese Leistung 'Subjektbildung' auch als allgemeine Reproduktionsleistung bezeichnen, die sowohl der Gesellschaft als Ganzes als auch den ökonomischen Teilbereichen sowie der individuellen Flexibilität dient.

2.3 Das deutsche System der Berufsausbildung (Das korporative Duale System)

Die nicht akademische berufliche Erstausbildung in Deutschland umfaßt im wesentlichen drei Bereiche. Es sind dies die momentan noch vorherrschende sogenannte duale Ausbildung mittels Kombination von Berufsschule und Ausbildungsbetrieb und die vollschulische Berufsausbildung vor allem in Berufsfachschulen. Beide müssen wir verzahnt sehen mit der Jugendberufshilfe, speziell durch berufsvorbereitende Maßnahmen. Neben diesen Hauptbereichen, wie wir sie auch in den Berufsbildungsberichten des Bundesministeriums für Bildung, Wissenschaft, Forschung und Technologie [BWFT] berücksichtigt finden, gibt es eine Reihe Misch- und Sonderformen (vgl. Anhang).

Angesichts der Europäisierung und der vielen Anzeichen einer Deregulierung des deutschen Systems der Berufsausbildung ist zu begründen, warum wir der Darstellung des deutschen Systems relativ breiten Platz einräumen. Es liegt dies an der gewählten paradigmatischen Grundposition, die wir im ersten Kapitel beschrieben haben. Ihr Erkenntnisziel sind die Implikationen und Konstitutionslogiken, die in historischen Prozessen und in Bildungsprozessen wirksam sind. Sie müssen erkannt sein, wenn Veränderungen und Krisen rational bewältigt, wenn Entwicklungsprozesse wert- und vernunftorientiert initiiert und gesteuert werden sollen. Eine genaue Kenntnis bestehender Strukturen und ihrer bisherigen Entwicklung hilft daher, Veränderungsprozesse besser zu beurteilen und zu gestalten.

Die Korporationselemente

Das deutsche System der beruflichen Erstausbildung wird allgemein Duales System genannt, seitdem der Deutsche Ausschuß für das Erziehungs- und Bildungswesen dies in seinem Gutachten "Das Berufliche Ausbildungs- und Schulwesen" von 1964 vorgeschlagen hatte. Mit der Bezeichnung "dual" wird zum Ausdruck gebracht, daß es zwei Träger gibt, in der Regel einen Ausbildungsbetrieb und die begleitende öffentliche Pflichtberufsschule.

 Der Begriff Dualität kennzeichnet das deutsche System der Ausbildung jedoch nur oberflächlich. Wichtiger ist sein korporativer Charakter. Er ist mehrdimensional, und die Dualitäten stellen darin nur eine Dimension dar.
Zum korporativen Charakter gehören insgesamt:

(1) die Dualitäten des Systems;
(2) die Rechtsbasis;
(3) der Berufsbezug und die berufsbezogene Ausbildung;
(4) die Instanzen und Korporationen;
(5) die Professionalität des pädagogischen Personals;
(6) die Trägerschaften und die Finanzierung.

Diese Dimensionen werden im folgenden dargestellt.

Die Dimension "Dualität"

Die Bezeichnung *dual* ist immer wieder kritisiert worden, weil sie falsche Vorstellungen über die Rechtsposition der Träger und die Anteile an den Lernzeiten erwecke und ein Gleichgewicht bzw. eine Harmonie zwischen den Trägern und ihren Zielstellungen, Interessen, Ausbildungsinhalten und Methoden suggeriere. Kell weist schon 1971 auf die Mehrdimensionalität der Dualitäten hin. Lisop differenziert diese 1990 (vgl. Lisop 1990) als ein Dualitätengefüge aus.

Die Dualität hat nach Lisop sieben, auf komplizierte Weise verschränkte Ebenen, und in sich sind die Pole der Dualitäten zum Teil vervielfacht. Aus dieser Komplexität erkläre sich u.a., daß es im Dualen System Dauerprobleme gibt.

(1) Die Ebene "Lernorte"
Die allgemein ins Auge gefaßte Ebene der Dualität ist die der Lernorte. Der Begriff "Lernort" wurde durch eine Empfehlung der Bildungskommission des Deutschen Bildungsrates zur Neuordnung der Sekundarstufe eingeführt (vgl. Deutscher Bildungsrat 1974). "Lernort" wurde als Einrichtung definiert, die anerkanntermaßen im Rahmen des öffentlichen Bildungswesens Lernangebote organisiert. Konkret werden Schule, Betrieb, Lehrwerkstatt und Studio genannt. Diesen sind im Rahmen der Kombination von allgemeinem und beruflichem Lernen unterschiedliche didaktische Funktionen zugeordnet. Der Lernortbegriff macht insofern Sinn, als es didaktisch jeweils um ein Ensemble von Zielen, Inhalten und Verfahren des Lernens, Übens und Erfahrung-Sammelns geht, wozu es unterschiedlicher Arrangements auch im räumlichen Sinne bedarf. Als konkrete Beispiele seien die Lehrwerkstatt und die Lerninsel im Betrieb genannt, aber auch die Übungsfirma oder das Lernbüro. Auch wenn man an die Vielfalt anerkannter Bildungseinrichtungen denkt, die

nicht ohne weiteres unter die Begriffe Schule oder Betrieb im gängigen Sinne zu subsumieren sind, bietet sich der Lernortbegriff als umfassende Kategorie an.

Trotz der hier vorgenommenen positiven Konnotierung des Begriffs Lernort bleibt die Kritik berechtigt, die darauf verweist, daß er die rechtlichen, institutionellen und didaktisch-methodischen Aspekte vermischt (vgl. Beck 1984). Auch spricht das Berufsbildungsgesetz nicht von Lernorten, sondern von Ausbildungsstätte (z.B. in § 22). Es hat sich aber gezeigt, daß der Begriff Lernort dennoch praktikabel ist, weil aus dem Kontext des jeweiligen Gebrauchs in aller Regel ersichtlich wird, um welchen der genannten Aspekte es sich dabei handelt. Mit dem Hinweis auf die heutige Vielfalt von Lernorten sollte zugleich deutlich geworden sein, daß die Charakterisierung des deutschen Systems der beruflichen Erstausbildung über lediglich zwei Lernorte, nämlich Schule und Betrieb, obsolet geworden ist (vgl. auch Anhang).

(2) Die Ebene "Trägerschaft"
Als zweite Ebene der Dualität läßt sich die der Trägerschaft nennen. Der Träger einer Bildungseinrichtung finanziert diese, und er bestimmt im Zuge der Durchführung im Rahmen der einschlägigen Gesetze das besondere pädagogische Profil; schließlich wählt er das zuständige Personal aus. Die Trägerschaft in der dualen Ausbildung ist in sich mehrfach dual gebrochen. Auf seiten des Lernortes Schule zum Beispiel fungieren die Kommunen für die sachlichen, die Länder für die personellen Belange. Auf seiten der Betriebe finden wir außer Einzelbetrieben und überbetrieblichen Einrichtungen als Träger (und zugleich Lernorte) auch die Kammern und Betriebsverbände als Träger. Ergänzend hierzu sind im Zuge staatlicher Förderprogramme zur Steuerung der Stellenkrise auf dem Ausbildungs- und Arbeitsmarkt außerbetriebliche Einrichtungen als Träger entstanden, die von Bund und Ländern bzw. aus Mitteln der Arbeitsverwaltung finanziert werden. Ein Träger kann, muß aber nicht mit einem Lernort identisch sein.

(3) Die Ebene "Sozialpartei"
Die Ebene der Trägerschaft verschränkt sich ihrerseits wieder mit der sozial- und arbeitsmarktpolitischen Dualität der Sozialparteien sowie mit der gesetzgeberischen Hoheitsfunktion von Bund und Ländern. Für den Erlaß der Ausbildungsordnungen ist der Bund, für die schulischen Rahmenlehrpläne das jeweilige Bundesland zuständig. Zwischen Bund und Ländern sowie zwischen den Ländern und den am Prozeß zur Erstellung der Ordnungsmittel beteiligten Tarifpartei-

2.3 Das deutsche System der Berufsausbildung

en gibt es jedoch - wie bereits zu Anfang erwähnt - differenzierte Beteiligungs- bzw. Abstimmungsverfahren.

(4) Die Ebene "Sozialpolitik"
Schließlich müssen wir, bedingt durch die Arbeitsmarktlage, zwischen Ausbildung im "Normalfall" und derjenigen nach dem Sozialgesetzbuch III (Arbeitsförderung) unterscheiden (sogenannte Benachteiligtenprogramme für ausländische Auszubildende, lernbeeinträchtigte oder sozial benachteiligte Auszubildende, vgl. § 3 Abs. 1 Ziff. 2,3,5 und §§ 48 und 50 SGB III); auch dies eine Dualität eigener Art.

(5) Die Ebene "Didaktik"
Als besonders wichtige ist die didaktische Dualität zu nennen. Die Didaktik ist die Theorie bzw. Lehre vom Lehren und Lernen. Sie umfaßt deren Strukturen und Prozesse in einer Breite, welche die Ziele, Inhalte und Methoden ebenso umfaßt wie die Ausstattung der Lernorte und die Qualifizierung der Lehrenden. An diesem umfangreichen Komplex lassen sich folgende bedeutsame *duale Ausdifferenzierungen* ausmachen:
- Ausbildungsordnungen und Lehrpläne,
- Lehrgänge und produktive Tätigkeit,
- Fachtheorie und Fachpraxis,
- Spezialbildung durch Tätigkeitsbezug und fachübergreifende Qualifizierung,
- Berufsbildung und Allgemeinbildung.

(6) Die Ebene "Pädagogisches Personal"
Hier ist darauf zu verweisen, daß in den unterschiedlichen Einrichtungen seitens Betrieb und Schule, aber auch innerhalb der einzelnen Einrichtungen, unterschiedlich ausgebildetes Lehrpersonal tätig ist. Wir finden:
- Ausbilderinnen/Ausbilder
- Theorielehrerinnen/Theorielehrer bzw. Lehrerinnen/Lehrer für Fachpraxis.

(7) Die Ebene "Ordnungspolitik"
Schließlich seien aus politischer Sicht noch die Dualitäten Öffentlichkeitsprinzip versus Marktprinzip, regionale Teildifferenzierung versus Bundeseinheitlichkeit, wirtschaftsordnungspolitische Maximen versus bildungspolitische Maximen genannt (vgl. Kapitel drei).

Nicht nur der Begriff "dual" ist immer wieder kritisiert worden, sondern auch der Begriff "Berufsbildungs*system*". Unübersichtlichkeit, Vielfalt und Inkonsistenz sind die Hauptgründe dafür, daß es zu Charakterisierungen wie organisiertes Chaos (Luchtenberg), Organisationssumpf und Organisationswirrwarr (Grüner), chaotische Vielfalt (Eckert) kommen konnte (vgl. hierzu Fingerle und Kell 1990). Sie bezogen sich zwar stärker auf die schulische als auf die betriebliche Seite, doch ist auch letztere heute komplex geworden.

Trotz der Dualitätenvielfalt und der Kompliziertheit des Ausbildungssystems, welche durchaus den Eindruck "Wirrwarr" vermitteln können, lassen sich eine durchschaubare Struktur und Sinn bzw. Konstitutionslogik erkennen. Unseres Erachtens ermöglichen sie, von einem korporativen oder demokratisch repräsentativen Ordnungssystem zu sprechen (vgl. ähnlich Harney 1997).

Die Rechtsbasis

Die rechtliche Basis des Dualen Systems findet sich in verschiedenen Gesetzen und Verordnungen. Zu nennen sind in der Reihenfolge der Bedeutung:

(1) das Berufsbildungsgesetz (BBiG) von 1969,
(2) das Gesetz zur Ordnung des Handwerks (Handwerksordnung -HWO) von 1965,
(3) das Gesetz zur Förderung der Berufsbildung durch Planung und Forschung (Berufsbildungsförderungsgesetz -BerBiFG) von 1981,
(4) die Landesschulgesetze.

Ergänzend zu diesen Gesetzen müssen das Sozialgesetzbuch III (ehemals Arbeitsförderungsgesetz - AFG von 1969), das Gesetz zum Schutze der arbeitenden Jugend (Jugendarbeitsschutzgesetz - JArbSchG) von 1976 und das Bundesgesetz über individuelle Förderung der Ausbildung (Bundesausbildungsförderungsgesetz - BAFöG) von 1983 genannt werden.

Schließlich sind eine Reihe von Verordnungen bedeutsam. Zu ihnen zählen u.a. die Verordnungen über die berufs- und arbeitspädagogische Eignung für die Berufsausbildung in der gewerblichen Wirtschaft und im öffentlichen Dienst (Ausbilder-Eignungsverordnungen) von 1972 bzw. 1976 sowie die Verordnung über die Anrechnung des Besuchs eines Berufsgrundbildungsjahres, einer einjährigen oder einer zwei- bzw. mehrjährigen Berufsfachschule.

2.3 Das deutsche System der Berufsausbildung

Das Berufsbildungsgesetz regelt in neun Teilen und mehr als 100 Paragraphen die Berufsausbildung außerhalb der öffentlichen berufsbildenden Schulen, des öffentlichen Dienstes und bestimmter Ausbildungsverhältnisse in der Schiffahrt (vgl. Abb. 2.4).

Übersicht Berufsbildungsgesetz

Teil	§§	Inhalt
1	1 und 2	Allgemeine Vorschriften
2	3 bis 19	Berufsausbildungsverhältnis
3	20 bis 49	Ordnung der Berufsbildung
4	50 bis 59	Ausschüsse der Berufsbildung
5	60 bis 72	aufgehoben
6	73 bis 97	Besondere Vorschriften für einzelne Wirtschafts- und Berufszweige
7	98 bis 99	Bußgeldvorschriften
8	100 bis 106	Änderung und Außerkrafttreten von Vorschriften
9	107 bis 113	Übergangs- und Schlußvorschriften

Abb. 2.4: Gliederung des Berufsbildungsgesetzes

 Ein wichtiger Aspekt des Ordnungssystems der deutschen Berufsausbildung ist es, daß die vertragliche, zeitliche und inhaltliche Gestaltung des Ausbildungsverhältnisses einschließlich der Rechte und Pflichten der Auszubildenden und Ausbildenden durch das Berufsbildungsgesetz *bundeseinheitlich* geregelt sind.

Das Berufsbildungsförderungsgesetz regelt für den gleichen Anwendungsbereich wie das Berufsbildungsgesetz die Berufsbildungsplanung, den Berufsbildungsbericht, die Berufsbildungsstatistik sowie die Aufgaben und den Aufbau des Bundesinstitutes für Berufsbildung (BIBB).

Neben der Rechtsbasis fungieren der Berufsbezug, die zuständigen Instanzen, die Finanzierung sowie das Ausbildungspersonal bzw. die Lehrerinnen und Lehrer als Strukturelemente des Systems.

Der Berufsbezug und Ausbildungsordnungen

Der Berufsbezug drückt sich primär in der Tatsache aus, daß nach § 28 BBiG Jugendliche unter 18 Jahren nur in anerkannten Ausbildungsberufen ausgebildet werden dürfen. Für 1997 wurden 356 anerkannte Ausbildungsberufe ausgewiesen (vgl. BIBB 1998,444).

Die einzelnen Ausbildungsberufe sind Teil eines Ordnungssystems im engeren Sinne, der sogenannten Ausbildungsordnung bzw. der Ausbildungsordnungsmittel.

Die Festlegung der *Ausbildungsordnung* regelt sich nach § 25 des BBiG:

 "Als Grundlage für eine geordnete und einheitliche Berufsausbildung sowie zu ihrer Anpassung an die technischen, wirtschaftlichen und gesellschaftlichen Erfordernisse und deren Entwicklung kann der Bundesminister für Wirtschaft oder der sonst zuständige Fachminister im Einvernehmen mit dem Bundesminister für Bildung und Wissenschaft durch Rechtsverordnung, die nicht der Zustimmung des Bundesrates bedarf, Ausbildungsberufe staatlich anerkennen, die Anerkennung aufheben und für die Ausbildungsberufe Ausbildungsordnungen erlassen.

Die Ausbildungsordnung hat mindestens festzulegen

(1) die Bezeichnung des Ausbildungsberufes,

(2) die Ausbildungsdauer; sie soll nicht mehr als drei und nicht weniger als zwei Jahre betragen,

(3) die Fertigkeiten und Kenntnisse, die Gegenstand der Berufsausbildung sind (Ausbildungsberufsbild),

(4) eine Anleitung zur sachlichen und zeitlichen Gliederung der Fertigkeiten und Kenntnisse (Ausbildungsrahmenplan),

(5) die Prüfungsordnungen."

Das "Regelwerk" für das Zustandekommen der Ausbildungsordnung basiert auf einer von den beteiligten Korporationen und Instanzen gebilligten Mischung aus sozialer Aushandlungspraxis der großen Tarifpartner, Ver-

2.3 Das deutsche System der Berufsausbildung

einbarungen zwischen Bund und Ländern sowie Rechtsgrundlagen auf der Basis des BerBiFG. Die an der *Entwicklung der Ausbildungsordnungen* beteiligten Interessengruppen sind Gewerkschaften und Arbeitgeberverbände, Bundesministerien, Länder (aufgrund der erforderlichen Abstimmung der Ausbildungsordnungen mit den Rahmenlehrplänen für die Berufsschulen) sowie - auf Weisung des zuständigen Fachministeriums hin - das Bundesinstitut für Berufsbildung (vgl. § 6 Abs. 2 Nr. 1a BerBiFG). Sie alle üben ein Initiativrecht aus, das ihnen freistellt, die Überarbeitung oder Neuordnung eines Ausbildungsberufes oder Ausbildungsbereiches anzuregen. Faktisch wird die Initiative durch ein formloses Antragsschreiben an das zuständige Fachministerium ausgeübt.

Die unterschiedlichen Standpunkte und Interessen machen *Abstimmungsprozesse* auf folgenden Ebenen notwendig:

- zwischen den Tarifparteien,
- innerhalb der Tarifparteien, sofern mehrere Arbeitgeber- und Arbeitnehmer-Organisationen beteiligt sind,
- zwischen den Tarifparteien und den staatlichen Instanzen,
- zwischen den Bundesministerien,
- zwischen den Ländern,
- zwischen Bund und Ländern.

Eine genaue Beschreibung der einzelnen Verfahrensschritte in diesem Geflecht von Beziehungen und Zuständigkeiten hätte viele Einzelaktivitäten aufzulisten, so z.B. die Zuständigkeiten innerhalb der Ministerien, die Beteiligungen zwischen Verordnungsminister und Justizminister, zwischen den Ministerien und den Spitzenverbänden der Arbeitgeber und Gewerkschaften jeweils im wechselseitigen Bezug sowie im Innenverhältnis, zwischen den Sachverständigen und den benennenden Organisationen. Schließlich sind hierbei Fristen, Kosten sowie die Arbeitsfähigkeit der Gremien zu bedenken, die bis in Geschäftsordnungsfragen der Ministerien hineinreicht.

Im folgenden werden deshalb in vereinfachter Weise die Hauptkomponenten des Verfahrens skizziert.

Wichtig, jedoch auch schwierig, ist der Abstimmungsprozeß (vgl. Abb. 2.5) zwischen den Spitzenverbänden der Arbeitgeber- und Arbeitnehmerseite. In einem Eckwertepapier halten sie die Ziele fest.

Das "Eckwertepapier" wird dem zuständigen Fachministerium zugeleitet, auf dessen Weisung hin das BIBB in der Regel einen Projektentwurf vorbereitet, den der Verordnungsgeber mit den Spitzenverbänden ab-

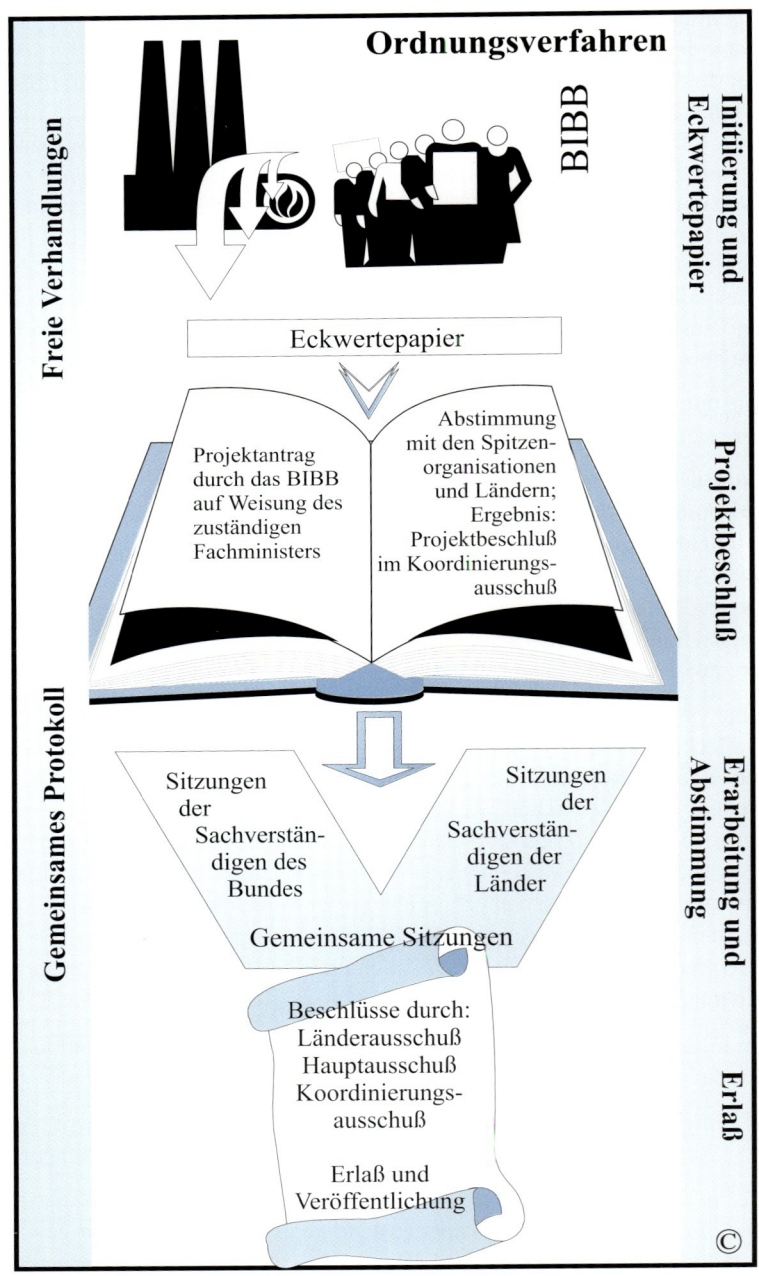

Abb. 2.5: Ordnungsverfahren nach dem "Gemeinsamen Protokoll"

stimmt und als Projektantrag einem Koordinierungsausschuß zur Bund-Länder-Abstimmung vorlegt. Nach dem Projektbeschluß durch den Koordinierungsausschuß beginnt die eigentliche Phase der Erarbeitung der Ordnungsunterlagen sowie deren Abstimmung.
Sie vollzieht sich parallel im Sachverständigenausschuß des Bundes und der Rahmenlehrplanausschüsse der Kultusministerkonferenz (KMK).
Im Sachverständigenausschuß des Bundes beeinflussen nach § 6 BerBiFG Sachverständige der Arbeitnehmer- und Arbeitgebervertretungen die konzeptionelle Arbeit an den betrieblichen Ausbildungsordnungen unter Mitwirkung des BIBB.
Unter Federführung eines Landes arbeiten schulische Berufsbildungsexperten der Länder Rahmenlehrplanentwürfe aus.
Koordiniert wird die Parallelarbeit dieser beiden Ausschüsse in gemeinsamen Sitzungen der Sachverständigen des Bundes und der Länder. Nach der Stellungnahme aller vorgesehenen Gremien (Länderausschuß, Koordinierungsausschuß, Hauptausschuß des BIBB) zu den Entwürfen wird der Erlaß der Rechtsverordnung durch den zuständigen Fachminister auf Bundesebene herbeigeführt, während die KMK einen KMK-Beschluß des Rahmenlehrplans erwirkt.

 Gliedert man das Verfahren zur Entwicklung und Abstimmung von Ausbildungsordnungen und Rahmenplänen, dann lassen sich zwei Merkmale finden. Auf der einen Seite basiert das Ordnungsverfahren auf der Tarifautonomie nach Art. 9 Abs. 3 in Verbindung mit Art. 12 des Grundgesetzes, auf der anderen Seite auf der Kulturhoheit der Länder nach Art. 20 in Verbindung mit Art. 74 des Grundgesetzes (konkurrierende Gesetzgebung). Diese politischen Ordnungsprinzipien machen ein Verfahren notwendig, in dem eine Initiierungsphase, Eckwertephase, der Projektbeschluß, die Erarbeitungsphase, die Abstimmung und der Erlaß deutlich zu erkennen sind (vgl. auch Abb. 2.5 und 2.6).

Zum Berufsbezug rechnen wir nicht nur die Erstellung der Ordnungsmittel und die Ausbildung nach diesen, sondern auch die Berufsbildungsplanung und die Berichterstattung.

Ziele der Berufsbildungsplanung nach § 2 des BerBiFG ist die Schaffung von Grundlagen für eine "abgestimmte und den technischen, wirtschaftlichen und gesellschaftlichen Anforderungen entsprechende Entwicklung der beruflichen Bildung". "Die Berufsbildungsplanung hat insbesondere dazu beizutragen, daß die Ausbildungsstätten nach Art, Zahl, Größe und Standort ein qualitativ und quantitativ ausreichendes Angebot an beruflichen Ausbildungsplätzen gewährleisten und daß sie unter Berücksichti-

Beratungs- und Entscheidungsstrukturen nach dem Gemeinsamen Protokoll vom 30. Mai 1972

Ebenen	Zusammensetzung	Aufgabe
Kontaktgespräch	Beauftragte der zuständigen Bundesminister und der Kultusminister der Länder (politische Entscheidungsebene)	Klären von Grundsatzfragen der Koordinierung betrieblicher und schulischer Berufsbildung
Koordinierungsausschuß	Beauftragte der zuständigen Bundesminister und der Kultusminister der Länder	Entscheiden über Grundsätze der Abstimmung sowie Festlegen von Beginn, Durchführung und Ergebnis von Abstimmungsprojekten
Sachverständigenausschüsse des Bundes	Sachverständige der Spitzenverbände und des BIBB	Entwerfen von Ausbildungsordnungen
Rahmenlehrplanausschüsse der KMK	Schulische Berufsbildungsexperten der Länder	Entwerfen von Rahmenlehrplänen
Gemeinsame Sitzungen	Mitglieder der Sachverständigenausschüsse des Bundes sowie der KMK-Rahmenlehrplanausschüsse	Abstimmen der Ausbildungsordnungen mit den Rahmenlehrplänen

Abb. 2.6 Beratungs- und Entscheidungsstrukturen im Abstimmungsverfahren

gung der vorhersehbaren Nachfrage und des langfristig zu erwartenden Bedarfs an Ausbildungsplätzen möglichst günstig genutzt werden".
Unterstützt wird die Berufsbildungsplanung entsprechend den §§ 3 und 4 des BerBiFG durch den jährlich vorzulegenden *Berufsbildungsbericht* und die jährliche Berufsbildungsstatistik. Der Berufsbildungsbericht wird vom zuständigen Bundesminister veröffentlicht. Er enthält einen ersten Teil zu den jeweils aktuellen bildungspolitischen Problemen und Zielsetzungen und einen zweiten, statistischen Teil mit Tabellen und kommentierenden Ausführungen.

Die staatlich anerkannten Ausbildungsberufe sind nach 93 Berufsgruppen geordnet. Für die Berufsgrundbildung werden sie in dreizehn Felder eingeteilt (vgl. Abb. 2.7). Die Berufssystematik, die Klassifikation der Berufe und die dazugehörige Statistik sind uneinheitlich organisiert. Das macht die entsprechende empirische Forschung und die Vergleichbarkeit der Ergebnisse von Datenerhebungen schwierig. Je nach Informationsquelle ist man deshalb mit unterschiedlichen Systematiken der Ausbildungsberufe konfrontiert. Die bekanntesten sind die Berufssystematik der Bundesanstalt für Arbeit und die Berufssystematik des statistischen Bundesamtes.

Die Instanzen und Korporationen

 Unter *Instanzen* verstehen wir - zum Teil durch Gesetze - mit besonderen Rechten und Aufgaben ausgestattete Akteure bzw. Mitwirkende. Bei den Rechten und Aufgaben handelt es sich im wesentlichen um die Ausarbeitung und das Erlassen von Rechtsvorschriften und Empfehlungen und um Kontroll- und Beratungsaufgaben. Als bedeutendste Instanz des deutschen Berufsbildungssystems gilt neben den zuständigen Ministerien auf Bundes- und Länderebene das Bundesinstitut für Berufsbildung. Um *Korporationen* handelt es sich dann, wenn es um die Vertretung von berufsständischen, bereichs- oder interessenspezifischen Belangen geht. Als Korporationen gelten vor allem die Kammern und Innungen, die Arbeitgeberverbände und Gewerkschaften.

Durch das Berufsbildungsgesetz von 1969 wurde das *Bundesinstitut für Berufsbildungsforschung* und der Bundesausschuß für Berufsbildung errichtet. Beiden Institutionen waren grundlegende Aufgaben der beruflichen Bildung übertragen worden. Im Interesse einer Verbesserung der notwendigen Kooperation und einer Rationalisierung der Aufgabenerfüllung sind

Nr.	Berufsfeld	Schwerpunkte	Zahl der anerkannten Berufe
I	Wirtschaft und Verwaltung	A. Absatzwirtschaft B. Bürowirtschaft u. kfm. Verwaltung C. Recht und öffentliche Verwaltung	17 8 1
II	Metalltechnik	A. Fertigungstechnik B. Installationstechnik C. Kraftfahrzeugtechnik	48 5 7
III	Elektrotechnik		17
IV	Bautechnik		38
V	Holztechnik		8
VI	Textiltechnik und Bekleidung		7
VII	Chemie, Physik und Biologie	A. Laboratoriumstechnik B. Produktionstechnik	9 5
VIII	Drucktechnik	A. Druckvorlagen B. Drucktechnik	9 8
IX	Farbtechnik und Raumgestaltung		9
X	Gesundheit		-
XI	Körperpflege		1
XII	Ernährung und Hauswirtschaft	A. Gastgewerbe und Hauswirtschaft B. Back- und Süßwaren C. Fleischverarbeitung	6 5 2
XIII	Agrarwirtschaft	A. Tierischer Bereich B. Pflanzlicher Bereich	5 3

Abb. 2.7: Berufsfeldeinteilung für die Berufsgrundbildung
(Quelle: Eigene Auswertung nach: BIBB [1998]):
Die anerkannten Ausbildungsberufe. Stand 1.10.1997)

beide Einrichtungen durch das Berufsbildungsförderungsgesetz institutionell im *Bundesinstitut für Berufsbildung* zusammengeführt worden. Aufgaben nach § 6 Abs. 2 BerBiFG sind:

(1) Mitwirkung an der Vorbereitung von Ausbildungsordnungen und sonstigen Rechtsverordnungen,

2.3 Das deutsche System der Berufsausbildung

(2) Mitwirkung an der Vorbereitung des Berufsbildungsberichtes,
(3) Mitwirkung an der Vorbereitung der Berufsbildungsstatistik,
(4) Förderung von Modellversuchen einschließlich wissenschaftlicher Begleituntersuchungen,
(5) Unterstützung der Planung, Errichtung und Weiterentwicklung überbetrieblicher Berufsbildungsstätten,
(6) die Beratung der Bundesregierung in Fragen der Berufsbildung,
(7) nach Genehmigung des zuständigen Bundesministers und aufgrund eines vom Hauptausschuß beschlossenen Forschungsprogramms Durchführung von Berufsbildungsforschung und Förderung der Bildungstechnologie durch Forschung,
(8) Führung und Veröffentlichung des anerkannten Verzeichnisses der Ausbildungsberufe,
(9) Wahrnehmung von Aufgaben im Rahmen der Bestimmungen des Fernunterrichtsschutzgesetzes.

Die *Organe* des BIBB sind der Generalsekretär und der Hauptausschuß.

Dem Hauptausschuß gehören je elf Beauftragte der Arbeitgeber, Arbeitnehmer und Länder sowie fünf Beauftragte des Bundes an. An den Sitzungen des Hauptausschusses können ein Beauftragter der Bundesanstalt für Arbeit und ein Beauftragter der auf Bundesebene bestehenden kommunalen Spitzenverbände mit beratender Stimme teilnehmen.
Die dem Hauptausschuß angehörenden Beauftragten werden von den jeweiligen Spitzenverbänden der Wirtschaft (DIHT, DHT, BDA, BDI, DGB), der Bundesregierung sowie dem Bundesrat vorgeschlagen und vom zuständigen Bundesminister für längstens vier Jahre berufen.
Der Hauptausschuß beschließt über die Angelegenheiten des Bundesinstituts für Berufsbildung nach § 6 Abs. 2 (siehe oben).

Neben dem Hauptausschuß gibt es Unterausschüsse, wovon ein ständiger Unterausschuß die Aufgaben zwischen den Sitzungen des Hauptausschusses wahrnimmt. Ferner gibt es einen Länderausschuß, der auf eine Abstimmung zwischen den Ausbildungsordnungen und den schulischen Rahmenlehrplänen der Länder hinwirkt, sowie Fachausschüsse zur fachlichen Beratung einzelner Aufgaben des Generalsekretärs. Den Fachausschüssen können auch Lehrerinnen und Lehrer als sachkundige Personen angehören. Schließlich gibt es einen Fachausschuß für Fragen Behinderter.

Weitere wichtige Instanzen für die betriebliche Berufsausbildung gibt es auf Landes- und Kammerebene.

 Die sogenannte "*zuständige Stelle*", in der Regel die fachlich zuständige Kammer, führt das Verzeichnis der Berufsausbildungsverhältnisse, in das der wesentliche Inhalt des Berufsausbildungsvertrages zwischen ausbildendem Betrieb und Auszubildenden eingetragen wird. Die zuständige Stelle regelt die Durchführung der Berufsausbildung im Rahmen des Berufsbildungsgesetzes, sie überwacht die Durchführung und fördert sie mittels Beratung durch einen Ausbildungsberater, den sie zu bestellen hat.

In den anerkannten Ausbildungsberufen sind Zwischenprüfungen und Abschlußprüfungen durchzuführen, über die dem Prüfling ein Zeugnis, der sogenannte Brief (z.b. Kaufmannsgehilfenbrief, Gesellenbrief, Facharbeiterbrief), ausgestellt wird. Abgeprüft werden theoretische und praktische Kenntnisse, die der Ausbildungsordnung zugrunde liegen. Für die Abnahme der Abschlußprüfung errichtet die zuständige Stelle Prüfungsausschüsse. Ihnen gehören in gleicher Zahl Beauftragte der Arbeitgeber und der Arbeitnehmer sowie mindestens eine Lehrerin oder ein Lehrer einer berufsbildenden Schule an. Die zuständige Stelle erläßt auch die Prüfungsordnung.

Schließlich richtet die zuständige Stelle einen Berufsbildungsausschuß ein. Ihm gehören je sechs Beauftragte der Arbeitgeber und der Arbeitnehmer sowie sechs Lehrerinnen oder Lehrer aus berufsbildenden Schulen mit beratender Stimme an.

Der Berufsbildungsausschuß beschließt Rechtsvorschriften für die Durchführung der Berufsbildung, auch ist er in allen wichtigen Angelegenheiten der beruflichen Bildung zu hören.

Bei der jeweiligen Landesregierung wird ein Landesausschuß für Berufsbildung errichtet, dem zur gleichen Zahl Beauftragte der Arbeitnehmer, der Arbeitgeber und der obersten Landesbehörde angehören. Die Hälfte der Beauftragten der Landesbehörden müssen in Fragen des Schulwesens sachkundig sein. Der Landesausschuß hat die Landesregierung in Fragen der Berufsbildung zu beraten und im Interesse einer einheitlichen Berufsbildung auf eine Zusammenarbeit zwischen schulischer und betrieblicher Ausbildung hinzuwirken.

Schulischerseits sind als Instanzen die Kultusministerien der Länder und die Schulaufsicht zu nennen. Auf Bundesebene nehmen die Kultusministerkonferenz sowie die Bund-Länder-Kommission für Bildungsplanung und Forschungsförderung Abstimmungs-, Koordinierungs- und Förderaufgaben wahr.

Die bereits erwähnten Verbände und Organisationen der Arbeitgeber und Arbeitnehmer sind keine Instanzen im Sinne des BBiG und des BerBiFG, wohl aber fungieren sie als Teil der skizzierten Instanzen im Rahmen der repräsentativen Demokratie und ihren Mitgliedern gegenüber als normbildende Instanz.

Die Professionalität des Personals

 Der Begriff der Professionalität besagt:
Als Profession wird ein bestimmter Berufstyp verstanden. Er ist dadurch charakterisiert, daß zur Grundlage der Berufsausübung ein systematisches, in der Regel wissenschaftliches Wissen, ein Berufsethos, welches an zentrale Werte der Gesellschaft angebunden ist, sowie eine ausgeprägte Autonomie gehören (vgl. Combe und Helsper 1996,9 ff.).

(1) Das Kriterium "Wissenschaftlichkeit bzw. Systematik"
Es ist dort ohne Einschränkungen erfüllt, wo das Personal über eine wissenschaftliche Ausbildung verfügt. Bei den sogenannten Theorielehrern an den beruflichen Schulen ist solches zwingend vorgeschrieben. Auf seiten der Betriebe verfügt das Personal in Leitungspositionen der Aus- und Weiterbildung häufig ebenfalls über einen akademischen Abschluß. Unterhalb der Leitungsebene in der unmittelbaren Berufsausbildung ist eine abgeschlossene Berufsausbildung und der Befähigungsnachweis entsprechend den Ausbildereignungsverordnungen erforderlich. Darin wird auf den Erwerb berufs- und arbeitspädagogischer Kenntnisse der Sachgebiete "Grundfragen der Berufsbildung", "Planung und Durchführung der Ausbildung", "Jugendliche in der Ausbildung" und "Rechtsgrundlagen" abgestellt (vgl. § 2 Ausbildereignungsverordnungen). Das Kriterium "systematisches Wissen" ist folglich gegeben.
Analoges gilt für die Fachlehrer für arbeitstechnischen Unterricht, die jedoch keine akademische Ausbildung benötigen.

(2) Das Kriterium "Berufsethos"
Schwieriger wird es, wenn der Grad der Professionalität am Kriterium "*Berufsethos*" gemessen wird. Im Unterschied zum Beispiel zum Arztberuf gibt es kein definiertes und allgemein anerkanntes Berufsethos für Pädagogen. Als Ersatz für das Berufsethos fungieren nicht selten Erfolgskriterien wie gute Prüfungs- und Abschlußleistungen, soziale Integration durch die Übernahme von Normen und Werten, Denk-, Urteils- und Verhaltensmustern", aber auch z.B. die Förderung von Begabungen oder die Gewährung von persönlichen Hilfen.

(3) Das Kriterium "Autonomie"
Der *Autonomiegrad* kann formal daran gemessen werden, in welchem Maße die Berufsausübung weisungsgebunden erfolgt. Urteil

man dagegen von der Struktur des pädagogischen Handelns aus, dann ist der Autonomiegrad hoch. Zwar sind Pädagoginnen und Pädagogen an einschlägige Gesetze und Rahmenvorgaben, wie z.B. Ausbildungsrahmenpläne und Rahmenlehrpläne, gebunden. Deren konkrete didaktische und methodische Umsetzung ist jedoch weisungsfrei.

(4) Das Aufgabenspektrum
Im Strukturplan für das Bildungswesen hat die Bildungskommission des Deutschen Bildungsrates 1970 die Aufgaben von Lehrerinnen und Lehrern durch Lehren, Erziehen, Beraten, Beurteilen und Innovieren bestimmt. Dieses breite Aufgabenspektrum läßt sich auf alle pädagogischen Professionen im Bereich der beruflichen Aus- und Weiterbildung übertragen. Nach Lisop und Huisinga (vgl. Lisop und Huisinga 1994) bildet die Didaktik auch dort den Kern der pädagogischen Professionalität, wo es nicht um Unterrichten im engeren Sinne geht. Ziel des pädagogischen Tuns sei die Hilfe zur Entwicklung und Entfaltung der Kompetenz, wozu stets mit Hilfe didaktischer Instrumentarien die Möglichkeiten des Erkennens, der Wissensaneignung, des Reflektierens, Übens und Erprobens hergestellt werden müßten.

 Im Gegensatz zu den klassischen wirtschafts- und berufspädagogischen Professionen der Lehrerinnen und Lehrer sowie der Ausbilderinnen und Ausbilder gibt es keine rechtlichen Vorschriften für die Ausbildung von Weiterbildnern und Weiterbildnerinnen.

Die berufliche Weiterbildung hat durch den technisch-ökonomischen Wandel und die damit einhergehende rasche Veränderung von Produktionskonzepten große Bedeutung erlangt. So arbeiten betriebliche Weiterbildner und Weiterbildnerinnen mit Beratung, Konzeptentwicklung und Trainings sowohl auf dem Gebiet der Organisationsentwicklung als auch des fachlichen und fachübergreifenden Unterrichtes. Die gängigen Bezeichnungen für Weiterbildner und Weiterbildnerinnen variieren. Wir finden Benennungen wie Trainer, Weiterbildner, Organisationsentwicklungsberater oder Moderator. Die Anforderungen tendieren zur wissenschaftlichen Vorbildung durch ein Hochschulstudium. Favorisiert werden dabei die Fachrichtungen Wirtschaftswissenschaft, Pädagogik und Psychologie.

Über die Studienangebote der Hochschulen hinaus existiert ein breiter Markt privatwirtschaftlich organisierter Angebote zum Erwerb von Zusatzqualifikationen für die betriebliche und überbetriebliche Weiterbildungsarbeit.

Trägerschaft und Finanzierung

In der Regel finanzieren die jeweiligen Träger die Ausbildung. Auf der Seite der öffentlichen Schulen kommen die Kommunen für die Sach- und Gebäudeausstattung und die Länder für die Personalkosten auf. Die Kosten der betrieblichen Ausbildung werden von den einzelnen Betrieben getragen. Die außerbetriebliche Ausbildung wird dagegen durch die Bundesanstalt für Arbeit oder durch ein entsprechendes Ministerium finanziert.

Die Finanzierung der Berufsausbildung ist in den vergangenen 45 Jahren immer wieder Gegenstand von politischen Auseinandersetzungen gewesen.

Die Diskussion um die Finanzierung des Berufsbildungssystems wird bereits Ende der 50er Jahre als eine geführt, die primär betriebliche Kosten und Nutzen abzuwägen versucht. So publizierte Wahrmut (vgl. Wahrmut 1957) eine Untersuchung über "die Kosten und Erträge der Lehrlingshaltung im Handwerk", in welcher er das Kosten-Nutzen-Verhältnis als negativ bezeichnet. Die Veröffentlichung löste eine breite Kontroverse aus, zumal Schlieper schon 1954 geschrieben hatte, daß "die weitaus meisten Lehrverhältnisse unrentabel sind" (Schlieper 1954,78).

Ähnliche Argumentationen bezüglich der Höhe der betrieblichen Ausbildungskosten zeigen sich vor allem in ökonomischen Krisenzeiten. Unter der Bedingung, daß kurz- und mittelfristig kein betriebswirtschaftlicher Zwang zur Ausbildung besteht, werden dann für die Ausbildungsaufwendungen alternative ökonomische Verwendungen gesucht. Dies können unmittelbare Gewinnzuführungen oder Investitionsvorhaben sein.

Durch solche Reaktionen der Betriebe auf die ökonomische Lage sinkt das Angebot an Ausbildungsplätzen ebenso wie aufgrund von neuen arbeitsorganisatorischen und technischen Bedingungen, welche eine arbeitsnahe Ausbildung erschweren.

Die Verminderung der Ausbildungskapazität wirft zunächst sozial- und jugendpolitische Fragen auf. Sie machen sich an der Verwahrlosungsproblematik sowie an der fehlenden Zukunftsperspektive fest. Darüber hinaus stellt sich ökonomisch die Frage nach der angemessenen Reproduktion des Arbeitskräftepotentials. Um beiden Problemlagen zu begegnen, wird deshalb nach Auswegen gesucht. Bereits ab 1952 (KMK-Gutachten zur Berufsausbildung) wurde nach alternativen Finanzierungsmodellen gesucht, mit deren Hilfe das Angebot an Ausbildungsplätzen gesichert werden könnte. Die bekannteste Kommission war die Sachverständigenkommission des Deutschen Bildungsrates von 1974, nach ihrem Vorsitzenden auch

Beispiele für Finanzierungsmodelle:

Umlage- finanzierung:	KMK-Gutachten zur Berufsausbildung von 1952, "Edding-Kommission" - Sachverständigen Kommission "Kosten und Finanzierung der beruflichen Bildung"
Zuschuß- modell:	DGB-Entwurf eines Berufsausbildungsgesetzes von 1959
Ausgleichs- modell:	Deutscher Bildungsrat: Empfehlungen der Bildungskommission zur Verbesserung der Lehrlingsausbildung von 1969

Als alternative Modelle gelten :

- Überbetriebliche Zentralfonds zwecks Dauerfinanzierung. Durch den Fond wird ein Lastenausgleich zwischen den ausbildenden und nicht ausbildenden Betrieben finanziert.
- Modell der überbetrieblichen Bedarfs- und Notfallfinanzierung durch eine befristete gesetzliche Berufsausbildungsabgabe.
- Tariffonds-Finanzierung. Ein Tariffond stellt eine aus Arbeitgeberumlagen gespeiste Finanzierungsquelle dar. Die Tarifparteien legen die Modalitäten des Fonds fest.
- Sonderformen der Fonds-Finanzierung durch Kammern, Branchen oder Regionen.
- Mischformen der Finanzierungen, die vor allem durch Möglichkeiten zur Sonderabschreibung, Rückstellung, Subvention oder Sozialabgabenbegünstigung entstehen.

Abb. 2.8: Finanzierungsmodelle

2.3 Das deutsche System der Berufsausbildung

"Edding-Kommission" genannt. Seit der Arbeit dieser Kommission werden vier Finanzierungsmodelle diskutiert (vgl. Abb. 2.8).

Besonders das Modell der Umlagefinanzierung wird seitens der Arbeitgeber abgelehnt. So heißt es in einer repräsentativen Stellungnahme: "Eine Umlagefinanzierung verringert die Ausbildungsbereitschaft der Betriebe und damit das Angebot an geeigneten Ausbildungsplätzen. Nur Motivierung und positive Anreize können zu mehr Ausbildung führen. Eine neue Mehrbelastung der Wirtschaft, die als Bestrafung verstanden wird, kann mehr Ausbildung nicht erzwingen. Sie muß im Gegenteil zur Verringerung der Ausbildung führen" (Kuratorium der Deutschen Wirtschaft für Berufsbildung 1995,11). Weitere Gegenargumente sind bürokratische Kontroll- und Verteilungsmechanismen, Abkopplung des Ausbildungsangebotes vom Arbeitsmarkt, Mittelvergabe nach vorgegebenen Qualitätsstandards, ungerechte Kostenbelastung sowie unerwünschte ökonomische Struktureffekte (vgl. ebda.). Das Argumentationsmuster der Stellungnahme behauptet Kausalitäten, die sich nicht beweisen lassen. Dies deutet darauf hin, daß es andere Prioritäten bzw. Interessen für die Verwendung der Mittel gibt und daß vor allen Dingen weitere Reglementierungen im Berufsbildungssystem abgelehnt werden.

In einer solchen Situation ist der soziale und demokratische Rechtsstaat gezwungen, subsidiäre Leistungen zu erbringen. Hierzu gehören alle Maßnahmen der Arbeitsverwaltung speziell auf der Basis des Arbeitsförderungsgesetzes von 1969.

Im einzelnen gehören dazu individuelle Beihilfen für Auszubildende in berufsvorbereitenden Maßnahmen, Beihilfe zur Berufsausbildung Benachteiligter, überbetriebliche Berufsausbildung in Regionen mit besonderem Ausbildungsplatzdefizit und entsprechende institutionelle Förderungen. Zusätzlich subventionieren die Bundesländer Ausbildungsplätze in Betrieben.

Diese Darstellung finanzieller Aspekte der Berufsbildung läßt darauf schließen, daß es offensichtlich nicht die Finanzierung selbst ist, die das Problem darstellt. Das öffentliche Interesse zielt auf die Sicherung von Ausbildungsplätzen und Qualifizierung überhaupt sowie auf sozialen Frieden durch gesellschaftliche Integration und ökonomische Teilhabe. Seitens ökonomischer Partikularinteressen geht es um die Flexibilität der Kapitalverwendung. Greift man die im ersten Kapitel dargestellten Rationalitäten auf, dann sind Zugangs- und Verteilungsrationalität und deren Steuerung im Spiel. Finanzierungsdebatten signalisieren deshalb immer gesellschaftliche Kämpfe um die "Steuerungshoheit".

2.4 Beispiele europäischer Berufsbildungssysteme

Der folgende Vergleich versucht, die wichtigsten Ähnlichkeiten und Unterschiede europäischer Berufsbildungssysteme vorzustellen. Eine Darstellung der inzwischen viel diskutierten Ausbildung in Japan, auch der in den USA, würde den Rahmen sprengen. Für ausführliche Vergleiche wird auf das bereits erwähnte Internationale Handbuch der Berufsbildung (IHBB) verwiesen.

In Japan und in den USA haben private Akteure ein größeres Gewicht; Berufsausbildung wird eher als eine Angelegenheit des einzelnen als des Staates angesehen (USA); die Regelungsdichte durch Gesetze ist geringer - was sich positiv auf Innovations- und Experimentierfreude von Schulen und Betrieben auswirken kann, jedoch auch negative Seiten zeigt, wie z.B. eine Dominanz von betrieblichen Verwertungsinteressen oder eine große Spannbreite in der Qualifikation der Ausbilderinnen und Ausbilder.

Staatliche Stellen/Ministerien in den USA regeln vorwiegend durch Förderprogramme. In Japan gibt es staatlicherseits eine Rahmengesetzgebung zum Berufsbildungswesen.

Der Terminologie des IHBB entsprechend folgt unsere Darstellung zunächst den sogenannten Leit-Lernorten Schule und Betrieb und widmet sich dann den Aspekten Öffentlichkeit versus Privatheit der Ausbildung, der rechtlichen Zuständigkeit für Abschlüsse sowie den Instanzen und korporativen Gruppen.

2.4.1 Ländergruppe Frankreich, Luxemburg, Schweden, Norwegen

 In diesen Ländern wird die berufliche Erstausbildung oder berufliche Erstqualifizierung mit einem Abschlußzeugnis der Stufe zwei (entspricht nach dem europäischen Stufensystem etwa dem deutschen Facharbeiterbrief) auf einem berufsbildenden Zweig der Sekundarstufe II erworben. Die Erstausbildung in Form von vollzeitschulischem Unterricht stellt in Frankreich, Luxemburg, Schweden und Norwegen den Regelfall dar.

Selbstverständlich existiert auch in diesen Ländern die Lehre mit den beiden Lernorten "Berufsschule und Betrieb"; die Anzahl der Lehrlinge, die durch ein Lehrverhältnis einen Facharbeiter- oder Gesellenbrief erwer-

2.4 Beispiele europäischer Berufsbildungssysteme

ben wollen, ist in diesen Ländern jedoch deutlich geringer als die Zahl derjenigen, die berufliche Vollzeitschulen besuchen.

In *Frankreich* gehen nur ein Drittel derjenigen, die nach der Sekundarstufe I eine Berufsausbildung anstreben, ein Lehrverhältnis ein. Zwei Drittel machen eine Berufsausbildung an einer Berufsfachschule. *Luxemburg* hat ein Mischsystem aus beruflichen Schulen und Lehrlingswesen. Es gehört jedoch unseres Erachtens in die Gruppe mit dem 'Leit-Lernort Schule', da manche Ausbildungen nur in vollzeitschulischer Form möglich sind (z.B. Industrieelektronikerinnen und Industrieelektroniker) oder da die betriebliche Ausbildung (z.B. bei Baumschul- und LandschaftsgärtnerInnen, LandwirtIn, Büroberufen, Handel, Banken, Transportwesen) erst im zweiten oder im dritten Ausbildungsjahr stattfindet.

In *Schweden* absolvieren nur zwei Prozent der Schülerinnen und Schüler eine Lehrausbildung, die überwältigende Mehrheit nimmt an dreijährigen Ausbildungsprogrammen des Sekundarbereichs II teil. In *Norwegen* bewirbt sich nur ein Prozent der Schülerinnen und Schüler nach der Sekundarstufe I direkt um eine Lehrstelle.

 Kennzeichnend für den Leit-Lernort Schule ist ein relativ hoher Anteil an allgemeinbildenden Fächern sowie eine Rücknahme beruflicher Spezialisierungen zugunsten einer breiteren Qualifizierung, die auf ein Berufsfeld oder eine Branche ausgerichtet ist. Was die Fachrichtung angeht, so entscheiden sich die Schülerinnen und Schüler häufiger für Kurse in Wirtschaft, Verwaltung sowie bestimmte technische und Dienstleistungsberufe als für handwerkliche Berufe. Letztere sind stärker Gegenstand einer Lehrausbildung. Die Nachfrage nach schulischer Berufsbildung wird in diesen vier Ländern kaum abnehmen, da ein Abschluß des Sekundarbereichs II sowohl für den Eintritt in das Beschäftigungssystem (durch ein Berufsbildungszeugnis) als auch für einen vertikalen Aufstieg im Bildungssystem, d.h. für ein Studium, qualifiziert.

Die Attraktivität der vollzeitschulischen Berufsbildung bzw. die geringe Ausbildungsquote in einem direkten Lehrverhältnis ist auf die Funktion des Bildungswesens zurückzuführen: Reformen in diesen vier Ländern zielen darauf ab, den Anteil an höheren Schulabschlüssen zu vergrößern (Stichwort: mehr Abiturienten) und die vertikale Durchlässigkeit des (Schul-) Bildungssystems hin zur Hochschulreife zu erweitern. Für diejenigen Schülerinnen und Schüler, die nicht den häufig frequentierten allgemeinbildenden Zweig wählen, stellen die berufsbildenden Ausbildungsgänge eine Möglichkeit dar, einen Berufsabschluß auf unterem Niveau (wie in

Frankreich und Luxemburg; vgl. IHBB und zu erwerben und - bei Verlängerung des Schulbesuchs (um 1 Jahr) - einen höherqualifizierenden Abschluß zu erreichen. Solche Abschlüsse sind mit dem deutschen System schwer vergleichbar. Sie liegen formal oberhalb unseres Lehrabschlusses und reichen zum Teil bis an die Meisterebene heran.

Angesichts der intendierten größeren Durchlässigkeit der o.g. Bildungssysteme ist das Verhältnis von berufsbezogenem und allgemeinbildendem Unterricht 'funktional': durch allgemeinbildende Fächer werden gravierende Wissenslücken verhindert und es wird die Möglichkeit für weitere Bildungsgänge offen gehalten.

Ein weiteres Merkmal der schulischen Berufsbildung besteht in der *Entspezialisierung* innerhalb der berufsbildenden Ausbildungsgänge. Durch Reformen zu Beginn der 90er Jahre ist das Angebot an Bildungsgängen 'entdifferenziert' worden. Ein Ausbildungsgang richtet sich nicht auf eine bestimmte Berufstätigkeit (Ausnahme:" Lehre" in Frankreich), sondern auf breiter angelegte Berufssparten. In Schweden sind ca. 25 verschiedene Bildungsgänge mit 500 fachspezifischen Kursangeboten zu 14 Fachrichtungen/Programmen zusammengefaßt worden. In den Niederlanden gibt es im berufsbildenden Sekundarbereich vier Ausbildungsbereiche, die sich in mehrere Ausbildungsgänge untergliedern. Im Vergleich dazu erscheint in Frankreich die Zahl von 44 Fachrichtungen relativ hoch.

Ein zusätzliches Merkmal der schulischen Berufsbildung ist ihr Anspruchsniveau im Vergleich zum relativ geringen gesellschaftlichen Ansehen der Lehre - zumindest trifft dies auf Frankreich und Belgien zu. Eine Lehre im Anschluß an die Sekundarstufe I wird überwiegend von eher leistungsschwächeren Schülerinnen und Schülern bevorzugt. Viele dieser Schülerinnen und Schüler befürchten, einen höheren Schulabschlüsse (z.B. Technikerabschlüsse) nicht zu schaffen.

2.4.2 Ländergruppe Dänemark und Niederlande

In diesen Ländern hat die Lehre keinen geringeren Stellenwert als eine schulisch vermittelte Berufsbildung; schulische und lehrförmige Berufsbildung sind stärker in ein gemeinsames Bildungssystem integriert, so daß die Lehre nicht als "Restgröße" neben der schulischen Berufsausbildung steht.

In *Dänemark* kann der/die Auszubildende bei der Aufnahme seiner Berufsausbildung zwischen zwei Wegen wählen: dem Weg über die berufliche Schule und dem Weg über den Ausbildungsplatz in einem Betrieb. Beide

2.4 Beispiele europäischer Berufsbildungssysteme

Wege treffen zu Beginn des zweiten schulischen Ausbildungsabschnitts aufeinander. Ab diesem Zeitpunkt ist die Ausbildung für beide identisch.

In den *Niederlanden* bietet der berufsbildende Sekundarbereich lange, mittlere und kurze Ausbildungsgänge an; ihnen entsprechen drei Ausbildungsgänge der Lehrlingsausbildung: berufliche Erstausbildungsgänge, Ausbildungsgänge für Fortgeschrittene und tertiäre Ausbildungsgänge.

In den Niederlanden richtet sich der berufsbildende Sekundarbereich (Middelbaar beroepsonderwijs - MBO) an Schülerinnen und Schüler zwischen 16 und 19 Jahren, welche die Schule der Lehre vorziehen. Der Unterricht wird sowohl in Teil- als auch in Vollzeitunterricht angeboten. Für die Teilnahme am MBO sind Gebühren zu entrichten. Angeboten werden vier Ausbildungsbereiche: Technik (technische Labor- und Navigationsausbildung), Dienstleistungen und Gesundheitsberufe (Sozialfürsorge), Wirtschaft und Verwaltung (inkl. Hotel- und Gaststättengewerbe), Landwirtschaft. Gegenüber der Lehre enthält der MBO-Unterricht mehr allgemeinbildende Inhalte, der berufsbildende Teil ist stark fachtheoretisch ausgerichtet.

Alle MBO-Schulen bieten allgemeine und berufsbildende Fächer an, eine Mindeststundenzahl ist nicht vorgeschrieben. Ausbildungspraktika nehmen einen wichtigen Platz ein (100 Tage während der Ausbildung, 100 Tage nach deren Abschluß). Der lange Ausbildungsgang dauert 3 - 4 Jahre und bereitet auf Tätigkeiten im mittleren Management vor. Nach Abschluß können die Schülerinnen und Schüler auch an eine nicht-universitäre Hochschule überwechseln (Hoger beroepsonderwijs - HBO). Der mittlere Ausbildungsgang dauert höchstens drei Jahre und zielt auf die Ausübung einer selbständigen Erwerbstätigkeit oder eines Handwerks (EG-Niveau III) ab. Zur Zeit wird dieser Ausbildungsgang versuchsweise in den Fachrichtungen Elektrotechnik, Maschinenbau, Hotel- und Gaststättengewerbe durchgeführt. Der kurze Ausbildungsgang vermittelt die Fähigkeiten zur Ausübung eines Handwerks oder einer Tätigkeit auf Anfängerniveau (EG-Niveau II) oder auch zum Übertritt in einen langen Ausbildungsgang; er ist mit einer Lehrlingsausbildung vergleichbar; der Abschluß entspricht dem Gesellenbrief.

Die Lehrlingsausbildung weist insofern eine Besonderheit auf, als der Lehrvertrag oft an einen Arbeitsvertrag gekoppelt ist; somit hängt die Zahl der Ausbildungsplätze unmittelbar von der Zahl verfügbarer Arbeitsplätze ab. Die Lehre ist dadurch konjunkturabhängiger (vgl. IHBB-NL-46).

Die Lehre steht Jugendlichen ab 16 Jahren offen. Sie ist dual organisiert und qualifiziert für praktische Tätigkeiten. Es werden ca. 400 Ausbildungsgänge angeboten. Der berufsbegleitende Unterricht besteht zu zwei Dritteln aus berufsbezogenen, zu einem Drittel aus allgemeinbildenden Fächern. Die Ausbildungsgänge werden jeweils parallel angeboten.

In *Dänemark* werden an technischen und kaufmännischen beruflichen Schulen Bildungsgänge im Sekundarbereich II in Vollzeitform angeboten, die zur Höheren Technischen Prüfung (Hojere Teknisk Examen - HTX) oder zur Höheren Handelsprüfung (Hojere Handelsexamen - HHX) führen. Beide Bildungsgänge schließen mit einer Prüfung, mit der gleichzeitig ein berufsqualifizierender Abschluß und die Hochschulzugangsberechtigung erworben werden. Die Ausbildung richtet sich an Schülerinnen und Schüler zwischen 16 und 19 Jahren und dauert drei Jahre. Das erste Ausbildungsjahr vermittelt eine allgemeine berufliche Grundbildung und wird zumeist gemeinsam mit den Auszubildenden in der Berufsausbildung absolviert. Das zweite und dritte Ausbildungsjahr beinhalten nur fachtheoretischen Unterricht.

Pflichtfächer des HHX-Bildungsganges sind Dänisch, Fremdsprachen, Buchhaltung, Finanzen, Handelsrecht, Datenverarbeitung, Mathematik, Wirtschaftslehre.

In den HTX-Bildungsgängen sind die Pflichtfächer Dänisch, Fremdsprachen, Technik, Naturwissenschaften, praktische Übungen in Lehrwerkstatt/Labor.

Bei der Berufsausbildung in Form der Lehre, der sog. beruflichen Grundbildung, können - wie bereits erwähnt - die Auszubildenden zwischen dem Weg über die berufliche Schule und dem Weg über den Ausbildungsplatz wählen. Favorisiert wird der Weg über die Schule. Dies gilt für technische und erst recht für kaufmännische berufliche Schulen. Gegenwärtig gibt es ca. 85 Berufsgruppen mit über 200 Ausbildungsberufen, die alternierend angelegt sind. Sie schließen alle mit einem Facharbeiterbrief ab.

Der Weg über die Schule beginnt mit einer 20-wöchigen Einführungsphase, in der die Schülerinnen und Schüler verschiedene Berufsfelder kennenlernen und in Berufs- und Ausbildungsfragen beraten werden. Die weit geschnittene Berufsgrundbildung - die vom Allgemeinen zur Spezialisierung verläuft - hat den Vorteil, den Wechsel zu einer anderen Fachrichtung oder einem anderen Schwerpunkt zu erleichtern. Zentralen Stellenwert hat der Unterricht in der Lehrwerkstatt. Erst nach der Einführungsphase entscheiden sich die Schülerinnen und Schüler für einen Ausbildungsberuf und absolvieren den zweiten schulischen Ausbildungsabschnitt. Nach dessen Beendigung schließen sie mit einem Betrieb einen Ausbildungsvertrag und beginnen mit der betrieblichen Ausbildungsphase.

Der Lehrplan der dänischen Berufsgrundbildung umfaßt vier Fächerkategorien:

♦ Grundfächer und berufsbezogene Fächer;
♦ Schwerpunktfächer und Wahlfächer.

Der Weg über den Betrieb beginnt nach Abschluß eines Ausbildungsvertrages mit einem 20-wöchigen Ausbildungsabschnitt. Die betriebliche Ausbildungszeit beträgt 2/3 der Gesamtausbildung. Die Ausbildungsplätze werden seit Januar 1991 von den beruflichen Schulen vermittelt, zuvor übernahm das Arbeitsamt diese Aufgabe.

2.4.3 Zur Rolle der betrieblichen Berufsbildung im internationalen Vergleich

Der 'Lernort Betrieb' ist verständlicherweise ebenso vielfältig und ausdifferenziert wie die Unternehmenslandschaft der Länder. An der Berufsausbildung beteiligt sind sowohl Groß-, Mittel- und Kleinunternehmen als auch Handwerksbetriebe, Praxen und Kanzleien der freien Berufe (z.B. Arzt, Anwalt, Notar u.a.) und überbetriebliche Ausbildungsstätten. Auffallend ist, daß der 'Lernort Betrieb' in geringerem Maß das Forschungsinteresse auf sich zu ziehen scheint als das Schulsystem. Die Literatur über ihn ist spärlicher, systematische Darstellungen sind kaum auffindbar; insgesamt ergibt sich kein so lebendiges und facettenreiches Bild wie für berufsbildende Schulen.

Selbstverständlich spielt die industrielle und geographische Struktur eines Landes eine Rolle, wie im Falle Norwegens. Ein weiteres wichtiges Merkmal ist die Betriebsgröße. So gehören in *Belgien* mehr als 95 % der Unternehmen zu Klein- und mittleren Unternehmen. Handwerksbetriebe mit z.T. weniger als zehn Angestellten bilden die Mehrzahl der Lehrlinge in etwa einem Dutzend Handwerksberufen aus.

 Allerdings ist das Kriterium 'Betriebsgröße' allein nicht ausreichend für eine Typisierung des Lernorts Betrieb. Das Rollenverständnis der Akteure des Berufsbildungssystems ist ein weiterer Faktor.

So verstanden sich die Unternehmen Frankreichs bis vor kurzer Zeit überwiegend als 'Abnehmer' eines schulischen Berufsbildungssystems und beteiligten sich entsprechend zurückhaltend an der Berufsausbildung.

Eine Ausnahme macht die französische Automobilindustrie, die eine spezialisierte Ausbildung in technisch gut ausgestatteten (überbetrieblichen) Lehrwerkstätten anbietet.

Bei allen Unterschieden, welche die betriebliche Ausbildungsphase der Lehrlingsausbildung aufweist, scheint den hier betrachteten Ländern doch die Tendenz gemeinsam zu sein, daß der Anteil an Lehrverhältnissen im gewerblich-technischen Bereich abnimmt. Vor allem in Belgien und Frankreich ist die Lehre im industriellen Sektor eher selten; es dominiert die Lehre in traditionellen handwerklichen Berufen.

Die folgende Tabelle 2.9 enthält eine Übersicht über Ausbildungen in Form einer Lehre sowie eine Kurz-Charakterisierung der Anforderungen der betrieblichen Ausbilder.

Aus dieser Übersicht geht hervor, daß - mit Ausnahme Luxemburgs - die *Voraussetzungen für betriebliche Ausbilderinnen und Ausbilder* (noch) nicht formell festgelegt sind. Als Mindestqualifikation ist ein Facharbeiterbrief gefordert.

Korrespondierend zu dieser (noch) Nicht-Regelung ist, anders als in Deutschland, der 'betriebliche Ausbilder' keine Berufsbezeichnung. In einigen Ländern wie Frankreich, Dänemark, Niederlande sind sich die verantwortlichen Stellen für Berufsbildung der Defizite bewußt; Reformvorhaben bezüglich eines formell geregelten Anforderungsprofils betrieblicher AusbilderInnen sind in der Diskussion.

Erwähnt werden muß, daß vor allem die pädagogische Qualifizierung der betrieblichen Ausbilderinnen und Ausbilder durch Weiterbildungskurse erfolgt, die von öffentlichen oder privaten Institutionen angeboten werden.

Die 'traditionelle' Lehre überwiegt in Belgien und Frankreich. Die Auszubildenden werden in einem Betrieb durch erfahrene Praktikerinnen und Praktiker ausgebildet, meist in einem Handwerksberuf. Betrieblicher und schulischer Lehrplan sind eher locker aufeinander abgestimmt. Als Aneignungsform beruflicher Praxis herrscht das Mitarbeiten im Arbeits-/Produktionsprozeß vor.

Eine weniger traditionelle Lehre mit neuen Formen der betrieblichen Ausbildung setzt sich in den Skandinavischen Ländern und den Niederlanden durch (neben der auch dort anzutreffenden 'traditionellen Lehre'). In diesen Ländern ist auch die Schule-Betrieb-Beziehung stärker ausgeprägt. Ein Ausdruck dessen ist ein Ineinandergreifen von betrieblichen und schulischen Lehrplänen bzw. eine 'Überformung' der betrieblichen Ausbildung durch die schulische. So erstreckt sich in Schweden die Verantwortung der örtlichen Schulbehörde auch auf die betriebliche Ausbildung.

2.4 Beispiele europäischer Berufsbildungssysteme

Land	Betrieb (überwiegend)	Form der Ausbildung	Typische erlernte Berufe	Betriebliche Ausbilder
B	Mittelstandsausbildung, industrielle Lehre in Klein-, Mittel-Unternehmen, Handwerksbetrieben	Einsatz im Arbeitsprozeß, training on the job	In Mittelstandsausbildung: Typische Handwerksberufe (Bäcker, Metzger, KFZ-Mechaniker, Zimmermann, Maler) In industrieller Lehre: Dreher, Fräser, Schweißer, Schmied, Lackierer	Erfahrene Arbeitnehmer ohne Eignungsprüfung
F	Klein-, Mittel-Unternehmen, Handwerksbetriebe	Einsatz im Arbeitsprozeß	Traditionelle Handwerke, Handel / wenig im industriellen Sektor	selten speziell geschulte Ausbilder, noch keine einheitliche Regelung zum Ausbilder Wichtig: Berufserfahrung, nicht nur akademisches Wissen/Abschluß
F	Automobilindustrie	Lehrwerkstatt, überbetriebl. Ausbildungszentren	Spezialisierte Ausbildungsgänge, z.B. für Getriebe- u. Antriebselemente, Elektrik, Zündsysteme	Hohes Qualifikationsniveau bzgl. Fachwissen u. Können; permanente Weiterbildung der Ausbilder
L				Formale Regelung der Ausbildung zum Ausbilder durch Berufskammern, pädagogische Fortbildungskurse

Land	Betrieb (überwiegend)	Form der Ausbildung	Typische erlernte Berufe	Betriebliche Ausbilder
NL		Betrieb oder Lehrwerkstatt Trad. Ausbildung im Betrieb on-the-job Alternativen zur gängigen Ausbildung: a) prakt. Ausb. on-the-job in verschiedenen Betrieben; b) On-the-job + Lehrwerkstatt (off-the-job); c) Off-the-job; Ausbildung besteht aus Übungen, Simulationen, Praktika		Betriebsinhaber oder qualifizierter Mitarbeiter; In größeren Unternehmen: Lehrwerkstatt mit eigens ernannten Ausbildern oder Meistern
DK		ModerneWerkstätten Unterscheidung von: Lernen am Arbeitsplatz / Ausbildung am Arbeitsplatz kontextuelles/situatives Lernen		Ausbilder hat abgeschlossene Lehre; Meister-Prüfung nicht erforderlich; keine Ausbilder-Eignungsprüfung; noch kein geregeltes Angebot an Fortbildung f. pädagogische Qualifikation Neuregelung der Qualifikationsanforderungen in Diskussion

2.4 Beispiele europäischer Berufsbildungssysteme 61

Land	Betrieb (überwiegend)	Form der Ausbildung	Typische erlernte Berufe	Betriebliche Ausbilder
S	Mittlere und größere Unternehmen, Handwerksbetriebe	Produktbezogene Ausbildung		Keine betriebl. Ausbilder; Betrieb ernennt Vertrauensperson; Örtliche Schulausschüsse haben Gesamtverantwortung
N				Keine Eignungsprüfung; menschlich u. fachl. geeignete Facharbeiter
USA	Mittlere und größere Unternehmen	Training-on-the-job	Betriebsspezifische Ausbildung Konzentration auf wenige Berufe (z.B. Baubranche)	Keine gesetzl. Regelung über fachl./pers. Qualifikationen: Ausbildung durch Facharbeiter, evtl. Meister, Vorarbeiter
J	Größere Unternehmen	Firmeneigene Ausbildungszentren; Praxis in Labors, Training-on/off-the-job	Betriebsspezifische Ausbildung Berufe im High-Tech-Bereich (Techniker, Ingenieure)	Ingenieure mit Fachkenntnissen, Menschenführung, Ausbildungsbegabung, Rotation n. einigen Jahren Ausbildungstätigkeit

Abb. 2.9: Übersicht über den Lernort Betrieb und betriebliche Ausbilder

Öffentlich-rechtliche und private Trägerschaft

Als Träger des Berufsbildungssystems kommen Einrichtungen in Frage, die sich nach ihrer juristischen Natur als öffentlich-rechtliche oder private einteilen lassen.

In den Ländern mit vorwiegend schulischer Ausbildung spielen staatliche Stellen unterhalb der Zentralregierung eine besondere Rolle.

Einen relativ hohen Grad an *Autonomie* der Schulen bzw. ihrer Träger weisen die Skandinavischen Länder und die Niederlande auf. Die Autonomie umfaßt die Planung von Bildungsangeboten, die Erstellung und Abstimmung von Lehr- und Unterrichtsplänen, die Einstellung von Lehrkräften und Schulleitern, Fragen der Pädagogik und Verwendung von Finanzmitteln.

Die *Steuerung des Bildungswesens* funktioniert in Norwegen und Schweden über Zielsetzungen durch höherrangige staatliche Stellen und durch regelmäßige Evaluation.

Etwa auf der Mitte der Achse "hohe - niedrige Autonomie" wäre Frankreich anzusiedeln: Längst nicht mehr ist es das Musterbeispiel eines zentralistischen Staatsaufbaus, in dem alle wichtigen Entscheidungen allein im Ministerium für Bildung, Hochschulen, Forschung und Eingliederung in das Berufsleben oder einem anderen Ministerium getroffen werden. Seit 1982 hat Frankreich in einem Dezentralisierungsprozeß bestimmte Entscheidungsbefugnisse und Aufgaben auf lokale Behörden übertragen. Im Zuge dieser Reform sind die Regionen mit größerer rechtlicher und finanzieller Verantwortung ausgestattet worden und fungieren als Träger der Lycées Professionnelles und für Fragen der Berufsausbildung im Lehrlingswesen.

Demgegenüber haben untergeordnete Ebenen in Luxemburg und Belgien einen vergleichsweise niedrigen Grad an Autonomie. In Luxemburg werden alle wichtigen Entscheidungen durch das Bildungsministerium getroffen: Gesetze, Festlegung der Richtlinien für Lehrpläne, Zielsetzungen, allgemein beschriebene Unterrichtsmethoden, Leistungsbeurteilungsverfahren, Unterrichts- und Ferienzeiten. Der Gemeinderat bzw. der lokale Schulausschuß ist für die Umsetzung der Gesetze und Vorschriften im Bildungsbereich verantwortlich.

In Belgien gibt die Bundesregierung lediglich Mindestanforderungen für die Verleihung von Bildungsabschlüssen vor und regelt Beginn/Ende der Schulpflicht.

Rechtliche Zuständigkeiten für Abschlüsse

Die Abschlüsse lassen sich dahingehend unterscheiden, ob sie innerhalb oder außerhalb eines Systems "nationaler Qualifikationen" (offizielle Zeugnisse) erworben werden. Dementsprechend unterscheiden sich auch die rechtlichen Zuständigkeiten. Für außerhalb erworbene Abschlüsse/Zeugnisse/Diplome sind in der Regel private Organisationen rechtlich verantwortlich. Daß auf solchem Weg erworbene Zeugnisse durch ein bestimmtes Verfahren national anerkannt werden, ist eine andere Frage. Die Mehrzahl der Abschlüsse wird innerhalb des Systems nationaler Qualifikationen erworben.

In den meisten EG-Ländern haben die Bildungsministerien die letzte rechtliche Verantwortung für alle im Rahmen des Erstausbildungs-Systems angebotenen Abschlüsse, unabhängig davon, ob es sich um allgemeinbildende oder berufsbildende Abschlüsse handelt.

Neben dem Bildungsministerium ist auch das Arbeitsministerium für die Berufsbildung außerhalb der Zuständigkeit des Bildungsministeriums verantwortlich. Dies betrifft in der Regel eine geringe Zahl von Qualifikationen. Die Abschlüsse beziehen sich auf gezielt arbeitsmarktorientierte Ausbildungskurse. Das bedeutet nicht unbedingt, daß diese Abschlüsse landesweit anerkannt sind. Sie werden zwar überwiegend von den Arbeitgebern als Qualifikationen anerkannt, stellen aber keine offiziellen oder anerkannten Abschlüsse dar.

Für bestimmte Berufsgruppen im medizinisch-gesundheitlichen, landwirtschaftlichen und seemännischen Bereich liegt die Zuständigkeit bei den jeweiligen Fachministerien.

Ein Beispiel für private Organisation ist bereits im Kapitel "Lernort Schule" genannt worden: die Automobilindustrie Frankreichs vergibt einen branchentypischen Abschluß außerhalb des Systems nationaler Qualifikationen, das "Certificat de Qualification Professionnelle CQP". In einem sogenannten Homologisierungsverfahren wird das CQP jedoch national anerkannt, um diesem Abschluß (und anderen) auf dem Arbeitsmarkt Anerkennung zu verschaffen. Außer der Automobilindustrie haben in Frankreich auch andere Branchen von der Möglichkeit Gebrauch gemacht, neue berufliche Qualifikationen festzulegen, die zu "beruflichen Befähigungsnachweisen" bzw. zu "Bescheinigungen über Fachqualifikationen" führen.

Die Anerkennung von Abschlüssen/Zeugnissen, wie auch von unzertifizierten Qualifikationen, die außerhalb des nationalen Qualifizierungssystems erworben werden, ist im Bereich der Fort- und Weiterbildung weit verbreitet und wird inzwischen international diskutiert (vgl. Kapitel fünf).

Instanzen und korporative Gruppen

In den hier betrachteten Ländern spielen beim Zustandekommen von Berufen, Anforderungs- und Berufsprofilen, theoretischen und praktischen Ausbildungsanteilen usw. eine Vielzahl unterschiedlicher Ausschüsse, Gremien und Organisationen ein Rolle.

Es variiert, auf welche Weise die Ausschüsse, Gremien usw. zustandekommen. Dort, wo sich ein Zusammensetzungsmodus institutionalisiert hat, wird durch diesen 'Zugangsschlüssel' eine Repräsentanz gesellschaftlicher Kräfte gewährleistet.

Das Ausschußwesen ist nicht nur an der Realisierung aktueller Aufgaben der Berufsbildung beteiligt, sondern hat auch eine planende und vorausschauende Rolle. Bei der Konzipierung von Reformvorhaben (z.b. einer Vereinheitlichung des Bildungs- und Berufsbildungssystems in den Niederlanden oder der Entwicklung neuer Berufe) wird die Innovationsaufgabe besonders deutlich.

 Betrachtet man nun diejenigen Länder, die Reformen energisch und - aus der Distanz der Vogelperspektive gesehen - relativ erfolgreich durchgeführt haben, dann sind es (kleine) Länder mit einem 'neo-korporatistischen Modell' der Integration gesellschaftlicher Gruppierungen, nämlich die Niederlande und Dänemark. Kennzeichen des Organisationsmusters im Ausschußwesen ist eine breite Beteiligung von Betroffenengruppen, die zum Teil über das tripartistische Sozialpartnerschaftsmodell "Staat (Ministerialbürokratie) - Wirtschaft (Arbeitgeberverband) - Arbeitnehmer (Gewerkschaften)" hinausgeht. Weiterhin stellt ein mehrstufig aufgebautes Beratungssystem (3-Ebenen-Modell mit nationaler, regionaler, lokaler Ebene) einen wichtigen organisationellen Faktor für die Realisierung angestrebter Veränderungen dar.

Der stärkeren Beteiligung der Wirtschaft kommt in diesem Zusammenhang eine doppelte Rolle zu: zum einen stellt ihre stärkere Beteiligung selbst ein Reformziel dar (nicht nur in Skandinavischen Ländern, sondern z.B. auch in Frankreich); zum anderen soll ihre Beteiligung an der Entwicklung von Ausbildungsgängen und -modalitäten einer von Unternehmen häufig kri-

2.4 Beispiele europäischer Berufsbildungssysteme

tisierten 'Praxisferne' entgegenwirken. Außerdem fördert sie alternative Ausbildungsformen, wie das Beispiel der Niederlande zeigt (Wechsel zwischen mehreren Betrieben, on/off-the-job, Simulationen).

Das IHBB beschreibt, wie in Dänemark verschiedene Beratungsebenen ineinandergreifen: Wenn ein neuer Typ von Arbeitsplatz entworfen werden soll, unterbreitet einer der 85 nationalen Berufsbildungsausschüsse dem Unterrichtsministerium einen Vorschlag. Das Unterrichtsministerium setzt diesen in eine Ausbildungsordnung um. Schulen und lokale Berufsbildungsausschüsse entwickeln ein Curriculum und einen Lehrplan für die Berufsschule (vgl. IHBB-DK,41 f.).

Was die rechtlichen Kompetenzen der Gremien in den hier betrachteten Ländern angeht, so haben diese 'letztlich' eine beratende Funktion. Die rechtliche Verantwortung liegt bei den federführenden Ministerien.

Formal anders ist das Berufsbildungssystem in Luxemburg geregelt. Wie in Deutschland sind hier verschiedene Berufskammern nicht nur beteiligt, sondern auch rechtlich verantwortlich für Angelegenheiten der beruflichen Erstausbildung. Sie können mit den "zuständigen Stellen" des BBiG verglichen werden.

Die Wirtschaftspädagogik im gesellschaftlichen Wandel

3.1 Zum Sachverhalt "gesellschaftlicher Wandel"

In komplexen Gesellschaften verändern sich die Lebens- und Arbeitsbereiche nicht gleichförmig, sondern in unterschiedlichen Rhythmen, Qualitäten und Richtungen. Dadurch treten Spannungen, Diskontinuitäten und Inkonsistenzen auf, welche das Gleichgewicht stören und neue Formen sozialer Organisation und sozialen Verhaltens erzwingen. Für dieses gesellschaftliche Phänomen prägte der amerikanische Soziologe Ogburn (vgl. Ogburn 1922) den bis heute hin gängigen Begriff "sozialer Wandel". Die Ungleichzeitigkeiten und Zeitverzögerungen in der Entwicklung einzelner Gesellschaftsbereiche bezeichnete er mit "cultural lag". Neben der Bezeichnung sozialer Wandel finden wir heute auch die Begriffe gesellschaftlicher Wandel, sozio-struktureller und technisch-ökonomischer Wandel sowie Strukturwandel.

Ein besonderer Typus sozialer Diskontinuitäten sind Umbrüche, d.h. "rapide ablaufende, tiefgreifende (radikale) Veränderungen auf der Makroebene, die zugleich auch die tieferliegenden Systemebenen (Meso, Mikro) involvieren" (Mayntz 1996,142). Mayntz führt für das zwanzigste Jahrhundert als Beispiele gesellschaftlichen Umbruchs das Ende des Kaiserreichs 1918, die Machtübernahme durch die Nationalsozialisten 1933, den Zusammenbruch der nationalsozialistischen Herrschaft 1945 und das Ende der Deutschen Demokratischen Republik 1989 an.

3. Die Wirtschaftspädagogik im gesellschaftlichen Wandel

Zweifellos handelte es sich dabei um radikale Veränderungen auf der Makro-, Meso- und Mikroebene. Wir müssen aber auch sehen, daß nach gesellschaftlichen Umbrüchen Wertmuster, Mentalitäten und Strukturen vorhergehender Epochen erhalten bleiben und nachwirken, ebenso wie es nicht nur politisch, sondern auch technisch und ökonomisch bedingten sozialen Wandel gibt, der umbruchähnliche Wirkungen nach sich zieht.

Die bildungspolitische und pädagogische Relevanz sowohl sozialer Umbrüche als auch sozialen Wandels zeigen Joas und Rehberg am Beispiel Mittel- und Osteuropas:

 "Prozesse des Produktionsumbaus, der Privatisierung und Einführung des ... Marktsystems, das Entstehen neuer Dienstleistungsbereiche, die Änderung gewohnter rechtlicher und organisatorischer Strukturen und die damit verbundenen Umschichtungsprozesse, Differenzen der Habitus- und Sprachformen, der kulturellen und politischen Institutionen, der Mobilitätsmöglichkeiten und -zumutungen, eine neue Dimension der ökonomischen und kulturellen Internationalisierung - all das bildet den Rahmen für Lernzwänge, denen sich niemand entziehen kann" (Joas/Rehberg 1996,139 f.).

Die im vorstehenden Zitat veranschaulichten ökonomischen, gesellschaftlichen, rechtlichen und intellektuellen Veränderungsprozesse zeigen, welche Herausforderungen aus dem historischen Prozeß von "Freisetzung und Vergesellschaftung" (vgl. Kapital eins) immer wieder für die Pädagogik entstehen. Für die Wirtschaftspädagogik gilt dies aufgrund des ständigen technisch-ökonomischen und rechtlichen Wandels in besonderem Maße. Man kann dies gut an den großen Studien und politischen Programmen bezüglich des sozialen Wandels nachvollziehen, die in der Geschichte der Bundesrepublik Deutschland von Bedeutung waren.

Für die Jahrzehnte von 1950 bis 1970 sind dies die sogenannten *Automationsstudien*, von denen hier die bekanntesten in Abb. 3.1 aufgeführt werden.

Mit Vehemenz wurde unter dem Reizwort Automationsentwicklung diskutiert, welche Folgen die neuen Techniken haben würden. Es ging vor allem um die Einführung der numerischen Werkzeugmaschinensteuerung, die Informationsverarbeitung mittels sogenannter Hollerith-Maschinen (Lochkarten) sowie diverse Veränderungen in den Produktionsabläufen. Im Mittelpunkt sozialer Fragestellungen stand die Veränderung der Kooperation der Arbeitenden untereinander; die Arbeitszufriedenheit; die Bedeutung der Automatisierung für Planung und Berechnung des Managements; Fragen der Berufsstruktur, der Qualifikationsveränderungen von Fachar-

3.1 Zum Sachverhalt "gesellschaftlicher Wandel"

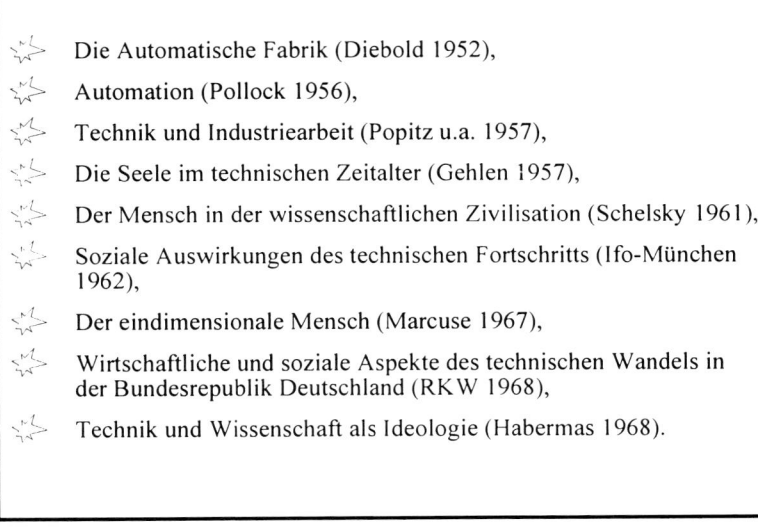

- Die Automatische Fabrik (Diebold 1952),
- Automation (Pollock 1956),
- Technik und Industriearbeit (Popitz u.a. 1957),
- Die Seele im technischen Zeitalter (Gehlen 1957),
- Der Mensch in der wissenschaftlichen Zivilisation (Schelsky 1961),
- Soziale Auswirkungen des technischen Fortschritts (Ifo-München 1962),
- Der eindimensionale Mensch (Marcuse 1967),
- Wirtschaftliche und soziale Aspekte des technischen Wandels in der Bundesrepublik Deutschland (RKW 1968),
- Technik und Wissenschaft als Ideologie (Habermas 1968).

Abb. 3.1: Studien zum sozialen Wandel 1950-1970

beitern und Angestellten sowie der Arbeitshaltung; die sozialen Folgen der Automation durch Veränderung in der Beschäftigungsstruktur, der Lohnstruktur und hierarchischen Struktur der Industriebürokratie.

Alle Studien behandeln außer technisch-ökonomischen Spezialaspekten auch geschichtliche und kulturübergreifende Zusammenhänge. Als bedrohlich für die Autonomie des Subjektes wird eine Entwicklung angesehen, die im Zuge technisch-organisatorischer Arbeitsteilung zu hochgradiger Spezialisierung, Mechanisierung und Automation führt. In dem Maße nämlich, wie Arbeitsvollzüge auf diese Art und Weise organisiert würden, so die allgemeine Auffassung, würde der einzelne die Kontrolle und Übersicht über den gesamten Apparat der Produktionsorganisation sowie der Zuständigkeiten, Instanzen und Entscheidungen - auch seiner eigenen - verlieren. Letztlich beschränke sich die Erfahrungsfähigkeit dann nur noch auf das Unmittelbare.

Zu Beginn der 70er Jahre stellen sich die Fragen nach dem sozialen Wandel aus einer Perspektive, die bis dahin kaum erörtert wurde. Es waren dies die Fragen nach den Gefahren und den »Grenzen des Wachstums« (vgl. Meadows 1972). Gleichzeitig erscheint der erste Umweltbundesbericht der damaligen Bundesregierung. Die *Ökologiedebatte* vermischt sich mit der Automationsdebatte der 50er und 60er Jahre zu einer Kritik der industriellen Gesellschaftsstruktur. Für diese Entwicklung sei die Studie von Bell mit ihrem bezeichnenden Titel »Die nachindustrielle Gesellschaft« (vgl. Bell 1972) angeführt. Die Auflösung industriegesellschaftlicher Strukturen wurde dann vor allem unter den Stichworten "Dienstleistungsgesellschaft", "Säkularisierung der Lebenswelt", "Erosion der bürgerlichen Tugenden und Leitbilder" sowie "Wertewandel" erörtert.

> ✧ Theorien des sozialen Wandels (Zapf 1969),
> ✧ Patient Familie (Richter 1970),
> ✧ Kultur und Kritik (Habermas 1973),
> ✧ Wertewandel und gesellschaftlicher Wandel (Klages, Kmieciak 1979),
> ✧ Bedeutung der Dienstleistungswirtschaft (Dähne, RKW 1974).

Abb. 3.2: Studien zum sozialen Wandel 1970-1980

Das Jahrzehnt der 80er Jahre stand ganz im Zeichen der öffentlichen *Technikdebatte* und der Modernisierung des volkswirtschaftlichen Produktionsapparates. In das Bewußtsein der Öffentlichkeit rückten die Biotechnologien und speziell die Informationstechnik. Der breite gesellschaftliche Einsatz computergesteuerter Werkzeugmaschinen, das computergestützte Konstruieren, die Verwendung von Industrierobotern und der "Sieg" der Daten- und Textverarbeitungstechnik sind vielfach beschrieben und erörtert worden. Für den kaufmännischen Sektor wurde 1980 eine Studie von Baethge u.a. über die Beschäftigungslage von *Angestellten* bedeutsam (vgl. Baethge 1980). Im Zuge der Internationalisierung und Globalisierung kam ein neuer Gesichtspunkt auf, nämlich den "Standort Deutschland" zu sichern.

All diese Themen stellen sich neu, aber auch verschärft mit Beginn der 90er Jahre. Einerseits verzeichnen wir den Zusammenbruch der politischen Systeme der Deutschen Demokratischen Republik und Osteuropas. Hieran knüpfte sich die *Transformationsdebatte*. Anderseits sind weltweit die Prozesse und die Diskussion um die sogenannte "Schlanke Produktion" und die damit verbundenen globalen Rationalisierungsprozesse zu beobachten. Den Beginn dieser Entwicklung markiert 1985 die Gründung des Zentrums für Technologie, Politik und Industrieentwicklung mit dem "International Motor Vehicle Program" am renommierten Massachusetts

Institute of Technology (MIT) und darauf folgend die Veröffentlichung der Studie »The Machine That Changed the World«, deutsch unter dem Titel »Die zweite Revolution in der Automobilindustrie« (vgl. Womack, Jones, Roos 1991).

3.2 Das Duale System als Projekt struktureller Reform

Zwischen 1953 und 1990 hat es in der Bundesrepublik Deutschland (alte Länder) drei große, auf Bundesebene angesiedelte bildungspolitische Reformkommissionen gegeben. Es waren dies

(1) der Deutsche Ausschuß für das Erziehungs- und Bildungswesen (1953-1964),
(2) der Deutsche Bildungsrat (1965-1970),
(3) die Enquete-Kommission "Zukünftige Bildungspolitik - Bildung 2000" des Deutschen Bundestages (1989-1990).

Die Einsetzung dieser Kommissionen sowie ihre Studien und Reformgutachten bezogen sich ausdrücklich darauf, daß auf den sozialen Wandel zu reagieren sei. Die entwickelten Reformvorschläge waren ganzheitlich angelegt. Sie dachten im Rahmen des Gesamtbildungssystems und in der Einheit von Bildung und Qualifikation. Wir können diese historisch wichtigen Reformvorschläge hier nicht darstellen (vgl. dazu Lisop 1997).

3.2.1 Systemimmanente Reformvorschläge

Der gesellschaftliche Wandel hat das Duale System immer wieder mit Schwierigkeiten konfrontiert, deren Bewältigung an grundsätzliche Schwachstellen struktureller und funktionaler Natur rührte. Eine solche Schwachstelle, wenn nicht gar die größte, ist die Sicherung des Angebotes an Ausbildungsplätzen. Im Zuge der durch Rationalisierung gekennzeichneten Strukturveränderungen seit Anfang der 90er Jahre ist das Angebot an Ausbildungsstellen von 721.825 im Jahr 1992 auf 634.353 im Jahr 1997 (vgl. Berufsbildungsbericht 1998,11) zurückgegangen und fällt 1996 unter die Nachfrage. Die Bundesregierung hat daher am 16. April 1997 ein Reformprojekt beschlossen, in das die Überlegungen der Sozialpartner einbezogen wurden. Die Gestaltungskriterien der Reform sind "Differenzierung", "Individualisierung", "Dynamisierung" und "Flexibilisierung" (vgl. Berufsbildungsbericht 1998,2).

Diese Prinzipien werden in 27 Gestaltungsvorschlägen ausdifferenziert. Hierzu gehören z.B. offene Lernziele und curriculare Auswahlmöglichkeiten der Betriebe, differenzierte Ausbildungszeiten, Splitting der Abschlüsse in Zertifikate für Praxis und Theorie sowie mehrsprachige Befähigungsnachweise, stärkere Gewichtung von Fortbildungsprüfungen, Ausweitung der Anwesenheitszeiten der erwachsenen Lehrlinge im Betrieb, Flexibilisierung der Rahmenbedingungen, Verbundausbildung, transparentere Statistik u.a.m. (vgl. Berufsbildungsbericht 1998,3).

Verstärkend üben die Entwicklungen in der Europäischen Union Druck auf das deutsche System der Berufsausbildung aus. Zwar sehen die Maastrichter Verträge von 1992, speziell die Artikel 126 und 127 keine Harmonisierung der Berufsbildungspolitik vor, die Singularität der nationalen Traditionen wird respektiert. Doch muß man sehen, daß die Europäische Union u.a. aus sozialpolitischen Gründen subsidiäre und fördernde Aufgaben in der Berufsbildungspolitik übernommen hat, um vor allem die Jugendarbeitslosigkeit abzufedern. Das verlangt von allen Mitgliedstaaten, die Schwächen ihrer Systeme soweit wie möglich zu minimieren. Darüber hinaus hat die Kommission der Europäischen Gemeinschaft ein Weißbuch "Lehren und Lernen auf dem Weg zur kognitiven Gesellschaft" vorgelegt, das die Einführung von Baukastensystemen (modulares System) favorisiert (vgl. Europäische Kommission 1995,22 ff.).

Foto: Euler

Da die Bund-Länder-Kommission der Auffassung ist, daß die europäische Bildungsdiskussion in Deutschland zu wenig innovativ geführt wird, hat sie eine Untersuchung über die Modernisierung des Dualen Systems vorgelegt, die der weiteren Planungs- und Forschungsförderung dienen soll (vgl. Euler 1998). Sie stellt anhand von neun Themenblöcken die Argumentationen zur Modernisierungsnotwendigkeit und vorhandene Reformvorschläge zusammen.

Das Duale Systems gilt in folgender Hinsicht als leistungsfähig: gute ökonomische Verwendungsperspektive, Garantie von qualitativen Mindeststandards, Konsensprinzip im Ordnungsverfahren bei Verabschiedung der Ordnungsmittel, Pufferfunktion zwischen Bildungs- und Beschäftigungssystem, Minderung der Gefahr von Arbeitslosigkeit sowie die Mobilitätsförderung und Identitätsentwicklung.

1. Das Berufsprinzip
   Kritik: Die sozio-strukturellen und technisch-ökonomischen Umbrüche machen das Berufsprinzip fragwürdig.
   Reformvorschläge: Keine. Auf europäischer Ebene wird als Alternative das Modulesystem angeboten (vgl. unten).

2. Abstimmung zwischen Bedarf des Beschäftigungssystems und des Berufsbildungssystems
   Kritik: Qualitative und quantitative Diskrepanzen zwischen Qualifikationsbedarf und Leistungen des Dualen Systems.
   Reformvorschläge: Maßnahmen zur Verhinderung von Arbeitslosigkeit nach der Ausbildung. Zeitverkürzung bei der Entwicklung von Ordnungsgrundlagen. Entwicklung neuer Ausbildungsberufe. Öffnung der Ordnungsgrundlagen mit Blickrichtung auf "dynamische Berufsbilder".

3. Sicherung der Ausbildungsbereitschaft
   Kritik: Konjunktur- und Strukturabhängigkeit der Ausbildungsplätze; Kostenorientierung der Betriebe.
   Reformvorschläge: Mobilisierung von Ausbildungsreserven; Ausdehnung der Verbundausbildung; Kostensenkung für Ausbildungsbetriebe einschließlich Veränderungen des BBiG; Reduzierung / Reorganisation des Berufsschulunterrichtes.

4. Finanzierung
   Kritik: Ungleiche Verteilung von Kosten und Nutzen verringert das Angebot.
   Reformvorschläge: Umlage- und Fondsfinanzierung.

5. Attraktivitätsverlust der dualen Ausbildung
   Kritik: Das Duale System bietet zu wenig Zugang zu Karrierechancen.
   Reformvorschläge: Aufwertung von Bildungsabschlüssen; Sonderausbildungsgänge; duale Studiengänge; Ausbau der betrieblichen Personalentwicklung.

Fortsetzung nächste Seite

Abb. 3.3: Der Reformbedarf des Dualen Systems
(Quelle: vgl. Euler 1998,51 ff.)

> 6. Heterogenität der Auszubildenden
>   Kritik: Das Duale System wird den unterschiedlichen Voraussetzungen in Schulabschluß und sozialer Herkunft nicht gerecht.
>   Reformvorschläge: Prüfen der Modularisierungsvorschläge; Angebote in Form von Zusatzqualifikationen entwickeln, Differenzierung von Ausbildungsgängen.
> 7. Qualität der betrieblichen Ausbildung
>   Kritik: Die betriebliche Ausbildung ist durch ein Qualitätsgefälle gekennzeichnet.
>   Reformvorschläge: Didaktische Selbstversorgung durch die Betriebe; Modellversuche; Förderprogramme der EU.
> 8. Lernortkooperation
>   Kritik: Gleichgewichtigkeit und didaktische Integration sind nicht gegeben. Gelungene Kooperation ist rückverwiesen auf das persönliche Engagement einzelner.
>   Reformvorschläge: Modellversuche der Lernortkooperation; ansonsten ist die Reform offen.
> 9. Qualität des schulischen Unterrichts
>   Kritik: Die Berufsschule nimmt eine subsidiäre Rolle ein; sie steht mit ihrem didaktischen Profil unter Legitimationsdruck.
>   Reformvorschläge: Handlungsorientierung; bildungsbezogene Curriculumentwicklung; Schulautonomie und Profilierung von Bildungsgängen.

Vor diesem Hintergrund setzen die wichtigsten Interessengruppen des Dualen Systems im Reformprozeß folgende Prioritäten:

⇨ Die *Bundesregierung* favorisiert den Abbau von Ausbildungshemmnissen, die Flexibilisierung der Ausbildungsordnungen und die Differenzierung der Ausbildungsangebote für sogenannte praktisch Begabte und Leistungsstarke.

⇨ Die *Bundesländer* betonen ihre Aufgabe, im allgemeinbildenden Schulwesen die "Ausbildungsreife" zu verbessern, den Berufsschulunterricht zu flexibilisieren, die Lernortkooperation zu fördern, Angebote zur

Leistungsdifferenzierung zu entwickeln und die Anpassung an den regionalen Qualifikationsbedarf zu verbessern.

⇨ Die *Arbeitgeberverbände* favorisieren die Entwicklung zweijähriger Ausbildungsberufe, die verstärkte Nutzung von Verbundausbildung, die Verbesserung der Leistungsfähigkeit der Berufsschule und der Ausbildungsreife, die Beibehaltung einzelbetrieblicher Finanzierung und die Verbesserung der Rahmenbedingungen für die Berufsausbildung beispielsweise durch eine andere Organisation des Berufsschulunterrichts, eine Erhöhung der wöchentlichen Ausbildungszeit auf vierzig Stunden, die Kürzung der Urlaubsansprüche und die Senkung bzw. das Einfrieren der Ausbildungsvergütung.

⇨ Die *Gewerkschaften* fordern zertifizierbare Zusatzqualifikationen und Verbesserung der "Europatauglichkeit" (z.B. durch Fremdsprachenunterricht und Austauschmaßnahmen, Schaffung transparenter Aufstiegswege durch eine Verzahnung von Ausbildung, Zusatzqualifikationen, Fortbildung und Personalentwicklung, Abbau schulischer Warteschleifen zugunsten vollwertiger Ausbildungsmöglichkeiten, Einführung einer Umlagefinanzierung und verstärkte Modernisierung der Ausbildungsinhalte und der Qualifizierung des Personals). Sie betonen den Verzicht auf eine Modulausbildung und auf zweijährige Ausbildungsberufe.

Übereinstimmung besteht im Festhalten am Berufsprinzip und an einer effizienteren Handhabung des Ausbildungsordnungsverfahrens. In gewisser Weise lassen sich eine Förderung des Verbundgedankens und der Lernortkooperation gleichfalls zum Konsens rechnen. Ein klarer Dissens findet sich in Fragen der Finanzierung.

3.2.2 Aspekte der Deregulierung des Ausbildungssystems

Die Tatsache, daß im Kontext der Reform und Modernisierung des Dualen Systems gleichzeitig von Umbruch gesprochen und darüber gestritten wird, ob es sich um eine Existenzkrise handelt (vgl. hierzu die Bestandsaufnahmen bei Euler und Sloane 1997, Münch 1997 und Konietzka/Lempert 1998), deutet darauf hin, daß es nicht nur um Verbesserungen innerhalb des Systems geht, auch wenn die Reformvorschläge dies auf den ersten Blick vortäuschen.

Es sollte nicht unterschätzt werden, daß im Weißbuch der EU über »Lehren und Lernen in der kognitiven Gesellschaft« das Duale System der Berufsausbildung auf Platz zwei hinter dem Modularsystem rangiert. Im Zusammenhang mit der Freizügigkeit auf dem Arbeitsmarkt wird die Bundesrepublik daher einem Deregulierungsdruck ausgesetzt sein. Auch jenseits der Frage nach einer Angleichung der europäischen Ausbildungssysteme muß sich das deutsche System mit grundsätzlichen Problemen auseinandersetzen (vgl. dazu Abb. 3.4).

Das Qualifikations- und das Integrationsproblem weisen darauf hin, daß die Reproduktions-, Zugangs- und Verteilungsrationalitäten von unterschiedlichen gesellschaftspolitischen Wertvorstellungen geprägt sind. Wenn dies nicht der Fall wäre, ließe sich das Qualifikationsproblem curricular und finanziell lösen, würde damit die Trägerschaft zur nachgeordneten Frage.

Stattdessen kreisen die Diskussionen um Lösungen, hinter denen sich zumindest die Gefahr der Deregulierung und damit der Auflösung des Systems verbirgt. Alle auf eine Flexibilisierung und Dynamisierung zielenden Vorschläge des oben angeführten Reformprojektes "berufliche Bildung" zeigen dies. So z.B. die Orientierung der Rahmenlehrpläne an den Bedürfnissen der Betriebe, die Reduktion des zeitlichen Umfangs des Berufsschulunterrichts, die Auflösung der bisherigen rechtlichen Absicherungen sowie die Verschiebung des Dualitätsgedankens auf die Fachhochschulebene. Die Betonung der Lernortkooperation wird zur Farce, wenn sie der Optimierung der Anwesenheitszeiten der Auszubildenden im Betrieb dienen soll (vgl. Berufsbildungsbericht 1998,5) und wenn darüber hinaus die Lernorte Betrieb und Schule seit eh und je durch begründete unterschiedliche Bildungsaufträge sowie didaktische und methodische Differenzen gekennzeichnet sind.

 Angesichts der offensichtlichen Widersprüche liegt es nahe, die einhellige Betonung der Unverzichtbarkeit des Berufeprinzips als Mittel zu bezeichnen, je spezifische Interessenslagen aufrecht zu erhalten oder zu verbergen. Bezeichnet doch das Berufsprinzip in den Diskussionen sowohl das Korporationsprinzip als auch Qualifikations- und Integrationserfordernisse sowie solche der Sinn- und Identitätsstiftung. Damit wird das Berufsprinzip gleichsam zum zentralen "Gravitationsfeld" des Ausbildungssystems erhoben. Insofern es angeblich die Gesamtqualität garantiert, wird es unangreifbar. Auf diese Weise wird mit ihm das Gesamtsystem tabuisiert und damit der Modernisierung entzogen. Stattdessen kann eine schleichende Deregulierung greifen.

Folgende bildungspolitische Entwicklungen deuten darauf hin, daß das Duale System infrage gestellt ist:

(1) Das Problem des Qualifikationsbedarfs

Unter Qualifikationsbedarf verstehen wir das volkswirtschaftlich benötigte quantitative Arbeitsvolumen und seine qualitative Ausprägung. Die diesbezüglichen statistischen Argumentationen arbeiten alle mit Annahmen, die angreifbar sind. Studien, die den volkswirtschaftlichen Bedarf qualitativ bestimmen (vgl. z.B. IAB-Prognos 1985), bleiben zu oberflächlich. Die Forderung, zweijährige Ausbildungsgänge einzurichten und das gleichzeitige Eindringen von Hochschulabsolventen in Sachbearbeiterpositionen legt nahe, daß die Praxis- und Theorieorientierung sowie das Verhältnis von Allgemeinbildung und Berufsbildung neu bestimmt werden müssen. Letzteres wird besonders dann erforderlich, wenn das Niveau einer zweijährigen Ausbildung demjenigen einer dreijährigen entsprechen soll. Dies verlangt sowohl eine Verdichtung des Lernprozesses als auch ein verbessertes, breiteres und vertieftes Vorwissen. Eine Anhebung der Allgemeinbildung als Zugangsvoraussetzung (die wieder diskutierte Berufsreife) dient auch als Vorleistung für die spätere Weiterbildung wie sie die Reife der Jugendlichen stärkt.

(2) Der soziale Integrationsbedarf

Hier geht es zunächst einmal um die zweite Schwelle, d.h. um die Einmündung in die Berufstätigkeit nach der Ausbildung. Aufgrund der Praxisnähe der Ausbildung und des Konsensprinzips bei der Erstellung der Ausbildungsordnungsmittel galt die Integrationsleistung des Dualen Systems bislang als besonders gut. Durch die Zunahme der strukturellen Arbeitslosigkeit in den Jahren ab 1990 wurde die Integrationsfunktion des Dualen Systems jedoch geschmälert. Es zeigte sich damit ihr Charakter als ökonomisch strukturabhängige Größe.

Abb. 3.4: Die Strukturprobleme des Dualen Systems

78   3. Die Wirtschaftspädagogik im gesellschaftlichen Wandel

(1) Im Oktober 1996 fordert der Bundesminister für Bildung, Wissenschaft, Forschung und Technologie auf dem dritten Fachkongreß des Bundesinstitutes für Berufsbildung eine weitere Flexibilisierung und Verbetrieblichung der Ausbildung.
(2) Am 16. April 1997 beschließt die Bundesregierung ein umfassendes Reformprojekt, mit dem die berufliche Bildung noch flexibler gegenüber dem Wandel in der Arbeitswelt werden soll.
(3) Die Vereinigung der Unternehmerverbände Berlin und Brandenburg verlangen im November 1995 eine Reorganisation der beruflichen Bildung durch die Kombination von Grundberufen und Modulen.
(4) Die Bildungskommission Nordrhein-Westfalen fordert, über neue Ausbildungswege nachzudenken.
(5) Im Bereich der druck- und kommunikationstechnischen Ausbildungsberufe sind unter Federführung der Industriegewerkschaft Metall modulare Ausbildungskonzepte entwickelt worden, die je zur Hälfte aus Basisqualifikationen und unternehmensspezifischen Schwerpunkten bestehen.
(6) Verschiedene Träger führten Modellversuche zur Modularisierung durch. In Hamburg wurde zum Beispiel bereits 1989 von der "Stiftung berufliche Bildung" mit der Modularisierung der Metallausbildung begonnen.
(7) Im Mai 1999 präsentieren und Industrie- und Handelskammern und Deutscher Industrie-und Handelstag (DIHT) als "Leitlinien Ausbildungsreform" das Satellitenmodell. Es besteht aus einer umfangreichen "berufsprofilprägenden" Grundqualifikation, die gegebenenfalls durch ergänzende Qualifikationen in Gestalt von Wahlpflicht- und Wahlbausteine angereichert werden. Diese Ergänzungen richten sich nach der Leistungsfähigkeit der Auszubildenden und dem betrieblichen Qualifikationsbedarf. Nach den Bedingungen vor Ort soll der ausbildende Betrieb mit dem Auszubildenden über Form und Zeit entscheiden, die zur vollen Berufsfähigkeit führen. Es wird betont, daß die Berufsschule sich am eigenen pädagogischen Auftrag neu und mit stärkerem Profil zu orientieren habe. Dabei sollte die Grundqualifikation in den Vordergrund treten. Die ergänzenden Qualifikationen (Wahlbausteine) sollen auf dem freien Bildungsmarlt amgeboten werden.
(8) Am 5. Februar 1999 legt das Sekretariat der Ständigen Konferenz der Kultusminister der Länder in der Bundesrepublik Deutschland (KMK) die überarbeiteten Handreichungen von 1996 für die Erarbeitung von Rahmenlehrplänen für den berufsbezogenen Unterricht in der Berufsschule und ihrer Abstimmung mit den Ausbildungsord-

nungen des Bundes vor. Danach sollen die Lehrpläne nach "Lernfeldern" strukturiert werden, die einerseits den Tätigkeitsfeldern des Berufs entsprechen und andererseits dem eigenständigen öffentlichen Bildungsauftrag. Aus dem Rückbezug auf Reformvorstellungen des Bildungsrates zur Integration von Allgemeinbildung und Berufsbildung in der Sekundarstufe II wird die Bedeutung einer veränderten beruflichen Grundausbildung, gegebenenfalls auch in Vollzeitform, ersichtlich.

3.3 Modularisierung, Satellitenmodell und Lernfeldorientierung

3.3.1 Begriff und Modelle

Gleichgültig, ob man von Modulemodell, Satellitenmodell oder Lernfeldorientierung spricht, es geht in jedem Fall um die Kombination von Grund- und Ergänzungsbausteinen der Ausbildung und damit um deren zeitliche und inhaltliche Variierung und Flexibilisierung. Außerdem steht das Verhältnis von Allgemeinbildung und Berufsbildung zur Gestaltung an. Modularisierung wird von uns als der bildungspolitische Oberbegriff verwendet.

Die gegenwärtig diskutierten Grundvarianten der Modularisierung, wozu wir auch das Sattelitenmodell rechnen, nehmen drei Perspektiven ein. Das Suplementierungsmodell denkt von der zeitlichen Abfolge her. Dabei spielt vor allen Dingen eine Rolle, ob die Ergänzungen vor dem Gesamtabschluß liegen oder danach. Das Fragmentierungsmodell denkt von der Kombination von Trägerschaft und Zertifizierung her und das Differenzierungsmodell folgt eher curricularen Erwägungen.

Die theoretische Diskussion lehnt sich stark an Deißinger (vgl. Abb. 3.5) an.

Die Grenzen zwischen diesen drei idealtypischen Modellen können sich in der Realität europäischer Vielfalt verwischen.

Während beim Ergänzungs- und Differenzierungskonzept Rahmen und Prinzip der Ordnung einer beruflich orientierten Ausbildung

Foto: Deißinger

Das Supplementierungsmodell
Hier werden Zusatzangebote zu bestehenden Ausbildungsgängen gemacht.
Sloane (vgl. Sloane 1997,228) unterscheidet beim Supplementierungs- bzw. Ergänzungskonzept das Konsekutiv-Modell und das Integrationsmodell. Beim Konsekutiv-Modell werden Zusatzqualifizierungen auf die Ausbildung aufgesetzt.
Beim Integrationsmodell werden fachtheoretische und fachpraktische Ergänzungen in die jeweilige Ausbildung implementiert.

Das Differenzierungsmodell
Das Differenzierungsmodell ist ein Kombinationskonzept, bei welchem es darum geht, mittels Modulen zerlegte Ausbildungsgänge zu schaffen, innerhalb derer die Lerner jeweils neue Gesamtkompetenzen aggregieren können. So werden auch Doppel- bzw. Mehrfachqualifizierungen ermöglicht.

Das Fragmentierungsmodell
Das Fragmentierungsmodell bezeichnet ein Konzept, bei welchem die Module verselbständigt existieren und zertifiziert werden.

Abb. 3.5: Modularisierungs-Modelle nach Deißinger
(Quelle: vgl. Deißinger 1996,191 ff.)

nicht wesentlich tangiert werden, löst das Fragmentierungsmodell, das Deißinger auch "grundständige Modularisierung" (vgl. Deißinger 1996,192) nennt, diese Ordnung auf.

Die Entwicklung der Konzepte modularisierter beruflicher Bildung geht zurück auf Arbeiten des International Labour Office (ILO, Genf) aus den 70er Jahren. Es wurde ein System von "Modules of Employable Skills" (MES) entwickelt, das dazu dienen sollte, arbeitsmarktrelevante Qualifikationen unabhängig von der jeweiligen Vorbildung zu vermitteln. Anlaß war vor allem der wachsende Bedarf an qualifizierten Arbeitskräften in den

Entwicklungsländern, aber auch der Flexibilisierungsdruck in den Industrienationen (vgl. Maslankowski 1985,323 ff.).

Auf die Darstellung der Herausforderung, welche die Lernfeldorientierung an die Curriculumtheorie und Didaktik der Wirtschaftspädagogik stellt, wird im Rahmen dieses Buches verzichtet. Es wird auf die gesonderte Veröffentlichung von Huisinga, Lisop und Speier verwiesen (vgl. Huisinga, Lisop und Speier 1999).

3.3.2 Modularisierung und Arbeitsmarktsegmentierung

Bereits 1956 (vgl. Pollock 1956) ist darauf hingewiesen worden, daß die zunehmende Informatisierung von Produktion und Dienstleistung den Arbeitsmarkt segmentiert. Kern und Schumann greifen dies mit ihrer Arbeit von 1984 über "Das Ende der Arbeitsteilung?" wieder auf. Wir müssen allerdings sehen, daß empirische Studien in den USA bereits Ende der 60er, Anfang der 70er Jahre eine "Dual Labor Market Theory" entwickelt haben. Danach gliedert sich der Arbeitsmarkt in einen primären Sektor mit gut bezahlten und relativ stabilen Arbeitsverhältnissen und einen sekundären Sektor mit unsicheren und schlecht entlohnten Beschäftigungsverhältnissen. Zum Sekundärsektor gehören mittlere und kleinere Betriebe, die stark konjunkturabhängig und schwach technisiert sind. Auch werden die Randbelegschaften der Großbetriebe zum sekundären Arbeitsmarktsektor gerechnet. Die beiden Arbeitsmarktsektoren, die auf unterschiedliche Qualifikationsniveaus zurückgreifen, sind stark gegeneinander abgeschottet.

 In der Bundesrepublik Deutschland haben Lutz und Sengenberger (1974) ein *Segmentationskonzept* vorgestellt, das von einem dreigeteilten Arbeitsmarkt spricht, nämlich einem betriebsinternen, einem berufsfachlichen und einem unstrukturierten. Letzterer stellt eine Restgröße dar, die all diejenigen umfaßt, die keinen Zugang zu den anderen beiden Teilmärkten gefunden haben. Das Qualifikationsniveau, das hier nachgefragt und angeboten wird, beschränkt sich auf eingegrenzte, wenig transferierbare Fähigkeiten (vgl. auch Georg und Sattel 1995,123 ff.).

Mit der Neo-Taylorisierung im Zuge der "schlanken Produktion" hat sich die Theorie des segmentierten Arbeitsmarktes für die Zeit nach 1990 bestätigt.

Kaum noch die Hälfte der ausgebildeten Fachkräfte verbleiben in ihrem Beruf. Die Tendenz zu einer "statusinadäquaten Beschäftigung" verschärft sich. Andererseits wird die beruflich orientierte Ausbildung mehr und mehr für innerbetriebliche Flexibilitätsdefizite verantwortlich gemacht, wenn es darum geht, neue Produktionskonzepte zu implementieren. Während die Bewältigung von Routinearbeiten oftmals nicht das Gesamtspektrum der Qualifikationen abverlangt, welche zum Beispiel im Laufe einer dreijährigen dualen Berufsausbildung gelehrt werden müssen, entstehen durch die innerbetrieblichen Umstellungen Anforderungen, die üblicherweise mit einer "gehobenen Allgemeinbildung" vermittelt werden. So bleibt allenfalls für Produktionsumstellungen, Reparaturen und Test-Serien ein enger Bedarf an Facharbeit.

Für die modularisiert Qualifizierten ist man allerdings mit dem Problem ihrer Vorbildung konfrontiert, was im größeren Maße die Frage nach der Funktion von Schlüsselqualifikationen aufwirft und damit die Frage nach der besonderen Rolle der Allgemeinbildung. Dies vor allem deshalb, weil hochtechnisierte Produktionsabläufe in nicht geringem Maße auch den modular Ausgebildeten kognitive und soziale Kompetenzen abverlangen, die über ein "Bedienerwissen" hinausreichen. Kontinuierliche Verbesserungsprozesse zum Beispiel erfordern ein generelles Methodenwissen, das einerseits Analyseverfahren, andererseits synthetische Kombinatorik, wie auch Darstellungs-, Visualisierungs-, Präsentations- und Kommunikationstechniken beinhaltet. Ähnliches gilt für die innerbetriebliche Kundenorientierung. In Verkauf und Beratung, um auch aus diesem Bereich ein Beispiel zu wählen, wird zunehmend eine breite Marktorientierung erforderlich, da eine rasche soziale Anpassungsfähigkeit an die jeweilige Kundschaft erfolgen muß.

Van Cleve und Kell stellen zu recht auf zwei Grundalternativen der Modularisierung gegenüber dem Dualen System ab (vgl. van Cleve und Kell 1997). Die eine Alternative sehen sie im modularen Integrationskonzept, die andere darin, daß eine verkürzte berufliche Grundbildung um betriebsspezifische Weiterbildungsmodule ergänzt wird. Gleichzeitig weisen sie auf die Notwendigkeit hin, vollzeitschulische Abschlüsse aufzuwerten und mit denen des bisherigen dualen Systems gleichzustellen. Sie betonen zudem die Notwendigkeit, die Bildungsansprüche der Jugendlichen auch aus allgemeinen gesellschaftspolitischen Gründen heraus zu befriedigen und warnen vor einer Modularisierung ohne vorherigen Ausbau des Weiterbildungssystems.

Die berufs- und wirtschaftspädagogische Diskussion der Modularisierung berücksichtigt nicht durchgängig die theoretischen und empirischen Befunde der Arbeitsmarkt- und Qualifikationsforschung sowie die bildungspolitischen Weichenstellungen.

Die Kritik an der Modularisierung weist vor allen Dingen auf die Gefahr der Beliebigkeit und der fehlenden Gesamtsystematik der Ausbildung hin. Sie mahnt das Beibehalten allgemeinbildender und theoretischer Inhalte an, warnt vor der Aushöhlung des Berufskonzeptes sowie der sozialen und tariflichen Absicherung, die hieran gebunden sei.

Im Hinblick auf das bislang als zentral angesehene Gütekriterium eines Ausbildungssystems, nämlich den Übergang in Arbeitsverhältnisse zu gewährleisten, ist die Beurteilung des Modulesystems kontrovers. Speziell wird eine Ausgrenzung schwächerer Absolventen befürchtet.

Insgesamt dominiert ein Entweder-Oder-Denken. Entweder wird das Duale System favorisiert oder - von Ausnahmen abgesehen - die Modularisierung als Ersatz angeboten.

Hier werden dann die folgenden befürwortenden Argumente angeführt:

(1) Vergleichbarkeit der Fachkenntnisse, Ausbildungsverläufe, Zulassungsvoraussetzungen und Berechtigungen,
(2) Elastizität und Flexibilität gegenüber dem technisch ökonomischen Wandel bzw. dem je aktuellen Qualifikationsbedarf sowie gegenüber individuellen Interessen und individueller Vorbildung,
(3) Vereinfachung von Abstimmungs- und Konsensprozessen,
(4) Vereinfachung von Modellversuchen und Experimenten,
(5) Erleichterung von Anschlüssen und Übergängen im Gesamtbildungssystem,
(6) Erleichterung von berufsfeldübergreifenden Qualifikationen,
(7) Stärkung von Autonomie und Kooperation,
(8) bessere Transparenz der Ausbildungsqualität.

3.4 Gesamtbeurteilung der Strukturveränderungen

Will man die Diskussion um das Pro und Contra der Modularisierung und um die Zukunft des Dualen Systems beurteilen, so muß man folgende Faktoren in den Blick nehmen.

(1) Die Europäisierung

In der Europäischen Union soll Freizügigkeit auf dem Arbeitsmarkt über die traditionellen Landesgrenzen hinweg möglich werden. Seitens der Arbeitenden verlangt dies zunächst einmal unabhängig von familialen und gesellschaftlichen Bindungen Mobilität im Sinne von Veränderungsbereitschaft und -fähigkeit. Diese setzen zumindest ausreichende allgemeine und fachspezifische Sprachkenntnisse voraus, aber auch interkulturelle Bildung. Hinzuzurechnen sind arbeitspraktische und -theoretische Kenntnisse auf der Basis eines "Überblickswissens", welches die Ordnung von Wissenssystemen und die Grundvarianten praktischer Lösungen einbezieht. Anders ausgedrückt: Im Zeitalter globalisierter Produktion und Dienstleistung sind die Produktions- bzw. Arbeitssysteme weltweit so standardisiert, daß die kulturspezifischen Unterschiede in der Arbeitspraxis selbst keine Probleme mehr aufwerfen, weil sie unter Rückbezug auf das generelle Wissen durchschaubar werden. Ein Landeswechsel wird somit rein arbeitstechnisch nicht komplizierter als ein Betriebswechsel.

 Die Modulausbildung war zunächst ein Schritt, der den europäischen Randländern ein kostenintensives Berufsbildungssystem erspart, die industrielle Alphabetisierung unterstützt und gleichzeitig die Freizügigkeit für alle eröffnet, wenn auch mit ungleichen Chancen.

(2) Das Verhältnis von Arbeit und Kapital

Nicht berücksichtigt haben wir bislang die ökonomische Frage, ob das "Kapital zur Arbeit" wandert oder umgekehrt. Das Kapital gilt heute als global flexibel. Die Investitionen erfolgen dort, wo die Arbeitskräfte entsprechend billig sind und die politischen Verhältnisse einschließlich steuerlicher Gesichtspunkte eine relative Stabilität versprechen.

(3) Die Wertigkeit der Allgemeinbildung

Wie wir gesehen haben, wählen in den meisten anderen europäischen Ländern, aber auch zunehmend in der Bundesrepublik, diejenigen Jugendlichen und jungen Erwachsenen, die eine qualifiziertere Position anstreben, den Weg über mittlere und höhere Schulabschlüsse mit anschließender schulischer Berufsausbildung. Wegen der hohen allgemeinbildenden Anteile eröffnet dieser Weg noch am ehesten die Chancen, von der Freizügigkeit zu profitieren. Bildungspolitisch wurde dieser Weg außerhalb Deutschlands im übrigen auch deshalb befürwortet, weil in den hohen Allgemeinbildungsanteilen eine sichere Basis für Flexibilität gesehen wurde. Dies galt und gilt speziell für das primäre Arbeitsmarktsegment. Insofern galt die Modulausbildung nicht als die bessere Alternative gegenüber einer umfassenderen, theoretisch fundierten Ausbildung, sondern als ein Mehr gegenüber dem bloßen Ungelerntenstatus.

3.4 Gesamtbeurteilung der Strukturveränderungen

Für die entwickelten Industrieländer gilt Analoges vor dem Hintergrund des segmentierten Arbeitsmarktes. Diese Segmentierung läuft darauf hinaus, daß die ehemals von Absolventinnen und Absolventen des Dualen Systems besetzten Arbeitsplätze wegfallen bzw. im Zuge der Segmentierung durch höherqualifizierte einerseits und einfachere andererseits ersetzt werden. Damit wäre das Duale System gesprengt.

(4) Flexibilität

Was die Elastizität und Flexibilität anbelangt, so ist hier nach Arbeitsmarktsegmenten zu unterscheiden. Das primäre, auf höhere Qualifizierung angewiesene Segment verlangt zur Bewältigung der Flexibilitätsanforderungen horizontal und vertikal umfassendere Bildung, als eine bloße Addition von Einzelbausteinen sie gewährleisten könnte (vgl. auch Kapitel sechs). Auch die Erleichterung von Übergängen und Anschlüssen im Gesamtbildungssystem läßt sich nicht nur über Module bewerkstelligen, auch wenn diese an bestimmten Gelenkstellen hilfreich sein können. Fehlt die erforderliche breite Grundbildung, dann findet sich für die Module keine hinreichende Passung.

(5) Die Arbeitsmarktsegmentierung

Ohne Berücksichtigung der Arbeitsmarktsegmentierung läßt sich folglich keine sinnvolle Entscheidung für oder gegen die Modularisierung fällen. Insofern ist Georg und Sattel zuzustimmen, wenn sie schreiben:

"Historisch scheinen wir eine neue Schwelle des Verhältnisses von Bildung und Beschäftigung zu erreichen" (Georg und Sattel 1995,136). Eine Facette ist die der Erosion des berufsfachlichen Teilarbeitsmarktes. Sie erklärt sich vor allem durch die Segmentierung des Arbeitsmarktes und den hohen Sockel an Arbeitslosigkeit. Dessen Abbau wird heute auf der Basis der Sozialgesetze (z.B. Arbeitsförderung in der EU) durch Trainings- und Umschulungsmaßnahmen angestrebt. In der Bundesrepublik gründen sich diese noch auf das Berufsprinzip. Eine Modularisierung würde hier unmittelbar kostensenkend wirken.

Die von Georg und Sattel konstatierte neue Schwelle des Verhältnisses von Bildung und Beschäftigung betrifft zum einen das sogenannte *Qualifikationsparadox*. Danach ist der erfolgreiche Abschluß einer Berufsausbildung zwar förderlich für den Einstieg in ein Beschäftigungsverhältnis, er kann diesen aber immer weniger gewährleisten. Zum anderen muß man sehen, daß mit der Erosion des Dualen Systems für die Mehrheit von Jugendlichen der Ersatz für die allgemeinbildende Sekundarstufe II wegbricht. Nun läßt sich darüber streiten, ob dieser Ersatz den Anforderungen einer modernen demokratischen Gesellschaft genügte. Hält man an den Prinzipien der

Demokratie und damit der Partizipation sowie der Subjektbildung fest, dann ist mit der Krise des Dualen Systems die Frage nach der Reichweite des allgemeinbildenden Schulwesens gestellt.

 Insofern stellt sich die Frage nach der angemessenen Berufsbildung im Zusammenhang mit der Frage nach einem angemessenen Gesamtbildungssystem.

Allein das Erlernen von drei europäischen Sprachen, wie es das Weißbuch zur allgemeinen und beruflichen Bildung der Kommission der Europäischen Gemeinschaften 1995 fordert, aber auch die Schulung der autonomen Lernfähigkeit und einer berufsfeldübergreifenden Methodenkompetenz, schließlich die Öffnung der Schule gegenüber der wissenschaftlich-technischen Zivilisation läßt sich mit einer zehnjährigen Schulpflicht nicht bewerkstelligen.

Eine der Initiativen, auf welche das europäische Weißbuch abstellt, beinhaltet die Annäherung von Schulen und Unternehmen. Interpretiert man dies nicht schlicht im Sinne einer Deregulierung und Entstaatlichung des Bildungswesens, dann sind die Kooperationsarten neu zu bedenken. Kann es doch nicht mehr um die Kontroverse Theorie/Praxis oder um Zeitanteils-Streite gehen.

 Für die Wirtschaftspädagogik als wissenschaftliche Disziplin ergibt sich aus den in diesem Kapitel geschilderten Problemen des Strukturwandels, daß sie die Interdisziplinarität und das Erfordernis der Verschränkung von Allgemeinbildung und Spezialbildung analytisch und synthetisch voranzutreiben hat.

3.5 Der Kompetenzansatz in der Weiterbildung

Die folgende ausführliche Darstellung dient der Veranschaulichung von Freisetzung und Vergesellschaftung des Berufsbildungssystems im europäischen Zusammenhang.

3.5.1 Die generelle Problematik: "Passung"

In arbeitsteilig ausdifferenzierten Gesellschaften, die ihren Qualifikationsbedarf nicht mehr aus dem mithelfenden, nebenhergehenden Lernen decken, stellt sich das Problem der "Passung" zwischen den vermittelten

Qualifikationen und dem konkreten Bedarf an Arbeitsvermögen in Wirtschaft, Politik und privaten Haushalten. Wissenschaftlich wird es als Gestaltung der Schnittstelle zwischen Bildungs- und Beschäftigungssystem verhandelt.

Das Lösungsmodell "Berufsbildung" trägt nicht mehr, seitdem Anfang der 90er Jahre die Europäisierung sowie die *neue wirtschaftliche Liberalisierung* Realität wurden und mit der Rationalisierung neue Formen von Arbeit und neue Lernformen favorisierten. Dabei spielt das selbstorganisierte Lernen bis hin zur Autodidaktik die Hauptrolle. Das einzelne Individuum plant, steuert, verantwortet und bezahlt seine Qualifizierung selbst - so wenigstens ist es gedacht.

An die Stelle von Ausbildungsabschlüssen sollen Kompetenzbilanzen treten.

3.5.2 Die aktuelle europäische Problematik

1995 gibt die Europäische Kommission ein Weißbuch "Teaching and Learning - Towards the Learning Society" heraus. Zur Zielstellung heißt es: "A project will be launched concerning the 'personal skills cards'. This document should allow individuals to have their knowledge and know-how recognized as and when they are acquired" (White Paper Brussels, Luxembourg 1995,54). Dieses Weißbuch gab dem Bundesministerium für Bildung, Forschung, Wissenschaft und Technologie den Anstoß, Forschungsarbeiten und Gutachten darüber in Auftrag zu geben, wie mittels des Kompetenzbegriffs Erfassungs- und Evaluierungsmethoden zur Zertifizierung beruflicher Weiterbildung entwickelt werden könnten. Im europäischen Kontext boten die Kompetenzbilanzen in Frankreich Anlaß dazu, deren Reichweite auch im Hinblick auf Deutschland zu untersuchen. Dabei spielte die Entwicklung in den neuen Bundesländern zwar eine deutliche, aber nicht die eigentliche Rolle.

 Kompetenzbilanzen sind "ein relativ anspruchsvolles Verfahren zur Erfassung, Explizierung und Dokumentation der bei einer Person vorhandenen Kompetenzen, das durch betriebsexterne professionalisierte Bilanzierungseinrichtungen durchgeführt wird" (Drexel 1997,197).

Nachdem Bilanzierungsverfahren vor allem in den 80er Jahren von Bildungseinrichtungen und Unternehmen genutzt wurden, liegen in Frankreich seit 1991 Gesetze und Ausführungsbestimmungen vor, die unter

> **Betriebliche Problemkonstellationen bei der Nutzung von Kompetenzbilanzen**
>
> (1) Distanzierung vom Qualifikationsbegriff, weil er in Frankreich starke Konnotationen der tariflichen Einstufung trägt, und aus dem gleichen Grund Relativierung der Bedeutung von Schulabschlüssen;
> (2) Evaluation als Instrument zur Bewältigung unterschiedlicher Personalprobleme, für die es ansonsten kaum einen Lösungsweg gäbe;
> (3) Nutzung des Kompetenzkonzeptes zur Vorbereitung großer Restrukturierungen sowie massenhafter Umsetzung und Entlassung von Personal;
> (4) Motivierung und Mobilisierung der Arbeitskräfte, zusätzliches Wissen oder Können zu erwerben und/oder ihr Verhalten zu ändern. (Kompetenzkonzept zur Ersetzung klassischer Aufstiegsmöglichkeiten, z.B. Entlohnung nach validierten Kompetenzen und nicht mehr nach dem Branchentarifvertrag);
> (5) Nutzung des Kompetenzkonzeptes für eine Veränderung der Arbeitsorganisation;
> (6) Evaluierung als Voraussetzung für die Akzeptanz erweiterter Aufgaben im Vorlauf von betrieblichen Veränderungen;
> (7) "Erhaltung des sozialen Friedens" sowie einer gewissen Individualisierung in der Steuerung der Belegschaft durch direkte Kontakte.

Abb. 3.6: Kompetenzbilanzen (vgl. Drexel 1997, 212 ff.)

bestimmten Voraussetzungen allen Erwerbstätigen, Arbeitsuchenden, abhängig Beschäftigten, Selbständigen, Beamten, Erwachsenen und Jugendlichen ein Recht auf eine Kompetenzbilanzierung geben, und zwar im Hinblick auf ein von ihnen selbst zu benennendes Ziel.

Entgegen den Erwartungen entwickelte sich nach 1991 die Zahl der gesetzlich geregelten Bilanzierungsaktionen jedoch schlecht; diese stellen nur einen Bruchteil der insgesamt durchgeführten beruflichen Beratungsaktionen für abhängig Beschäftigte dar. Die Zahl der außerhalb gesetzlicher

3.5 Der Kompetenzansatz in der Weiterbildung

Qualitätsprobleme der Kompetenzbilanzen

1 Angesichts der vielfältigen Zielsetzungen gibt es keine Erfolgskontrolle i.e.S. für die Kompetenzbilanzierung.

2 Die Bilanzierungen führen keineswegs immer - wie eigentlich beabsichtigt - zur Definition eines beruflichen Projekts; sie münden häufig in traditionelle Bildungsberatung ohne Bezug auf ein berufliches Ziel. Manche Synthese-Dokumente privilegieren die verfügbaren Schulabschlüsse.
Häufig sind die Synthese-Dokumente in einer wissenschaftlichen Sprache abgefaßt, deren Verständlichkeit für den Laien schwierig ist. Die Klienten haben Mühe, sich in ihnen mit ihren Zielen und Wünschen wiederzuerkennen; vor allem bereitet es Schwierigkeiten, ob und wie die Ergebnisse umgesetzt werden sollen. Denn nach der Bilanzierung gibt es keine weitere Beratung mehr.

3 Oft listen Synthese-Dokumente lediglich die berufliche Laufbahn und einzelne Testergebnisse auf, ohne sie zu einem Konzept zusammenzufügen.

4 Die strukturellen und theoretischen Probleme in der Konstruktion des Bilanzierungssystems schlagen sich auch in den Synthese-Dokumenten nieder. Für das Bilanzierungspersonal sind sie der Nachweis gegenüber anderen Institutionen für erbrachte Leistungen. Natürlich sind die Dokumente auch Werbeträger für die Gewinnung künftiger Aufträge; und schließlich haben diese Dokumente de facto mehr Leser als nur die bilanzierte Person.

5 Das Bilanzierungspersonal steht der Arbeitswelt relativ fern; nach einer Universitätsausbildung verfügt es über keine Betriebserfahrungen, für die Aneignung neuer Entwicklungen der Arbeitsorganisation fehlt meistens Zeit. Außerdem fördert die prekäre Beschäftigungssituation in den Zentren nicht eben die Leistungsqualität.

6 Alle Probleme resultieren aus einer spezifischen Gemengelage. Theoretisch ist prinzipiell schwierig, Arbeit ganzheitlich, d.h. auch aus einer subjektiven und objektiven Perspektive zu erfassen. Diese Schwierigkeit wird potenziert, wenn die Schilderungen der bilanzierten Person nicht mit Arbeitsplatzbeobachtungen der Bilanzierenden konfrontiert werden können. Auch ist nicht immer bekannt, welche Differenz zwischen den formalisierten Arbeitsplatzbeschreibungen und der Wirklichkeit besteht. Auch gibt es Hemmungen zu tieferliegenden Befragungen, da die Verwendung der Ergebnisse nicht immer eindeutig ist.

Abb. 3.7: Qualitätsprobleme (vgl. Drexel 1997, 236 ff.)

Regelungen stattfindenden Bilanzierungen (z.B. Personalgespräche), sind weitaus größer. Der Umstand, daß die Gesetze mit einer Krise der französischen Wirtschaft zusammentrafen, schürte das Mißtrauen der Arbeitnehmerinnen und Arbeitnehmer, die anstatt der beabsichtigten freiwilligen Mobilitätsprozesse inner- und außerhalb des Betriebes darin eher ein Signal zur Vorbereitung von Entlassungen sahen. Daran änderte auch die Vertraulichkeit der Ergebnisse nichts. Zudem konkurriert die Kompetenzbilanzierung mit anderen Berufsberatungsmaßnahmen, die stärker auf eine rasche Vermittlung der Arbeitskräfte orientiert sind. Die französischen Unternehmen nutzen die Kompetenzbilanzen nur für drei konkrete Zielsetzungen:

(1) als Prognose für die erfolgreiche Absolvierung einer mehrjährigen Fortbildung für mittlere und höhere Techniker;
(2) als Hilfe im Umgang mit "Problemfällen";
(3) als Vorbereitung eines Outplacements im Rahmen eines Sozialplans (vgl. Drexel 1997,220).

Als größte Nutzergruppe von Kompetenzbilanzen dominieren in Frankreich mit 75 Prozent Arbeitslose bis zum 25. Lebensjahr.

Seit 1991 ist die Zahl von Bilanzierungszentren auf ca. 1000 Einrichtungen angewachsen; über die Hälfte sind gemeinnützige Vereine, 30 Prozent sind privat und zu 15 Prozent öffentliche Einrichtungen. Insgesamt umfassen sie ca. 5000 Personen, von denen ca. 30 Prozent externe Kräfte - häufig Psychologen - sind.

Eine offizielle Definition von "Kompetenz" gibt es hierbei nicht, die inhaltliche Klärung wird der Professionalität der Evaluatoren überlassen. Das Verfahren muß lediglich von "qualifizierten Personen" und mit zuverlässigen Methoden und Techniken durchgeführt werden. Es gliedert sich in eine Vorphase, eine Phase der Informationsgewinnung und eine Schlußphase, in der das Ergebnis-Dokument an die Betroffenen ausgehändigt wird.

Die Umsetzung der Durchführungsvorschriften ist ebenso heterogen wie die Preise und die Zeitangaben für die gemeinsame Arbeit (von zwei bis sechzehn Stunden Gespräch und Tests bis zu sechzehn Stunden). Die Schwerpunkte liegen das eine Mal bei der Evaluierung einer Person, ein anderes Mal bei der Berufsfindung; die herangezogenen Theorien entstammen der Neuro-Linguistik, der Psychologie oder der Erziehungswissenschaft.

 Die Probleme in Frankreich zeigen, daß mit der Deregulierung des Ausbildungssystems auch Entprofessionalisierungen des zuständigen Personals einhergehen. Die "Bilanzierenden" entstammen, wie

3.5 Der Kompetenzansatz in der Weiterbildung

gezeigt werden konnte, Professionen, deren "Kompetenz" der neuen Aufgabe nicht gerecht wird.

Die Komplexität der Problematik gegenwärtiger Kompetenzorientierung erfaßt man am klarsten, wenn man die bildungspolitischen, die qualifikationstheoretischen und die bildungstheoretischen Implikationen betrachtet. Dies sei im folgenden an den Positionen von Faulstich und Arnold gezeigt.

3.5.3 Kompetenz und Zertifizierung aus wirtschaftspädagogischer Sicht

Foto: Faulstich

In seiner Expertise "Kompetenz - Zertifikate - Indikatoren" präpariert Faulstich (vgl. Faulstich 1997) die Zertifizierung als diejenige Funktion heraus, die zwischen Bildungs- und Beschäftigungssystem als konkrete Klammer fungiert. Anhand der Qualifikationsforschung wird dabei gezeigt, daß es sich um ein interdisziplinäres Feld mit objektiv interdisziplinärem Forschungsbedarf handelt.

Der Begriff Qualifikation, der insbesondere im internationalen Gebrauch häufig mit Kompetenz synonym verwendet wird, beinhaltet Kenntnisse, Fertigkeiten und Haltungen ebenso wie Eignung, Ausbildungsabschluß, Befugnis und Status- bzw. Platzzuweisung (z.B. bei Wettbewerben). Insofern ist Qualifikation genausowenig eindeutig definiert wie Kompetenz. Die Begriffe Qualifikation bzw. Qualifizierung sollten Ende der 60er bzw. Anfang der 70er Jahre den als unscharf geltenden Bildungsbegriff ablösen. Es ging einerseits darum, die schulischen und betrieblichen Curricula an die Qualifikationsdebatte anzubinden. Andererseits schien das Denken in Qualifikationen besser als der Bildungsbegriff geeignet, Lehr- und Ausbildungspläne für Prüfungszwecke operationalisierbar zu machen. Hierzu waren Transparenz und Eindeutigkeit der Lernziele gefragt. Trotz der Bemühungen der *Lernzieltaxonomie* wurde dieser Anspruch nur bedingt erfüllt. Lernzieltaxonomien sind Klassifikationsschemata, welche durch eine Differenzierung nach kognitiven, affektiven und psychomotorischen Lernzielen Eindeutigkeit herzustellen versuchen.

Mit der Übernahme des Qualifikationsbegriffs durch die Wirtschafts- und Berufspädagogik entstand eine begriffliche Differenzierung insofern, als nach formalen Qualifikationen, d.h. zertifizierten Aus-, Fort- und Weiterbildungsabschlüssen, und nicht formalen bzw. zertifizierten Qualifikationen zu unterscheiden war. Letztere schließen neben nachgewiesenen Abschlüssen die Arbeitserfahrungen ein. Von Bedeutung wurde auch die Unterscheidung zwischen funktionalen und extrafunktionalen Qualifikationen.

Von den verschiedenen wissenschaftlichen Disziplinen aus wurde das Problem Qualifikation mit unterschiedlichem erkenntnisleitenden Interesse behandelt: Die Soziologie ermittelt Typologien der Gesamtarbeitskraft (z.B. Arten und Ausmaß von Sachbearbeitung in unterschiedlichen Wirtschaftsbereichen) und korreliert diese zu gesellschaftlichen Einstellungsmustern und sozialen Gruppen.

Die Arbeitswissenschaft ermittelt Tätigkeitsanalysen und -bewertungen im Hinblick auf die Struktur des Personalbedarfs und die Arbeitsentgelte. Dabei sind geistige und körperliche Anforderungen, Verantwortung und Persönlichkeitsstruktur sowie Umgebungseinflüsse von Bedeutung.

In der Wirtschaftspädagogik läßt sich das Thema Qualifikation als permanent mitlaufend charakterisieren. Es gibt keine spezielle wirtschaftspädagogische Qualifikationsforschung.

Soziologisch besehen zählt die Zertifizierungsproblematik zum Thema der gesellschaftlichen Statuszuweisung.

Die Funktion der Zertifikate (vgl. Abb. 3.8) realisiert sich mehrdimensional. Hier verweist Faulstich auf Kell (vgl. Kell 1982).

Die sozialen Effekte von Zertifikaten sind folglich ambivalent. "Die Offenheit externer und interner Arbeitsmärkte wird durch Zertifikate eingeschränkt. Sie bewirken einerseits Sicherheit des Zugangs, andererseits einen Ausschluß der Nicht-Inhaber. So erzeugen sie eine Ambivalenz zwischen Flexibilität des Arbeitskräfteeinsatzes und notwendiger Stabilität der Erwartungen" (Faulstich 1997,173). Insgesamt betrachtet, so die Ansicht Faulstichs, könnten Zertifikate lediglich "Wahrscheinlichkeit herstellen" (vgl. Faulstich 1997,174).

In der Erwachsenenbildung gab es nun schon immer bezüglich der Zertifizierung zwei Positionen. Dort, wo die Veranstaltungen nicht auf den Tauschwert auf dem Arbeitsmarkt abstellen, bestand oder besteht eher eine gewisse Reserve gegenüber Zertifikaten. Allerdings gibt es seit Ende der 60er Jahre auch hier eine Art realistische Wendung. Der Einbezug der Erwachsenenbildung in das Gesamtbildungssystem, und zwar als vierte Säule, mußte auch die Frage der Berechtigungen behandeln. Damit hingen auch Überlegungen zusammen, wie man zu planmäßigen Studienprogram-

3.5 Der Kompetenzansatz in der Weiterbildung

(1) Disziplinierungsfunktion: Das Zertifikat erzeugt Leistungsdruck.
(2) Motivationsfunktion: Die mit dem Zertifikat verbundenen Berechtigungen motivieren dazu, weitere Lerneinrichtungen zu besuchen oder sich mit Lerninhalten zu beschäftigen.
(3) Beurteilungs- und Dokumentationsfunktion: Qualifikationen werden beschrieben sowie nach erreichter Qualität beurteilt.
(4) Allokationsfunktion: Zertifikate steuern die Allokation auf dem Arbeitsmarkt.
(5) Selektionsfunktion: Zertifikate ermöglichen den Betrieben eine differenzierte Auswahl des Personals bezüglich sozialer Positionen.
(6) Optionsfunktion: Zertifikatsinhaber erhalten Ansprüche auf Zulassung zu weiteren Bildungsgängen oder -laufbahnen.
(7) Monopolisierungsfunktion: Formalisierte Abschlüsse schränken den Zugang zu Berufen und Arbeitsplätzen ein.

Abb. 3.8: Funktion von Zertifikaten nach Kell
(Quelle: Kell 1982,291)

men mit Prüfungen und Zeugnissen gelangen konnte. Inzwischen hat der Deutsche Volkshochschulverband ein Zertifikationsprogramm entwickelt, das auch in die International Certificate Conference (ICC) übernommen worden ist. Der Erfolg dieses Systems, aber auch die Prüfungs- und Zertifizierungsaktivitäten der Kammern im Rahmen des Arbeitsförderungsgesetzes (heute Sozialgesetzbuch) belegen den gesellschaftlichen Bedarf an zertifizierten Abschlüssen.

Neue Anstöße erhielt das Zertifizierungsproblem durch die Qualitätsdiskussion im Zusammenhang mit dem Total Quality Management und DIN ISO 9000. Mit dem Qualitätsmanagement verknüpften sich Fragen des Controllings und der Evaluation. Hier lautet Faulstichs Fazit in Anlehnung an Schulte (vgl. Schulte 1992,190): Es gälte kritisch zu prüfen, ob das Controlling nicht eine Schieflage erzeuge. Während die Kosten der Weiterbildung belegbar seien, sei der Nutzen nur schwer meßbar. Die Grenzen der Arbeit mit Kennzahlen müßten respektiert werden (vgl. Faulstich 1997,187).

3.5.4 Theoretische Einwände gegen den Kompetenzansatz - die Auffassung Rolf Arnolds

Foto: Arnold

Gegenüber dem dezidiert proklamierten "Paradigmenwechsel von der traditionellen beruflichen Weiterbildung zur Kompetenzentwicklung" (vgl. Arbeitsgemeinschaft QUEM 1995) nimmt speziell Rolf Arnold eine kritische Position ein. "Um die sich vollziehenden Wandlungen in Arbeitsmarkt und Gesellschaft theoretisch adäquat abbilden zu können, benötigen die zuständigen Wissenschaften erweiterte Perspektiven und geweitete Begriffe. Ob dabei bisherige Begrifflichkeiten »überwunden« werden müssen und wie weit der Kompetenzbegriff eine solche Weitungskategorie zu sein vermag, ist im einzelnen zu analysieren" (Arnold 1997, 254).

 Insbesondere interessiert Arnold, ob der Kompetenzbegriff als "Wärmemetapher" oder als analytische Kategorie eingeführt wird.

Der Anschluß an den Verlauf der Begriffsgeschichte decke sowohl die an Begrifflichkeiten geknüpften politischen Interessen auf, wie er Verengungen der Sichtweisen verdeutliche.

Arnold veranschaulicht den begriffsgeschichtlichen Prozeß und die jeweiligen Verengungen, die seines Erachtens stattgefunden haben, mit dem folgenden Schaubild (vgl. Abb. 3.9).

Interpretation

(1) Mit Verabschiedung des Berufsbildungsgesetzes 1969 verebbt, wie wir bereits gesehen haben, der kulturtheoretisch orientierte Diskurs um Berufsbildung. Schon vorher war mit der realistischen Wendung in der allgemeinen Erziehungswissenschaft eine Anreicherung des bildungsbezogenen Denkens durch die Berücksichtigung des Wirkungsfeldes Wirtschaft und Gesellschaft erfolgt.

(2) Der wirtschafts- und berufspädagogische Diskurs differenziert sich in drei Stränge. Der eine stellt über die Exemplarik eine Brücke zwischen allgemeiner Bildungstheorie und arbeitsorientierter Jugend- und Erwachsenenbildung her (vgl. Lisop und Huisinga 1984).

3.5 Der Kompetenzansatz in der Weiterbildung

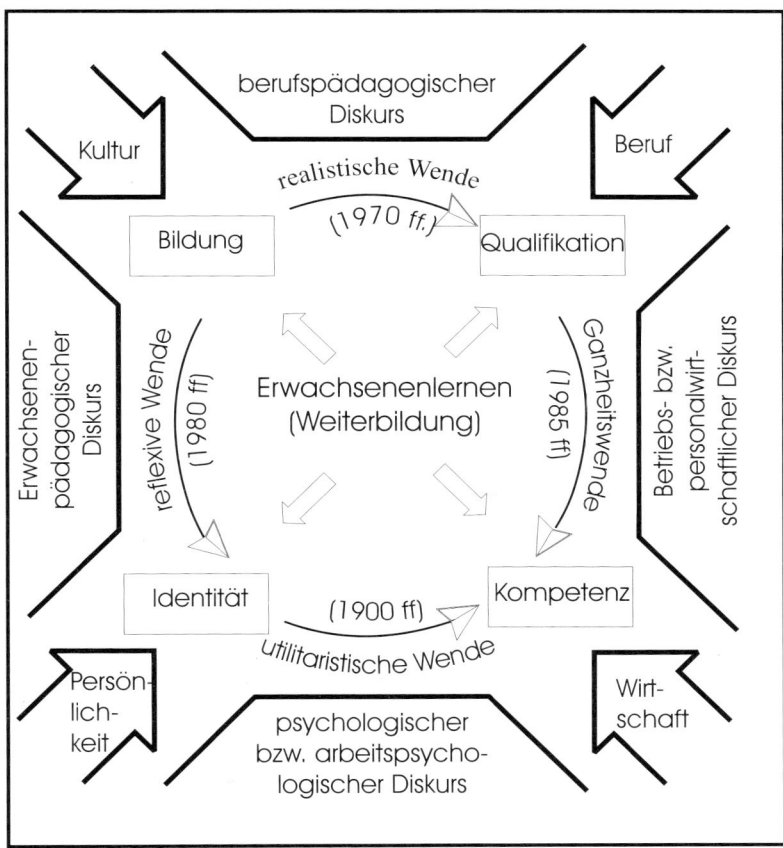

Abb. 3.9: Diskurse zur Weiterbildung
(Quelle: Arnold 1997,282)

Der zweite führt im Anschluß an die emanzipatorische Erziehungswissenschaft zu einer spezifischen beruflichen Sozialisationsforschung unter besonderer Berücksichtigung der Moralentwicklung (vgl. die Arbeiten von Lempert und neuerdings Beck u.a.).
Der dritte Strang läßt sich als Qualifikationsdiskurs kennzeichnen. Er ist vielfältig und beinhaltet auch die berufsbezogene Lehr- und Lernforschung in Schule und Betrieb.

(3) Mit Beginn der Debatte um Flexibilisierung und Schlüsselqualifikationen beginnt in den Betrieben ein Veränderungsprozeß der Aus- und Weiterbildung. Mit der Neuordnungsdebatte zeigt sich, daß wissenschaftlich basierte Produktion und Dienstleistung entspre-

chend qualifiziertes Personal benötigen. Kontinuierliche Verbesserungsprozesse und dynamischer Wandel von Produkten und Produktionsformen erfordern Flexibilität, Umstellungs- und Lernbereitschaft. Teamarbeit und flache Hierarchien schließlich lassen sich nicht ohne Kommunikations- und Kooperationsbereitschaft, nicht ohne Initiative und die dazugehörige Sozial- und Selbstkompetenz verwirklichen.

In einer ersten Reaktion hierauf hat die betriebliche Erstausbildung Jugendlicher und junger Erwachsener vor allem zur Ablösung des methodischen Vierschritts (Vormachen, Erläutern, Nachmachen, Üben) durch den teambezogenen und auf Autonomie abstellenden Sechsschritt (Informieren, Planen, Entscheiden, Ausführen, Kontrollieren, Bewerten) und für neue Einstellungsmuster gesorgt. Hinzu traten neue Lehr- und Lernformen und die Einrichtung von Personal- und Organisationsentwicklungs-Abteilungen.

(4) Diese Entwicklung führte zu einer erheblichen Wandlung des Rollenverständnisses der Ausbilderinnen wie Ausbilder und der Beruflichkeit. In der traditionellen Ausbildung waren sie vor allem als Unterweiser bzw. Unterweiserinnen, d.h. Vermittler von Kenntnissen und Fertigkeiten, die sie selbst sehr gut beherrschen mußten, tätig. Insofern waren sie unbedingte Autorität. Nach den neuen Prinzipien sind sie primär Initiatoren und Promotoren von individuellen Lernprozessen. Sie fördern die Eigenaktivität der Auszubildenden, deren Motivation und Sachinteresse, beraten bei individuellen Schwierigkeiten und Problemen und helfen zu kontrollieren und zu bewerten. Aber: Sie müssen auch konzeptionell aktiv werden.

(5) Der Kompetenzbegriff wird auch im Rahmen der Wirtschafts- und Berufspädagogik zunächst im Kontext der kritischen Theorie und emanzipatorischen Erziehungswissenschaft verwendet. Im Anschluß an Habermas spielt dabei die kommunikative Kompetenz eine Rolle, die den herrschaftsfreien Dialog tragen muß. Diese Kompetenz wird nun aber auch dort instrumentell von Belang, wo die Arbeitsprozesse Erörterungen über die Qualitätssicherung der Arbeitsabläufe und Absprachen bei der Arbeitsstrukturierung erfordern. Im Rahmen der Debatte um die Schlüsselqualifikationen wird so die Sozialkompetenz zentral, gelangt der Kompetenzbegriff auch in das betriebspädagogische und betriebswirtschaftliche bzw. personalwirtschaftliche Vokabular. Im Kompetenzbegriff werden Elemente des Bildungsdenkens bzw. des Bildungsbegriffs tradiert. Vergleicht man die Zielstellung der Aus- und Weiterbildung im Spektrum des Methodenwandels, dann findet eine Erweiterung statt. Diese Erweiterung hat aber nichts damit zu tun, daß die Aus- und Weiterbildung ganzheitlich geworden wäre.

Fünf kritische Leitthesen zum Kompetenzansatz nach Arnold

(1) Arnold teilt die Auffassung Faulstichs (vgl. Faulstich 1996,367), daß es so etwas wie eine "überschwappende Begrifflichkeit" gibt, bei der aus anderen Disziplinen, aus Politik oder Wirtschaft Begriffe übernommen werden, die zu einer "sich hochschaukelnden Fachrhetorik" (Arnold 1997,256) führen. So, wenn Erpenbeck schreibe: "Heute ist die Notwendigkeit, *Unternehmen als selbstorganisierende Systeme* zu begreifen oder zu solchen umzugestalten, weithin unbestritten" (Arnold 1997,255).

(2) "Der »Kompetenzbegriff« ist keineswegs »frei« verfügbar, er entstammt vielmehr unterschiedlichsten Theorietraditionen, die zunächst einmal rekonstruiert und kritisch auf ihre Kompatibilität mit der aktuellen weiterbildungspolitischen Begriffsverwendung analysiert werden müssen" (Arnold 1997,256).

(3) Die Qualifikationsdebatte im Rahmen der Strukturveränderungen der Arbeitsorganisation habe mit Alternativen wie Upgrading versus Downgrading, differenzierte Hierarchien versus flache Hierarchien, Reintegration von Arbeitsoperationen versus Arbeitszerlegung gearbeitet. Von einem solchen "Entweder-Oder-Denken" müsse Abschied genommen werden, weil sie den Blick auf die komplexe Realität der Strukturveränderung verstelle und dadurch neue Denkansätze verhindere.

(4) Im internationalen Vergleich zeigten sich synonyme Verwendungen der Begriffe "Kompetenz und Qualifikation" ebenso wie völlig gegensätzliche Definitionen. Es ließen sich daher keine Rechtfertigungen und Beweise mittels bloßer Begrifflichkeit liefern.

(5) Im Kompetenzentwicklungs-Ansatz werde der Kompetenzbegriff an die Selbstorganisationsfähigkeit als Norm geknüpft und behauptet, daß kein anderer Begriff in der Lage sei, diese Zielstellung zum Ausdruck zu bringen. Weder begriffsgeschichtlich noch theoretisch, so Arnold, sei für diese Behauptung ein Beleg zu finden. Es werde aber deutlich, daß damit eine entinstitutionalisierende Absicht, nämlich die Deregulierung der Weiterbildung verbunden sei, der Verkrustung und Fremdorganisation vorgeworfen werde, die durch selbstorganisiertes Lernen zu ersetzen sei (vgl. Arnold 1997,277 und 279).

Abb. 3.10: Leitthesen zum Kompetenzansatz (nach Arnold)

(6) Der Qualifikationsbegriff denkt von einer Korrelation her. Arbeitsplatzanforderungen werden in zu erwerbenden Kenntnissen, Fähigkeiten und Fertigkeiten ausgedrückt. Diese haben einen funktionalen, konkret arbeitsbezogenen und einen extrafunktionalen, d.h. übergreifenden Stellenwert. Ab Mitte der 70er Jahre werden mit der Automatisierung, Rationalisierung und Informatisierung die Arbeitsplätze "flüchtig". Die Bedeutung der Fertigkeiten verändert sich vom Stoffbezogenen zum Prozessualen; darin spielen die Methoden sowie die Kooperation und die Kommunikation eine neue Rolle. Diese neue, objektiv erforderliche Fokussierung der Subjektseite von Qualifikation drückt sich im terminologischen Wechsel von der Qualifikation zur Kompetenz aus. Kenntnisse werden mit Fachkompetenz übersetzt, Fertigkeiten mit Methodenkompetenz und Arbeitstugenden und Fähigkeiten mit Sozialkompetenz. Die im emanzipatorischen Kompetenzbegriff enthaltene und unerläßliche Selbstkompetenz wird eliminiert und lediglich vereinzelt noch als personale und reflexive Kompetenz berücksichtigt. Es findet also keine Ausweitung, sondern eine Verengung bzw. Reduktion des Kompetenzbegriffes statt. Gegenüber dem Qualifikationsbegriff handelt es sich weder um eine Verengung oder Erweiterung, sondern lediglich um eine Veränderung der Perspektive. Der Begriff der Ganzheitlichkeit, der im emanzipatorischen Kompetenzbegriff mit Selbst-, Sach- und Sozialkompetenz angelegt war, speist sich nun aus einer ganz anderen Quelle, nämlich aus der Arbeitspsychologie, speziell der Handlungsregulationstheorie. Dort bezeichnet er die Ganzheit als Abfolge des Arbeitsvollzugs vom Planen bis zum Kontrollieren. Diese Ganzheit oder Ganzheitlichkeit ist von vornherein weder im Qualifikationsbegriff noch im Kompetenzbegriff enthalten. Sie wird vielmehr im Hinblick auf gegebene oder vermeintliche Anforderungen oder Ziele didaktisch ausdifferenziert.

(7) Für den erwachsenenpädagogischen Diskurs bedeutet die Hinwendung zum Kompetenzbegriff nur insoweit eine utilitaristische Wende, als sie damit den Anschluß an den betriebswirtschaftlichen und den wirtschafts- und berufspädagogischen Diskurs sucht. Im Rahmen der sogenannten reflexiven Wende von einer kulturtheoretisch-geisteswissenschaftlichen Orientierung zur Biographie- und Identitätsarbeit war der Kompetenzbegriff insofern aufgehoben, als die Erwachsenenbildungsarbeit auf Autonomie, Reflexivität und kommunikative Kompetenz zielte.

Die Wirtschaftspädagogik im Spektrum der Wissenschaften

4.1 Zur Blickrichtung dieses Kapitels

Bevor in den nächsten Kapiteln auf diejenigen Objekttheorien und Theoriebildungen eingegangen wird, die dem spezifisch wirtschafts- und berufspädagogischen Forschungsinteresse entspringen, widmet sich dieses Kapitel wissenschaftssystematischen, wissenschaftshistorischen und metatheoretischen Grundfragen. Hierzu gehört zunächst eine Positionsbestimmung.

Betrachtet man die Deutsche Gesellschaft für Erziehungswissenschaft hinsichtlich der Gliederung ihrer Sektionen, so findet man lediglich die Doppelbezeichnung "Berufs- und Wirtschaftspädagogik", obwohl die Professuren an den Hochschulen einzeln oder in Kombination die Denominationen Arbeits-, Berufs-, Betriebs- und Wirtschaftspädagogik tragen. Der Grund dafür ist offensichtlich historischer Natur und weniger wissenschaftssystematisch bedingt. Eine systematische Unterscheidung der vorhandenen Benennungen und ihrer Arbeitsfelder ist nämlich ebenso schwierig wie fragwürdig. Dennoch veranschaulicht die Ausdifferenzierung nach Arbeits-, Berufs-, Betriebs- und Wirtschaftspädagogik, die wir im folgenden skizzieren, den Charakter der sehr breiten Gesamtdisziplin recht gut. Auch die Verschränkungen mit Nachbardisziplinen werden transparenter, wenn man die Ausdifferenzierung etwas genauer betrachtet.

> - Sozioökonomische Struktur- und Planungsforschung
> - Sozialisationsforschung
> - Lehr-/Lernforschung
> - Arbeits- und Berufspsychologie sowie Berufseignung
> - Wissenspsychologie
> - Organisations- und Personalentwicklung
> - Qualifikationsforschung
> - Führungs- und Managementtheorie
> - Folgenabschätzung der Rationalisierung
> - Sozioökonomische Arbeitsmarktforschung
> - Arbeits- und berufsbezogene Biographieforschung
> - Lebensstile und Mentalitätenforschung
> - Jugendforschung

Abb. 4.1: Ausgewählte interdisziplinäre Forschungsaufgaben zur Berufsbildung

Im Gesamtspektrum der Wissenschaften ist zunächst die Erziehungswissenschaft als Rahmen- oder Basisdisziplin zu nennen. Ist doch die Wirtschaftspädagogik ebenso wie die zuvor genannten anderen Teilgebiete eine erziehungswissenschaftliche Disziplin. Zwar findet man die Wirtschaftspädagogik sowohl in erziehungswissenschaftlichen als auch in wirtschaftswissenschaftlichen Fakultäten bzw. Fachbereichen angesiedelt. Dies hat jedoch ausschließlich universitätshistorische bzw. jeweils hochschulpolitische Gründe.

Von Erziehung und Bildung her gedacht, sind die Psychologie, die Anthropologie und die Soziologie diejenigen Nachbarwissenschaften, mit denen eine besonders enge Verknüpfung besteht. Aber auch die Medizin, speziell die neuen Erkenntnisse der psychosomatischen Medizin, sind zur Erforschung von Bildungsprozessen bedeutsam. Die Fachdidaktik ihrerseits kommt nicht ohne Bezug zu den Wirtschaftswissenschaften, zu den Arbeits- und Ingenieurwissenschaften und zur Jurisprudenz aus.

Die vielfältige Verflochtenheit der Wirtschaftspädagogik im Spektrum der Wissenschaften spiegelt sich besonders gut in den Forschungsaufgaben wider, wie sie in der Denkschrift der Deutschen Forschungsgemeinschaft zur Berufsbildungsforschung an den Hochschulen der Bundesrepublik (vgl. Deutsche Forschungsgemeinschaft 1990) beschrieben werden. Auch

4.1 Zur Blickrichtung dieses Kapitels

Arnolds Bild einer evolutionären Wirtschafts- und Berufspädagogik (vgl. Abb. 4.2) stellt eine gute Veranschaulichung dar.

Da man sich in der Forschung, in der Lehre und in den Organisationen der scientific community auf die Doppelbezeichnung "Berufs- und Wirtschaftspädagogik" verständigt hat, ist die für dieses Buch getroffene Abweichung hiervon zu begründen.

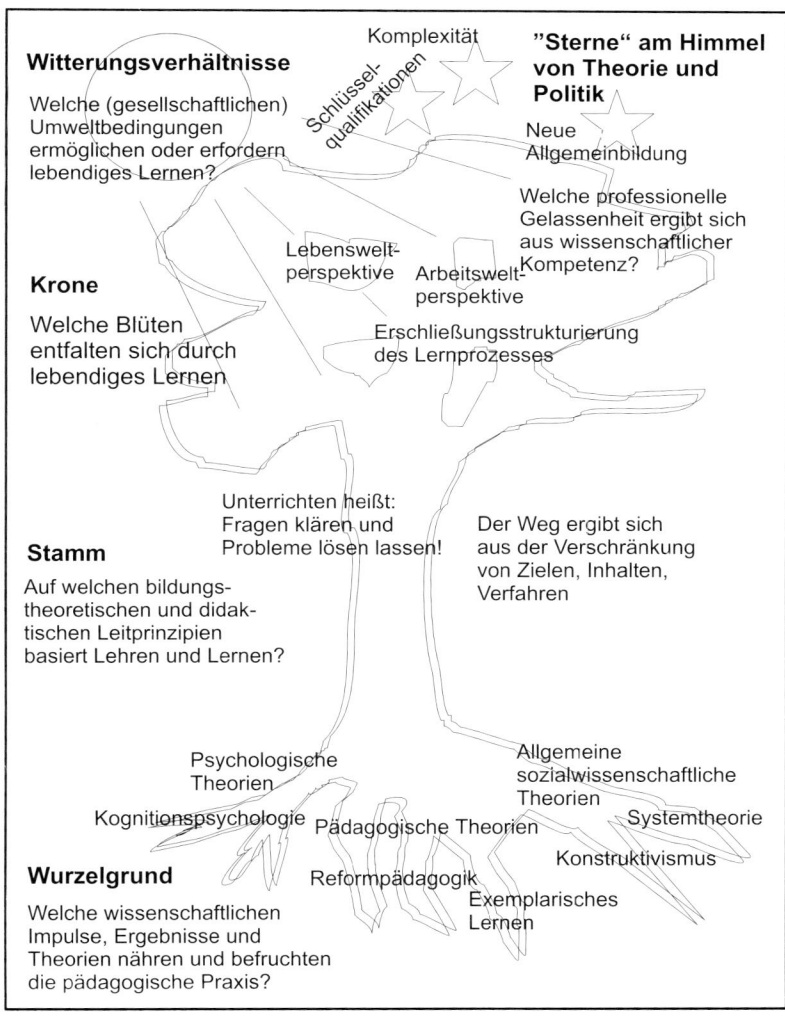

Abb. 4.2: Evolutionäre Wirtschafts- und Berufspädagogik
(In Anlehnung an Arnold: "Der Baum lebedigen Lernens"; Arnold 1994,160)

4. Wirtschaftspädagogik im Spektrum der Wissenschaften

 Die Bezeichnung "Wirtschaftspädagogik" ist semantisch die umfassendste. Sie schließt - sprachlogisch besehen - den Berufs-, Arbeits- und Betriebsaspekt ein. Angesichts der Deregulierung, insbesondere der betriebsgebundenen Ausbildung, und der Entberuflichung im Zuge des international bedingten Wandels der Erstausbildung, bietet der Wirtschaftsbezug eine konstante Bezugsbasis für die pädagogische Praxis wie für die Theorie.

Wissenschaftstheoretisch bzw. metatheoretisch betrachtet, ist die Philosophie so etwas wie eine "Mutterdisziplin" der Pädagogik. Einerseits finden wir hier alle grundlegenden Diskussionen über Wertfragen, Ethik und Moral und damit über Leitbilder der Erziehung und der Gesellschaftsgestaltung. Aber auch methodologische Fragen bzw. formale Probleme der Erkenntnisgewinnung und Theoriekonstruktion haben philosophische Wurzeln.

4.2 Zur Binnendifferenzierung der Disziplin

4.2.1 Die Arbeitspädagogik

Definition und Objektbereich

Zunächst einmal ist herauszustellen, daß mit Arbeitspädagogik jene von Riedel begründete Teildisziplin der Erziehungswissenschaft gemeint ist, die sich mit dem Zusammenhang von Erwerbsarbeit und Qualifizierung beschäftigt.

Schelten definiert die Arbeitspädagogik als eine Disziplin, welche den Zusammenhang von Arbeiten und Lernen unter Einbezug der arbeitsorganisatorischen Bedingungen zum Gegenstand hat. Der Arbeitsbegriff selbst ist nach Schelten handlungsregulatorisch ausgerichtet.

 "Neben einer Methodologie von Qualifikationsmaßnahmen gehört zu einer Arbeitspädagogik gerade auch die Untersuchung von Problemen qualifikationsförderlicher Arbeitsgestaltung" (Schelten 1986,216; vgl. auch Schelten 1995,10).

Schelten sieht darüber hinaus die betriebliche Weiterbildung als Feld der Arbeitspädagogik an.

4.2 Zur Binnendifferenzierung der Disziplin

Betriebliche Weiterbildung erfolgt heute auf fünffache Weise:

(1) individuell und computerunterstützt mittels Lernsoftware (vorwiegend im Dienstleistungsbereich);
(2) durch Einweisung in die Bedienung neuer Aggregate, überwiegend durch die Hersteller oder Lieferanten;
(3) bei personeller Umsetzung zwecks Ausgleichs von Personalbeständen (an Bedeutung schwindend);
(4) als Training für die Wahrnehmung besonderer fachlicher und führungsbezogener Funktionen (z.b. als Gruppensprecher), und zwar in "classroom-trainings" außerhalb der Produktion, z.B. in besonderen Trainingszentren;
(5) als flankierende Stütze und Entwicklung des allgemeinen Arbeitsvermögens durch extrafunktionale Bildungsangebote aus allen Hierarchie-Ebenen, so z.b. zum Strukturwandel, zu Unternehmensphilosophien, zu Problemlösemethoden u.a.m.

Nach der Verabschiedung des Berufsbildungsgesetzes verlor sich die Auffassung, daß die Arbeitspädagogik eine "Anlernpädagogik" sei, weil die systematisierte berufliche Aus- und Weiterbildung nach § 28 BBiG in den Vordergrund trat. Mit den Forschungen zur Humanisierung des Arbeitslebens wurde die Frage relevant, inwieweit zu einer Qualifizierung der Arbeitenden auch die Befähigung gehöre, im Rahmen der Mitbestimmung über die Arbeitsbedingungen und die Arbeitsplatzgestaltung zu beraten. Damit einher ging die Auffassung, daß die Arbeitsplatzgestaltung nicht lediglich als vorgegebene Rahmenbedingung definiert werden könne. Entsprechender didaktischer Forschung widmet sich für den gewerblichen Bereich vor allem das Bremer "Institut für Arbeit, Technik und Bildung".

 Mögliche kritische Argumente

Die Fokussierung der Ausbildungsmethoden in der heutigen Arbeitspädagogik wirft zwei Fragen auf:
Wissenschaftssystematisch fragt es sich, ob die Arbeitspädagogik nicht eher ein Teilgebiet der Betriebspädagogik ist als eine selbständige Disziplin. Bezüglich ihrer Legitimation stellt sich die Frage, auf welche Basis sich eine Disziplin beruft, die sich vom zentralen erkenntnisleitenden Interesse der "Mutterdisziplin" abgekoppelt hat. Denn:

 Pädagogik – wo auch immer sie sich unter demokratischen Bedingungen realisiert – verfolgt stets das Doppelziel der Entwicklung und Entfaltung der Persönlichkeitspotentiale sowie der Qualifikation und sozialen Integration. Dieser Kerngedanke der Pädagogik geht verloren, wenn sie lediglich als Lehrtechnik verstanden wird.

Auch sind Betriebe keine Bildungseinrichtungen. Selbst wenn sie qualifizierende Aufgaben wahrnehmen, dienen sie ganz überwiegend anderen Zwecken, weshalb der Anspruch an eine qualifikationsförderliche Arbeitsgestaltung aus doppeltem Grund erstaunlich klingt. Erstens ließe sich darüber streiten, ob betriebliche Arbeitsgestaltung eine Aufgabe der Pädagogik ist und mit wem sie - nicht zuletzt wegen der Mitbestimmungsrechte laut Betriebsverfassungsgesetz - zu kooperieren hätte. Zweitens fragt sich, wo qualifikationsförderliche Arbeitsgestaltung heute noch eine Rolle spielt, denn ganz offensichtlich ist eine solche nur dort von Belang, wo im Arbeits- oder Dienstleistungsprozeß nebenhergehend gelernt werden muß bzw. überhaupt noch gelernt werden kann. Zweifellos ist dies heute weithin noch in kleinen und mittleren Betrieben der Fall. Gerade diese sind aber durch ihre angespannte wirtschaftliche Lage und ihre Kundennähe darauf angewiesen, ihre Arbeitsgestaltung an ökonomischer bzw. technischer Effizienz und Qualität auszurichten. Für Qualifizierungsprozesse wirft das nicht zu unterschätzende Probleme auf. Die Lerner müssen in die Erfordernisse der Arbeitsprozesse eingeführt werden, z.B. durch Erläuterungen und Veranschaulichung bzw. Demonstration, und sie brauchen Übungsmöglichkeiten, bevor sie dann mithelfend oder autonom arbeitend weiterlernen. Dieses Weiterlernen wiederum bedarf nebenhergehender Erläuterung, Anweisung und Bestätigung oder Korrektur, soll es nicht lediglich vertiefte Eigenerfahrung sein.

Es ist daher deutlich zu unterscheiden zwischen dem curricularen Aspekt, welcher die Vermittlung von Kompetenzen für die Mitbestimmung am Arbeitsplatz anstrebt und demjenigen Forschungsinteresse der Arbeitspädagogik, welches auf die lerngerechte Arbeitsplatzgestaltung gerichtet ist.

4.2.2 Die Betriebspädagogik

Trotz der Vielzahl an pädagogischen Aufgaben und Erkenntnisproblemen in Betrieben, ist die Betriebspädagogik keine in sich geschlossene Teildisziplin. Auch sie verdankt ihre Existenz eher historischen als wissenschaftlich-systematischen Gründen.

Zur Entstehungsgeschichte der Betriebspädagogik

1. Die Phase ab 1929

Sieht man ab von der Phase vorindustrieller Berufsausbildung, die immer auch Betriebspädagogik war, ohne jedoch über ein wissenschaftliches Forschungs- und Reflexionsfeld zu verfügen, dann entwickelte sich die Betriebspädagogik mit demjenigen Industrialisierungsschub, den wir nach der Weltwirtschaftskrise von 1929 beobachten können.

In Deutschland fällt diese Phase zusammen mit dem Nationalsozialismus und seinen Bemühungen um eine Durchsystematisierung und Vereinheitlichung der Berufsausbildung. Diese bekam die Doppelfunktion der Qualifizierung der Jugendlichen und ihrer Integration in die nationalsozialistische »Betriebs- und Volksgemeinschaft«. Aufgrund dieses gesellschaftspolitischen Ziels tritt im universitären Lehrbetrieb und in Veröffentlichungen ab Mitte der dreißiger Jahre auch die Betriebspädagogik auf.

Als Vorläufer gelten *Friedrich Wilhelm Förster*, ein Ethiker, der sich mit Fragen der "Fabrik- und Büropädagogik" unter dem Gesichtspunkt von Führung beschäftigte und *Willi Hellpach*, Sozialpsychologe, der sich 1922 mit "pädagogischen Maßnahmen zur Vorbereitung der Arbeiter auf die Funktion der Produktionsbestimmung" befaßte.

2. Die Phase ab 1945

Nach 1945 setzt *Karl Abraham* mit seiner Schrift »Der Betrieb als Erziehungsfaktor« im Jahr *1953* den Anfang für erneute Beschäftigungen mit der Erziehungs- und Bildungsfrage im Betrieb.

Abraham unterscheidet nach intentionaler, d.h. zielbestimmter und systematisierter Erziehung, welcher er die Maßnahmen der Aus- und Weiterbildung zuordnet, sowie nach nichtgeplanter funktionaler Erziehung, die wir heute eher mit dem Begriff der Sozialisation fassen würden. Inhaltlich geht es Abraham um die Entwicklung von zweck- und wertrationaler Handlungsfähigkeit. Um die Bestandsgefährdung eines Betriebes durch subjektive Wertbegriffe der Mitglieder nicht zu gefährden, sei für eine einheitliche geistige Prägung der Menschen im Betrieb Sorge zu tragen.

Während Abraham sehr stark die Bestandsinteressen des Betriebes und die Versittlichung und Integration der Mitarbeiter beleuchtet, thematisiert *Alfons Dörschel* mit seiner Betriebspädagogik von *1971* in besonderem Maße Fragen personaler Art, wie z.B. Verantwortungsbewußtsein, Urteils-

1. Analyse von Formen und Inhalten innerbetrieblicher Bildungsarbeit (intentionale Erziehungsbemühungen der Wirtschaftsbetriebe);
2. Nachweis funktionaler Erziehungswirkungen im Wirtschaftsbetrieb;
3. Analyse der Bedingungen und Maßnahmen einer Leistungserlernung in der betrieblichen Lehre;
4. Nachweis pädagogischer Aufgaben bzw. eines pädagogischen Auftrages der Wirtschaftsbetriebe;
5. Einzelprobleme betrieblicher Erwachsenenbildung, Managementschulung;
6. Einzelprobleme der Lehrlingsausbildung (Qualitätskriterien für die Beurteilung von Lehrverhältnissen; betriebliche Scheinfirmenarbeit; Lehrzeitdauer und Ausbildungserfolg; statistische Erfassung der Lehrverhältnisse; Berichtsheftführung; Stufenausbildung; Eignungskriterien für Ausbildungsbetriebe);
7. Probleme betrieblicher Bildungsplanung und Einzelprobleme im Zusammenhang mit der pädagogischen Qualifizierung der betrieblichen Ausbilder;
8. historische und empirische Forschungen zum Bedarf an Ausbildungszeit;
9. Adressatenforschung (Berufseignung und Bewährung, Lebensplanung und Lebensgestaltung, soziale Herkunft, Schulbesuch, Freizeitverhalten, Einstellung zu Beruf und Familie, Urteil über die Ausbildung, Begabung und Ausbildungserfolg, Leistungsvermögen und Lehrlingsqualifikation);
10. Qualitätsanalyse von Lehrbetrieben für die Berufsausbildung.

Abb. 4.3: Forschungsaufgaben der Betriebspädagogik
(Quelle: Müller 1975,170 und 175)

kraft und Leistungsfähigkeit, zu deren Entwicklung er eine ganze Reihe von Maßnahmen und Verfahren vorschlägt.

 Insofern fast alle Vertreter der Wirtschaftspädagogik in den 60er Jahren auch die betriebliche Seite der Aus- und Weiterbildung beleuchten, bleibt es nicht aus, daß Fragen wie die Beschreibung der Praxis der betrieblichen Aus- und Weiterbildung, der Curriculumkonstruktion, der Didaktik und Methodik, der Ausbildung von Ausbildern, der Prüfungen, der Ausbildungsdauer und der Wirkung unterschiedlicher Faktorengefüge behandelt werden. So fällt es schwer, zwischen einer umfassenderen Wirtschaftspädagogik und einer spezialisierten Betriebspädagogik zu unterscheiden.

3. Die Phase ab 1969

Kurt Müllers Auflistung betriebspädagogischer Forschungsaufgaben und -aktivitäten (vgl. Müller 1975, 170 und 175) veranschaulicht die Entwicklung zur modernen Betriebspädagogik (vgl. Abb. 4.3).

In der Folge des Berufsbildungsgesetzes von 1969 wird die betriebsbezogene pädagogische Forschung im wesentlichen an das Bundesinstitut für Berufsbildungsforschung in Berlin vergeben, so daß sich die Betriebspädagogik als eigenständige Disziplin inhaltlich veränderte. Betriebspädagogische Fragen werden heute vermehrt im Rahmen der erziehungswissenschaftlichen Teildisziplin "Erwachsenenbildung" behandelt.

4. Die Phase ab 1990

An den Universitäten erhielt die betriebspädagogische Forschung Auftrieb durch den Rationalisierungsschub, der mit den 90er Jahren zunächst in der Industrie, dann aber auch in anderen Bereichen der Wirtschaft eintrat.

Im Zuge der supranationalen Konkurrenzsituation zwischen den europäischen, amerikanischen und asiatischen Wirtschaftsblöcken kommt es zu einer gravierenden Veränderung in der Produktionsstruktur der Betriebe. Der Bedarf an Facharbeit sinkt aufgrund der Informatisierung und Technisierung der Produktion. Andererseits stellen sich für alle Arbeitenden neuartige Anforderungen bezüglich einer unternehmerischen Grundeinstellung, eines systematischen und methodischen Wissens, schriftlicher und mündlicher Kommunikationsfähigkeit sowie Teamfähigkeit. Ergänzend ist in den Blick zu nehmen, daß Unternehmen nach einer unverwechselbaren Identität und nach perfekter Qualität ihrer Produkte streben. In diesem Veränderungsprozeß entsteht ein differenzierter Qualifizierungsbedarf.

 Neue Themen der Betriebspädagogik sind
- neue Beruflichkeit,
- Selbststeuerung,
- Handlungsregulation und Handlungsorientierung,
- Qualitätszirkel,
- Organisationsentwicklung,
- Personalentwicklung,
- Organisationslernen,
- Unternehmenskultur,
- Lernen am Arbeitsplatz und
- Systemlernen.

Diese Themen kennzeichnen Grundprobleme.

Darüber hinaus geht es darum, in der Arbeitspraxis experimentell lernend zur Fehlerreduzierung sowie Optimierung beizutragen und »Leerzeiten« durch Lernarbeit zu nutzen.

- Ausschuß in der Produktion,
- Unzufriedenheit der Kunden mit den betrieblichen Serviceleistungen,
- Sachbeschädigungen betrieblicher Equipments durch Mitarbeiter,
- Fehlzeiten,
- Verschlechterung der Auftragslage durch Qualitätsmängel,
- Drogen- und Alkoholkonsum,
- Personalwechsel durch Kündigungen,
- Kommunikationsprobleme,
- Destruktive Konfliktlösungsstrategien,
- Konkurrenzkämpfe und Arbeitsbehinderung,
- Arbeitsüberforderungen bzw. -unterforderungen,
- Erschwernisse in der Ablauforganisation durch fehlendes Informationsmanagement.

Abb. 4.4: Wirtschaftspädagogisch relevante Probleme in Betrieben

4.2 Zur Binnendifferenzierung der Disziplin

Diesen Problembereichen und den darin implizierten pädagogischen Fragestellungen stehen gravierende Forschungslücken gegenüber.

- Wie begegnen Unternehmen innerbetrieblichen sozialen Konflikten?
- Welche konzeptionellen Ansätze gibt es in Betrieben, um soziale Prozesse und Konflikte zu bearbeiten? Wie sind die Zuständigkeiten geregelt?
- Welche Widerstände gegen die Bearbeitung sozialer Konflikte treten in Unternehmen auf?
- Wie hat sich dieses Aufgabengebiet historisch entwickelt?
- Hat sich der Wertewandel auf den Umgang mit sozialen Themen im Unternehmen ausgewirkt?
- Welche Veränderungen müßten vollzogen werden, um soziale Themen in Personal- und Organisationsentwicklungsprozesse zu integrieren?
- Inwieweit können Führungskräfte pädagogische Aufgaben übernehmen?

Abb. 4.5: Betriebspädagogische Forschungslücken
(Quelle: vgl. Lau-Villinger 1994,3)

Lösungsstrategien und *wirtschaftspädagogische Aufgaben* sieht Lau-Villinger

- in der Bewältigung von Machtstrukturen;
- im Abbau hierarchisch ausgerichteter Sozialisation;
- in der Steigerung von Reflexionsfähigkeit;
- in der Steuerungs- und Vermittlungsfähigkeit bei Konflikten aller Art (auch zwischen Neuem und bewährtem Alten);
- in der pädagogischen Schulung von Führungskräften mit dem Lernziel "Personalförderung".

An den von Lau-Villinger aufgezeigten Problemkreisen läßt sich sehr gut erkennen, daß die Betriebspädagogik sich nicht in Qualifizierung und Sozialintegration erschöpft und daß die Fragen der Entwicklung, Entfaltung und Veränderung von Sozial- und Selbstkompetenz, der Personalentwicklung wie der Wirtschafts- und Gesellschaftsentwicklung derart ineinanderspielen, daß wissenschaftssystematisch eher Breite und Interdisziplinarität als schmale Differenzierung angesagt sind.

 Mögliche kritische Argumente

Der betriebspädagogischen Euphorie, wie sie vor allem in dem Kürzel "lernende Organisation" zum Ausdruck kommt, kann man durchaus kritisch gegenüberstehen.

(1) Nicht zu übersehen ist heute, daß mit scheinbar so bildungsfreundlichen Slogans wie "lernende Organisation" oder "Systemlernen" eine Skepsis gegenüber systematischen, intentionalen Lernprozessen bzw. gegenüber pädagogischer Professionalität transportiert wird.

Hinter der *Skepsis* stehen im wesentlichen zwei Erfahrungen:

(a) Didaktisch ist gerade im arbeits- und berufsbezogenen Lernen das Theorie-Praxis-Verhältnis ein ungelöstes Problem. Soweit es sich nicht um Anlernprozesse "on the job" handelt, ist ein *unmittelbarer* Transfer des Erlernten ausgeschlossen. Der Transfer kann nur kognitiv und übend von demjenigen vollzogen werden, der gelernt hat, nicht aber bereits im Unterricht. Aus ökonomischem Druck resultierende utilitaristische Ansprüche an Qualifizierung übersehen dies bis heute und meinen, das in der Tat schwierige Problem des Transfers dadurch zu lösen, daß sie Arbeit und Lernen gleichsetzen, um auf systematisch angeleitete Lernprozesse zu verzichten.

(b) Systematisches Lernen ist jedoch als autodidaktisches nur bedingt möglich. Paßgenauigkeiten zwischen Vorwissen und neuem Wissen sowie die Sicherheit im Umgang mit neuem Wissen ergeben sich trotz der Möglichkeiten des computerunterstützten Lernens immer noch am besten zusammen mit Lehrenden und weiteren Lernenden. Solches "class-room-learning" kann aber nicht am Arbeitsplatz erfolgen. Das wiederum wirft außer Kostenfragen solche nach den Lehr- und Lernarrangements auf. Wo, wie und durch wen sollen sie wann erfolgen?

(2) Betrachtet man das Forschungs- und Praxisfeld "Betrieb" insgesamt, dann ist man mit einer auffallenden Heterogenität konfrontiert. Auf

der einen Seite steht die Ausbildung für nichtakademische Berufe durch immer noch überwiegend nichtakademisches Personal. Die betriebliche Weiterbildung bis zur Meisterebene war bis an die 90er Jahre heran eine unwesentliche Größe; diejenige für das mittlere und obere Management vollzog sich weitgehend außerhalb der Betriebe. Dem enormen pädagogischen Bedarf, der durch die oben skizzierten Veränderungen der Produktionskonzepte eintrat, wurde nun aber in der Praxis überwiegend mit Personal aus Unternehmensberatungen statt mit pädagogisch Professionalisierten entsprochen. Das wirft die Frage auf, ob diese nicht zur Verfügung standen oder ob die Betriebs-, Berufs- und Wirtschaftspädagogik das neue Feld nur unzureichend reflektierte, sich vielleicht im Bewußtsein der Verantwortlichen für Organisations- und Personalentwicklung lediglich als Ausbildungspädagogik darstellte und darüber hinaus keine Grenzüberschreitungen zur Soziologie, zur Managementlehre und zur Psychologie wagte.

4.2.3 Die Wirtschafts- und Berufspädagogik

Definition und Objektbereich

"Die Berufs- und Wirtschaftspädagogik ist jene Teildisziplin der Erziehungswissenschaft, die sich insbesondere der pädagogischen Probleme beruflicher Qualifizierungsprozesse und der Fragen beruflich-betrieblicher Sozialisation vor allem Jugendlicher annimmt, d.h. die pädagogischen Belange beruflicher Ausbildungsgänge, primär solche unterhalb der Hochschulebene, erforscht, reflektiert und - dem Anspruch nach - auch konstruktiv klärt".

So definiert Stratmann bereits 1979 (Stratmann 1979,285) in Anlehnung an einen Aufsatz von Lipsmeier (vgl. Lipsmeier 1975) diejenige Doppeldisziplin, welche üblicherweise die Arbeits- und die Betriebspädagogik impliziert. Die Definition Stratmanns ist in nachfolgend veröffentlichten Lexika und Handbüchern immer wieder aufgegriffen worden, und sie hat im Selbstverständnis der Disziplin keine durchgreifende Revision erfahren.

Ursprung und Begründung der Wirtschaftspädagogik

Die *Wirtschaftspädagogik* verdankt ihren Ursprung dem Bedarf einer wissenschaftlich fundierten Ausbildung von Kaufleuten und Industriellen. 1896 wurde der Deutsche Verband für das kaufmännische Bildungswesen etabliert, auf den die Handelshochschulbewegung zurückgeht. Bereits 1898 wurde in Leipzig die erste Handelshochschule gegründet, gefolgt von Köln und Frankfurt (1901), Berlin (1906), Mannheim (1908), München (1910), Königsberg (1915) und Nürnberg (1919). Von Anfang an übernahmen die Handelshochschulen bzw. academien, abgestützt durch ihre Satzung, auch die Ausbildung künftiger Handelsschullehrer und -lehrerinnen.

Der Rückbezug der Entstehungsgeschichte der Wirtschaftspädagogik allein auf die Handelshochschulen wäre jedoch verkürzt, nähme man nicht die wirtschaftliche und gesellschaftliche Gesamtentwicklung seit der Mitte des vorigen Jahrhunderts in den Blick.

Mit der Hochindustrialisierung und der Ausweitung der Märkte im Zuge des Bevölkerungswachstums und der Urbanisierung entstand auch das moderne Unternehmertum als Profession. Dessen Arbeitsfeld verlangte zunehmend eine wissenschaftliche Ausbildung. Eine so qualifizierte Geschäftsführung kam aber ohne eine entsprechende Qualifizierung der Angestelltenschaft als "rechte Hand des Kaufmanns" nicht aus. Das nebenhergehende Lernen in Form der Lehre bei einem Prinzipal reichte nicht mehr. Breite und Systematik des Stoffgebietes zielten auf eine schulische Ausbildung.

 Die Begründung der Wirtschaftspädagogik als wissenschaftliche Disziplin wird einerseits in den *Handelshochschulen*, andererseits in *Friedrich Felds* Schrift »*Grundfragen der Berufsschul- und Wirtschaftspädagogik von 1928* (vgl. Feld 1928) gesehen.

Feld lehrte zunächst an der Handelshochschule in Frankfurt am Main, später in Berlin, und er betreute außer der Handelslehrerbildung auch die wissenschaftliche Ausbildung der Gewerbelehrer. Für diese gab es unterschiedliche Lösungen. Teilweise erfolgte sie an technischen Hochschulen und setzte die Reifeprüfung oder einen als gleichwertig anerkannten Abschluß voraus. Teilweise erfolgte sie gekoppelt an Hochschulen oder in eigenen Instituten. In Preußen erfolgte sie ausschließlich an staatlichen Berufs-pädagogischen Instituten (BPI). Diese boten auch Aufnahme und damit Aufstiegsmöglichkeiten für "mittlere" gewerbliche Berufsgruppen, wie z.B. Techniker oder Meister, waren in der Berücksichtigung der Fachrichtungen und Fachdidaktiken flexibler als Universitäten und technische Hochschulen und ihre Absolventen waren preisgünstiger als "Vollakademiker".

Außer der Tatsache, daß Feld schulisch sowohl angehende Lehrer für die kaufmännischen als auch für die gewerblichen Berufsschulen betreute, wird in dieser Anfangsphase bereits sichtbar, *daß die Bezeichnung der*

Disziplin schwankte. Als den weiter gefaßten Oberbegriff favorisierte Feld "Wirtschaftspädagogik".

Er sprach aber auch von "Berufs- und Wirtschaftspädagogik".

 Der Unterschied zwischen Berufs- und Wirtschaftspädagogik lag in der damaligen Zeit weniger in der Unterscheidung des gewerblichen und kaufmännischen Praxisfeldes als darin, Wirtschaft als den umfassenderen und Beruf als den engeren Gegenstandsbereich zu sehen.

4.3 Das wissenschaftliche Selbstverständnis der Wirtschaftspädagogik im Spiegel ihrer Entwicklungsphasen

Wie die skizzierten Probleme der Gesamt-Benennung der Disziplin und ihre Untergliederung zeigen, kann man trotz der sicheren Etablierung im wissenschaftlichen Feld nicht von einem einheitlichen Charakter sprechen. Dies zeigen alle Versuche einer Gesamtdarstellung (vgl. zuletzt Gonon 1997). Stratmann sieht die mangelnde Einheitlichkeit als Ausdruck der Lebendigkeit der Disziplin (vgl. Stratmann 1979,285). Dies ist zweifellos anzuerkennen, doch hat die Vielfalt objektive Gründe. Der Objektbereich ist durch den technisch-ökonomischen Wandel ständigen Veränderungen und auch unterschiedlichen Politikanforderungen ausgesetzt. Dadurch entsteht permanent die Notwendigkeit, neue Erkenntnisstrategien zu generieren, aber auch Legitimationsdruck und Zwang zur Selbstvergewisserung.

Die Selbstvergewisserung wird auf unterschiedlichen Ebenen betrieben. Zunächst gibt es das, was man die "disziplinäre Biographieforschung" nennen könnte. Hier geht es vor allem um die historischen Etappen und die jeweiligen Hauptvertreter der Disziplin. Daneben gilt die Aufarbeitung der Stellung der Wirtschafts- und Berufspädagogik in der Erziehungswissenschaft, insbesondere den Fragen der Differenzierung und der Eigenständigkeit als Disziplin.

Die historischen Phasen werden in der Regel überwiegend als Phasen der Theoriegeschichte konzipiert (so z.B. Stratmann 1979, Pleiß 1973 und 1986, Zabeck 1992, Gonon 1997). Wir plädieren dafür, die Theoriegeschichte der Disziplin nicht getrennt von der gesellschaftspolitischen Geschichte der Disziplin zu erörtern.

Gesellschaftspolitisch lassen sich vier historische Abschnitte der Disziplingeschichte ausmachen:
Die *Frühphase* erstreckt sich bis zum Ende der 20er Jahre. Es folgt die Phase der *nationalsozialistischen Ära*. Nach dem Zweiten Weltkrieg reicht die dritte Phase bis *Ende der 60er Jahre*. Mit der Verabschiedung des Berufsbildungsgesetzes 1969 beginnt die vierte Phase.

4.3.1 Die Früh- oder Vorphase der Wirtschafts- und Berufspädagogik

Mit Bedacht setzen wir für die Frühphase der Wirtschafts- und Berufspädagogik kein Anfangsdatum. Streng universitär besehen, beginnt die Geschichte der Wirtschafts- und Berufspädagogik entweder mit der Gründung der Handelshochschule Leipzig oder 1928 mit der Veröffentlichung von Felds Lehrbuch, wie wir bereits schrieben. Es ist aber gleichfalls möglich, den Beginn der Disziplin auf das Jahr 1923 festzusetzen. In diesem Jahr erscheint, herausgegeben von *Alfred Kühne*, Ministerialdirektor im Ministerium für Handel und Gewerbe in Berlin, das *"Handbuch für das Berufs- und Fachschulwesen"*. Auftraggeber waren das Zentralinstitut für Erziehung und Unterricht und der Deutsche Ausschuß für das technische Schulwesen.

Handbücher als Spiegel des Selbstverständnisses

Das Handbuch für das Berufs- und Fachschulwesen von Kühne (1923)

Wir zitieren im folgenden ausführlich aus dem Vorwort zur ersten Auflage des Handbuches von Kühne. Unser Ziel ist es, damit sowohl das Lehr- und Forschungsfeld als auch den politischen Stellenwert der beruflichen Bildung zu veranschaulichen. Vergleicht man den Text des Kühne-Handbuches mit dem Geleitwort, das Paul Luchtenberg 1960 dem "Handbuch für das Berufsschulwesen" mitgibt (ediert von Blättner, Kiehn, Monsheimer und Thyssen), dann erkennt man eine erstaunliche Konstanz von Selbstverständnis und politischem Stellenwert. Luchtenbergs Geleitwort schließen wir dem folgenden Text an. Die Zwischenüberschriften wurden von uns eingefügt.

4.3 Das wissenschaftliche Selbstverständnis

1923: Wirtschafts- und Berufspädagogik als Schulpädagogik

"Das Werk bietet einen Überblick über das gesamte Berufs- und Fachschulwesen Deutschlands. Es ist die erste zusammenfassende Darstellung, die seit der Weltausstellung von St. Louis versucht wird. Die Einführung gibt eine geschichtliche Übersicht über die Entwicklungsstufen der Berufserziehung in Deutschland, erörtert in grundlegender Weise das Verhältnis von Berufsbildung und Allgemeinbildung und behandelt Berufswahl, Berufsberatung und Berufserziehung der Jugendlichen.
Der erste Hauptteil ist den Berufsschulen (die früher und z.T. noch jetzt als Fortbildungsschulen bezeichnet werden) gewidmet, ihre gesetzliche Regelung und Verwaltung, ihr Verhältnis zur Lehre, Lehrstoffe und Lehrverfahren sowie die einzelnen Formen der Berufsschule und die Ausbildung der Lehrer werden dargestellt.
Der zweite Hauptteil würdigt die verschiedenen Arten der Fachschulen, ihre geschichtliche Entwicklung, ihre Aufgaben und Einrichtungen, ihren Lehrplan und Unterrrichtsbetrieb und ihre Bedeutung für Gegenwart und Zukunft. Die Fachschulen für das Bau-, Metall- und Kunstgewerbe, für Handel und Seefahrt, für Bergbau, Land- und Forstwirtschaft, für Hauswirtschaft und Frauenberufe, wie die Sonderschulen für einzelne Berufe werden in besonderen Aufsätzen behandelt, ebenso wird die Ausbildung der Kriegsbeschädigten und der Heeresangehörigen berücksichtigt. Abschließend wird das Berechtigungswesen und seine Bedeutung für den Aufbau des Schulwesens, im besonderen des Berufs- und Fachschulwesens, eingehend erörtert. Nicht einbezogen ist die besondere Ausbildung für Beamten-, Lehrer- und Wohlfahrtsberufe. In einem letzten Abschnitt wird die freie Bildungsarbeit der Vereine und Verbände auf beruflichem Gebiete gewürdigt.
Das Werk wird geeignet sein, den Vertretern des Erwerbslebens den Aufbau und die Bedeutung des Berufs- und Fachschulwesens zu zeigen und sie anzuspornen, für die Erhaltung und den Ausbau der für sie notwendigen wichtigen Bildungseinrichtungen die erforderlichen Opfer zu bringen. Es wird den jungen Menschen, die eine weitergehende fachliche Ausbildung suchen, den Weg zu den rechten Bildungsstätten finden helfen und auch den amtlichen Stellen, die mit Berufsberatung sich befassen, manche Dienste leisten können.

Fortsetzung nächste Seite

> Es wird vor allem auch die im Berufs- und Fachschulwesen wirkenden Personen mit den Nachbargebieten ihrer Tätigkeit bekannt machen und sie ihre Arbeit in größerem Zusammenhange sehen lassen.
> Es wird weiten Kreisen der Verwaltung in Gemeinde, Staat und Reich, der Parlamente, der Berufsverbände, der Öffentlichkeit, die eine planvolle Gestaltung unseres Erziehungswesens als eine notwendige Aufgabe des neuen Deutschlands betrachten, die Bedeutung des Berufs- und Fachschulwesens zum Bewußtsein bringen und sie geneigt machen, trotz der Not der Zeit an seiner Erhaltung und seiner Weiterentwicklung mitzuarbeiten.
> Es wird der Zusammenfassung aller Kräfte und der äußersten Sparsamkeit bedürfen, wenn die lebenswichtigen Einrichtungen des Berufs- und Fachschulwesens bestehen bleiben sollen. Sie sind aber mehr denn je notwendig für die fachliche und staatsbürgerliche Erziehung des Nachwuchses, damit er befähigt wird, Wertarbeit zu leisten und seinen Beruf nicht nur als Erwerb, sondern als Pflicht und Dienst für die Gemeinschaft, für Staat und Volk anzusehen. Die Berufs- und Fachschulen haben darüber hinaus ihre besondere Bedeutung für den Fortgang der Schulreform. Sie haben den von der Reichsverfassung aufgestellten Grundsatz des Arbeitsunterrichtes verwirklicht, sie sind vielfach in weitem Umfange bereits jetzt Produktionsschulen. Sie sind dabei, die Enge der bloß fachlichen Ausbildung zu überwinden, neue Wege der staatsbürgerlichen Erziehung zu bahnen und die Berufsbildung so zu gestalten, daß sie zu einer höheren Form der Menschenbildung führt" (vgl. Kühne 1929, V ff.).

Abb. 4.6: Kühnes Handbuch für das Berufs- und Fachschulwesen (Quelle: Kühne 1929, V ff.)

4.3 Das wissenschaftliche Selbstverständnis

Das Handbuch für das Berufsschulwesen von Blättner u.a. (1960)

1960: Wirtschafts- und Berufspädagogik
vor neuen Aufgaben

"*Kühnes* Handbuch war aus dem pädagogischen Ethos geboren, das nach dem Ersten Weltkrieg seine gestaltenden Kräfte aus dem idealistischen Humanismus der klassischen Epoche des deutschen Geistes holte, der in der Bildung des Menschen die unabdingbare Voraussetzung einer aufwärtsführenden Menschheitsentwicklung sieht. In den wenigen Jahrzehnten, die seither vergingen, hat sich unser Dasein geradezu exorbitant verändert - wobei der Begriff "exorbitant" in seinem ursprünglichen Sinngehalt verstanden werden muß; denn der Mensch hat bereits begonnen, die Grenzen des Erdraums zu überschreiten, den ihm anvertrauten Herrschaftsbereich in noch unbekannte Weltenfernen auszudehnen und über Energien zu verfügen, deren Entfesselung und Bemeisterung bisher nur der Natur allein zustand. Dieser kühne Vorstoß zu unbekannten Ufern steht erst in seinen Anfängen, und niemand weiß uns zu sagen, wo die gefahrvolle Entdeckungsfahrt enden wird. Um so bedrängender aber wirken die vielfältigen Umwälzungen, die sich in den gewohnten Seinsweisen aller Menschen vollziehen:
- die historischen Schwerpunkte der politischen Welt haben sich mit einer früheren Generationen unvorstellbaren Intensität verlagert; neue Machtzentren und Machtgruppierungen sind entstanden und haben alte verdrängt: demokratische Regierungsformen, tief verwurzelt in der personalen Freiheitsidee, werden hart bedrängt von Diktaturen, deren ideologischer Unterbau die Bildung von kollektiven Existenzformen fordert, die kaum noch Spielraum für die Entfaltung einer individuellen Freiheit lassen.

Neue Phase von Technik und Wirtschaft

Im Wirtschaftsleben stehen wir in einer neuen Phase der Mechanisierung, in der Rationalisierung als letztes Ziel die Automatisierung erstrebt und uns mit Apparaturen und Organisationen umgibt, die ständig unüberschaubarer und verwirrender für uns werden. Was auch immer den problematischen Prognosen dieser erregen-

Fortsetzung nächste Seite

den Umbruchzeit folgen mag, eines ist gewiß: - die strukturellen Veränderungen im Leben der Wirtschaft, im Vollzug der Arbeit und im Gefüge der Gesellschaft werden unvergleichliche Ausmaße annehmen. Der Prozeß der sozialen Mobilität, der kaum erst ein Menschenalter hindurch sich vollzieht, hat bereits zu einem unverkennbaren Gestaltwandel der gesellschaftlichen Wirklichkeit geführt. Angesichts solcher universalen Metamorphose wird es für die Zukunft der Menschheit entscheidend sein, ob die verwandelte Welt auch eine wahrhaft gestaltete und sinnvoll geordnete Welt sein wird. Die Beantwortung dieser Zukunftsfrage aber hängt davon ab, ob der Mensch den unvermeidlichen existentiellen Krisen, die die neuartigen Größenordnungen im Daseinsvollzug mit sich bringen, gewachsen ist, ob seine geistige Verfassung und insbesondere sein sittliches Bewußtsein den Gefährdungen Trotz zu bieten vermögen, die die von ihm selbst geschaffene Wirklichkeit in sich birgt. Solche Einsicht fordert zwangsläufig zu einer verantwortungsvollen Auseinandersetzung mit der Bildung des Menschen von heute in ihrer ganzen Breite und ihrer gewachsenen Vielschichtigkeit heraus. ...

Bildungsaufgabe: Vertieftes Weltverständnis

In erster Linie "vor Ort" stehen bei dieser geistigen Auseinandersetzung jene spezifischen Bildungseinrichtungen des technischen Zeitalters, die ständig bemüht sind, sich den dynamischen Mächten der industrialisierten Wirtschaft anzupassen. Auf allen Seiten und insbesondere von den Sozialpartnern des Wirtschaftslebens, Unternehmern und Arbeitern, wird heute anerkannt, daß die Ausgestaltung des beruflichen Bildungswesens keineswegs ausschließlich von wirtschaftlichem Denken beherrscht werden darf, das vielmehr mitentscheidend von sozialpolitischen und kulturpädagogischen Überlegungen bestimmt sein muß. Aus solcher Einsicht in die erzieherischen Anliegen der berufsbildenden Schulen ergibt sich, daß die fachtheoretischen Unterweisungen, die im Zusammenhang mit der praktischen Ausweitung angeboten werden, nicht ausreichen, um den Werktätigen für eine Wirklichkeit vorzubereiten, die von ihm auch jenseits der Werkstatt und des Betriebs eine unausgesetzte Bewährung verlangt. Die Pflegestätten der Berufs-

Fortsetzung nächste Seite

4.3 Das wissenschaftliche Selbstverständnis

> ausbildung würden ihre eigentlichen Bildungsziele verfehlen, wollten sie sich damit begnügen, den jugendlichen Werktätigen lediglich als "ökonomischen Faktor" zu betrachten und ihn demgemäß zu einem tüchtigen Mitglied der betrieblichen Arbeitsgemeinschaft, zum Werksspezialisten und Betriebsfunktionär zu machen, wie sehr auch immer die wachsenden Betriebsanforderungen, die sich in einer weltweiten Wettbewerbswirtschaft zwangsläufig einstellen, danach verlangen mögen. Es gilt vielmehr, in sinnvollem Zusammenwirken mit den betrieblichen Bildekräften der Jugend die Wege zu weisen, auf denen sie zu einer geweiteten Zusammenschau und zu einem vertieften Weltverständnis gelangen kann, das sie vor allem befähigt, den Zweck- und Sinnzusammenhang der eigenen Arbeit im gesamten Wirtschaftsgeschehen zu erkennen, sich selbst als Teilhaber des Wirtschaftslebens zu verstehen und tätigen Anteil an der Fortgestaltung einer Gegenwart zu nehmen, die sie in wenigen Jahren zwangsläufig zu verantwortlichen Mitgestaltern unseres wirtschaftlichen und sozialen, politischen und kulturellen Daseins machen wird".

Abb. 4.7: Handbuch für das Berufschulwesen
(Quelle: Blätter u.a. 1960, Geleitwort)

In Kühnes Handbuch schrieben Lehrerinnen und Lehrer, Schulleiterinnen und Schulleiter, Verwaltungs- und Regierungsbeamtinnen und -beamte, Vertreterinnen und Vertreter der kaufmännischen, landwirtschaftlichen und technisch-wissenschaftlichen Verbände, des Handwerks, der Gewerkschaften, aber auch Universitätsprofessoren für Philosophie, Pädagogik sowie für Betriebswirtschaftslehre. Diese breite Beteiligung an wirtschafts- und berufspädagogischen Fragestellungen spiegelt sich auch in den damaligen Zeitschriften. Sie transportierten durchaus Professionswissen.

120   4. Wirtschaftspädagogik im Spektrum der Wisse

Zeitschriften als Spiegel des Selbstverständnisses

"Die Deutsche Fortbildungsschule"

Die älteste Zeitschrift ist die 1887 erstmals erscheinende "Fortbildungsschule", die ab 1892 "Deutsche Fortbildungsschule" heißt, nach dem Zweiten Weltkrieg als "Deutsche Berufs- und Fachschule" und ab 1980 als "Zeitschrift für Berufs- und Wirtschaftspädagogik" weitergeführt wird.

Die "Deutsche Fortbildungsschule" war das nationale Forum für die Fortbildungsschulbewegung und Publikationsorgan des Deutschen Vereins für das Fortbildungsschulwesen (1892 gegründet). Der führende Kopf des Vereins und Begründer der Zeitschrift war *Oskar W. Pache*. Er und andere griffen liberale ökonomische Vorstellungen auf, welche die Fortbildungsschule aus ihrer Funktion fortführender Allgemeinbildung befreien und ihr eine berufsfachliche und zugleich kaufmännische Ausrichtung geben wollten. Kalkulation, Buchführung, Gesetzeskunde und Volkswirtschaftslehre sollten auch für angehende Handwerker gelehrt werden, als Vorbereitung auf die neuartige bürgerlich-selbständige Existenz. Die Gesamtausrichtung der Zeitschrift wie der Fortbildungsschulbewegung war mittelständisch, kommunal, liberalistisch und antisozialdemokratisch. "Die erfolgreiche Durchsetzung der Fortbildungsschule nach 1890 war sicher nicht pädagogisch, sondern nur politisch zu erklären" (Jost 1994,35). Dieses Urteil berührt zweifellos bis heute auch die Geschichte der Wirtschafts- und Berufspädagogik.

"Zeitschrift für das gesamte kaufmännische Bildungswesen"

Gleichfalls ab 1898 erscheint die "Zeitschrift für das gesamte kaufmännische Unterrichtswesen", die ab 1915 "Zeitschrift für das gesamte kaufmännische Bildungswesen" heißt. Sie ist die Zeitschrift des Deutschen Verbandes für das kaufmännische Bildungswesen. Um die gewaltige Expansion des kaufmännischen Schulwesens zu begreifen, muß man sich vor Augen halten, daß der Handel sich im Jahrzehnt um die Jahrhundertwende um fast die Hälfte verdoppelt hatte. Die kaufmännische Angestelltenschaft wird eine neue gesellschaftspolitische Interessengruppe. Diese neue bürgerliche Mittelschicht war national und kaisertreu. Wer in den deutschnationalen (und dem ausgeprägten Antisemitismus des Kaiserreichs entsprechenden) Handlungsgehilfenverband hineinwuchs, "brauchte keinen Kerchensteiner mehr" (Horlebein 1994,116). Mit dieser Sprachformel zielt Horlebein darauf ab, daß die Bemühungen um staatsbürgerliche Erziehung, soziale Betreuung und Integration, welche Kerschensteiner via Berufserziehung den jugendlichen Arbeitern und Handwerkern angedeihen lassen wollte,

bei den Kaufleuten nicht erforderlich war.
Georg Kerschensteiner war Stadtschulrat in München und gilt als "Vater"
der Berufsschule wie Klassiker der Berufsbildungstheorie. Wir kommen
darauf noch zurück.

 Zeitschriften wie die *"Arbeiter-Jugend"* oder der *"Feierabend"* (für
die Fortbildungsschuljugend) belegen, daß die Frühphase der Wirtschafts- und Berufspädagogik als eine breite gesellschaftspolitische
Aktivitäts- und Reflexionsphase gesehen werden muß, aus der dann
erst die wissenschaftliche Disziplin im engeren Sinne erwuchs.

4.3.2 Die Phase von 1919 bis 1945

Die Phase von 1919 bis 1945 erstreckt sich über zwei polar entgegengesetzte politische Systeme. Es sind dies die Weimarer Republik, die erste
parlamentarisch-demokratisch verfaßte Gesellschaftsordnung Deutschlands, die von 1919 bis 1933 dauerte und die 1933 beginnende totalitäre
und faschistische Ära des Nationalsozialismus, das sogenannte Dritte
Reich. Wirtschafts- und berufspädagogisch muß man die Phase 1919 bis
1945 gleichwohl zusammenfassen.

Die Entwicklung der Berufsschulpflicht

Der obligatorische Besuch der Fortbildungsschule wird reichseinheitlich
bereits in der Bundesgewerbeordnung von 1869 festgehalten. Die praktische Durchführung wird jedoch den Ortsstatuten, d.h. den Kommunen
überlassen, sie gilt bis 1900 auch nur für die männlichen Jugendlichen.
Auch war die Fortbildungsschule eine allgemeinbildende Schule, welche
die fehlenden Kenntnisse und Fertigkeiten in den Kulturtechniken ergänzte. Große Städte, wie z.B. Berlin, München und Frankfurt am Main,
richteten zu Beginn des 20. Jahrhunderts Pflichtfortbildungsschulen ein,
die berufsfachlich ausgerichtet waren und berufliche Fachkunde, Fachrechnen und im gewerblichen Bereich Fachzeichnen in den Mittelpunkt des
Lehrplans stellten. Erst mit dem Reichschulpflichtgesetz vom 6. Juli 1938
setzt sich der Begriff Berufsschule durch, und ihr Besuch wird reichseinheitlich nach Verlassen der Volksschule Pflicht.

Systematisierung und Vereinheitlichung

Während der nationalsozialistischen Ära bleibt die berufliche Ausbildung Teil der Wirtschaftspolitik (schon vorher unterstanden die »Berufsschulen« z.B. in Preußen dem Handelsministerium). Diese diente sowohl dem wirtschaftlichen Aufschwung im Anschluß an die Weltwirtschaftskrise als auch den imperialistischen Zielen des Nationalsozialismus und damit der Rüstungswirtschaft. Notwendig wurde eine Intensivierung der Arbeit. Da diese aufgrund der technologischen Entwicklung und der vorangegangenen massiven Arbeitslosigkeit nicht überwiegend durch Rationalisierung erfolgen konnte, mußte am Faktor Arbeit angesetzt werden. Dies geschah über Leistungssteigerung und Vergemeinschaftung. Zur Leistungssteigerung gehörte zunächst die fachliche Schulung zum Präzisionsarbeiter und darüber hinaus die Entwicklung des Facharbeitertums mit der dazugehörenden Ausbildung und dem Abschluß in Form des Facharbeiterbriefes. Zur Leistungssteigerung gehörte aber auch die Ausrichtung der Leistungsbereitschaft auf die übergeordneten Effizienzziele. Als Anreiz dienten die jährlichen Reichsberufswettkämpfe um Bestleistungen. Außerdem wurde die Arbeit an der Erstellung reichseinheitlicher Berufs- und Ausbildungspläne intensiviert. Es gab amtliche Muster für Lehrverträge und es wurden Lehrlingswarte eingesetzt, welche die ordnungsgemäße Ausbildung kontrollierten. Insgesamt wurde die gesamte Berufsausbildung in den Dienst der nationalsozialistischen Ideologie gestellt. Volks- und Betriebsgemeinschaft sowie der Gedanke von Führer und Gefolgschaft bildeten ein übergeordnetes Leitziel. Für die männliche Jugend wurde dies durch paramilitärische Doktrinen und Übungen ergänzt.

Die wirtschafts-, berufs- und arbeitspädagogische Literatur stand gleichfalls im Dienst der nationalsozialistischen Ideologie.

4.3.3 Die Phase von 1945 bis 1969

Nach dem Ende des zweiten Weltkriegs waren nicht nur materielle Schwierigkeiten zu überwinden, sondern auch die ideologischen Belastungen. Da aber während der nationalsozialistischen Zeit das berufliche Ausbildungs- und Schulwesen eine Konsolidierung erfahren und die wirtschaftliche Entwicklung positiv flankiert hatte, stand es im wesentlichen außer Frage, das System der Berufsausbildung fortzuführen und damit den wirtschaftlichen Wiederaufbau nach dem Krieg zu stützen. Einen grundlegenden Unterschied gab es freilich. Die Berufsausbildung wurde aus ihrer direkten staatlichen Einbindung, die sich u.a. in der Anbindung an das Reichswirtschaftsministerium geäußert hatte, gelöst. Die Unternehmer erhoben, spätestens ab 1950, die Berufsausbildung zu einer Selbstverwaltungsaufgabe der Wirtschaft und sah darin eine wirtschaftliche Aufgabe und keine sozialpolitische (vgl. Pätzold 1991,146 ff.).

Durch die Veränderung der Staatsgrenzen verzeichnete Westdeutschland einen großen Zustrom an qualifizierten und ausgebildeten Arbeitskräften aus dem Osten. Insofern stellte sich zunächst kein Qualifizierungsbedarf. Nachwuchsdiskussionen entstanden, wenn überhaupt, erst ab 1950.

Eine erste durchgreifende Kritik am deutschen System der Berufsausbildung übte *George W. Ware* mit seinem Gutachten über die Berufserziehung und Lehrlingsausbildung in Deutschland, das er 1952 im Auftrag des Amtes des Hohen Kommissars für Deutschland vorlegte (vgl. Ware 1952). Im gleichen Jahr wird zwischen Arbeitgeber- und Arbeitnehmerseite die Frage diskutiert, ob die betriebsgebundene Betriebsausbildung noch die für Deutschland zeitgemäße Form ist. Auch wird vom Ausschuß für Berufserziehung im Auftrag der Ständigen Konferenz der Kultusminister (KMK) ein Gutachten zur Berufsausbildung der deutschen Jugend vorgelegt. Sowohl bei Ware als auch im KMK-Gutachten wird betont, daß die Berufsausbildung mehr zu leisten habe als fachliche Qualifizierung. Das KMK-Gutachten zählt "eine zeitgemäße Gestaltung und gesunde Ordnung der Berufserziehung zu den wichtigsten innerpolitischen Aufgaben ... die zur Zeit einer Lösung harren" (KMK-Gutachten 1952,262).

Ab 1952 ist das System der Berufsausbildung in einen Problemzusammenhang gestellt, der die Entwicklung der wirtschaftlichen Produktivität, internationale Fragen und den Zusammenhang von Allgemeinbildung und Spezialbildung umfassen. Diese Fragen beschäftigen vor allem die großen Reformgutachten des Deutschen Ausschusses für das Erziehungs- und Bildungswesen von 1964 und des Deutschen Bildungsrates von 1969. Innerhalb des Systems der Berufsausbildung werden vor allem Fragen einer angemessenen Ordnung der Ausbildungsberufe, der Möglichkeiten der Zusammenarbeit von Berufsschule und Betrieb, der Ausbildungsdauer, der Systematik der betrieblichen Ausbildung sowie einer bundeseinheitlichen Gesetzgebung erörtert.

An den Universitäten erfolgt hinsichtlich der Lehrstühle zunächst keine quantitative Veränderung. Personelle Kontinuitäten zur Ära des Nationalsozialismus sind vorhanden, wie Kipp/Miller-Kipp und Seubert nachgewiesen und kritisch analysiert haben (vgl. Kipp/Miller-Kipp 1995 und Seubert 1977).

4.4 Wissenschaftstheoretische Positionsbestimmung

4.4.1 Das Grundproblem Bildung und Politik

Wie die Entstehungsgeschichte des beruflichen Bildungswesens seit Beginn des Jahrhunderts und parallel dazu die Entwicklung der wissenschaftlichen Disziplin Wirtschafts- und Berufspädagogik zeigt, waren Praxis und Theorie politisch vermittelt. Berufsausbildung mußte drei Erfordernissen Genüge tun:

(1) dem Qualifikationsbedarf und damit einhergehend der Stärkung der Gesamtproduktivität;
(2) der Stärkung einzelner Wirtschaftsbereiche, speziell dem mittelständischen Gewerbe;
(3) der gesellschaftlichen Integration der jungen Generation, und zwar politisch, sozial und ökonomisch.

Im zweiten Kapitel haben wir gezeigt, daß auch das gegenwärtige Duale System politische Funktionen erfüllt und daß diese oft die pädagogischen Belange dominieren. Unter solchen Bedingungen steht die Pädagogik – prototypisch zugespitzt – vor drei Funktionsmöglichkeiten:

♦ sie fungiert als Ideologielieferant für das bestehende System;
♦ sie offeriert Expertentum lediglich für Methoden;
♦ sie versteht Theoriebildung und Praxis bezogen auf Bildung als ein Menschenrecht auf Entwicklung und Entfaltung.

Letzteres impliziert, daß sie in technokratischen Systemen in Konflikt zur herrschenden Politik geraten kann. Die Reduktion des Theorie- wie Praxisradius von Pädagogik auf Methode kann politische Abstinenz bzw. Neutralität, aber genauso gut Ideologisierung implizieren.

Die Positionsbestimmung der Wirtschaftspädagogik zwischen Bildung und Politik wird auch als Theorie-Praxis-Problem verhandelt (vgl. Zabeck 1992a). Dessen Kern ist die Frage danach, ob eine bloße Deskription vorfindlicher Praxis möglich ist oder ob, auch wenn eine solche objektive Erfassung der Wirklichkeit angestrebt wird, dabei nicht bereits politische Ordnungs- und Interpretationsgesichtspunkte sowie Wertungen einfließen. Es ist daher in allen Forschungskontexten notwendig, das jeweils erkenntnisleitende Interesse und die gewählten Paradigmen und Methoden offenzulegen.

Hinzu tritt das Problem, ob Wissenschaft Handlungsanweisungen geben oder lediglich mit handlungshypothetischen Modellen operieren darf. Letz-

4.4 Wissenschaftstheoretische Positionsbestimmung

tere analysieren Kausalbeziehungen im Hinblick auf bestimmte Erscheinungsformen oder gewünschte Ziele und ermöglichen insofern die Ableitung von Handlungsregeln. In kritisch-rationalistischen Theorieansätzen wird betont, daß Wissenschaft selbst weder Wertaussagen treffen noch Handlungsanweisungen geben soll. Lediglich Aussagen über Kausalbeziehungen können wertbezogen sein.

Drei Politikbereiche haben bislang auf besondere Weise eine Positionsbestimmung der Wirtschaftspädagogik erfordert:

(1) Sozialpolitik
Mit der Sozialpolitik verbinden sich konkrete Hoffnungen auf den Abbau gesellschaftlicher Spannungen und Mißstände durch größere soziale Gerechtigkeit und soziale Egalisierung. So stehen in der Bundesrepublik Deutschland die Probleme einer Abfederung sozialer Folgen der Marktwirtschaft als politisches Ethos im Mittelpunkt der Sozialpolitik. Für die Wirtschaftspädagogik schlägt sich dies in der sogenannten Maßnahmenpolitik im Zusammenhang mit der Arbeitslosigkeit nieder.

(2) Wirtschaftspolitik
Insofern Wirtschaftspolitik vorausschauende regionale und überregionale Strukturpolitik ist, müßte sie die Berufsausbildung als Investitionsgröße berücksichtigen. Dies um so mehr, als es bei den Wirtschaftsministerien der Länder Zuständigkeiten für die Berufsausbildung gibt. Theoretisch wäre also zu erwarten, daß die staatlich gesetzten Rahmenbedingungen - beispielsweise Berufsordnung, Anteile der schulischen und betrieblichen Ausbildung, Verhältnis von Beschäftigten und Auszubildenden - in Kombination mit der Steuer- und Subventionspolitik dafür sorgten, daß quantitativ und qualitativ die Entwicklung des Arbeitsvermögens gewährleistet wäre. Die Wirtschaftspolitik zeichnet sich in dieser Hinsicht jedoch durch ein Ethos absolut puritanischer Askese aus.

"Es scheint völlig indiskutabel, dem Steuerzahler in absehbarer Zeit neue große Lasten zusätzlich zuzumuten, das umso mehr, als bereits jetzt schon die Mittel für eine auch nur einigermaßen ausreichende Erfüllung der bereits von der Allgemeinheit übernommenen Aufgaben in der Berufserziehung fehlen" (KMK-Ausschuß für Berufserziehung 1952,26).

So äußerte sich prototypisch auch für die folgenden Jahrzehnte (vgl. Stratmann/Schlösser 1990) der KMK-Ausschuß in seinem Gutachten zur Berufsausbildung der Deutschen Jugend.

Aktuell wären hier solche Studien zu nennen, welche Bundesländer in Auftrag geben, um das Bildungswesen zu rationalisieren. Was hier als Rücksichtnahme gegenüber dem Steuerzahler, also sozusagen als Askese der öffentlichen Hand erscheint, ist in Wirklichkeit ein obrigkeitsstaatliches Verhindern besserer Bildungs- und Qualifizierungsmöglichkeiten für eben diesen Steuerzahler. Anfang der 50er Jahre trieb der KMK-Ausschuß seine Vorbehalte gegenüber einem zweiten Berufsschultag und erst recht eine "völlige Verschulung" - darum ging es nämlich - sogar noch weiter, indem er formulierte:

"Der Gedanke, die neu zu errichtenden Stätten der praktischen Berufsausbildung aus eigenen Quellen, etwa aus einer von der Wirtschaft zu erhebenden Umlage zu finanzieren, ist deshalb höchst bedenklich, weil damit ein wichtiges neues Feld der Selbstverwaltung entzogen und in erheblichem Umfang der amtlichen Bürokratie ausgeliefert würde" (KMK-Ausschuß für Berufserziehung 1952,32).

Damit nimmt der KMK-Ausschuß eine Haltung restriktiver Wirtschaftspolitik ein, weil ausschließlich von den Kosten her gedacht und argumentiert wird, nicht aber von der Relation Kosten zu Nutzen. Diese Politik bricht sich auch in der Arbeitsmarktpolitik Bahn, deren langfristige Folgen in keiner Weise absehbar sind. Die Schaffung des Institutes für Arbeitsmarkt- und Berufsforschung Mitte der 60er Jahre ist Ausdruck dieser Entwicklung.

Die Identifikation des KMK-Ausschusses mit dem "Askese-Ethos" der Wirtschaftspolitik läßt sich nach Max Weber als Verinnerlichung einer systemspezifischen Mentalität kennzeichnen. Diese Mentalität bewirkt, daß der Berufsbildungspolitik sehr enge Grenzen gesetzt sind.

(3) Bildungspolitik
Im allgemeinsten Sinne läßt sich Bildungspolitik als das Gefüge derjenigen Maßnahmen charakterisieren, die das Verhältnis der allgemeinen Entfaltung des Humanvermögens zur funktionsspezifischen Qualifizierung regelt. Vereinfacht und konkret ausgedrückt geht es darum, mittels welchen Bildungssystems welche Bürgerinnen und Bürger welche Bildung erhalten.

Das Problem der Relation von Allgemeinbildung und Berufsbildung, das dabei zu lösen ist, hat sich in der Berufsbildungspolitik nach 1945 in den Themen der Berufswahl und des Berufswechsels sowie der beruflichen Grundbildung in Korrespondenz zur Arbeitslehre/Polytechnik niedergeschlagen. Außerdem zeigte es sich in der Lernortfrage und in der Debatte über den zeitlichen Umfang der Berufsausbildung. Von keinem der hier genannten Komplexe können wir sagen, daß er zufriedenstellend oder hinlänglich bildungsbezogen gelöst wäre. Dies belegt allein ein Blick in den Schlußbericht der Enquete-Kommission "Zukünftige Bildungspolitik - Bildung 2000" sowie der von ihr vergebenen Gutachten (vgl. Deutscher Bundestag 1990). Die Kehrseite dieser ungelösten Probleme zeigt sich in

dem kontinuierlichen Diskussionsstrang um Arbeitstugenden, extrafunktionale Qualifikationen und Schlüsselqualifikationen.
Gleichgültig, ob man religiös von Askese, wirtschaftlich von Sparsamkeit oder Gewinnmaximierung und gesellschaftspolitisch von Gemeinschaftsbildung spricht, nach Max Weber ist es die gleiche Systemrationalität, die sich als Mentalität dahingehend äußert, daß Bildung kurz zu halten ist.

"Mißtrauisch und vielfach feindlich ist demgemäß auch die Stellung zu den nicht direkt religiös zu wertenden Kulturgütern", heißt es bei Max Weber über das Lebensideal des Puritanismus (Weber 1981,176). "Der Mensch ist ja nur Verwalter der durch Gottes Gnade ihm zugewendeten Güter, er hat, wie der Knecht der Bibel, von jedem anvertrauten Pfennig Rechenschaft abzulegen, und es ist zum mindesten bedenklich, davon etwas zu verausgaben zu einem Zweck, der nicht Gottes Ruhm, sondern dem eigenen Genuß gilt ... Der Gedanke der *Verpflichtung* des Menschen gegenüber seinem anvertrauten Besitz, dem er sich als dienender Verwalter oder geradezu als »Erwerbsmaschine« unterordnet, legt sich mit seiner erkältenden Schwere auf das Leben. Je größer der Besitz wird, desto schwerer wird - *wenn* die asketische Lebensstimmung die Probe besteht - das Gefühl der Verantwortung dafür, ihn zu Gottes Ruhm ungeschmälert zu erhalten und durch rastlose Arbeit zu vermehren" (ebd.,178 f.).

Wir vertreten folgende Auffassung bezüglich Wissenschaft und Politik:

 Wissenschaft kann Politiken nicht nur beschreiben und systematisieren. Sie kann und hat auch Kausalgesetzlichkeiten und Folgewirkungen zu analysieren. Auch kann sie, bezogen auf werteimplizierende Zielstellungen, Handlungsoptionen entwickeln. Ob diese seitens der Politik aufgegriffen werden, liegt dann nicht mehr im Verantwortungsbereich von Wissenschaft.

In welchem Maße Wertorientierungen bedeutsam sind, zeigt sich z.B. daran, ob man die Aufgabe des Berufsausbildungssystems lediglich als Qualifizierung und Allokation auf dem Arbeitsmarkt definiert oder ob man - unter besonderer Berücksichtigung von Arbeits- und Berufsfähigkeit - die Entwicklung und Entfaltung des Humanvermögens in seiner Ganzheitlichkeit, also Bildung anstrebt.

Die Geschichte der Wirtschaftspädagogik belegt, daß sie versucht hat, zwischen politischen Zielen, gesellschaftlichen Rahmenbedingungen und der Wertorientierung an Bildung einen Kompromiß zu finden. Dieser Kompromiß wird über die Kategorien Beruf bzw. Berufsbildung sowie Berufsbildungssystem hergestellt.

An diesem Punkt steht die Wirtschaftspädagogik heute vor neuen Herausforderungen.

4.4.2 Wodurch wird Wissenschaft bestimmt?

Bevor wir uns einzelnen Theorierichtungen zuwenden, ist eine generelle Frage zu klären: Wodurch bestimmt sich Wissenschaft?

Die Antwort lautet, daß dies durch eine Kombination der Kriterien "Bereichsschnitt" oder "Objektbereich", "erkenntnisleitendes Interesse", "Methoden und Methodologie", "Erkenntnistheorie", "Hypothesen und Paradigmen" sowie "Theoriebildung und Beweisführung" erfolgt.

Kriterien wissenschaftlicher Disziplinbildung

(1) Bereichsschnitte (Binnendifferenzierung) der wissenschaftlichen Disziplinen und ihre innere Differenzierung
Über die Bereichsschnitte der Wirtschafts- und Berufspädagogik haben wir bereits gesprochen. In den 60er und 70er Jahren gab es hierüber eine lebhafte Auseinandersetzung, die zum Teil bis heute nachwirkt (vgl. Beck 1995, 457 ff.).

(2) Objektbereiche der Disziplin
Diese werden von der Wirtschafts- und Berufspädagogik mehrheitlich unter den Begriff *Berufsbildung* gefaßt.
Juristisch besehen (vgl. § 1 BBiG) gehören hierzu die berufliche Aus- und Fortbildung sowie die Umschulung. Damit umfaßt der Objektbereich das gesamte Berufsbildungssystem mit allen seinen Prozessen und Strukturen, Akteuren und Interessen, aber auch mit den zugehörigen Politiken.

Über den Begriff der Bildung stoßen wir auf eine Grenzlinie zwischen Politik, Wirtschaftswissenschaft, Ethik und Erziehungswissenschaft. Es geht um Leitbilder menschlicher und gesellschaftlicher Entwicklung und um die Frage, welchen Ansprüchen Berufs*bildung* zu genügen hat und wie sie zu realisieren ist.   Fortsetzung nächste Seite

(3) Erkenntnisleitendes Interesse und normative Fundamente
Habermas ordnet im Anschluß an den sogenannten Positivismusstreit von 1968, in dem es u.a. um normative Fundamente von Wissenschaft ging, der Forschung grundsätzlich dreierlei Interessensmöglichkeiten zu. Es sind dies das *technische* bzw. *praktische*, das *kommunikative* und das *emanzipatorische* Erkenntnisinteresse.

- Das technische Interesse zielt auf Wissen zur praktischen Bewältigung des Lebens;
- das kommunikative Interesse dient der Klärung von Möglichkeiten eines herrschaftsfreien Diskurses, um konsensual die Ziele der Praxis zu bestimmen;
- das empanzipatorische Interesse zielt auf Reflexion und Autonomie.

Anthropologisch wird der Mensch seiner Wesensart nach als "das interessierte Wesen" charakterisiert. Es werde in dem Augenblick reduziert und damit unmenschlich, "indem das Denken das Nur-Methodische zum Pan-Konstitutiven umfälscht" (Esser 1973,746). Daher erwachse Erkenntnis immer nur als vermittelte, nämlich von Subjekt und Objekt, weshalb "die Unabdingbarkeit der Interessensstruktur das Denken ständig neu [nötigt], sich auf seine vorwaltenden Interessen hin zu überprüfen" (Esser 1973,747).
Dies ist der Hintergrund, vor dem Habermas das emanzipatorische Interesse legitimiert.

(4) Erkenntnistheorie
Erkenntnistheorie ist nicht nur ein Zentralgebiet der Philosophie, sondern ein genereller Aspekt für die Konstituierung von Wissenschaft. Sie beschäftigt sich mit den Problemen der Wahrheitsfindung im Erkenntnisprozeß, die durch die Subjekt-Objekt-Dialektik zustande kommen. Seit der Antike geht es dabei um die Frage, ob es eine Objektivität jenseits unserer Erfahrung und unseres Denkens gibt und bis zu welchem Grade und durch welche Logiken wir sie erfassen können. Insofern jegliche Wissenschaft in ihrer Erkenntnisgewinnung auf diese Problematik rückverwiesen ist, muß sie dazu grundsätzlich wie auch in der Wahl ihrer Methoden Stellung beziehen.

Fortsetzung nächste Seite

(5) Wahrheitsfindung und Beweisführung
Für die Beweisführung spielt in der Geschichte der Philosophie wie in derjenigen der Logik zunächst die Problematik des Zusammenhangs von Denken und Sein eine Rolle, d.h., es geht um die Frage, ob es ein Sein gibt, das losgelöst vom Denken existiert (vgl. Punkt (4)). Sodann ist von Belang, inwieweit die Wahrheit die Einheit von Wesen und Erscheinung von Sachverhalten erfassen muß und ob dies möglich ist, ohne daß man Teile bzw. Teile und Ganzes in einen umfassenderen funktionalen Zusammenhang setzt und gleichzeitig Bewegungs- und Veränderungsprozesse mitbedenkt. Goethe hat dies z.B. an der Metamorphose der Pflanze vom Samen zur Frucht oder in seiner Farbenlehre veranschaulicht.
In der Philosophie- und Wissenschaftsgeschichte galt bis zum 18. Jahrhundert die Dialektik als diejenige Methode, mit der nach der Wahrheit als Wahrhaftigkeit von Erscheinungen gesucht wurde. Heute ist die dialektische Methode in den Sozialwissenschaften aufgrund der Systemtheorie in den Hintergrund getreten. Dies gilt weniger für die Tiefenpsychologie, die psychosomatische Medizin, die Naturwissenschaften und die Kulturwissenschaften.
Zur Wahrheitsfrage gehört die Wertfrage, weil sie die allgemeine Gültigkeit von Aussagen einschränkt. Diese treffen dann eben nur unter bestimmten Prämissen bzw. im Hinblick auf die jeweiligen Wertpositionen zu.
So gibt es wissenschaftliche Positionen, welche die Auffassung vertreten, daß innerhalb der Wissenschaft nur »technisches« Interesse und damit Wertfreiheit erlaubt sei. Im Gegensatz dazu steht eine andere Auffassung, die darauf verweist, daß jegliches Interesse bereits gesellschaftlich wertvermittelt ist - speziell durch das Medium der Sprache - und daß sich auch im engen Sinne »technische« Interessen auf nichttechnische Wertorientierungen zurückführen lassen. Die Verfeinerung von Verfahren wegen der Genauigkeit "an sich", ein durchaus wissenschaftlich und technisches Interesse, schlägt dort z.B. in "praktisches" um, wo die gesellschaftlichen Verwendungszusammenhänge akut werden.

Fortsetzung nächste Seite

(6) Methodologie
Unter Methodologie wird die Lehre von den wissenschaftlichen Forschungs- und Darstellungsmethoden verstanden. Im wesentlichen unterscheiden wir:
- *Empirische Methoden*
Das sind Verfahren zur Herstellung von intersubjektiv nachprüfbarem Erfahrungswissen (z.B. durch Experiment, Erhebung, Befragung, Beobachtung, Test). Bei den empirischen Methoden werden qualitative und quantitative Verfahren unterschieden.
- *Analytische und synthetische Methoden*
Das sind Verfahren zur systematischen Untersuchung von Sachverhalten hinsichtlich Art, Struktur, Funktion und Zusammenwirken ihrer Komponenten bzw. Einzelbestandteile (z.B. durch Systemdiagnose, Simulation, Modellbildung).
- *Hermeneutische Methoden*
Hierunter fallen Verfahren zur Erfassung von Kausalitäten, Prozessen und Sinn durch Auslegung von Korrelationen und Wirkgefügen (z.B. durch Inhaltsanalyse, Rekonstruktion, Biographiestudien, Diskurs) zu verstehen.

(7) Hypothesen und Paradigmen
Hypothesen sind zunächst unbewiesene Annahmen über Sachverhalte oder Gesetzlichkeiten, die es durch geeignete Verfahren zu beweisen gilt. Häufig werden Hypothesen auch als Vorentwurf für eine Theorie entwickelt. Sie resultieren aus offenen Problemen oder Fragestellungen, die mittels Forschung beantwortet werden sollen.
Paradigmen dagegen sind Muster bzw. Modelle für Lösungswege (vgl. Kapitel eins). Sie basieren auf Hypothesen, sind aber nicht mit ihnen identisch. »Technisierung« ist ein solches Paradigma. Mittels des Paradigmas »Technisierung« werden in der sozialwissenschaftlichen Technikforschung die Veränderungen der Gesellschaft insgesamt oder einzelner Teilbereiche, wie z.B. der Wissenschaftsbereich oder die Haushalte, erklärt; und zwar über die Ausstattung mit Technik hinaus bis in die Kommunikations- und Lebensformen hinein (vgl. Huisinga 1996).

Fortsetzung nächste Seite

132 4. Wirtschaftspädagogik im Spektrum der Wissenschaften

> In der wirtschafts- und berufspädagogisch historischen Forschung sowie in zeitgeschichtlichen Analysen der Berufsbildung spielt z.B. das Paradigma der »Modernisierung« eine zentrale Rolle (vgl. z.B. Stratmann 1993, Körzel 1996, Euler 1998).
>
> (8) Theorien
> Theorie ist ein nach ausgewählten logischen Regeln systematisch geordnetes Aussagegefüge über Objekte und Objektbereiche als Teil eines Ganzen. Dabei muß der Zusammenhang von Erscheinung und Wesen, Strukturen und Prozessen, Entstehungsbedingungen und Veränderungen, Normen und Gesetzen, Ursachen und Wirkungen zur Erkenntnis gelangen.

Abb. 4.8: Kriterien wissenschaftlicher Disziplinbildung

 Die zentralen wissenschaftlichen Fragestellungen der Wirtschaftspädagogik werden alle von Wert-, Wahrheits- und Interessensfragen tangiert. Aktuell gilt das (ohne an dieser Stelle die Didaktik und die Historiographie zu berücksichtigen) primär für die Bildungsthematik selbst, ferner den Zusammenhang von Qualifizierung und Allokation auf dem Arbeitsmarkt (häufig auch als Integration bezeichnet), die Stabilisierung oder Reform des Dualen Systems, die Bestimmung von Schlüsselqualifikationen und Kompetenzen sowie die Entwicklung von Urteils- und Handlungsfähigkeit.

Auch die Weite oder Enge des Objektbereiches oder einzelner Objektschnitte einer wissenschaftlichen Disziplin hängt vom erkenntnisleitenden Interesse ab. Am Beispiel des Kompetenzbegriffes läßt sich dies gut veranschaulichen. Er umfaßt ursprünglich die Sach-, Sozial- und Selbstkompetenz. In der Wirtschafts- und Berufspädagogik ist in den 80er Jahren im Zuge der Orientierung an der Handlungsregulationstheorie (vgl. Kapitel fünf und sechs) die Kategorie Selbstkompetenz entfallen und die Methodenkompetenz ist hinzugefügt worden. Sachkompetenz, wenn sie denn auf Handlungsfähigkeit abstellt, schloß aber ursprünglich Methodenkompetenz ein. Und Sozialkompetenz ist gerade im Hinblick auf die immer wieder geforderte Team- und Verantwortungsfähigkeit ohne Selbstkompetenz im

Sinne der Reflexionsfähigkeit und Autonomie nicht realisierbar. Ganz offensichtlich haben beim wirtschafts- und berufspädagogischen Kompetenzbegriff technizistische Interessen die Bildungsidee überlagert.

Im ersten Kapitel haben wir zudem dargestellt, daß der Objektbereich der Wirtschaftspädagogik insgesamt verschieden breit gefaßt werden kann. Auch gibt es innerhalb der Wirtschaftspädagogik unterschiedliche Paradigmen und Wissenschaftsrichtungen (vgl. Kapitel fünf).

4.5 Zuordnung der Wirtschaftspädagogik zu Theorie-Richtungen der Erziehungswissenschaft

Das, was in der Erziehungswissenschaft als Theorien, theoretische Ansätze, theoretische Konzepte und Positionen gilt, ist stets durch eine Kombination derjenigen Kriterien bestimmt, die wir im vorhergehenden Teilkapitel dargestellt haben. Wenn von Wissenschaftsrichtungen oder Theorie-Strömungen gesprochen wird, dann geht es um spezielle Kombinationen derjenigen Kriterien, die Wissenschaft bestimmen. Für die Erziehungswissenschaft nennt Krüger (vgl. Krüger 1997) folgende Theorierichtungen:

- Geisteswissenschaftliche Pädagogik,
- Empirische Erziehungswissenschaft,
- Kritische Erziehungswissenschaft,
- Praxeologische Pädagogik,
- Transzendentalphilosophische Pädagogik,
- Historisch-materialistische Pädagogik,
- Psychoanalytische Pädagogik,
- Phänomenologische Pädagogik,
- Systemtheoretische Erziehungswissenschaft,
- Strukturalistische Erziehungswissenschaft,
- Ökologische, feministische und postmoderne Ansätze.

Scharfe Abgrenzungen sind auch hier nicht immer möglich, es sei denn, man systematisiert die Strömungen im historischen Ablauf. Im folgenden werden die geisteswissenschaftliche Pädagogik, die empirische, die kritische und die systemtheoretische Position kurz umrissen, weil auch sie in der Wirtschafts- und Berufspädagogik ausgeprägt sind.

4.5.1 Die Geisteswissenschaftliche Pädagogik

Die Geisteswissenschaftliche Pädagogik war bis zur sogenannten realistischen Wendung der Erziehungswissenschaft Anfang der 60er Jahre die wissenschaftliche Hauptströmung. Als ihr Begründer gilt der Berliner Philosoph *Wilhelm Dilthey* (1833-1911). Für ihn gehen die philosophischen Fragestellungen aus Lebensproblemen hervor, die sich wiederum aus gesellschaftlichen Bedingungsfaktoren bzw. Bereichen der Kultur ergeben und verstehen lassen. Methodologisch gelte es daher, Sinn und Bedeutung menschlichen Handelns und gesellschaftlicher Prozesse in ihrer Verwiesenheit aufeinander zu verstehen. Hierzu diene die *Hermeneutik*.

Die Hermeneutik umfaßt Interpretationsverfahren, welche Bedeutungs- und Wirkungszusammenhänge beispielsweise von Strukturen und Prozessen, Ganzem und Teilen, Individuum und Gesellschaft herausarbeiten. Die Hermeneutik ist inzwischen durch die Methodenentwicklung und durch die Einbeziehung auch empirischen Materials zentraler Bestandteil qualitativer Sozialforschung.

Klassiker der Berufsbildungstheorie wie *Theodor Litt* (1880-1962), *Eduard Spranger* (1882-1963) und *Fritz Blättner* (1891-1981) waren Vertreter der geisteswissenschaftlichen Pädagogik (vgl. Kapitel fünf).

4.5.2 Die Kritische Erziehungswissenschaft

Diese Richtung prägte sich Ende der 60er und Anfang der 70er Jahre unseres Jahrhunderts aus. Ihre Wurzeln hat sie einerseits in der "realistischen Wendung" innerhalb der Erziehungswissenschaft, andererseits in der gesellschaftlichen Modernisierung und Demokratisierung in der zweiten Hälfte der 60er Jahre und dem Versuch, die Erziehungswissenschaft in den Reflexionsprozeß der Sozialwissenschaften einzustellen. Dabei wurde insbesondere auf die Arbeiten der kritischen Theorie der "Frankfurter Schule" zurückgegriffen. Die Wissenschaftsrichtung der "Frankfurter Schule" wurde in den 20er Jahren von Max Horkheimer und seinen Mitarbeitern Theodor Adorno und Erich Fromm, Herbert Marcuse und Walter Benjamin begründet, nach 1933 im amerikanischen Exil weiterentwickelt und nach dem Krieg in Frankfurt am Main fortgeführt. In "zweiter Generation" sind in erster Linie Jürgen Habermas und Oskar Negt als Vertreter der Frankfurter Schule zu nennen.

4.5 Zuordnung der Wirtschaftspädagogik zu Theorie-Richtungen 135

 Es war das Anliegen der "Frankfurter Schule", die Dialektik von individueller und gesellschaftlicher Entwicklung, von individuellem Verhalten und gesellschaftlichem Bedingungsgefüge aufzuklären. Im Gegensatz zum Postulat der Trennung von wissenschaftlichem und politischem Interesse betonte die kritische Theorie die Notwendigkeit der Reflexion sozialer Entstehungs- und Verwertungszusammenhänge auch des wissenschaftlichen Denkens und empirischer Untersuchungen. Die ökonomischen und politischen Bedingungen des sogenannten Geisteslebens gehörten ebenfalls zum analytischen Programm.

Klaus Mollenhauer gilt als derjenige, der mit seiner Studie "Erziehung und Emanzipation" 1968 seitens der Erziehungswissenschaft die Hinwendung zur "Frankfurter Schule" vollzog. Aus der Wirtschafts- und Berufspädagogik sind für Anfang der 70er Jahre u.a. *Herwig Blankertz, Reiner Drechsel, Günter Kutscha, Wolfgang Lempert, Ingrid Lisop, Werner Markert, Rolf Seubert und Wilfried Voigt* als diejenigen zu nennen, die einen Ansatz vertreten, der sich der kritischen Erziehungswissenschaft zurechnen läßt.

Das, was die kritische Theorie wie die kritische Erziehungswissenschaft (oft auch als emanzipatorische Pädagogik bezeichnet) formal charakterisierte, war die Verbindung von Hermeneutik und Empirie, Sachaussage und kritischer Selbstreflexion. Gleichfalls wesentlich wurde die Interdisziplinarität im Sinne des Zusammenführens von kritischer Ökonomie, Sozial- und Tiefenpsychologie, Philosophie, Soziologie sowie Erziehungswissenschaft. Als geschlossene wissenschaftliche Richtung läßt sich die kritische Erziehungswissenschaft heute nicht mehr ausmachen. Ihre erkenntnisleitenden Interessen wie ihre methodologischen Besonderheiten haben in anderen Theorierichtungen Eingang gefunden.

4.5.3 Die Systemtheoretische Erziehungswissenschaft

Unter systemtheoretischer Erziehungswissenschaft werden all diejenigen Ansätze zusammengefaßt, die im Anschluß an den Versuch von Niklas Luhmann und Horst-Eberhard Schorr (vgl. Luhmann und Schorr 1979) die Erziehungswissenschaft systemtheoretisch begreifen.

 Der Begriff System ist ein sehr alter wissenschaftlicher Begriff (Luhmann würde ihn "alteuropäisch" nennen), der bereits in der Antike eine Bedeutung hatte. In der deutschen Philosophie spielt er vor allem bei Kant, Hegel, Marx und Dilthey, in der Soziologie auch schon bei

Max Weber eine Rolle, wobei ideelle und reale, logische und empirische Systeme unterschieden werden. Brunkhorst nennt als Standarddefinition: "Ein System ist ein Satz von Objekten zusammen mit Beziehungen zwischen den Objekten und zwischen ihren Attributen" (Brunkhorst 1989,1494). Die Beziehungen sind nicht irgendwelche zwischen den Objekten, sondern solche Funktionen, die der Erhaltung des Systems dienen.

Quantitativ besehen sind systemtheoretische Ansätze heute führend.

Nach Luhmann ist ein System "jedes Wirklich-Seiende, das sich, teilweise aufgrund der eigenen Ordnung, teilweise aufgrund von Umweltbedingungen, in einer äußerst komplexen, veränderlichen im ganzen nicht beherrschbaren Umwelt identisch hält" (Luhmann 1977,7).

Das obige Zitat definiert indirekt das Gegenteil von System. Es ist das Chaos, es sind die unbegrenzten und unbestimmten Möglichkeiten, die Komplexität und der Wandel.

Das System entsteht, indem es aus der Komplexität bzw. der Unendlichkeit der Möglichkeiten eine Auswahl und Reduktion vornimmt und sich nach Innen durch Strukturen und nach Außen durch Abgrenzung konstituiert. Dieser Vorgang der Reduktion und Konstitution wird nach Luhmann »Sinn« genannt.

Auch Menschen gelten in der Systemtheorie als Systeme. Die Reflexion orientiert sich nicht mehr am Subjekt. Das ist insofern logisch, als es Luhmann bei der Entwicklung der Systemtheorie darum ging, sozialwissenschaftliche Beobachtungsmethoden zu verbessern.

Luhmann vertritt eine spezifische Wertposition. Er lehnt das Postulat der Aufklärung, nämlich Emanzipation und Autonomie, ab. Er hält diese Forderungen für illusionär, denn sie seien an eine vergehende Stufe der sozialen Entwicklung gebunden. Autonomie ist für Luhmann lediglich als Systemautonomie realistisch denkbar.

 Mögliche Kritische Einwände zur Systemtheorie

Aus erziehungswissenschaftlicher Sicht ergeben sich u.E. insbesondere vier Themenkomplexe als kritische Einwände gegenüber der Systemtheorie. Es sind dies:

(1) Unterricht und pädagogische Professionalität;
(2) Das Erziehungs- und Bildungssystem;

4.5 Zuordnung der Wirtschaftspädagogik zu Theorie-Richtungen 137

(3) Subjektbildung und Persönlichkeitsentwicklung;
(4) Ethik.

Die Einwände begründen sich daraus, daß es systemtheoretisch keine didaktisch professionelle, sondern nur eine situative Selbststeuerung des Unterrichts geben kann. Die *Funktion der Didaktik* wird dadurch auf eine des technischen Arrangements von Lernbedingungen reduziert, woraus dann eventuell zufällige, günstige Konstellationen resultieren können. Pädagogik als Profession wird demzufolge in ihrer Bedeutung reduziert, wenn nicht überflüssig.

Das *Erziehungs- und Bildungssystem als Ganzes* wird systemtheoretisch als eine Einheit betrachtet, die in Differenz zum Gesellschaftssystem steht. Betrachtet werden Funktionalität und Dysfunktionalität des Systems selbst, organisationale Binnenstrukturen und innere Interaktionsprobleme sowie die Anpassungsleistungen des Systems. Interdependenzprobleme können und sollen mit dem systemtheoretischen Paradigma nicht erfaßt werden. Nach Ansicht anderer Wissenschaftspositionen sind dadurch reale Probleme der Praxis, wie sie z.B. durch die Kritische Theorie oder die Hermeneutik aufgegriffen werden, nicht mehr behandelbar.

Von zentraler Bedeutung ist der *Verzicht auf Orientierung am Subjekt*, der durch eine Orientierung an den Kategorien "funktionale Differenzierung" sowie "Selbstreferenz" ersetzt wird. Fragen nach der Spezifik der Pädagogik und damit der Erziehungswissenschaft werden so notgedrungen soziologisch gewendet und damit verkürzt.

Auch die Konstituierung des Subjekts oder besser: *Subjektbildungsprozesse* als spezifische Implikation von Außen- und Innenfaktoren sind systemtheoretisch nicht erfaßbar. Der Verzicht auf die Kategorie Subjekt wirft im übrigen auch ein Licht auf die Rolle der Ethik in der Systemtheorie. Theoretisch lassen sich nämlich Kategorien wie Interesse, Zweck, Gefühl, Schuld, Freiheit, Verantwortung, Tugend, Moral als "ceteris paribus" und unwirksam oder irrelevant für ein Modell definieren. Lebenspraktisch ist solches aber absurd; erst recht, wenn es um Erziehung und Bildung geht. Für eine Theorie, die lebenspraktische Organisationsformen, Handlungs- und Reflexionsmuster in demokratischen Gesellschaften ohne Rekurs auf die Idee des Subjekts erklären will, gilt gleiches.

Insgesamt läßt sich konstatieren, daß systemtheoretische Ansätze geradezu in radikalem Gegensatz zu allen Ansätzen stehen, die nicht auf die Idee des Subjekts bzw. deren Thematisierung verzichten. Zugespitzt formuliert ließe sich daher fragen, ob eine *systemtheoretische Erziehungswissenschaft* nicht widersinnig ist, weil damit Erziehungswissenschaft ihre zentrale Idee, die Subjektbildung, aufgibt.

In der Wirtschaftspädagogik haben – zum Teil in kritischer Auseinandersetzung - speziell *Fingerle, Kell, Kutscha* und *Harney* die systemtheoretische Position aufgegriffen.

4.5.4 Die Empirische Erziehungswissenschaft

Schon in den zwanziger Jahren unseres Jahrhunderts hat die erkenntnistheoretische Frage danach, wie zu objektiven Erkenntnissen zu gelangen sei, die Erziehungswissenschaft beschäftigt. Von einer empirischen Wissenschaftsrichtung kann aber erst seit den 70er Jahren gesprochen werden. Die Entwicklung geht hier im wesentlichen von zwei Erziehungswissenschaftlern aus, nämlich Wolfgang Brezinka und Heinrich Roth. Wolfgang Brezinka veröffentlicht 1971 sein Buch »Von der Pädagogik zur Erziehungswissenschaft« (vgl. Brezinka 1971) und gibt damit den Anstoß für weitere Diskussionen um die Frage, ob man zwischen Erziehungsphilosophie, praktischer Pädagogik und Erziehungswissenschaft im engeren und eigentlichen Sinne unterscheiden müsse. In Anlehnung an den kritischen Rationalismus habe die Erziehungswissenschaft streng erfahrungswissenschaftlich zu arbeiten und ins Zentrum ihrer Tätigkeit die Methodologie, d.h. die Überprüfung von Hypothesenbildung und Theorien auf ihre logische Stimmigkeit, zu stellen. Für die Praxis seien die gewonnenen Erkenntnisse prognostisch zu verwenden. Die Erziehungswissenschaft habe sich auf die Erhebung und Darstellung von Tatsachen zu beschränken, erkenntnistheoretische Kritik zu leisten und sich aller Unterordnung unter normative Zwecke zu enthalten.

Zwischenzeitlich ist an der strengen Variante empirischer Wissenschaft vielfach Kritik geübt worden. Sie bezog sich vor allen Dingen auf die Notwendigkeit, makrosoziologische und auch politologische Bezugsrahmen zu berücksichtigen und den Verwendungszusammenhang der Ergebnisse zu reflektieren. Ferner wurde darauf hingewiesen, daß unterschiedliche Wissensformen, wie z.B. Forschungswissen (methodologisches Wissen), Professions- bzw. Praxiswissen und philosophische Grundlagenreflexion, nicht zu voneinander abgegrenzten Wissenschaftsbereichen führen müsse. Insofern hat sich auch der Anspruch relativiert, auf einer wissenschaftlichen Forschungsmethode eine ganze Wissenschaftsrichtung gründen zu wollen.

Ein ganz anderer Impuls zur Entwicklung der empirischen Erziehungswissenschaft - oder besser der verstärkten Nutzung empirischer Verfahren - ging von Heinrich Roth (1906-1983) aus. Roth war u.a. Vorsitzender der Planungsgruppe für Bildungsforschung des Deutschen Bildungsrates und somit stark in bildungspolitischen Fragen involviert. Es war seine Erkenntnis, daß Bildungspolitik, wenn sie von einem breiten Konsens getragen werden solle, der Abstützung durch empirische Forschung bedürfe. Diese habe gesellschaftliche Rahmenbedingungen einzubeziehen. Schon in seiner Göttinger Antrittsvorlesung »Zur realistischen Wendung in der pädagogischen Forschung« hatte Roth den Ausbau erfahrungswissenschaftlicher Methoden und damit das Programm der »realistischen Wendung« gefordert. Dabei ging es Roth noch um etwas anderes. Er wollte der Gefahr eines Zerfalls der Pädagogik in eine Vielzahl von Einzelwissenschaften entgegenwirken. Dazu mußte das Verhältnis von Theorie und Praxis neu bestimmt werden. Roth strebte dies durch eine interdisziplinäre Integration von Erkenntnissen aus unterschiedlichen Wissenschaften vom Menschen an. Im Zentrum stand die Frage nach der Bildsamkeit und ihren vor allem gesellschaftlichen Determinanten. Hermeneutische und empirische Verfahren schlossen einander nicht aus, sondern waren objekt- und zielbezogen zu kombinieren. Prototypisch für diesen Forschungsansatz, der das Theorie-Praxis-Verhältnis in eine dialektische Balance brachte, war der vom Bildungsrat herausgegebene Band »Begabung und Lernen« (vgl. Roth 1968).

Seitens der Wirtschaftspädagogik lassen sich in unterschiedlicher Ausprägung vor allem *Frank Achtenhagen, Klaus Beck, Helmut Heid, Volker Krumm, Hermann G. Ebner* und *Jürgen Zabeck* der empirischen Erziehungswissenschaft zurechnen.

4.5.5 Resümee: Streit um "Wahrheit"

Auch wenn der Streit um den Wahrheitsanspruch der wissenschaftlichen Aussagen geisteswissenschaftlicher, kritischer und empirischer Erziehungswissenschaft heute andere Erscheinungsformen aufweist, so ist es doch wichtig, sich ihn genau vor Augen zu führen, weil das erkenntnistheoretische Problem ein grundsätzliches ist.

 Die theoretische Kernfrage lautet, ob es möglich ist, ein wissenschaftliches Aussagesystem zu formulieren, das mehr als einem logischen Wahrheitsanspruch genügt und damit statt einen differentiellen einen integralen Wahrheitsbegriff benutzt. Auch das Problem der Enge oder Weite des Wahrheitsbegriffs und seiner Anwendbarkeit in Alltags- und Wissenschaftssprache zieht sich übrigens seit Jahrhunderten durch die Geschichte der Philosophie.

Das klassische Problem der Subjekt-Objekt-Dialektik, demzufolge es keine einfache Übereinstimmung von Sache, Erkenntnis und Aussage gibt, wurde bereits im 13. Jahrhundert vom bedeutendsten Philosophen des Mittelalters, nämlich von Thomas von Aquin, formuliert. Für ihn ist Wahrheit die angemessene Übereinstimmung von Sache und Einsicht. Dieser Sicht kommt man auch nahe, wenn man statt vom Wahrheitsbegriff vom Begriff der Wirklichkeit ausgeht und sich vor Augen hält, daß Wirklichkeit weder eine vorgegebene, selbständige sprachunabhängige Objektwelt ist, noch lediglich auf einer Setzung des Subjektes beruht. Wirklichkeit ist vielmehr ein Geschehenszusammenhang, in dem sich Objekt und Subjekt gegenseitig bedingen. Aus dieser dialektischen Sicht heraus gilt für Thomas von Aquin Wahrheit als dialektische Einheit von Sache und Einsicht.

 Logische Wahrheit, d.h. ein Satz, der aufgrund seiner logischen Form wahr ist, hat daher einen eingeschränkten Geltungsradius. Er trifft für die Logik eines Aussagen- bzw. Theoriesystems zu. Er kann aber nicht als wissenschaftliche Wahrheit gelten bzw. den Wahrheitsgehalt wissenschaftlicher Aussagen steigern, da er erkenntnisleitende Interessen und daraus resultierende Schneidungen des Objektbereiches als wahrheitsrelevante Faktoren ausklammert.

Text zur Vertiefung und zur Diskussion

Über halbierte Vernunft

"Ein weiteres Bündel von Einwänden bezieht sich schließlich auf das sogenannte Werturteilsproblem und darauf, daß die »positivistische« Wissenschaftskonzeption die »Vernunft halbiere« (vgl. Habermas 1976), insofern es das Normenproblem nicht lösen könne oder wolle (vgl. Albert/Topitsch 1971). Die kritisierte Forderung nach Werturteilsfreiheit dürfte weniger Anstoß erregen, wenn drei Probleme unterschieden werden:

Fortsetzung nächste Seite

4.5 Zuordnung der Wirtschaftspädagogik zu Theorie-Richtungen 141

Gehören Werturteile zum *Gegenstand*, zum *Inhalt* oder zur *Grundlage* der erfahrungswissenschaftlichen Forschungspraxis? Zum *Gegenstand* können sie gehören, wie eine Vielzahl von Untersuchungen zeigt, die sich mit »Erziehungszielen«, »Lehrplänen«, »Einstellungen«, »Interessen«, »Werturteilen«, »Ideologien«, ... beschäftigen. Als *Grundlage* sind sie unumgänglich. Für ein Wissenschaftsprogramm entscheidet sich ein Forscher, und seine Forschungspraxis ist durchtränkt von seinen Vorentscheidungen, von den Entscheidungen, die er im Lichte seines Erkenntnisprogramms trifft.

Zu den Grundentscheidungen des kritisch-rationalen Erkenntnisprogramms gehört die Formulierung wissenschaftlicher Aussagen, die an nichts anderem zu orientieren seien als an dem Wert Wahrheit. Andere Werte werden mit dieser Entscheidung ausgeschlossen, und sie sind tatsächlich ausschließbar. Sie gehören also nicht zum *Inhalt* der Aussagen, nicht zur Objekt-Sprache. Die nichtwissenschaftlichen Interessen, die eine Untersuchung veranlaßten, oder die Verwertungsinteressen an ihr brauchen sich nicht in den wissenschaftlichen Aussagen zu spiegeln; und sie sollen es nicht, denn die Vermischung der regulativen Idee der Wahrheit und anderen regulativen Ideen zerstört sowohl die »Wahrheit« wie die »Gesinnung«."

Quelle: Krumm, Volker: (1995) Kritisch-rationale Erziehungswissenschaft. S.151 f.

Theorien und und Theoriebildung innerhalb der Wirtschaftspädagogik

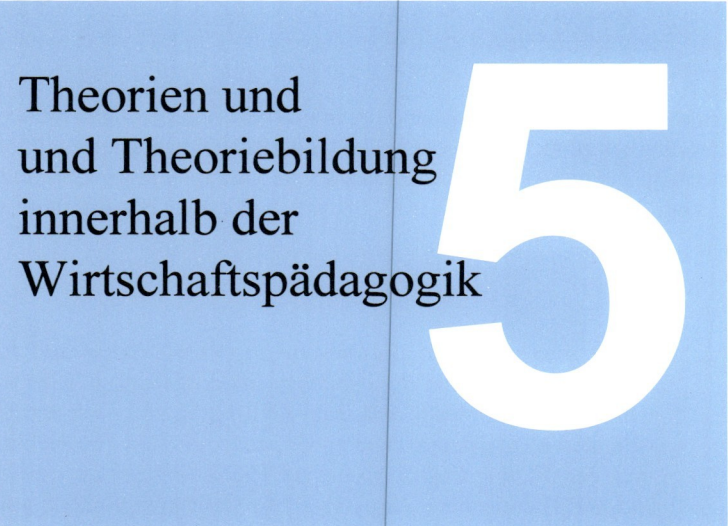

5.1 Die »klassischen« Berufsbildungstheorien

5.1.1 Die Allgemeine Problematik: Legitimation von Berufsausbildung als Bildung

Das Thema »*Berufs*bildungstheorie« beinhaltet - so paradox es klingen mag - kein speziell berufsbezogenes, sondern ein *allgemeines* erziehungswissenschaftliches Problem. Es liegt in der ungelösten Schwierigkeit, das Verhältnis von Allgemeinbildung und Berufsbildung bildungspolitisch konsensual zu bestimmen.

Alle Lehr- und Lernprozesse haben zwei Doppelpole auszutarieren:

(1) Generelle Anwendung von Kenntnissen, Fertigkeiten und Verhaltensweisen sowie
 Qualifizierung für gesellschaftliche Kontexte und
(2) Entwicklung und Entfaltung der je individuellen Potentiale sowie
 Sozialisation entsprechend den jeweiligen gesellschaftlichen Gruppen.

Die pädagogische und zugleich gesellschaftspolitische Schwierigkeit, die sich dabei stellt, liegt in der Gewichtung und in der Frage, worin sich die je allgemeinen und besonderen Ziele konkretisieren. Zumal kein allgemeines Ziel losgelöst vom besonderen erfahrbar ist. Ästhetische und technische Bildung z.B. lassen sich zwar allgemein definieren, aber didaktisch nur konkret realisieren.

Für die beruflichen Schulen handelte es sich bei der generellen Problematik ursprünglich zunächst um eine bildungspolitische Frage. Die neue "berufsfachlich orientierte Fortbildungsschule" zu Anfang unseres Jahrhunderts, später die "Berufsschule", war als öffentliche Schule zu legitimieren.

Ulrich Herrmann umreißt die generelle Problematik wie folgt: (vgl. Herrmann 1975,24):

"Fragt man nach dem *Zusammenhang von Bildung und Beruf, Allgemeinbildung und Berufsbildung* in der die industrielle Gesellschaft bestimmenden technischen Zivilisation und nach der Reflexion dieser Zusammenhänge in der pädagogischen Theoriebildung - von der Bildungstheorie bis hin zur Theorie der Schulorganisation und der Theorie des Lehrplans - , so stößt man zumeist auf die »klassischen« Beiträge der zwanziger Jahre (Aloys Fischer, Georg Kerschensteiner, Eduard Spranger), ohne daß in der Regel noch begründet würde, worin denn die »Klassizität« dieser Beiträge zu sehen wäre."

Daneben werde lediglich in Exkursen darauf verwiesen, daß schon ältere Pädagogen, aber auch Philosophen, Soziologen und Gesellschaftskritiker das Problem behandelt hätten. Mit anderen Worten: eine neuere oder moderne »Berufsbildungstheorie« scheint es nicht zu geben. Wohl aber gibt es immer noch das Problem, das Herrmann zu Anfang seines Zitates benennt.

Wer sind die Klassiker?

Zu den sogenannten Klassikern der Berufsbildungstheorie werden in der wirtschafts- und berufspädagogischen Literatur neben Georg Kerschensteiner (1854-1932), Eduard Spranger (1882-1963) und Aloys Fischer (1880-1937) aus den 20er Jahren häufig auch noch Theodor Litt (1880-1962) und Fritz Blättner (1891-1981) mit Publikationen aus der Zeit nach dem Zweiten Weltkrieg gerechnet.

Die Klassiker bilden jedoch keine geschlossene Gruppe.

Georg Kerschensteiner und Eduard Spranger sind zwar befreundet gewesen und stehen beide der Kulturphilosophie nahe. Kerschensteiner hat aber keine Theorie im eigentlichen Sinne entwickelt und Spranger dachte primär von der Philosophie denn von der Pädagogik aus.

Aloys Fischers Ausgangsüberlegungen kreisen um diejenige Gruppe von Menschen, die Kerschensteiner aus dem Blick läßt, nämlich die Industriearbeiter und deren Lebens- und Arbeitsbedingungen.

Litts Ausführungen stehen bildungspolitisch nicht im Kontext der Berufsschule. Sie zielen auf die Öffnung der allgemeinbildenden Schulen gegenüber Wirtschaft, Technik und Beruf.

5.1.2 Konkrete Ausformungen der »klassischen« Berufsbildungstheorie

Die Version Georg Kerschensteiners

Bei Kerschensteiner ging es im Grunde um ein politisches Legitimationsproblem. Die fachlich orientierte Fortbildungsschule bedurfte der Anerkennung als öffentliche Schule im Verantwortungsbereich der Kommunen. Dies verlangte den Beweis, daß diese Schulen im Dienste allgemeiner Menschenbildung standen und nicht überwiegend Fachschulen mit partikularen utilitaristischen Interessen waren. Diese Legitimation war dem Münchner Schulrat Georg Kerschensteiner in einem ersten Schritt mit einer 1901 veröffentlichten Abhandlung gelungen. Die königliche Akademie gemeinnütziger Wissenschaften zu Erfurt hatte folgende Preisfrage gestellt:

Foto: Kerschensteiner

"Wie ist unsere männliche Jugend von der Entlassung aus der Volksschule bis zum Eintritt in den Heeresdienst am zweckmäßigsten für die bürgerliche Gesellschaft zu erziehen?"

Kerschensteiners preisgekrönte Antwort hierauf lautete: durch Berufserziehung.

Kerschensteiner forderte, aus psychologischen Gründen an den Interessen der Jugendlichen anzusetzen. So wirke das Berufsinteresse deshalb besonders stark als Lebensinteresse, weil darüber die soziale Integration verlaufe. Von daher ließe sich unmittelbar folgern, daß ein Bildungsweg, der mittels Berufserziehung die Entwicklung von Sachlichkeit, Werktreue und Freude am vollendeten Werk in den Mittelpunkt stelle, unmittelbar zum Staatsinteresse führe. "Im Schaffen des Werkes lassen sich Dutzende, ja Hunderte von Händen und Köpfen zu gemeinsamem Tun vereinigen. Im gemeinsamen Tun aber, soweit es nur auf freiem Willensentschluß aufgebaut ist, findet der Gemeinsinn seine beste Nahrung. Hier entwickelt sich das Verständnis für Ordnung der Gemeinschaft, für Unterordnung, Überordnung und Einordnung. Hier sind die Möglichkeiten gegeben, moralische Einsichten und Interessen in moralische Handlungen umzusetzen" (Kerschensteiner 1929,96).

"Wahre Arbeitsgemeinschaft ist über dies Gemeinschaft an einem »Werk«, am besten an einem Werk zum Nutzen der eigenen oder einer fremden Gemeinschaft, die ihrerseits wieder mit der eigenen in Wechselbeziehung steht." "Die Staatsgesinnung liegt in der Verlängerung des Weges zur Gemeinschaftsgesinnung. Denn Gemeinschaftsgesinnung und Staatsgesinnung sind Ordnungsgesinnungen. Sie bedeuten nicht nur Verständnis, sondern auch Wille zur Einfügung und Unterordnung unter das große Wertganze, herausgewachsen aus der Wertschätzung der gemeinsamen Güter" (Kerschensteiner 1929,96).

Das Bildungs- oder besser Erziehungsziel, das sichtbar wird, läßt sich auf die Formel "Sittlichkeit durch Werktreue, Freude an der Vollendung eines Werkes, Gemeinsinn und Unterordnung" kennzeichnen. Verkürzt könnte man auch die Formel "Sittlichkeit ist Ordnungsbefolgung" benutzen. Das didaktische Medium, in dem dies realisiert werden sollte, war der Beruf, weil sich nach Auffassung Kerschensteiners hierin Eigeninteresse und Gemeinsinn, Lebens- und Staatsinteresse bündeln ließen.

 Kritische Argumente

Insofern Kerschensteiner als Begründer der Berufsschule gilt, wird unterstellt, daß seine "Berufsbildungstheorie" für alle Berufe gegolten habe. Kerschensteiner bezieht sie aber ausdrücklich auf die technischen Fach- und Berufsschulen bzw. auf die "Berufsschulen für Handarbeiter" (Kerschensteiner 1929,96).

Es wird leicht ersichtlich, daß Kerschensteiner von einem noch stark ständisch geprägten Gesellschaftsbild aus gedacht hat. Der ständische Handwerksbetrieb war ja in der Tat eine Einheit von Arbeits- und privater Lebenswelt wie zugleich Teileinheit des gesellschaftlichen Ordnungsgefüges. Die Idee der Bildung ist aber ein Ergebnis der Aufklärung bzw. der Freisetzung des ständischen Ordnungsgefüges. War in diesem der Beruf in der Tat das Konstitutionsprinzip individueller und kollektiver Subjektentwicklung, so ist das Problem der Vergesellschaftung der Individuen spätestens mit der Entwicklung der großen Industrie und der damit einhergehenden Verstädterung neu zu lösen. Es stellt sich als Bildungsproblem, das mehr umfaßt als Erziehung zur Unter- und Einordnung in bestehende Verhältnisse, denen als Ordnungselemente absolute Wertigkeit zugeschrieben wird. Über Arbeitstugenden hinaus ist die Entwicklung und Entfaltung des Humanpotentials für Kerschensteiner kein Thema. Insofern sind seine Überlegungen an einem reduzierten Menschenbild ausgerichtet. Die Kerschensteiner-Forschung (vgl. Stratmann 1988 und 1999; Müllges 1969) hat inzwischen belegt, daß die Entwicklung der Berufsschule obrigkeitsstaatliche Räson und mittelständische sowie kommunale Interessen kostengünstig verband, und daß die »Berufsbildungstheorie« die mitgelieferte Rechtfertigungslehre war.

Methodologisch bedarf es keines besonderen Beweises, daß es sich zudem bei der »Berufsbildungstheorie« Kerschensteiners nicht um eine Theorie gehandelt hat (vgl. Kapitel vier). Am ehesten dürfte das Urteil angemessen sein, daß es um eine liberale Variation obrigkeitsstaatlicher Moralerziehung ging, bei der die normsetzende Instanz als versachlichte, nämlich via Arbeitstugenden und Werkerfordernissen (Sachzwängen) wirkte.

Die Version Eduard Sprangers

Sprangers Bildungsverständnis

Eduard Spranger beleuchtet den Zusammenhang von Bildung und Beruf von einer ganz anderen Seite als Kerschensteiner und schon eher in theoretischer Form. Spranger entwickelt eine kulturtheoretische Sozialpsychologie in wertorientierter pädagogischer Absicht.

Bildung, für Spranger ein kulturphilosophischer Begriff, sei die durch Kultureinflüsse erworbene, einheitliche und gegliederte, entwicklungsfähige Wesensformung des Individuums, die es zu objektiv wertvollen Kulturleistungen befähigt und für objektive Kulturwerte erlebnisfähig (einsichtig) macht (vgl. Spranger 1929,27), was für Spranger gleichzeitig leistungsfähig heißt. Zur Bildung gehört nach seiner Auffassung Individualität als der einem Menschen eigentümliche Aus-

Foto: Spranger

gangspunkt, Totalität als innere Geschlossenheit und Universalität als Wesensreichtum.

Das Erleben, die Erlebnisfähigkeit und das Umsetzen in Leistungen, die "objektive Kulturwerte" schaffen, sind nach Grundformen der Sinngebung und des Sinnerlebens unterschieden. Spranger nennt, unter Rückbezug auf sein Buch »Lebensformen«, sechs Grundformen der Sinngebung:

(1) die Erkenntnisakte, sie sind bezogen auf "das Wertgebiet" des Wissens;
(2) die ökonomisch-technischen Akte, bezogen auf die Nützlichkeitswerte;
(3) die ästhetischen Akte;
(4) die sozialen Akte, orientiert an den Gemeinschaftswerten;
(5) die Herrschaftsakte, orientiert an politischen Werten und
(6) die religiösen Akte.

Bilde man nun die Geistesakte des Menschen in ihrer Gesamtstruktur, so handele es sich um formale Allgemeinbildung. Hebe man im Bildungsverfahren einzelne Aktklassen hervor, so entstehe formale Spezialbildung; vorausgesetzt, der Gegenstand, über den die Bildung angestrebt werde, sei ein beliebiger Übungsstoff. Liege der Wert in diesem Gegenstand selber, so handele es sich um materiale Bildung, die auch wieder in spezielle und allgemeine zu unterscheiden sei.

Die reale Möglichkeit einer allgemeinen materialen Bildung wird ausgeschieden, weil eine "persönlich sachliche Beherrschung aller Kulturgüter" Enzyklopädismus wäre.

Die Aufgaben der Berufsschule nach Spranger

Da "die Bildung des Individuums nur durch jene Kulturgüter ermöglicht [wird], deren geistige Struktur ganz oder teilweise der Struktur der jeweiligen Entwicklungsstufe der individuellen Lebensform adäquat ist" (Spranger 1929,35), und da ferner "Bildungsideale nicht nur Produkte eines seelischen Vollkommenheitsstrebens [sind], sondern ... aus der Verknüpfung von historisch bestimmten Menschheitsidealen und spezialisierten Kulturforderungen mit den Bedingungen [erwachsen], die in der zugehörigen Seelenstruktur vorausgesetzt werden können" (Spranger 1929,37), bestehe für die Berufsschule die Aufgabe, "*charakteristische und geschlossene Bildungstypen*" herauszuarbeiten, über die der innere und der äußere (soziologische) Beruf zur Übereinstimmung gebracht werden können. Dies sei nicht nur über literarisch-ästhetische und wissenschaftliche Bildungs-

5.1 Die »klassischen« Berufsbildungstheorien

güter möglich und nötig; diese würden die "gestaltenden praktischen Kräfte" außer acht lassen. Erst die Berufsschule biete die Möglichkeit, über die "Spezialisierung der theoretischen Veranlagung" hinaus zu gelangen, und zwar durch Berufskunde, Bürgerkunde und Lebenskunde. Durch sie würden erlangt: 1. materiale Spezialbildung, "und zwar unter der Herrschaft ganz bestimmter, von der Kultur geforderter Teilleistungen. Der Vorwurf banausischer Geistesart, der diesen Schulformen von Nichtkennern oft genug gemacht wird, wäre berechtigt, wenn sie sich tatsächlich auf eine solche »Abrichtung« für bestimmte und begrenzte Berufsleistungen beschränken wollten. In diesem Sinne sind Berufsschulen heute noch so verwerflich, wie sie W.v. Humboldt im Grunde erschienen. Aber es versteht sich von selbst, daß sie über die direkten Berufsbedürfnisse hinaus 2. auch formale Berufsbildung erstreben. Darunter verstehe ich die Gesamtheit der grundlegenden Fertigkeiten, Charaktereigenschaften und Geisteskräfte, die in der betreffenden Gruppe nahe verwandter Berufe vorauszusetzen sind. Auf diese Weise wird Freiheit gegenüber der einzelnen, oft ganz mechanischen Berufsleistung erzielt, innere Anpassungsfähigkeit und Umstellungsbereitschaft erhalten, der Geist für Neuerfindungen geschärft und die schöpferische Seite des Menschen geweckt. Zu dieser formalen Berufsbildung rechne ich auch die Entfaltung eines spezifischen Berufsethos, wie es früher Gilden, Zünfte und Innungen durchwaltet hat, und schließlich die Belegung des allgemeinen Berufsethos, vermöge dessen der einzelne Berufsarbeiter sich als dienendes Glied der Gesellschaft fühlt und in diesem sittlichen Dienst am Ganzen sein eigenes Wesen erhöht und geadelt findet. - Es versteht sich also auch das andere von selbst, daß die Berufsschulen von der inhaltlichen und formalen Berufsbildung aus 3. zur allgemeinen Menschenbildung im Sinne einer breiten Kulturbildung hinstreben. Was die grundlegende Bildung in der Volksschule oder in der Unter- und der Mittelstufe der höheren Schulen formal vorbereitet hat, kann nun allmählich seine inhaltliche Erfüllung finden" (Spranger 1929,38 f.).

 Mögliche kritische Argumente

Zwar läßt sich auch Sprangers "Berufsbildungstheorie" lediglich als normative Pädagogik charakterisieren (vgl. Müllges 1967; Hufnagel 1982). Dennoch weist sie unseres Erachtens dort über bloße Normativität hinaus, wo sie - was erforderlich ist - in Sprangers Kultur- bzw. Geist*philosophie* eingestellt wird. In Sprangers berühmten Aufsatz »Berufsbildung und Allgemeinbildung« zitiert er nicht nur ausführlich Kerschensteiner, sondern verweist auch ausdrücklich auf sein Buch »Lebensformen«. Dieses trägt den Untertitel: Geisteswissenschaftliche Psychologie und Ethik der Persönlichkeit. Die Pädagogik ist für Spranger keine Anwendungslehre von Philosophie, wohl aber das philosophisch immer mitzubedenkende Konkretisierungsmoment. Dieser Konkretisierung kommt man dann genauer auf die Spur, wenn man Sprangers Idee einer Verschränkung von Allgemeinbildung und Berufsbildung nach zwei Seiten hin betrachtet, nämlich nach Prämissen und Folgerungen.

Spranger sieht drei Stufen oder Stadien des Bildungsgeschehens. Nach der grundlegenden Bildung, die sich in allen Schultypen verwirklichen ließe, folge die berufliche Bildung, die speziell der Realisierung der individuellen Sinnrichtung diene. Die dritte Stufe diene sozusagen als Intensivierung des zweiten Stadiums, der Erschließung des Allgemeinen über das Berufliche.

Der schulpolitische und curriculare Schulversuch einer Integration von Berufsbildung und Allgemeinbildung, wie ihn das Kollegstufenmodell von Nordrhein-Westfalen darstellt, kann als moderne Form gesehen werden, Sprangers dritte Stufe der Bildung zu realisieren. Auch die Forschungen zur Exemplarik haben belegt, daß Allgemeinbildung, von Spezialbildung ausgehend, möglich ist, wenn dies denn die Zielstellung ist.

Als problematisch sehen wir heute die zweite Stufe an. Sie basiert unlösbar auf Sprangers Gedanken der sogenannten Resubjektivierung der geistigen Gehalte von Kulturgütern im Aufbau des normativen Bewußtseins der Individuen. Kulturgüter sind nach Spranger zugleich Wertgebiete der Kultur. Die Pädagogik hat die nach Sprangers Auffassung bestehende Analogie zwischen der geistig-seelischen Disposition der Individuen und den Werten und Normen des jeweiligen Kulturgebietes zur Entfaltung zu bringen. Spranger spricht von den Forderungen der Kultur bzw. der Aufgabe, "geschlossene und charakteristische Bildungstypen herauszuarbeiten" (Spranger 1929,37). Auch wenn Spranger das Hinstreben zu einer breiten Kulturbildung im Sinne der formalen Bildung betont, so trennt er doch eindeutig nach gelehrter Bildung für die "theoretisch gerichteten Köpfe" und den verschiedenartigen, um die Berufskunde gruppierten nicht gelehrten Bildungstypen (vgl. Spranger 1929,38). Gebildet wird sozusagen ein Berufsmensch, und zwar, wie bei Kerschensteiner, durch dienendes Berufsethos. Eine breite, auch materiale Bildung, Aufklärung und Reflexionsfähigkeit, Befähigung zu aktiver Verantwortung und zu demokratischem Diskurs, wie sie in einer pluralistischen, wissenschaftlich ausgerichteten demokratischen Gesellschaft erforderlich ist, kann nach Sprangers Konzept nicht realisiert werden. Es entsprach dies auch nicht seinen Intentionen.

5.1 Die »klassischen« Berufsbildungstheorien

Sprangers und Kerschensteiners Vorstellungen von der Bedeutung eines Wertordnungszusammenhangs wurden fatalerweise in die Volksgemeinschaftsideologie des Nationalsozialismus übernommen und auf die Facharbeiterausbildung übertragen.

Nach dem Zweiten Weltkrieg haben vor allem die Wirtschaftspädagogen Friedrich Schlieper (1897-1981) und Karl Abraham (1904-1990), sowie in seinen älteren Schriften Fritz Blättner (1891-1981) den Ordogedanken Kerschensteiners und Sprangers wieder aufgegriffen und fortgeführt. Dieser wurde jedoch schon mit Beginn der 60er Jahre obsolet, als die heraufziehende Automatisierung unwiderruflich deutlich machte, daß weder die Arbeitsstrukturen noch die veränderten Lebenswelten es länger erlaubten, primär den Beruf zum Angelpunkt der Persönlichkeitsentwicklung und der staatsbürgerlichen Bildung zu machen.

Text zur Diskussion der Zeitgemäßheit

Über das Weiblichkeitsideal

"Ein junges Mädchen finde etwa ihre höchste triebhafte Bestimmung in der Sorge für den künftigen Erwählten und für ihre Kinder. Sie braucht aber als Mutter und Hausfrau nicht nur eine Fülle von Wissen über zweckmäßige Ernährung, Kleidung, über Gesundheitspflege und Erziehung, sondern auch wirtschaftlichen Sinn, Schönheitssinn und Fähigkeit zur Menschenbehandlung. Darüber hinaus aber muß sie sich ihrer Verantwortung am Volksganzen bewußt sein, sozial wirken, politisch mitarbeiten und zuletzt in das Leben so viel Andacht und Sammlung hineintragen, daß sie vielen zum Ruhepunkt und zur Festigung wird. Das liegt nicht alles von Natur in ihr, wenigstens nicht als bewußte Lebensrichtung, sondern es wird ihr unter dem Einfluß eines gesellschaftlich-historischen Frauenideals als Norm entgegengehalten und in ihr zur Entwicklung gebracht."

(Quelle: Spranger 1929,37)

Text zur Diskussion der Zeitgemäßheit

Über natürliche berufliche Begabung

"Ein junger Mann zeige eine hervorragende technische Begabung der Art, daß er praktische Konstruktionsprobleme in konkreten Fällen ausgezeichnet zu lösen weiß. Er scheint zum Techniker vorausbestimmt. Trotzdem wird er in seinem Bildungsgang erhebliche Klippen zu überwinden haben, für die er vielleicht nicht das gleiche Maß natürlicher Begabung mitbringt. Zunächst schon innerhalb der Grenzen seiner Berufsbildung: Er muß Mathematik lernen, er muß die Aufwendungen für Material und Arbeitslohn kalkulieren und Buchführung lernen; er muß Materialkunde treiben - dies alles und mehr liegt überwiegend auf intellektuellem Gebiet. Er muß auch auf Ausstattung, d.h. auf die ästhetische Seite seiner Produkte achten. Dazu kommt dann für die Arbeitsgemeinschaft die Forderung der Menschenkenntnis und Menschenleitung. Er muß organisieren können. - Und allmählich erweitert sich der Kreis über die Bildung zum arbeitsteiligen Beruf hinaus in allgemeine Kulturkunde: Er muß etwas vom volkswirtschaftlichen Leben überhaupt, von Staat, Recht und Gesellschaftsbildung verstehen. Er muß den Fortschritt der Wissenschaften mindestens soweit verfolgen, als sie eine Hauptaufgabe berühren. Er muß an Selbstverwaltungsaufgaben teilnehmen können. Er muß zuletzt auch die geistigen Mittel erwerben, um von seiner Lebenswirklichkeit aus zu einer Lebensanschauung zu gelangen, die nicht bloß ein Schatten seiner selbst ist, sondern ihn mit dem Gesamtleben ringsum geistig verbindet und ihn zu einer persönlichen Weltanschauung befähigt. Dies aber ist nur möglich, wenn jene praktischen Nützlichkeitswerte, von denen er ausging, einem höheren und umfassenderen Wertesystem eingegliedert werden."

(Quelle: Spranger 1929,37)

5.1 Die »klassischen« Berufsbildungstheorien

Die Version Aloys Fischers

Aloys Fischers Ansatz geht von den Bedingungen der Industriearbeit und der damit verbundenen Entfremdung aus, derzufolge nicht die Arbeit selbst der Sinn des Tuns ist, sondern die mittels des Lohnes realisierten Güter.

Was speziell die wirtschaftsbezogene Bildung betrifft, so sieht Fischer die Notwendigkeit, die Wirtschafts- und Sozialwissenschaften didaktisch für die Fachschulen wie für die allgemeinbildenden Schulen aufzubereiten. Die Frage, ob der Beruf diejenige Kategorie sei, mittels derer in den Berufsschulen allgemeine Bildung erlangt werden könne, wird von Fischer verneint. An die Stelle der Berufsarbeit sei die Erwerbsarbeit getreten und als Berufsmensch sei der Mensch nur Fachmensch, Teilmensch, Spezialist. Als Ausweg aus dieser Reduktion sieht Fischer die "Erneuerung des Humanismus". Dieser realisiert sich in der Einsicht und in den Fähigkeiten, "der Herr, der Bestimmungsgrund, der Schöpfer aller Sachen und Ordnungen" zu sein, nicht vor den Verhältnissen zu kapitulieren, sondern sie aus einem Gesamtverständnis von Mensch und Welt, d.h. auf der Basis von "Weltanschauung" zu gestalten. Ein Gesamtverständnis von Mensch und Welt zu erlangen, das ist für Fischer der Gedanke des Berufs. Nur so verstanden, könne der Berufsgedanke das Prinzip der didaktischen Gestaltung der Berufsschule sein, wenn diese Berufsbildung erreichen wolle.

Foto: Fischer

Im Gegensatz zu Kerschensteiners und Sprangers Ansatz ist derjenige Fischers weit weniger rezipiert worden. Fischer vertrat eine soziologisch fundierte gesellschaftskritische Position. Er fokussierte die zukünftige Entwicklung der Industriegesellschaft und nahm vom ständisch geprägten Leitbild des Berufes Abstand. Damit stand er notgedrungen im Gegensatz zu den Interessen des Handwerks und des Kleingewerbes.

Sprangers und Kerschensteiners Einfluß sind auch darauf zurückzuführen, daß sie als Münchner Stadtschulrat bzw. als preußischer Kultusminister einen größeren Wirkungsradius hatten. Auch haben sie sich wechselseitig zitiert und so ihre Positionen gestärkt. Von Spranger schließlich wissen wir, mit welcher Entschiedenheit er wissenschaftlich Andersdenkende attackierte (vgl. Flitner 1998, 889 ff.).

Text zur Diskussion der Zeitgemäßheit

"Ökonomische Kategorien beherrschen heute alles und alle. Man muß es aus dieser uneingeschränkten Vorherrschaft des Ökonomismus in Denkhaltung und Lebenseinstellung der Gegenwart verstehen, wenn auch der Mensch und seine Bildung dem Geltungs- und Machtbereich der Wirtschaft unterworfen werden. Der Mensch verliert dabei seine Würde, wird Ware, mit diesem oder jenem meist nicht hohen Preis, er gilt soviel wie er besitzt oder kostet, gilt - nur scheinbar paradox - um so mehr, je *mehr* er besitzt und je *weniger* er kostet; seine Erziehung und Bildung wird nicht mehr als Selbstwert schlechthin, als erhabene Aufgabe und Pflicht gesehen, sondern als Geschäft, das, nach dem Prinzip der Ökonomie, dem des kleinsten Kraftmaßes, so wenig wie möglich kosten und sich so hoch wie möglich rentieren soll. Besonders das Erziehungswesen, d.h. die organisierten Einrichtungen für Erziehung und Bildung des Nachwuchses, vorab die Schulen, werden in der öffentlichen Meinung immer nackter von ökonomischen Gesichtspunkten aus betrachtet, kritisiert, gewertet."

(Quelle: Fischer, Aloys: Wirtschaft und Schule - in: Röhrs 1963,35.)

Die Version Fritz Blättners

Foto: Blättner

Auch für Fritz Blättner ist, wie man vor allen Dingen in seinen Aufsätzen »Über die Berufserziehung des Industriearbeiters« (vgl. Blättner 1954) und »Die Aufgaben der Berufsschule« (vgl. Blättner 1960) lesen kann, der Beruf als Medium von Bildung fragwürdig geworden.

Zu den Aufgaben einer pädagogischen Theorie der Bildung durch Beruf führt Blättner aus:

"Es ist zu untersuchen:

1. ob der »*Beruf*« im *Stadium des Erlernens* geistig-sittliche Ansprüche stellt, die in erzieherischen Akten der Unterstützung vertieft und begriffen werden können,

5.1 Die »klassischen« Berufsbildungstheorien

2. ob die *mitmenschlichen Bezüge* zu Mitarbeitern, Vorgesetzten, Betrieb und Gewerkschaft den Ansatz abgeben für die Klärung und Entwicklung sozialethischer Einsichten,
3. ob die *Mobilität der Berufe* noch Erziehung zu *einem* Beruf empfiehlt oder ob nicht gleich mehrere »Berufe«, Spezialtätigkeiten mindestens anzubieten sind,
4. ob dem jungen Menschen aus seinen Berufs- und Betriebserfahrungen heraus ein *Bild der modernen Industriegesellschaft* in ihren politischen und sozialen Zusammenhängen gegeben werden kann,
5. welche Lebenshilfen dem jungen Menschen für sein *geselliges Leben*, sein Verhältnis zu Gott, den Geschlechtern, zu Eltern und Freunden gegeben werden müssen,
6. wie der junge Mensch in den Stand gesetzt werden kann, das Angebot ("Konsum") von »Vergnügen« sinnvoll zu benutzen,
7. ob und mit welchen Mitteln die Berufsschule zur Bildung durch Beruf beitragen kann." (Blättner 1960,18)

Blättner sieht, zusammengefaßt, "vier Aufgaben der Berufsschule:

1. Eine humanistische, eine Bildungsaufgabe,
2. eine realistische,
3. eine politische und
4. eine religiöse" (Blättner 1960,29).

Die Lösung dieser Aufgaben in nur einem Drittel der Zeit, welche den Gymnasien zur Verfügung steht, sieht Blättner in der Exemplarik. Dabei muß man anmerken, daß er die wissenschaftspropädeutische Bildung nicht zu den Aufgaben der Berufsschule zählt.

Die Version Theodor Litts

Foto: Litt

Litt wird deshalb zu den Klassikern der »Berufsbildungstheorie« gerechnet, weil er ganz in der Nähe der Kulturphilosophie stehend, Technik und Wirtschaft als Kultur- und Wertbereiche betrachtet und damit für bildend hält. Dies mag mit dem folgenden Zitat verdeutlicht werden: "Wenn man der humanen Bildung den Auftrag erteilt, ein »Gegengewicht« zu bilden zu den Einflüssen der organisierten Arbeitswelt, dann versetzt man diese in die Stellung eines zu Paralysierenden, eines durch Gegenmaßnahmen nach Möglichkeit

Mattzusetzenden, und das heißt: man spricht ihr das Vermögen ab, zur Bildung der Humanität das Ihre hinzuzutun. Daß der fragliche Ausdruck diese Wertabstufung in sich schließt, das wird durch den Umstand bewiesen, daß man nicht daran denkt, das Verhältnis auch einmal umzukehren und die Teilnahme am Arbeitsleben als das »Gegengewicht« anzusprechen, durch welches der Hang zu ästhetischer Abschließung und bindungslosem Selbstgenuß paralysiert werde" (Litt 1964,89 f.).

5.1.3 Ablösung und Modernisierung der klassischen Positionen zur »Berufsbildungstheorie«

Übergänge und Zäsuren

Insofern mit dem Thema »Berufsbildungstheorie« ein allgemeines pädagogisches Problem angesprochen ist, läßt sich das, was als Klassik gilt, zeitlich nicht exakt abgrenzen. Dies mag z.b. daran deutlich werden, daß Sprangers erstmals 1914 erschienenes Werk »Lebensformen« im Jahre 1966 in der neunten unveränderten Auflage erscheint. Ähnlich auch seine »Psychologie des Jugendalters«, welche 1979 in 29. Auflage herausgegeben wird. Dies trotz der Tatsache, daß Spranger so gut wie ausschließlich von Mittelschicht-Jugendlichen ausgeht und die Milieus bzw. Lebenswelten sich zwischenzeitlich grundlegend verschoben hatten. Nicht zuletzt ist zu bedenken, daß es 1979 eine erhebliche Anzahl neuerer empirischer Studien zur Jugendforschung gab, aus denen eine andere Sicht abzuleiten war (vgl. z.B. Schelsky 1975; Jaide 1978 und 1988; Richter 1979;).

Trotz aller Schwierigkeiten, zeitlich exakt abzugrenzen, läßt sich die Zeit Mitte der 60er Jahre als wichtige theoriegeschichtliche und das Jahr 1969 als politische Zäsur bezeichnen. Die wichtigsten historischen Veränderungen sind in Abb. 5.1 zusammengestellt.

In der allgemeinen Pädagogik verzeichnen wir Anfang der 60er Jahre die realistische Wendung hin zur Empirie. In der Wirtschafts- und Berufspädagogik erscheinen zwei Arbeiten, welche analog zur realistischen Wendung in der allgemeinen Erziehungswissenschaft einen wissenschaftstheoretischen Streit auslösen. Er beinhaltet die Berufsbildungstheorie und Probleme der Angemessenheit historischer und empirischer Forschungsansätze. Es handelt sich um die Schriften »Das Berufsproblem im gewerblichen Ausbildungs- und Schulwesen Deutschlands« (vgl. Abel 1963) und »Berufsbildung und Utilitarismus - Problemgeschichtliche Untersuchungen« (vgl. Blankertz 1963).

5.1 Die »klassischen« Berufsbildungstheorien

Reform- gutachten:	Deutscher Ausschuß für das Erziehungs- und Bildungswesen: Gutachten über das berufliche Ausbildungs- und Schulwesen mit der Frage, ob Bildungstheorie als Berufsbildungstheorie möglich ist. Gutachten des Deutschen Bildungsrates: Strukturplan für das Bildungswesen mit der Frage der Integration von Allgemeinbildung und Berufsbildung.
Realistische Wendung:	Hinwendung der Erziehungswissenschaft zur Empirie und zur Soziologie.
Theoretische Kontroverse:	Zwischen Herwig Blankertz und Heinrich Abel über gesellschaftlich konkrete Lösungsmöglichkeiten des Verhältnisses von Allgemeinbildung und Berufsbildung und die Frage, ob Wirtschafts- und Berufspädagogik ohne Bildungsbegriff auskommen könne.
Gesetze:	Berufsbildungsgesetz von 1969
Modell- Versuch:	Von Herwig Blankertz initiierter Flächenmodellversuch "Kollegstufenmodell in Nordrhein-Westfalen"

Abb. 5.1: Historisch wichtige Veränderungen ab 1960

Angesichts der tiefgreifenden Veränderungen, vor welche das Duale System der beruflichen Ausbildung und damit auch die Wirtschafts- und Berufspädagogik gestellt sind, halten wir es für wichtig, die theoretische Kontroverse zwischen Blankertz und Abel genauer zu betrachten. War doch die Theoriediskussion aufs engste mit den gesellschaftlichen Konstellationen verknüpft.

Blankertz ging es um eine geschichtliche Aufarbeitung der Bildungsidee unter besonderer Berücksichtigung des Verhältnisses von Allgemeinbildung und Berufsbildung oder besser: von Bildung und utilitaristischer Qualifikation. Blankertz' Resümee lief darauf hinaus, daß die Berufsschule bildungstheoretisch auf neuhumanistischem Boden stehe (vgl. Blankertz 1963,107), d.h. allgemeine Menschenbildung vermittle. Insofern verlangten weder der Berufsbegriff noch die »Berufsbildungstheorie« nach einer kritischen Erörterung.
Gerade diesem Ziel des kritischen Hinterfragens widmet sich *Abels* Schrift. Sie ist eine empirische Arbeit, welche die Probleme Berufstreue, Berufswechsel und Berufsbewußtsein mit dem Ziel behandelt, das Verhältnis von

Berufsdenken und Berufswirklichkeit zu klären und in erziehungswissenschaftlicher Absicht zu einer Realdefinition der Begriffe Arbeit und Beruf zu gelangen. Abel plädiert für ein "Durchdenken des gesamten Erziehungsganges unter Berücksichtigung des Berufsprinzips, ... denn der Beruf hat in unserer Gesellschaft eine ökonomische, auf die Existenzsicherung, eine soziale, auf die gesellschaftliche Ordnung, und eine ethische, auf die Sinngebung der Arbeit gerichtete Funktion. Das Berufsprinzip konkretisiert sich bei der Erziehung des Nachwuchses in Berufsausbildung und Bildung" (Abel 1963,3). Aufgrund des ökonomisch induzierten technischen Wandels sei als Beruf - ein Abstraktum im Gegensatz zur konkreten Arbeit - nurmehr die zum Bewußtsein gekommene Lebensaufgabe zu verstehen.

 "Die berufliche Ausbildung kann die geforderte Humanisierung der Arbeit allein nicht bewirken, auch Bildung ist kein Zaubermittel zur Rettung des Menschen" (Abel 1963,196). Diese Grenze sei zu respektieren, wenn die Berufspädagogik keine Legenden vorspiegeln wolle.

Speziell an dieser Auffassung entzündet sich der oben erwähnte Streit.

Letztlich geht es darum, ob die moderne Erziehungswissenschaft und damit auch die Wirtschafts- und Berufspädagogik ohne den Bildungsbegriff und ohne Bildungstheorie auskommen könne. Konkret handelt es sich darum, wie sich der Bildungsbegriff zur Frage einer epochal übergreifenden Ethik, zur Urteilsfähigkeit, Autonomie und sozialen Gestaltungsfähigkeit der Menschen verhält und wie sich dies im Curriculum niederschlagen kann (vgl. Lange 1975).

Im Mittelpunkt steht zunächst die Kritik an dem *Reformgutachten des Deutschen Ausschusses für das Erziehungs- und Bildungswesen* über das berufliche Ausbildungs- und Schulwesen von 1964 (vgl. Deutscher Ausschuß 1966) und die Frage, ob Bildungstheorie als »Berufsbildungstheorie« möglich ist.

Zwischen Abel und Blankertz wird die Diskussion nicht zu Ende geführt, denn Abel stirbt 1965.

Die neue historische Situation ab 1969

Die neue Situation ist zunächst durch vier bildungspolitische Ereignisse gekennzeichnet:

(1) 1969 tritt das Berufsbildungsgesetz in Kraft.

5.1 Die »klassischen« Berufsbildungstheorien

(2) 1970 verabschiedet der Deutsche Bildungsrat den Strukturplan für das Bildungswesen.

(3) Mit dem Berufsbildungsgesetz erhält das Duale System politische Stabilität und gesellschaftliche Akzeptanz. Wissenschaftlich flankieren es die Forschungen des Bundesinstituts für Berufsbildung.

(4) Der Frage der Integration von Berufsbildung und Allgemeinbildung, die den Reformideen des Bildungsrates zugrunde lag, wird in einem großen Modellversuch nachgegangen, dem "Kollegstufenmodell Nordrhein-Westfalen" (vgl. Darstellung im Anhang).

Der Strukturplan verlangte im Rahmen seiner Ausführungen zur Sekundarstufe II, daß auch in der beruflichen Schule der mittlere Abschluß und das Abitur erreicht werden können. Neben der Verbesserung der Lehre plädiert er für die Errichtung beruflicher Schulzentren und Versuche mit Integrationsformen von beruflichen Schulen und gymnasialen Oberstufen. Auf dem Gebiet der Bildungsforschung regt er die Curriculumforschung an. Sie soll sich mit dem Problem der Vereinheitlichung beruflicher Lehrinhalte, der Erneuerung traditioneller allgemeiner Lehrinhalte und einer neuartigen Entwicklung allgemeiner Lehrinhalte aus praxisbezogenen Lehrgebieten befassen. Außerdem sei eine arbeitsanalytisch fundierte Berufsforschung und Berufsprognose mit dem Ziel zu betreiben, die Lehrinhalte zu objektivieren und exemplarische Curricula zu konstruieren (vgl. Deutscher Bildungsrat 1970,196).

Der Streit um die »Berufsbildungstheorie« erhält durch das Kollegstufenmodell eine curriculumtheoretische Wendung und wird indirekt weitergeführt. Verknüpft mit den Fragen nach Chancengleichheit, Partizipation und Bildung als Bürgerrecht geht es um den im Strukturplan geforderten Anschluß der Berufsausbildung an den Erwerb der Hochschulreife bzw. an die Studierfähigkeit. Ein Thema übrigens, das Anfang der 90er Jahre mit der sogenannten Gleichwertigkeitsdebatte erneut Brisanz gewinnt. Gestritten wird über Zugangsmöglichkeiten zum Studium ohne Abitur (vgl. Bremer u.a. 1993; Husemann u.a. 1995).

Die moderne Berufsbildungsforschung

Nach der Verabschiedung des Berufsbildungsgesetzes braucht die Berufsbildung nicht mehr unter dem Legitimationsaspekt der klassischen Berufsbildungstheorie behandelt zu werden. Trotz der Bedeutung der Betriebe gilt Berufsausbildung als öffentliche Aufgabe, und das Berufsbildungsgesetz hat alleine durch seine Benennung den Bildungsgedanken gesetzlich verankert. Die Forschung kann sich nun ohne ideologischen Zwang Sachproblemen und methodologischen Fragen zuwenden.

 Berufsbildungsforschung untersucht die Bedingungen, Abläufe und Folgen des Erwerbs fachlicher Qualifikationen sowie individueller und sozialer Einstellungen und Orientierungen, die für den Vollzug beruflich organisierter Arbeitsprozesse bedeutsam erscheinen. Durchgängig ist dabei das Verhältnis von ökonomischer und personaler Entwicklung zu berücksichtigen. Speziell sind Fragen der Entwicklungs- bzw. Lernprozesse des Individuums in ihrer gesellschaftlichen, ökonomischen und technischen Bedingtheit zu klären.

So formulierte es sinngemäß 1990 die Denkschrift der Deutschen Forschungsgemeinschaft (DFG) über "Berufsbildungsforschung an den Hochschulen der Bundesrepublik Deutschland". An ihr haben Vertreter der Wirtschafts- und Berufspädagogik, der Psychologie, der Soziologie, der Wirtschaftswissenschaften und der Ingenieurwissenschaften mitgearbeitet (vgl. Deutsche Forschungsgemeinschaft 1990,Vorwort).

Ab Mitte der 70er Jahre erhalten fünf Forschungsstränge besonderes Gewicht:

(1) Historische Erforschung der Berufsbildung unter dem Gesichtspunkt gesellschaftlicher Modernisierungsprozesse;
(2) Sozialisationsforschung und Moralerziehung;
(3) systembezogene Reflexion;
(4) Subjektbildungstheorie und Didaktik;
(5) wissenschaftstheoretische Selbstreflexion.

5.2 Theorieansätze zur Moralerziehung

5.2.1 Die allgemeine Problematik: Gesellschaftliche Funktion von Moral

Parallel zum Beginn des gesellschaftlichen Strukturwandels in den 70er Jahren zeigt sich eine intensive öffentliche Diskussion über den Wertewandel (vgl. Kmieciak 1977 und Klages 1979). Sie findet auch in den Erziehungswissenschaften ihren Niederschlag. Die Rezeption Kohlbergs und die deutschen Studien über die Entwicklung der moralischen Urteilsfähigkeit stellen eine Variante dieser Diskussion dar.

5.2 Theorieansätze zur Moralerziehung

Es ist die Korrelation von Moral und Gesellschaft und die Funktion der Moral als Garant sozialer Ordnung und Integration, aus der ganz unmittelbar die pädagogische Relevanz der Moralthematik für alle ihre Praxisfelder resultiert. Dies gilt unabhängig davon, welche Variante des Moralbegriffs gewählt wird.

- Moral ist der Mechanismus der gesellschaftlichen Integration (Durkheim 1977);
- Moral ist internalisiertes System kultureller Werte und Normen (Parsons 1982);
- Moral ist ein eigenständiger kognitiver Komplex des Urteilens (Kohlberg 1995);
- Moral ist reflexives Verhältnis zur Alltagspraxis (Bergmann 1998);
- Moral ist innere Realität (Gewissen);
- Moral ist kommunikative Konstruktionsleistung (Coulter 1979).

Abb. 5.2: Beispiele für Moralbegriffe

 Insgesamt läßt sich formulieren: Moral beinhaltet gesellschaftlich verfaßte oder kommunikativ hergestellte Formen und Grade der Achtung bzw. Wertschätzung von Personen, Sachen und Natur und daraus abzuleitende Handlungskonsequenzen.

Aus dieser Definition wird ersichtlich, daß jegliche Berufsarbeit moralische Maßstäbe impliziert. Der Begriff "Berufsethos" belegt dies ganz unmittelbar.

Die gesellschaftswissenschaftliche Diskussion kreist heute darum, ob Moral als sozialer Regulator noch brauchbar ist, oder ob sich in hochdifferenzierten Gesellschaften Gruppen- und Sondermoralen sowie autonomisierte individuelle Gewissensmoralen entwickeln. Hieran schließt sich das Problem an, ob ein solches Auseinanderfallen verschiedener Moralanschauungen zu einer Desintegration der Gesellschaft führen muß, wenn nicht andere Ordnungsgefüge und Mechanismen an die Stelle der allgemeinen Moral treten. Es wird auch von einem Gestaltwandel der Moral gesprochen (vgl. Bergmann 1998,79). Als Formen einer möglichen neuen sozialen Gestalt der Moral gelten:

- in Verfassungen formulierte Grundrechte;
- zunehmende Verrechtlichung aller Lebensbereiche;
- kommunikatives Aushandeln von Werten und Normen zwischen den Akteuren gesellschaftlicher Handlungskontexte.

Speziell in multi-kulturellen Handlungszusammenhängen, einschließlich internationaler Wirtschaftsbeziehungen, sind Aushandlungen von großer Bedeutung. Dies gilt aber grundsätzlich bei hoher und anhaltender Dynamik des Strukturwandels unter den Bedingungen von Demokratie und Rechtsstaatlichkeit. Autonomie, Bildung und Qualifikation sowie Partizipation gewähren hier den Akteuren die jeweils situative Modifikation geltenden Rechts sowie das Ausfüllen von Freiräumen.

 Die Befähigung zu normen- und wertbezogenem Diskurs und diesbezüglicher Gestaltung stellt sich folglich als allgemeine und als spezielle Bildungsaufgabe dar.

Die Forschungsfragen in Abb. 5.3 sind auch aus wirtschaftspädagogischer Perspektive zentral. Wir haben sie als Auswahlkriterium für die Vorstellung von wirtschaftspädagogischen Positionen gewählt. Unter diesen Gesichtspunkten werden im folgenden zwei wirtschaftspädagogische Ansätze vorgestellt.

Welches ist die Substanz und welches sind die Objektbereiche moralischer Entscheidungen?

Welche Konflikte sind zu lösen oder zu überbrücken?

Welche Formen der Verfaßtheit von Moral lassen sich in den verschiedenen Bereichen der Gesellschaft finden?

Gibt es besondere zeitliche, örtliche und soziale Bedingungen der Realisierung?

Welche sozialen und methodischen Kompetenzen erfordert moralische Kommunikation?

Was hat eine Didaktik der Moralerziehung in Qualifizierungsprozessen zu beachten?

Abb. 5.3: Forschungsfragen "Moralerziehung"

5.2.2 Der wirtschaftsethische Ansatz von Klaus Beck

Zum Radius ökonomischer Moral

Becks Ansatz (vgl. Beck 1996) geht von der Diskussion um die Sinnorientierung ökonomischen Handelns aus, wie sie insbesondere bei Zabeck erörtert wird (vgl. z.B. Zabeck 1991). Danach entsteht im ausgehenden 18. Jahrhundert ein Legitimationsproblem für das wirtschaftliche Handeln, insofern die betriebliche und individuelle ökonomische Rationalität nicht mehr mit der Ethik einer allgemeinen gesellschaftlichen Versorgungsleistung übereinstimmte.

Foto: Beck

Man kann dieser Auffassung insofern widersprechen, als es bereits im Mittelalter intensive Auseinandersetzungen über das Verhältnis gesamtgesellschaftlicher und privater ökonomischer Moral und speziell Konflikte zwischen Kirche und Kaufleuten über die Entstehung und Verwendung von Reichtum gab (vgl. Le Goff 1993). Das muß hier aber nicht ausgeführt werden. Wesentlich ist lediglich, daß die Legitimation einer ausschließlich der privaten Aneignung dienenden Gewinnmaximierung und die Verallgemeinerung des privaten Vorteilsprinzips seit J.S. Mill (1806-1873) bis heute hin als ethisches Problem in der Philosophie, Ökonomie und Politik diskutiert wird.

Beck sieht in den kritischen Positionen einen Versuch, "... die Ökonomie in ihre Schranken zu weisen - ein Vorhaben, dessen theoretische und praktische Bewältigung an der Moralisierung der Wirtschaftssubjekte" ansetzen wolle.

"Gegen den Ökonomismus, den kalten Egoismus des *homo oeconomicus* als methodologischer Leitfigur der Wirtschaftswissenschaften und seine Inkarnation in der Wirtschaft als eines skrupellosen Gewinnmaximierers, soll ein Programm in Stellung gebracht werden, in dessen Zentrum die Idee des moralisch motivierten, seiner gesellschaftlichen Verantwortung bewußten und daher gewissermaßen ethisch geläuterten Wirtschaftssubjekts steht. Betrachtet man die Dinge in dieser Weise, so ist schwerlich zu leugnen, daß alle derartigen Versuche, Ethik und Ökonomik miteinander zu versöhnen, zum Scheitern verurteilt sind, weil sie letztlich stets darauf hinaus laufen, das *ökonomische* Prinzip (Egoismus, Hedonismus, Opportunismus) an einem *ethischen* Prinzip (Altruismus, Gemeinwohl, Vertragstreue) zu brechen" (Beck 1996,126).

Nach Becks Auffassung und derjenigen von Homann, an die er sich stark anlehnt (vgl. Homann 1988), bleiben Ethik und Ökonomie unversöhnbar, wenn es nicht gelingt, ein spezifisches Konzept "moralökonomischer Wirtschaftsethik" zu entwickeln (vgl. Beck 1996,127).

Die konkrete Ausformung des Ansatzes von Beck

Beck fordert, daß eine wirtschaftsethische Bildungstheorie moralische Regeln mit genuin ökonomischen Argumenten zu begründen und umgekehrt ökonomische Maximen als Ausdruck ethischer Vernunftüberlegungen zu konzipieren habe. Konkret heißt das, moralische Regeln als soziale Vereinbarungen zu begreifen, die Handlungsspielräume eröffnen, dadurch Freiheit gewähren und zudem, indem sie den Aufwand für immer erneute Aushandlungen und Entscheidungen minimieren, den ökonomischen Nutzen maximieren. Ökonomische Maximen sind daher nach Beck, insofern sie soziale Vereinbarungen darstellen, per se moralisch.

Im Gegensatz zur traditionalen personalen Pflichtenethik, wie sie in der Berufsmoral zum Ausdruck komme, entlaste die Betriebsmoral als Ensemble institutionalisierter Regeln die einzelnen Individuen. "Den Auszubildenden und (späteren) Berufstätigen bieten diese betriebsmoralischen Normen Entlastung vom ethischen Reflektieren jeder einzelnen Berufshandlung und zugleich einen Zulässigkeitsrahmen, auf dessen moralische Integrität sie prinzipiell vertrauen dürfen" (Beck 1996,128). Die institutionalisierte Betriebsmoral bahne dem professionellen ökonomischen Handeln einen existenzsichernden Weg. Er verlaufe zwischen der Gefahr einer Anarchie, die dann gegeben sei, wenn jeder einzeln entscheiden müsse, weil Berufsmoral und universalistische Ethik gekoppelt seien, und dem anderen Extrem, einer "göttlichen Herrschaft (regnum divinum)" ohne Fehl und Tadel (vgl. Beck 1996,133).

Mit der moralischen Rehabilitierung des der Ökonomik innewohnenden rationalen Eigeninteresses öffnen sich nach Beck Wege für die Didaktik. Diese steht unter dem obersten Gebot, Vertrauen in den Zulässigkeitsrahmen und die moralische Integrität der Betriebsmoral zu erwecken und zugleich ein eigeninteressiertes rationales Verhalten als Zielvorgabe anzuerkennen. Im einzelnen gehören dazu: die Motivation zur Regelbefolgung bzw. Regeltreue gegenüber der Betriebsmoral; die Förderung von Reflexionskompetenz, die befähigt, sich mit problematisch gewordenen Regeln der Betriebsmoral im Sinne des marktwirtschaftlichen Gesamtkonzeptes auseinanderzusetzen; die Entwicklung einer Kompetenz zur betriebsratio-

5.2 Theorieansätze zur Moralerziehung

nalen Analyse von vorgeschlagenen Regeln zwecks Ausgleichs von Regeldefiziten; die Förderung einer Segmentierung der personalen Moralität, um in der Lage zu sein, je nach Lebens- und Systemwelt unterschiedliche Moralen anzuwenden.

Die moralische Segmentierung sei eine Anpassungsleistung an die immer facettenreicher werdende gesellschaftliche Differenzierung. Da die Identität sich nicht als Summe unterschiedlicher Bereichsmoralitäten herstellen läßt, sei daran zu denken, sie auf der Ebene der Kenntnis und Reflexion moralischer Systeme (Metakognition) anzusiedeln.

Mit Hilfe seines Segmentierungsansatzes versucht Beck, den historischen Grundkonflikt aller arbeitsteiligen Gesellschaften aufzulösen. Historisch stehen sich als konfliktuös gegenüber: einerseits die Prinzipien des persönlichen Glücks und des individuellen Utilitarismus, denen die Ökonomie folgt, andererseits diejenigen Vorstellungen von Moral und Ethik, die das gemeinsame Ganze, die Wohlfahrt, eine kollektive Ethik oder wie Plato es ausdrückte, die "beste Polis" mit den Vorstellungen von Moral verbinden.

Historisch ist dieser Grundkonflikt durch Ideenstreite, aber auch durch Machtkämpfe verbunden mit Ideologien, durch sozialen Druck und durch Strukturveränderungen sowie damit einhergehenden Wertewandel epochenspezifisch unterschiedlich gelöst, oder zumindest ruhig gestellt worden. Individuell hängt die Konfliktlösung von der Urteilsfähigkeit und von der inneren und äußeren Freiheit oder Unfreiheit der Menschen ab. Das Spektrum der Lösungsmöglichkeiten reicht von der Märtyrerschaft über Bürgerrechtskämpfe bis zum Mitläufertum und zum Opportunismus; im Extrem bis zu einer Aufspaltung der Moral, wie sie uns in den einstigen KZ-Schergen entgegentritt, die im Privatbereich fürsorgliche Menschen sein konnten.

Becks Lösung des Konfliktes erfolgt u.a. über drei Gleichsetzungen:

(1) Moral wird als ökonomisch im Sinne des ökonomischen Prinzips definiert. In Anwendung des Umkehrschlusses gelangt er dann zu der Auffassung, Ökonomie könne grundsätzlich nicht unmoralisch sein.
(2) Den unterschiedlichen System- und Lebensbereichen wird das Recht auf unterschiedliche Moralen zugestanden.
(3) Als übergeordnete Moral wird kodifiziertes Recht anerkannt.

Mögliche kritische Argumente

Hält man die von Beck vorgeschlagene Segmentierung psychologisch für möglich, dann lassen sich berufliche Ausbildung und politische Bildung didaktisch nur nebeneinander, nicht aber verschränkt (wie z.B. bei Kerschensteiner) realisieren. Der Anschluß an Spranger wird dagegen insofern problemlos möglich, als die Kulturphilosophie eine gesellschaftlich segmentierende Wertbereichstheorie ist. Innerhalb der "Segmente" kann aufgrund des Postulates der reflektierten Regelbildung (Beck sprach ursprünglich von Regelgehorsam) (vgl. Beck 1996,139) durchaus ein Konformitätsdruck entstehen. Dieser könnte aber aufgrund der zunehmenden Individualisierung und Multikulturalität unserer Gesellschaft ein Problem verursachen. Gesellschaftlich und pädagogisch läge es in der Schwierigkeit, eine Basisidentität zu finden, welche dazu verhilft, innere Gruppenkonflikte (ebenso wie innere nationale Konflikte) zu lösen.

Anders als Beck erachten wir es nicht als problemlos, daß Identität als einheitsstiftendes Moment der Persönlichkeit entfällt und sich die Individuen in eine Vielzahl von bereichsspezifischen Identitäten aufspalten.

In diesem Zusammenhang sind wir mit der Tatsache konfrontiert, daß es das neue Krankheitsbild der "multiplen Persönlichkeit" gibt. Diese Krankheit ist deshalb behandlungsbedürftig, weil durch extreme Schübe der Persönlichkeitswandlung die Menschen nicht mehr arbeitsfähig bzw. in ihren Lebenswelten nicht mehr orientierungsfähig sind.

Wir verfügen bislang auch nicht über historische Erfahrungen darüber, ob sich gesellschaftliche Moral bzw. die Moral der (öffentlichen) Systemwelt und die Moral der (privaten) Lebenswelt restlos segmentieren lassen. Die Frage nach den eventuellen Folgewirkungen, insbesondere bei zunehmender Globalisierung, muß daher auch eine mögliche Eskalation von Machtkämpfen, Aggression und Destruktion bedenken, die aus Geltungsansprüchen unterschiedlicher Moral entstehen kann, wenn nicht Toleranz, Liberalität und Kompromißfähigkeit dominierende Werte werden.

5.2.3 Der moralphilosophische Ansatz von Manfred Horlebein

Ausgangsfragen

Horlebein geht davon aus, daß pädagogische Aussagensysteme häufig auf Menschenbildern beruhen, die ihrerseits auf die Anthropologie zurückgreifen. Anthropologie gelte weithin als Basis ethischer Reflexion, denn sie verstehe sich als Lehre von der Stellung des Menschen in der Welt und den daraus abzuleitenden Folgewirkungen in der Mensch-Natur-Dialektik. Die Erziehungsverantwortung habe nach Horlebein zunächst an der Erziehungsbedürftigkeit anzusetzen, man könnte auch sagen, am Reproduktionserfordernis von Mensch und Gesellschaft. Aufgrund der jeweils herrschenden Leitbilder sei Erziehung immer durch Moral bzw. Religion durchzogen. Die Erziehungsbedürftigkeit zeigt sich nach Horlebein in sechs anthropologischen Dimensionen:

Foto: Horlebein

(1) Leibliche Dimension;
(2) Affektive Dimension;
(3) Kognitive Dimension;
(4) Sprachliche Dimension;
(5) Soziale Dimension;
(6) Geschichtliche Dimension.

Wege zum ethischen Mininalkonsens

Die Dimensionen der Erziehungsbedürftigkeit werden in unterschiedlichen wissenschaftlichen Ansätzen jeweils verschieden ausdifferenziert. Für Horlebein ergibt sich daraus die Forschungsfrage, "ob sich konsistente Fundierungsmöglichkeiten für die divergierenden Moralkonzepte der pädagogischen Anthropologie finden lassen" (Horlebein 1998,8). Möglichkeiten für einen begründbaren ethischen Minimalkonsens arbeitet Horlebein einerseits im Anschluß an die Ethik des Philosophen Nicolai Hartmann von 1935 heraus, andererseits durch Analysen der Ethik-Lehrpläne der Bundesländer Baden-Württemberg, Bayern und Rheinland-Pfalz.

Autor/Phase	MC DOUGALL	DEWEY	AUSUBEL	PIAGET	HAVINGHURST/PEDE	CRONBACH	KOHLBERG
1	ungelerntes angelerntes Instinktverhalten	biologische Bedürfnisse und Gefühle	Vorsatellitenstatus	naiver Realismus; äußerliche Regelnachahmung	amoralisch	Wunsch nach emotionaler Sicherheit und Anerkennung	Strafe und Gehorsam
2	Verhalten auf dem Niveau von Belohnung und Strafe	Anpassung an die Gruppe	Satellitenstatus	Regeln als absolute Autorität	egozentrisch-militaristisch	zunehmend rationale Handlungsführung	"Do ut des" - Ich gebe, damit Du gibst
3	Verhalten nach gesellschaftlicher Anerkennung	eigene Verantwortlichkeit	Entsatellisierungsprozeß	Regeln als Vereinbarungen	Konformität und Anpassung	Erfahrung von Konflikten	Wunsch nach Anerkennung, goldene Regel
4	Verhalten auf der Basis von Altruismus			eigene Regelsetzung, gegenseitige Vereinbarungen	irrational-gewissensbezogene Prinzipienmoral	bewußt formulierte ethische Prinzipien	Anerkennung konventioneller Regeln (Recht und Gesetz)
5					Rationalität und bewußt altruistische Einstellung		Gesellschaftsvertrag, Gemeinwohl
6							ethische Prinzipien

Abb. 5.4: Phasenschemata zur moralischen Entwicklung (Quelle: Horlebein 1998,326)

5.2 Theorieansätze zur Moralerziehung

Gleichzeitig weist er darauf hin, daß die moralische Entwicklung sich in Phasen entwickelt, daß es aber den Lehrenden überlassen bleibt, nach welchem Phasenschema sie sich orientieren (vgl hierzu die Abb. 5.4). Die professionelle Entscheidung der Lehrenden sei auch insofern herausgefordert, als eine Didaktik der Moralerziehung ständig den ethischen Diskurs zu verfolgen habe. Die von den verschiedenen Denkrichtungen angebotenen Begründungsverfahren für Normen und Werte seien im Unterricht offenzulegen und zu begründen. Auch legt Horlebein Wert auf die Integra-

INHALTLICH BEDINGTE GRUNDWERTE	SITTLICHE GRUNDWERTE	SPEZIELLE SITTLICHE WERTE
Wertfundamente (dem Subjekt anhaftend)	Das Gute	**Antike**
	Das Edle	Gerechtigkeit
		Weisheit
Leben	Die Fülle	Tapferkeit
Bewußtsein		Beherrschung
Tätigkeit	Die Reinheit	Aristotelische
Leiden		Tugenden
Kraft		
Willensfreiheit		**Christentum**
Providenz		
Zwecktätigkeit		Nächstenliebe
		Wahrhaftigkeit
Güterwerte		Zuverlässigkeit/Treue
		Vertrauen und Glaube
Dasein		Bescheidenheit,
Situation		Demut
Macht		Distanz
Glück		Werte des äußeren
speziellere Klasse		Umgangs
(z.B. Besitz, Familie,		
Recht, Wohlfahrt,		**"Neuere Wertschau"**
Wissen, Sprache)		
		Fernstenliebe
		Schenkende Tugend
		Persönlichkeit
		Persönliche Liebe

Abb. 5.5: Wertetafel der Ethik Hartmanns
(Quelle: Horlebein 1998,124)

tion der kognitiven und affektiven Dimension, die sich in der Moralerziehung verschränken. Auf die verschiedenen Ansätze der psychosozialen Entwicklung geht er ausführlich ein (vgl. Horlebein 1998,46 ff.). Die Moralerziehung ist zudem mit zwei weiteren Schwierigkeiten konfrontiert. Die eine liegt in der Integration von allgemeiner Moralerziehung und speziellen Belangen der Berufsorientierung, die andere liegt in der Verschränkung von Denken, Fühlen, Wollen und praktischer Einübung in moralisches Verhalten. Den letzten Aspekt, der sehr stark in die Praxis der Moralerziehung hineinreicht, behandelt Horlebein allerdings nicht. Wir verweisen hierzu auf die umfangreiche Studie von Monika Reemtsma-Theis von 1998.

Die Vielfalt der von Horlebein vorgenommenen Rückgriffe auf die Psychologie, Soziologie, Anthropologie und Ethik veranschaulicht die interdisziplinären Verflechtungen, denen sich die Wirtschaftspädagogik immer dann stellen muß, wenn die Bildungsfrage virulent wird. Dabei ist gleichgültig, ob ausdrücklich eine subjekttheoretische Position vertreten wird oder nicht.

Die Wertetafel der Ethik Hartmanns läßt sich, so fand Horlebein heraus, in einen didaktischen Bezugsrahmen für den Ethik-Unterricht bringen.

DIDAKTISCHE BEZUGSGRUNDLAGE		DIDAKTISCHE ZIELSTELLUNG
Ethischer Minimalkonsens, Wertimplikationen, Basiswerte	1	KENNTNIS ETHISCHER WERTE UND NORMEN
Differenzierungen von Werten, Wertpluralismus, Werthöhen	2	WERTDIFFERENZIERUNG
Wertbegründungen	3	ETHISCHES ARGUMENTIEREN
Wertimplementation	4	WERTVERGEWISSERUNG
Ethische Selbstreflexion	5	FINDEN VON ETHIKPOSITIONEN
Wertklärungsansatz	6	FINDEN VON WERTORIENTIERUNGEN

Abb. 5.6: Didaktischer Bezugsrahmen Ethikunterricht in Anlehnung an Horlebein (Quelle: Horlebein 1998,303)

5.2 Theorieansätze zur Moralerziehung

Der didaktische Bezugsrahmen ist mit folgenden Inhaltsdimensionen zu korrelieren:

Nr.	KATEGORIEN-BEZEICHNUNG	KATEGORIEN-BESCHREIBUNG	LEHRZIELBEISPIEL
1	WERTE UND NORMEN	Material bestimmte Werte und Normen im Sinn des ethischen Minimalkonsens, jedoch Werte, die eher Voraussetzungen für ethisches Handeln (z.B. Freiheit, Verantwortung) sind.	"Fähigkeit und Bereitschaft zu einem verantwortlichen Umgang mit der Wahrheit."
2	WERT-DIFFERENZIERUNGEN	Horizontale und vertikale Differenzierungen von Werten. Darstellung von Wertkonflikten und ihre Folgen (z.B. Schuld).	"Im Erkennen verschiedener Arten und Rangstufen von Werten wird den Schülern die große Bedeutung von Wertvorstellungen für ihr eigenes Handeln bewußt."
3	ETHISCHES ARGUMENTIEREN	Strategien ethischen Argumentierens. Auflösung von Wertkonflikten.	"Die Schüler erkennen die Merkmale und Voraussetzungen eines ethischen Diskurses."
4	WERT-VERGEWISSERUNG	Verinnerlichung von Werten/Gewissen.	"Bei den Jugendlichen wird die Bereitschaft gestärkt, an der Bildung des eigenen Gewissens zu arbeiten."
5	ETHIKPOSITIONEN	Positionen ethischen Denkens in Vergangenheit und Gegenwart.	"Kenntnis repräsentativer ethischer Systeme und Theorien."
6	WERT-ORIENTIERUNGEN	Sinnfragen der menschlichen Existenz, Lebensalter, Grenzsituationen, Vorbilder.	"Die Schüler gewinnen Einsicht in den Prozeß des Alterns [...] Sie entwickeln Verständnis für alte Menschen und deren Probleme."
7	RESTKATEGORIE		

Abb. 5.7: Beschreibung der Kategorien zur Erfassung der Inhaltsdimensionen der Lehrziele (Quelle: Horlebein 1998,304 f.)

5.3 Die arbeitsorientierte Subjektbildungstheorie von Lisop und Huisinga

5.3.1 Die historische Tradition des Subjektbildungs-Diskurses

Foto: Lisop

Seit der Aufklärung ist der Subjektbegriff Teil des Nachdenkens über Mensch und Gesellschaft, Erziehung und Bildung. Über alle Epochen sind dabei die Positionen konträr gewesen, wurde der Subjektbegriff - ebenso wie der Bildungsbegriff - befürwortet und infrage gestellt, demontiert und rekonstruiert.

Der Subjektbegriff gilt als ein reflexionstheoretischer. Sich in Wirklichkeitsbezügen als Subjekt identifizieren zu können, folgt nicht aus dem Wirklichkeitsbezug selbst, sondern ist Ergebnis von Wissen und Reflexionsfähigkeit, die erlernt werden müssen.

Foto: Huisinga

"In faktischen unreflektierten Wirklichkeitsbezügen, artikuliert sich das Subjekt nicht als Subjekt. Dies geschieht erst in der Reflexion, also dann, wenn man zu den faktischen Wirklichkeitsbezügen auf Distanz gegangen ist" (Anacker 1974,1445).

In der Regel wird nicht jede Handlung unseres Alltags- oder Berufslebens kritisch reflektiert. Dies geschieht nur dann, wenn Bedeutungen und Sinn fragwürdig geworden oder neu zu setzen sind. Das Subjekt ist insofern die Möglichkeitsbedingung autonomer und diskursiver Konfliktlösung. Solches freilich ist nur möglich, wenn ein gemeinsamer übergreifender Bedeutungszusammenhang hergestellt werden kann. Anders ausgedrückt: Wenn Vernunft und Moral gesellschaftliche Teilbereiche *und* gesellschaftliches Ganzes korrelieren.

In seiner Geschichte des Subjektbegriffs arbeitet Bürger (vgl. Bürger 1998) heraus, daß das Bewußtsein des Subjekts in allen Epochen als eines charakterisiert wurde, das sich zugleich auf sich selbst, das heißt auf das

5.3 Die arbeitsorientierte Subjektbildungstheorie

ideale Selbstbild wie auf das der Gesellschaft und der menschlichen Gattung bezog. Das Subjekt setzt Maßstäbe, und es bemißt an diesen.

Am weitesten wurde der Gedanke des Subjektseins als reflexive Vernunft in der Philosophie Kants (1724-1804) und Fichtes (1762-1814) ausdifferenziert. In der jüngeren Philosophie ist er durch die kritische Theorie der Frankfurter Schule, so insbesondere durch Habermas und Negt, aufgegriffen und durch die Ausdifferenzierung der Dialektik von Gesellschaftlichkeit und Individualität erweitert worden, speziell in den Studien zum autoritären Charakter (vgl. Adorno u.a.).

Die geschichtliche Realität und die Tatsache, daß Menschen nicht allmächtig und unfehlbar sind, daß sie Zustände der Verzweiflung, der Destruktivität, der Entsagung und des Rückzugs in die Einsamkeit kennen, hat neben der Subjektorientierung eine andere Linie in der Geschichte des europäischen Denkens entstehen lassen. Diese Strömung läßt sich als subjektverneinende oder subjektvermeidende bezeichnen. Matjan stellt sie in die Tradition fatalistischer Gesellschaftstheorie (vgl. Matjan 1998,324 ff.).

Setzen wir das Zeitalter der Aufklärung als Beginn der Moderne und damit des subjektbezogenen Denkens, dann sind bereits zu eben dieser Zeit Antipoden der Subjektorientierung zu nennen, und zwar die französischen Enzyklopädisten. Sie sehen die durch die Subjekte zu vertretene Vernunft im System der Wissenschaften repräsentiert, wodurch das Selbstdenken als "Probierstein der Wahrheit", wie Kant es ausdrückt, überflüssig werde (vgl. Anacker 1974,1443).

Die Tradition des subjektorientierten Denkens stellt also, um es zusammenfassend vor Augen zu rücken, nicht auf Autonomie und Reflexionsfähigkeit an sich ab; sie zielt vielmehr auf ein Bewußtsein aufgeklärter, tendenziell wissenschaftlicher und zugleich moralischer Weltsicht und gesellschaftlicher Gestaltung. Mensch und Gesellschaft werden als zugleich Gewordene, Abhängige, Eingebundende, in Potentialen und Möglichkeiten Begrenzte, wie als Gestaltende und Gestaltbare gesehen. Das Subjekt ist allerdings durchaus in Ambiguitäten und Polaritäten gestellt, die es wertend, entscheidend und handelnd überwinden muß, ohne dies restlos zu können.

Ambiguitäten und Konflikte gehören nach dieser Sicht zum Leben. Es sind Wissen und Können, Reflexivität und Arbeit, mit welchen die Menschen den Status des Objektseins, des bloßen Funktionierens überschreiten können.

Skeptische Denker - hierzu gehören z.B. in der Soziologie Arnold Gehlen, aber auch Niklas Luhmann -, vertreten demgegenüber die Auffassung, daß der Anspruch des Subjektseins die Individuen zu sehr belaste, und daß kritische Reflexion die Existenz der Institutionen gefährde. Zum Zwecke der Selbsterhaltung gesellschaftlicher Systeme sei daher nach Entlastungsmöglichkeiten für die Individuen zu suchen. Eine solche Entlastungsmöglichkeit liege darin, die jeweiligen Systemzusammenhänge rein systemstrategisch als Sinn der Selbsterhaltung und Reproduktion zu begreifen. Die Frage nach einer Entsprechung der jeweiligen Systemvernunft oder Moral mit Gesamtzusammenhängen entfalle, weil das System sich von diesen abgrenze. Diese Art der Sich-Selbst-Begründung, bei der das universale Vernunftinteresse zu einem partikularen reduziert wird, kennzeichnet Anacker aus der Sicht der Philosophie als eine "Immunisierung gegen Begründung" (Anacker 1974,1448).

Der Subjektbildungs-Diskurs ist in der Tat in seiner gesamten Geschichte, im Pro und im Contra, aufs engste mit Moralphilosophie und mit dem Problem der Vernunft verknüpft gewesen. So legen neuere sozialwissenschaftliche Studien nahe, deshalb nicht auf den Subjektbegriff zu verzichten, weil er für eine demokratische, sozial-integrative Gesellschaft unverzichtbar sei.

In seiner jüngsten Studie über Nutzen und Grenzen von Fachwissen, und das heißt zugleich über Handlungsmuster, Regelungen und Recht, arbeitet z.B. Hesse die Folgen der Vielfalt von Lebenslagen, Interessen und Idealen in der Dynamik des gegenwärtigen Strukturwandels heraus (vgl. Hesse 1998). Zu beobachten sei eine permanente Veränderung von Geltungsradien. Sie führe dazu, daß immer mehr über solche Geltungsradien verhandelt werde, wie sich nicht nur an den Bürgerbewegungen zeige, sondern z.b. auch daran, daß vor Beginn einer Strafverhandlung Verteidiger und Staatsanwaltschaft sich bereits über das Strafmaß "verständigen" (vgl. Hesse 1998,16). Für die mit der pluralen Gesellschaft einhergehende Pluralität der Rationalitätskonzepte sieht Hesse zwei mögliche Entwicklungen: Partikularisierung der Rationalitäten, Dogmatisierung und Konkurrenz bis hin zur Zuspitzung "heißer" Konflikte, oder eine Veränderung der Rationalitätskonzepte dahingehend, daß sie "weicher und offener" werden.

Zwar lebten wir in einer Kultur, in der Grenzziehungen als eine Voraussetzung für das Zusammenleben angesehen werden müßten, und das plötzliche Verschwinden von Grenzen und damit auch von Identität könne bedrohlich wirken. Dennoch zeige sich, daß es immer mehr darauf ankomme, durch Bildung, und darin eingeschlossen durch Reflexions- und Urteilsfähigkeit, die Grenzen zwischen Experten und Laien dadurch aufzuheben, daß Artikulations-, Diskurs- und Durchsetzungsfähigkeit auf der Basis von Ethisierung eine partizipative und demokratische Gestaltung der Gesellschaft ermöglichten (vgl. Hesse 1998,178 ff.).

5.3.2 Zum gegenwärtigen Subjektbildungs-Diskurs in der Erziehungswissenschaft

Der gegenwärtige Diskurs ist, wie der historische auch, sowohl durch Skepsis als auch durch Bejahung gegenüber Subjektbildung gekennzeichnet.
Skepsis kommt gegenwärtig insbesondere in den konstruktivistischen Ansätzen zum Ausdruck.
Welt wird im Konstruktivismus auf individuelle Erfahrungswirklichkeit reduziert. Der Beobachter als lebendes System wird zum Erzeuger von Wirklichkeit, was auch heißt, daß Sinn und Information lediglich individuell produziert werden. Der Bildungsbegriff dagegen verschränkt die Subjekt- und die Objektseite und zielt auf individuellen wie gesellschaftlich allgemeinen Sinn.

Strittige Fragen sind daher:

♦ Wie läßt sich bei nur individueller Produktion von Sinn und Wissen Kommunikation erklären, wie kommen Verständigungen zustande und wie lassen sich Selbstreferenz und Objektreferenz miteinander vermitteln? Mehr noch, wie entsteht Gesellschaft, wenn man, wie die Konstruktivisten, glaubt, die Subjekt-Objekt-Dialektik umgehen zu können?

♦ Gelingt es bei ausschließlich individueller Sinnproduktion überhaupt, Standpunkte außerhalb der eigenen Konstruktion zu finden, die Bedingungen der Konstruktion zu beobachten und zu reflektieren - oder wird dieses Problem irrelevant, weil es in der menschlichen Entwicklung angeblich nur um Reize und Reaktionen bzw. "Perturbationen" und "Systemreframing" geht?

Auch dort, wo der Subjekt- und der Bildungsbegriff für unverzichtbar gehalten werden, wird eingeräumt, daß die Möglichkeit der inhaltlichen Bestimmung eines einheitlichen Bildungsideals heute nicht mehr gegeben sei. Dennoch müßten die Fragen philosophisch belebt werden: worauf hin erzogen, »gebildet« werden soll, was überhaupt unter »Bildung« verstanden werden kann, worin der Sinn aller Bildungsbemühungen liegt, ob Leitbilder - im wörtlichen oder übertragenen Sinne - noch sichtbar gemacht werden können; in welchem geistigen Zusammenhang wie immer geartete Bildungsanstrengungen zu stellen sind und vor allem, worin das Mehr gegenüber zu erlernendem Anwendungswissen liege, wenn nicht nur in Moralerziehung bzw. Werteorientierung. Gerade der Mangel an allgemeinverbindlichen Aussagen mache das Nachdenken über Bildung unerläßlich (vgl. Böhme 1976,5).

Obwohl es, wie bereits erwähnt, weder einen einheitlichen Bildungsbegriff noch eine einheitliche Pädagogik bzw. Erziehungswissenschaft gibt (vgl. Hoffmann 1991,111), kann doch von durchgängig auszumachenden Aspekten von Bildung gesprochen werden. Es geht um Leitideen bzw. um Wertmuster für Lebensgestaltung, Gesellschaftsgestaltung und Persönlichkeitsentwicklung. "In der Bildung soll der empirische Mensch - auch unter historisch-politisch unbefriedigenden Verhältnissen - zu einer teils individualen, teils sozialen Vollendung kommen - heute vielfach als »Mündigkeit« bezeichnet -, die Vorschein einer besseren Lebensform ist" (Hoffmann 1991,89).

Mit Bildung werden daher stets Leitbilder und Wertorientierungen verhandelt, aber auch die allgemeine Funktion des Wissens, Könnens und Wollens im Verhältnis zur speziellen qualifikatorischen Bedeutung.

Im Bildungsbegriff bündeln sich folglich die Entwicklung und Entfaltung von Wissen und Können, von Denken, Fühlen und Wollen, von menschlichem Miteinander sowie von wertender Formgebung der gesellschaftlichen Prozesse durch Arbeit. Lisop und Huisinga sprechen deshalb von drei Bildungsprinzipien (vgl. Abb. 5.8)

Die Bildungsprinzipien, so wie Lisop und Huisinga sie fassen und ihre von der Berufs- und Betriebspädagogik aufgegriffene Definition von Subjektbildung (vgl. Rützel 1996,31), zielen auf die ganzheitliche Entwicklung und Entfaltung des Humanpotentials als dem pädagogischen Ethos.

Wenn der Entwicklung menschlicher Potentiale in ihrer vollen Würde pädagogisch entsprochen werden solle, dann bedürfe es qualitativ und quantitativ eines Mehrs gegenüber "Verwendungswissen plus Moral und Schlüsselqualifikationen". Als dieses Mehr wird Bildung angesehen.

Didaktisch sei dem Postulat der Ganzheitlichkeit durch angemessene Methoden, Lehr- und Lernarrangements sowie Inhalte zu entsprechen (vgl. hierzu im einzelnen Kapitel sechs).

Unter demokratischen Bedingungen müsse Bildung ferner die Spanne zwischen Bindungsfähigkeit einerseits und Nichtverfügbarkeit andererseits austarieren. Zur Nichtverfügbarkeit gehören neben der Autonomie kritische Distanz und Widerständigkeit, basiert durch ein gesellschaftliches Ethos der Freiheit und Rechtsstaatlichkeit und der Unantastbarkeit der menschlichen Würde sowie der Natürlichkeit der Gattung Mensch. Sie darf nicht produzierbar sein.

Abb. 5.8: Die drei Bildungsprinzipien der arbeitsorientierten Subjektbildungstheorie nach Lisop und Huisinga

Eine ganze Reihe von Rekonstruktionsversuchen des Bildungsbegriffes, wie sie z.B. in der Reihe "Studien zur Philosophie und Theorie der Bildung" vorgelegt worden sind (vgl. Forneck 1992; Hansmann 1992; Marotzki/Sünker 1993; Nieser 1992; Grubauer/Ritsert/Scherr/Vogel 1992; Schmied-Kowarzik 1993; Schütze 1993), greifen in idealistischer Tradition primär, z.T. sogar ausschließlich, auf die Einheit der gesellschaftlichen Bewußtseinsformen, d.h. auf Wissenschaft, Ethik und Politik zurück, um die Konstitutionsbedingungen von Bildung zu klären. Damit werden die Perspektiven des Weltbezuges entlang den Wissenschaften, also z.B. physikalisch, mathematisch, politologisch, medizinisch oder ökonomisch gekennzeichnet. Der Bezug zur technisch-ökonomischen Basis gesellschaftlicher Prozesse und gesellschaftlicher Bewußtseinsbildung, anthropologisch gesprochen zur Arbeit, bleibt unberücksichtigt. Dadurch wird zum

Teil hinter die realistische Wendung der Erziehungswissenschaft zurückgefallen.

So ist, um ein Beispiel zu wählen, der "homo oeconomicus", ein Konstrukt der Wirtschaftswissenschaft. An ihm kann man aus doppeltem Grund keine Bildungsziele orientieren. Da er auf Partikularität abstellt, würden Aufklärung und Rationalität, die immer auf das Ganze zielen, als bestimmende Momente der Subjektbildung verbogen. Da außerdem die gesellschaftliche Realitätsseite mit einer singulären wissenschaftlichen Lehrmeinung oder einem Modell gleichgesetzt würde, träfe die pädagogische Intention nicht mehr die Praxis. -

5.3.3 Die Spezifik der Subjekt-Bildungstheorie "Arbeitsorientierte Exemplarik"

Der Begründungszusammenhang

Subjektbildung nach der Arbeitsorientierten Exemplarik von Lisop und Huisinga begründet sich aus dem Ethos, die Gattungsspezifik, d.h. die besonderen menschlichen Kräfte des Denkens, Fühlens und Wollens; der Körperlichkeit, der Emotionalität und der Intellektualität zu entwickeln und zu entfalten. Damit wird, anthropologisch argumentiert, der Erziehungsbedürftigkeit des Menschen entsprochen. Gleichzeitig sind die gesellschaftlichen Bedingungen und die Individualität als Potentiale zu berücksichtigen.

Subjektbildung ist dementsprechend sowohl der Prozeß als auch das Ergebnis eines Prozesses, bei welchem sich Leitbilder, Gattungsspezifik und Kompetenzerfordernisse zu einer Einheit verschränken. Vom individuellen Bildungsprozeß her gedacht, implizieren sich in der Subjektbildung innerseelische Wahrnehmungsverarbeitung und Außengeschehnisse, somato-psychische und psycho-soziale Faktoren.

Das daraus resultierende Bewußtsein hat den Charakter reflexiver Identität. Die Fähigkeit hierzu ist ausschließlich dem Menschen eigen. Sie wird jedoch im Sozialisationsprozeß entwickelt und ausdifferenziert. Dazu trägt insbesondere die sprachliche Sozialisation bei und die Kommunikation, in die das Kind im Laufe seiner Entwicklung einbezogen wird. Hier hängt es davon ab, ob der Kommunikationsradius überwiegend aus objektbezogenen, deskriptiven Aussagen besteht oder ob er auch korrelierendes, infragestellendes und nach-denkendes Erörtern beinhaltet.

5.3 Die arbeitsorientierte Subjektbildungstheorie

Subjektbildung ist eine Implikation, bei der sich die Gattungspotentiale des Menschen, seine Sozialität und Personalität entwickelnd und entfaltend verschränken. Die Abbildung 5.9 zeigt, welche Faktoren dabei von Belang sind.

---

1. **Die Gattungsspezifik der menschlichen Potentiale:**
   - die Wesensglieder Körper, Seele, Geist;
   - die Wesenskräfte Denken, Fühlen, Wollen;
   - das dreigegliederte System der zwölf Sinne im Zusammenwirken mit dem Nervensystem, dem Stoffwechsel-Gliedmaßensystem und dem rhythmischen System der meschnlichen Physis;
   - die somato-psychischen Lebensbedürfnisse Materialisierung und Entmaterialisierung, Sinngebung und Transzendierung, Reiz und Reaktion, Ruhe und Bewegung, Formgebung und Formauflösung, Aufnahme und Aussonderung.

2. **Die Sozialität bzw. Geschichtlichkeit der menschlichen Existenz:**
   - die psycho-sozialen Lebensbedürfnisse Autonomie und Gemeinschaft, Verortung und Orientierung, Entwicklung und Entfaltung, Freiheit und Regulation, Erkenntnis und Reflexion, Gestaltung und Produktion in je historischer, kultureller und milieuspezifischer Ausprägung;
   - die Verwiesenheit der Lebensbedürfnisse als Kräftepotential auf den gesellschaftlichen Implikationszusammenhang.

3. **Die Personalität des Menschen:**
   - die Identität als reflektierte Einheit von Gattungsmäßigkeit, Geschichtlichkeit und Individualität;
   - Wissen, Können und Haltung als Äußerungsform der Identität sowie als Ausformung der Lebenskräfte.

Abb. 5.9: Ganzheitlichkeit bzw. Bildung als Implikation nach der Subjektbildungstheorie von Lisop und Huisinga

Die empirische Basis

Lisop und Huisinga haben ihre Ergebnisse aus einem 10jährigen Feldforschungsprojekt über ganzheitliches subjektorientiertes Lernen, an dem ca. 1000 Probandinnen und Probanden in unterschiedlichen Lernfeldern beteiligt waren, interdisziplinär ausgewertet.

Im Vergleich ihrer Befunde mit Lerntheorien u.a. aus Psychologie und Neurologie sowie mit sozialisationstheoretischen Ansätzen ergab sich, daß Bildungsprozesse exemplarisch, d.h. bündelnd und verknotend, aber auch entknotend verlaufen. Wie ist dies zu erklären?

Zunächst einmal muß man in den Blick nehmen, daß der Bildungsbegriff gleichsam ein erweiterter Lernbegriff ist, weshalb alle Rekonstruktionen so erfolgen, daß Teilbegriffe wie z.b. Qualifikation, Mündigkeit und Identität reintegriert werden. Die Erweiterung gegenüber dem gängigen Lernbegriff liegt darin, daß mit dem Bildungsbegriff die bio-psycho-soziale Komplexität des Menschen gefaßt werden kann. Eine ins einzelne gehende Erforschung der Konstituierung von Bildungsprozessen in dieser Komplexität - wozu es eines interdisziplinären Projektes bedürfte - steht bislang aus. Gleichwohl lassen sich signifikante Entsprechungen zwischen den von Lisop und Huisinga dokumentierten Phänomenen in Lehr- und Lernprozessen sowie der Neurologie und Psychologie, besonders der Tiefenpsychologie, feststellen. Sie lassen sich auf die Formel bringen: *Lernen erfolgt als Verknotung.*

Lernen als Verknotung

Die wesentlichen Träger der Informationsverarbeitung von Lernen und Gedächtnis, aber auch von emotionalen Reaktionen sind die Nervenzellen. Die zum Zentralnervensystem zuleitenden Systeme sind so angeordnet, daß auftreffende Informationen bzw. Reize gebündelt bearbeitet werden, nachdem an den Umschaltstellen, den Synapsen - die ihrerseits so etwas wie Netzknoten sind - Merkmalsextraktionen und Kopplungen vorgenommen werden. Anders ausgedrückt: Lernen ist an die Verarbeitung von Informationen in neuronalen Netzen gebunden, deren Verbindungswege sich an Umschaltstellen verknoten. Dabei spielen die biologische und die emotionale Bewertung eine zentrale Rolle. Insbesondere sind Emotionen als wertende Instanz Mittler zwischen dem jeweils biologischen System und der Außenwelt (vgl. Uexküll und Wesiack 1996,47). Heinemann ist sogar der Auffassung, daß Emotionen in Verbindung mit bestimmten Reizkonstellationen letztlich den Lernerfolg bestimmen (vgl. Heinemann 1996,135).

5.3 Die arbeitsorientierte Subjektbildungstheorie

Den Prozeß der Merkmalsextraktion und Kopplungen veranschaulicht Uexküll (vgl. Uexküll 1996,41) mit dem Situationsmodell. Danach leitet das Nerven-Sinnessystem bzw. die rezeptorische Sphäre Einwirkungen der Umgebung an ein "Merkorgan", welches Bedeutungen erteilt und damit die Umgebung bzw. die Umgebungseinflüsse als Problem strukturieren.

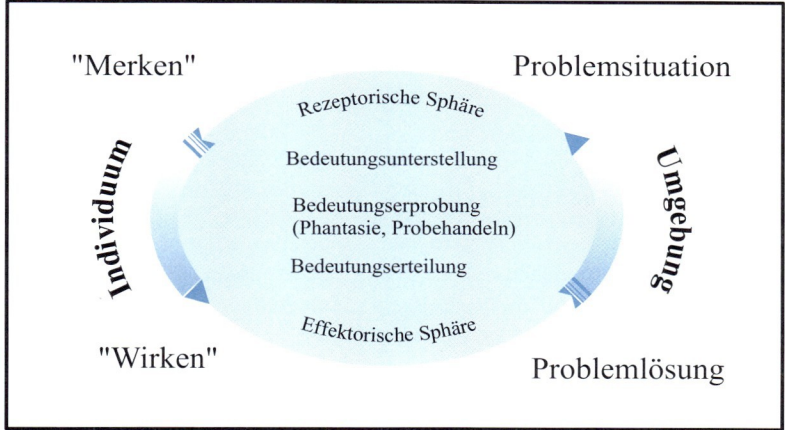

Abb. 5.10: Situationskreis nach Uexküll
(Quelle: Uexküll 1996,41)

Gleichzeitig wird probeweise "Bedeutungsverwertung (Wirken)" durchgespielt, bevor über die effektorische Sphäre bio-psycho-soziale Reaktionen als Problemlösung erfolgen. Nach Uexküll müssen dabei zwei Wechselbeziehungen aufgeklärt werden. Die Beziehung zwischen Organismus und Umgebung und die Beziehungen zwischen den biologischen, psychischen und sozialen Vorgängen. Insofern versteht Uexküll das Situationsmodell als Korrelationsmodell.

In Korrespondenz zu den Grundgedanken des Situationsmodells fanden Lisop und Huisinga heraus, daß Lernende die Lehrangebote durch Bedeutungsunterstellung und -erteilung auslegten und dabei die Informationen auf eine spezifische Weise koppelten. Die Auslegung war stets auf zwei Implikationszusammenhänge bezogen, die wechselseitig aufeinander verwiesen sind, nämlich auf den Gesellschaftlichen Implikationszusammenhang und das System der Lebenskräfte und Lebensbedürfnisse.

Das theoretische Konzept

Die implikationstheoretische Basis

Implikationszusammenhänge sind, wie wir bereits in Kapitel eins dargelegt haben, spezifische Komplexitäten. Sie bestehen aus Faktoren bzw. Faktorgefügen, die durch mindestens zwei der folgenden Charakteristika bestimmt sind:

(1) aufeinander verwiesen sein;

(2) ineinander enthalten sein;

(3) sich durchdringen;

(4) sich wechselseitig einbeziehen.

Implikation bedeutet von seinem lateinischen Wortstamm her Verflechtung. Bei einfachen Implikationen ist eine Sache oder ein Sachverhalt, eine Idee, eine Aussage oder Wirkung in etwas anderem enthalten. Es gibt aber auch wechselseitige Implikationen. In diesem Fall, und wenn es sich um ein Gefüge von Implikationen handelt, sprechen wir von Implikationszusammenhängen.

Implikationen kommen, strukturell betrachtet, durch Konstitutionslogik zustande. Darüber hinaus bewirken Funktionen und Kausalrelationen Implikationen. Auch die Einheit von Gestalt und Sinn einer "Sache" stellen eine Implikation dar.

Prozessual ist zu bedenken, daß die Implikation zwischen Latenz und Manifestation schwanken kann.

In der Kunst finden sich viele Beispiele für die Implikation:

So enthalten Kunstwerke über die Allegorik und die Symbolik hinaus durch die spezifische Einheit »Komposition« einen Sinn, nämlich ihre Aussage, die über das sinnenfällige Kunstwerk hinausreicht.

Das "Große Wörterbuch der Deutschen Sprache" verwendet als Beleg für die Implikation ein Adorno-Zitat: "... *diese Deutung des Jazz, von dessen sexuellen Implikationen die schockierten Feinde eine bessere Vorstellung haben als die Apologeten*" (Bd.3 1977, 1322 f.)

In der Erziehungswissenschaft wird vom Didaktischen Implikationszusammenhang gesprochen. Er meint das spezifische Ineinander-Enthalten-Sein der didaktischen Elemente Ziel, Inhalt und Methode (vgl. Blankertz 1969, 97 f.).

5.3 Die arbeitsorientierte Subjektbildungstheorie

In der Geometrie verweisen u.a. die Urphänomene des Einander-Angehörens von Punkt, Gerade und Ebene sowie die Kategorien Dehnen und Verdichten, Auslegen und Einlegen im Rahmen der Metamorphosenlehre auf Implikationen. Und der geometrische Begriff »Fundamentalstruktur« als das in sich polare, dem vollständigen Hexaeder und dem vollständigen Oktaeder gemeinsame Gebilde ist durchaus in unserem Sinne eine Implikation, so, wie die Modulatorik in der Musiklehre nur aus dem Implikationszusammenhang des Quintenzirkels begreifbar wird.

Der in den Kulturwissenschaften verwendete Begriff des Ensembles - z.B. aller Formen, in denen und mittels derer eine Gesellschaft ihr Lebensverständnis, ihre Imaginationen, ihre Geschichte, ihre Vorstellungen von Wahrheit, Freiheit, Gerechtigkeit, Schönheit, Dauer, Vergänglichkeit und die dingliche, materielle Auseinandersetzung mit der Natur zum Ausdruck bringt - kommt dem Implikationsbegriff nahe. Auch der Begriff des Ensembles transportiert, graduell auf den oben angegebenen Kriterien (1) bis (4) angesiedelt, die Vorstellung der Einheit von Gestalt, Sinn, Logik, Funktion, Struktur.

Die gesellschaftswissenschaftliche und gesellschaftspraktische Bedeutung von Implikationen hat Huisinga in modernen Technisierungsprozessen nachgewiesen (vgl. Huisinga 1996), die sich, wie alle gesellschaftlichen Prozesse, als Implikationszusammenhang formieren.

In der Subjektbildung geht es um die Entwicklung und Entfaltung von Drei-Einheiten, die ein Ganzes ergeben, das aus bildungstheoretischer Sicht mit Konkreszenz (Zusammenwachsen zu einer einheitlichen Gestalt) bezeichnet wird (vgl. Abb. 5.9). Wissen, Können und Einstellungen, die mit der Subjektbildung einhergehen, betreffen immer Spezielles und Allgemeines und sind so auf Ganzheiten bezogen. Schließlich speist sich das Lernen, generiert sich der Bildungsprozeß als einer, bei dem Kognition, Sinne und Psychodynamik unlöslich miteinander verschränkt und insofern implikatorisch sind.

Dort, wo sich Implikationszusammenhänge verdichten oder wo sich Verflechtungen von Implikationen ergeben, entstehen besondere Wirkfelder oder Wirkzentren. Implikationstheoretische Verfahren sind daher unerläßlich, wenn in dynamischen Wirkungszusammenhängen ganzheitliche Erkenntnisse oder Ergebnisse angestrebt werden. Überall dort z.B., wo Werte und Sinngebung eine Rolle spielen, sind diese Teil von Implikationen und häufig durch die äußere Gestalt eines Phänomens verdeckt.

Das didaktische Verfahren der Handhabung und Berücksichtigung von Implikationen ist die Exemplarik.

Die Arbeitsorientierung

Arbeit ist ein Zentralbegriff in einer ganzen Reihe von Wissenschaften. Hierzu gehören die Anthropologie, die Philosophie, die Ökonomie und die Soziologie; erstaunlicherweise nicht die Erziehungswissenschaft. Lisop und Huisinga setzen dem jedoch eine andere Sicht entgegen.

Die allgemeinste Definition liefert die Anthropologie. Arbeit ist danach menschliche Tätigkeit zur Reproduktion des biologischen und gesellschaftlichen Lebens in vielfältiger Auseinandersetzung mit der Natur. In dieser Tätigkeit - darauf verweist die Philosophie - entäußert sich der Mensch seiner spezifischen Gattungspotentiale (vgl. auch Abb. 5.9) ebenso wie er diese durch Arbeit entwickelt und entfaltet.

Der Gesichtspunkt der Reproduktion macht den Arbeitsbegriff zugleich zu einem ökonomischen. Danach ist Arbeit jede auf ein wirtschaftliches Ziel gerichtete planmäßige Tätigkeit des Menschen, gleichgültig, ob geistige oder körperliche Kräfte eingesetzt werden. Das Ziel kann reine Bedarfsdeckung oder Nutzen- bzw. Gewinn- oder Einkommensmaximierung sein.

Ökonomisch besehen wirkt Arbeit als Produktionsfaktor über die unmittelbare Reproduktion hinaus wertschöpfend; ergibt sich Kultur als Produkt aus Arbeit und Bildung.

Verbindet man die ökonomische Charakterisierung von Arbeit mit der soziologischen, dann zeigen sich die Kategorien Lebensnotwendigkeit, Planung, Effizienz, Organisation und Organisationsformen, Macht und Herrschaft sowie Gleichheit und Ungleichheit als wichtige Aspekte. Sie ergeben sich aufgrund der gesellschaftlichen Arbeitsteilung und sind betriebswirtschaftlich, technisch und volkswirtschaftlich, aber auch politisch relevant. Gleichzeitig verweisen sie auf die Notwendigkeit, das gattungsspezifische menschliche Arbeitsvermögen zu qualifizieren, und zwar durch Allgemeinbildung und Spezialbildung.

Eine der gesellschaftlichen Organisationsformen von Arbeit ist der Beruf. Seit dem Ende der ständischen Gesellschaft wird der Beruf aber mehr und mehr marginal. Er ist kein Leitprinzip mehr für die gesellschaftliche Arbeitsteilung. Belegbar ist dies durch die Arbeits- und Wirtschaftsstatistik, durch das Steuer- und Tarifrecht. In diesen Bereichen dominiert nämlich das Tätigkeitskonzept.

Dennoch muß man sehen, daß der Beruf nach wie vor eine zentrale Größe im gesellschaftlichen Bewußtsein ist. Ihm werden gesellschaftliches Ansehen und gesellschaftliche Integration, Sinngebung des Lebens und immer noch soziale Sicherheit zugeschrieben. Hieran wird deutlich, daß es sich bei der Wertung des Berufs um ein ständisches Relikt handelt.

5.3 Die arbeitsorientierte Subjektbildungstheorie

Die Diskussionen um das Kompetenzkonzept, die wir weiter unten vorstellen, zeigen, wie auch das Berufekonstrukt als Basis für die Qualifizierung der Arbeitskraft im Rahmen des deutschen System der dualen Berufsausbildung mittlerweile fragwürdig wird (vgl. auch Kapitel zwei).

Damit steht sowohl die Wirtschafts- als auch die Berufspädagogik vor einer ihrer größten Herausforderungen; gilt es doch, die Qualifikationsbündel curricular und als subjektives Vermögen in Form des Ausweises für den Arbeitsmarkt neu zu fassen und zu benennen. Der historische Entgrenzungsprozeß des Berufes wie des Berufekonstruktes zwingt nun unausweichlich dazu, das Verhältnis von Allgemeinbildung und Spezialbildung historisch angemessen zu lösen.

Je stärker die gesellschaftliche Arbeit wissens- und wissenschaftsbasiert erfolgt, und je dynamischer der ökonomische, technische und soziale Wandel sich vollzieht, desto größer werden die erforderlichen Anteile allgemeiner Bildung. Diese wiederum bezieht sich nicht auf den Beruf, wohl aber auf Arbeit; denn Bildung bezieht ihren Sinn ausschließlich aus dem anthropologischen und gesellschaftlichen Erfordernis der Reproduktion. Daraus ergibt sich, daß Arbeit ihrem Charakter nach eine zentrale Kategorie der Erziehungswissenschaft, speziell der Bildungstheorie ist.

Dieser Auffassung folgend, haben Lisop und Huisinga den Arbeitsbegriff bildungstheoretisch und didaktisch ausdifferenziert (vgl. Lisop und Huisinga 1984 und 1994).

Zunächst einmal ist wichtig, daß Arbeit, erziehungswissenschaftlich betrachtet, nicht nur die Erwerbsarbeit meint. Es gehören dazu auch die Bereiche der privaten Reproduktion und der öffentlichen bzw. politischen Arbeit. Wie im Wirtschaftsbegriff sind somit auch Haushalte und das Gesamtspektrum ihrer Arbeit (nicht nur Hauswirtschaft) sowie der Non-Profitbereich und die Staatstätigkeit einbezogen.

In Anlehnung an die Anthropologie verstehen Lisop und Huisinga unter Arbeit jegliche, auch spielerische Tätigkeit, jedoch stets im Sinne der Bewußtwerdung, der Reflexion und der Gestaltung von Leben. Dieser Arbeitsbegriff ist nicht von Muße abgegrenzt, sondern lediglich von der rein vegetativen Existenz. Arbeit ist sinnerfüllte Tätigkeit, insofern in ihr und durch sie menschliche Potentiale entäußert und angeeignet werden und insofern sie das Medium der Befriedigung der Lebenskräfte und Lebensbedürfnisse ist. Wenn Subjekt der selbstbestimmte, aktive, die ihn umgebende Welt und die Geschichte reflektiert und bewußt gestaltende wie sich selbst entfaltende Mensch ist, dann ist Subjektbildung ohne Arbeit nicht denkbar. Die Umkehrgleichung, nämlich daß auch aus Arbeit Subjektbildung erwächst, gilt nur für nichtentfremdete gesellschaftliche Verhältnisse (vgl. hierzu auch Lisop und Huisinga 1994,23 ff.).

Die Ausdifferenzierung der Subjektbildung durch Arbeit in pädagogisch-praktischer Absicht erfolgt durch die Modelle Gesellschaftlicher und Psychodynamischer Implikationszusammenhang.

Das Modell Psychodynamischer Implikationszusammenhang

Dieses Modell dient dazu, die Implikation von biologischen, psychischen (inkl. kognitiven) und sozialen Wirkfaktoren bei Sinngebungen und Identitätsbildung zu erfassen.

Unsere Betrachtung geht von den folgenden Thesen aus:

(1) Psychodynamik ist zu verstehen als Energie, die sich in der ganzheitlichen Wirkungskraft des Denkens, Fühlens und Wollens äußert. Ihre Bewegung ist auf die Befriedigung der Lebensbedürfnisse und Lebenskräfte gerichtet, und sie sucht im Rahmen des kulturell Möglichen nach den günstigsten Kombinationen der Befriedigungsmodalitäten.

(2) Befriedigung von Lebensbedürfnissen und Lernen bedingen sich wechselseitig. Lernen als entfaltendes Werden umfaßt Aneignen, Einbinden und Abstoßen, Wachsen und Umwandeln. Insofern verdichtet sich im Lernen menschlicher Lebensprozeß als ideeller Stoffwechselprozeß.

(3) Lernen als Subjektbildung bedeutet Überwindung. Neue Ebenen der Entwicklung und Entfaltung zu erlangen, setzt nämlich voraus, Blokkierung von Wirkungskraft aufzuheben. Dies deshalb, weil Lernen immer auch an frühere Modalitäten von Befriedigung, anders ausgedrückt, weil es an Versagung erinnert.

(4) Versagung erbringt abwehrende und schützende Reaktionsbildungen. Diese stehen, unterschiedlich ausgeprägt, dem Erlangen neuer Entwicklungs- und Entfaltungsebenen entgegen. Gleichwohl haben sie ihre ursprüngliche Zielrichtung, nämlich Entfaltung und Wachstum, beibehalten. Sie präsentieren diese Zielrichtung aber gleichsam codiert. Lernen zu befördern verlangt daher immer Entschlüsselung.

Menschliches Wesen ist Stoffwechsel; geprägt durch und bezogen auf Natur und Geschichte. Seine Erscheinungsformen sind daher als somatopsychische und als psycho-soziale zu fassen. In beiden drängen Lebensbedürfnisse und Lebenskräfte als zwei Seiten einer Dynamik zugleich auf Gestaltung, Rhythmisierung und Sinnbildung, und zwar subjekt- wie auch objektbezogen.

5.3 Die arbeitsorientierte Subjektbildungstheorie

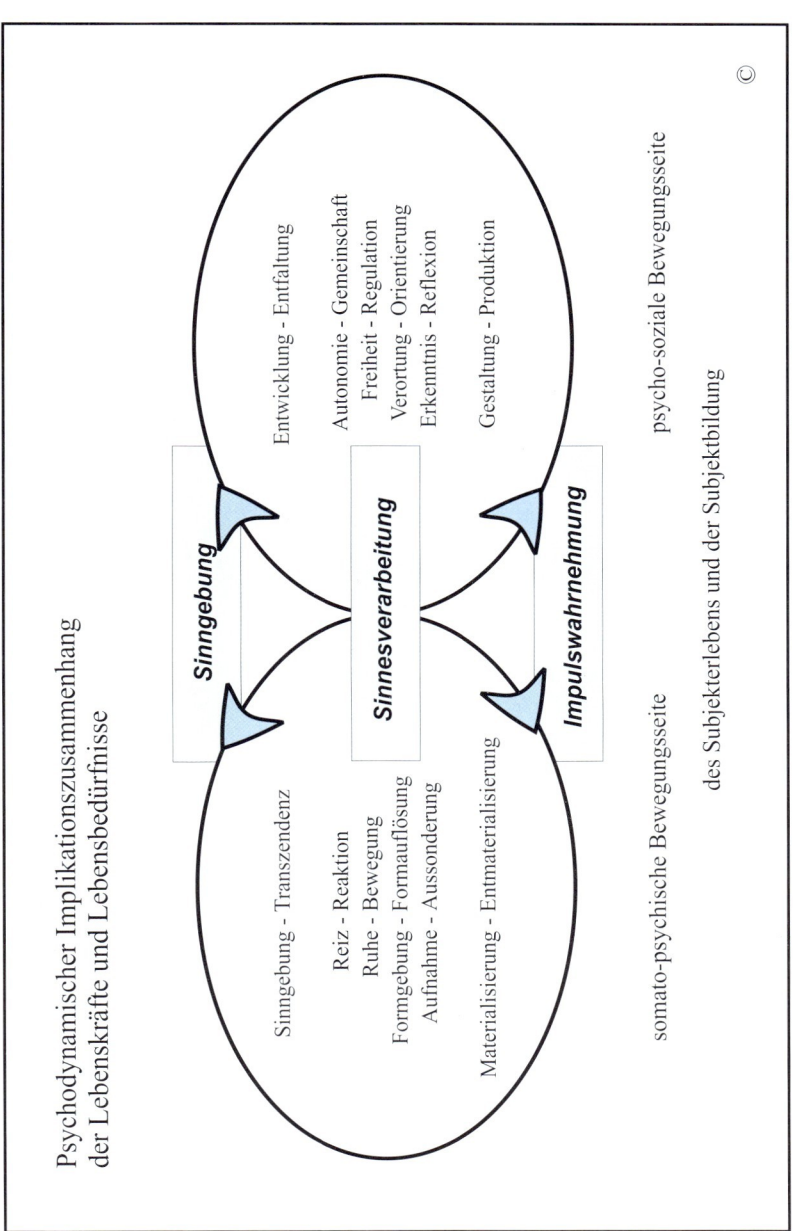

Abb. 5.11 Psychodynamischer Implikationszusammenhang

Die *somato-psychischen* Lebensbedürfnisse wirken in allem, was physiologisch *und* affektiv einschließlich der Atmung zur Nahrungsaufnahme und Verarbeitung, Ausscheidung und Absonderung gehört; aber auch in der Rhythmik unserer Physis wie im Nerven-Sinnessystem kommen sie zum Tragen.

Die somato-psychischen Lebensbedürfnisse und Lebenskräfte sind gebunden an das menschliche Stoffwechsel-Gliedmaßen-System, das Nerven-Sinnes-System und das rhythmische System. Alle Organe des Menschen üben Funktionen aus allen drei Systemen aus, allerdings unterschiedlich ausgeprägt.

Darüber hinaus bestehen Wechselwirkungen zwischen den Organen, dem seelischen und dem körperlichen Teil der menschlichen Wesensglieder und den Sinnen. Diese haben eine Gelenk- bzw. Vermittlungsfunktion.

Wenn wir die Ganzheitlichkeit des Menschen über die Vermittlungsfunktion der Sinne begreifen, dann erkennen wir auch, daß es eine lediglich kognitivistische Bildungs- bzw. Subjekttheorie nicht geben kann.

Die *psycho-sozialen* Lebenskräfte und Lebensbedürfnisse realisieren sich durch Arbeit einschließlich Muße als produktive und reflexive, als entäußernde und aneignende Tätigkeit.

Mit der Entäußerung von Lebenskräften und der Befriedigung von Lebensbedürfnissen verwirklicht sich neben Lebenssinn und Identität zugleich Selbstvergewisserung.

Insofern das psychodynamische System ein innerlich/äußerliches Steuerungssystem ist, lassen sich aus ihm heraus Antriebsmuster, Antriebsrichtung und der Grad ihrer Ausprägung ebenso wie ihre Kausalität verstehen. Auch unsere Gefühle als Seismograph der Lebensbedürfnisse und Lebenskräfte begreifen sich aus deren Dynamik. Sind sie doch Gestimmtheiten in bezug auf die Befriedigungschancen oder auf Sanktionen und Frustrationen; handle es sich bei diesen Gestimmtheiten nun um Hoffnung und Mut oder Verzagtheit und Unsicherheit oder gar Angst, Aggression oder Depression, Freude oder Trauer, Dankbarkeit oder Mißgunst, Sympathie oder Antipathie, Liebe oder Haß.

Die anthropologisch generellen Lebensbedürfnisse und Lebenskräfte, wie wir sie in Abb. 5.11 aufgelistet haben, differenzieren sich historisch konkret höchst vielfältig aus. Wir wollen das im folgenden für die psycho-soziale Seite veranschaulichen, ohne dabei den Anspruch auf Vollständigkeit zu erheben.

Sowohl die somato-psychischen als auch die psycho-sozialen Lebenskräfte und Lebensbedürfnisse sind in sich paarig angelegt. Für die psycho-soziale

5.3 Die arbeitsorientierte Subjektbildungstheorie

Seite bedeutet dies im Zusammenhang von Subjektbildung, daß stets der individuelle wie der gesellschaftliche Aspekt als zusammenwirkend zu sehen sind. Darüber hinaus ist sowohl die individuelle wie die gesellschaftliche Ausformung in sich durch eine polige Dynamik charakterisiert. Da das System der Lebenskräfte und Lebensbedürfnisse tendenziell durch eine Dialektik geprägt ist, die unendliche Kombinationsmöglichkeiten enthält, bleibt eine zweidimensionale Veranschaulichung wie durch die obige Skizze unzulänglich. Unsere Erfahrungen haben gleichwohl gezeigt, daß die Bedeutung des Systems der Lebenskräfte und Lebensbedürfnisse als Auslegungs- und Planungsinstrument dadurch nicht geschmälert wird.

Betrachten wir die Einheit Autonomie-Gemeinschaft / Freiheit-Regulation, so kann sie ihre kollektiven und individuellen Möglichkeiten der Befriedigung höchst unterschiedlich gewichtet unter Verhältnissen von Gemeineigentum wie unter extrem zugespitzter Privatisierung finden. Sie kann die Pole Selbstbestimmung und Despotie, Egoismus, Egozentrik oder Altruismus ebenso wie Mitleid oder Unbarmherzigkeit umfassen. Autonomie- Gemeinschaft / Freiheit-Regulation beziehen sich stets auf Akzeptanz, Ansehen, Geborgenheit, Sicherheit und Liebe jeweils als Schutz und Gestaltungsmöglichkeit. Insofern sind Autonomie-Gemeinschaft / Freiheit-Regulation mit Verortung-Orientierung / Erkenntnis-Reflexivität verschränkt.

Die Einheiten Verortung-Orientierung / Erkenntnis-Reflexivität umfassen die Fragen des Platzes und der Funktion in gesellschaftlichen Gruppen wie der Familie, dem Freundeskreis, Vereinen, Schulen, Arbeitsplatz, Wohnort, Nation u.a.m., aber auch im Rahmen von Ideengebäuden, Weltanschauungen oder Religionen.

Die Einheiten Entwicklung-Entfaltung / Gestaltung-Produktion zielen auf die Ausdifferenzierung des Humanvermögens sowohl im individuellen Sinne der Ausschöpfung der gattungsgemäßen Funktionsmöglichkeiten als auch im Sinne der Anwendung und Ausübung im Gesellschaftlichen Implikationszusammenhang.

Die Einheit der Lebensbedürfnisse und Lebenskräfte stellt unser ganz spezifisches menschliches Produktivkraftpotential dar. Ihr verdanken wir, was wir Kultur nennen. Indem wir dieses Potential durch Arbeit und Bildung vergegenständlichen, entfalten wir unser Mensch-Sein. Das System der Lebenskräfte und Lebensbedürfnisse ist folglich unser menschliches Vermögen, die energetische Substanz des vollen Reichtums der menschlichen Gattung.

Zwar ist das Modell des Psychodynamischen Implikationszusammenhangs nicht aus dem neurologischen Situationsmodell der Informationsverarbeitung abgeleitet worden (vgl. Abb. 5.10), gleichwohl könnte man es als bildungswissenschaftlich konkretisierte Version des Situationsmodells charakterisieren.

Die empirischen Grundlagen für das Modell von Lisop und Huisinga lieferten die folgenden Erfahrungen im Forschungsfeld (vgl. Lisop und Huisinga 1994).

---

1   Die Bedeutung der Wahrnehmungs- und Auslegungsprozesse der Lernenden bei Lehr- und Lernvorgängen verlangte eine stärkere Berücksichtigung der Arbeitsweise des menschlichen Sinnesapparates und die Suche nach einem diesbezüglich angemessenen theoretischen Rahmen, der über die üblichen fünf Sinne hinausging. Als wirksam erwiesen sich Tastsinn, Lebenssinn, Bewegungssinn, Geruchssinn, Gleichgewichtssinn; Geschmackssinn, Sehsinn, Wärmesinn; Gehörsinn, Wortesinn, Gedankensinn, Ichsinn (vgl. im einzelnen hierzu Lisop und Huisinga 1994).
Das Sinnessystem nimmt eine Vermittlungsfunktion zwischen der menschlichen Innen- und den Außen-Geschehnissen bzw. der Subjekt-Objekt-Konstellation in Lebensprozessen wahr. Dabei werden, ähnlich wie im Situationsmodell von Uexküll, biologische, soziale und psychische Wertigkeiten folgewirksam geprüft.

2   Das Motivationsverhalten wurde von solchen sozialen Wertmustern beeinflußt, welche ebenso die Persönlichkeitsentwicklung wie die Formen menschlicher Arbeit regulieren. Diese Wertmuster ließen sich als gesellschaftlich spezifische Ausprägungen der anthropologischen Grundbedürfnisse identifizieren, nämlich:
Entwicklung und Entfaltung, Autonomie und Gemeinschaft, Freiheit und Regulation, Verortung und Orientierung, Erkenntnis und Reflexion, Gestaltung und Produktion.

3   Kognitive, emotionale, soziale und körperliche Bewegungsformen, die während der Lehr- und Lernprozesse auftraten, präsentierten sich, verallgemeinert betrachtet, als ein somato-psychischer Komplex, der sechs Prozeßrelationen aufwies:
Materialisierung und Entmaterialisierung, Aufnahme und Aussonderung, Formgebung und Formauflösung, Ruhe und Bewegung, Reiz und Reaktion, Sinngebung und Transzendenz.

Abb. 5.12: Empirische Grundlagen des Psychodynamischen Implikationszusammenhangs

5.3 Die arbeitsorientierte Subjektbildungstheorie 191

Zwar tritt in Lernprozessen jeweils die eine oder andere Seite des Psychodynamischen Implikationszusammenhangs stärker hervor, es sind aber immer beide Seiten verschränkt. Dies wird gerade in beruflichen Lernprozessen unterschätzt oder sogar übersehen. Die wertende Auslegung hinsichtlich der Bedeutungsradien wird in jedem Fall auf den Gesellschaftlichen Implikationszusammenhang projiziert.

Das Modell des Gesellschaftlichen Implikationszusammenhangs

Die vier Einheiten des Gesellschaftlichen Implikationszusammenhangs sind knotenpunktartige Verdichtungen des Wesens von Gesellschaft. Ausdifferenziert und konkretisiert wird er durch Kommunikation und Arbeit in den verschiedenen Lebensbereichen und in deren Bezügen zueinander.

Der Gesellschaftliche Implikationszusammenhang dient der systematischen Analyse, Planung und Entscheidung in interpersonalen, individualpsychisch und gesellschaftlich vermittelten Prozessen dort, wo diese zwecks Erkenntnisgewinnung und -strukturierung für Arbeiten und Lernen aufbereitet werden müssen. Wenn Erkenntnis und Verhalten bzw. Handeln miteinander korrespondieren sollen, dann sind dabei stets die Dimensionen Verfügungserweiterung, erhöhte Lebensqualität sowie Weltaufschluß in ihrer Implikation erfaßbar zu machen. Dabei hilft das Analysemodell "Gesellschaftlicher Implikationszusammenhang".

Wir nennen Produktionsformen, Bewußtseinsformen und Verkehrsformen *Einheiten* des Gesellschaftlichen Implikationszusammenhangs, weil es sich um ausdifferenzierte Erscheinungsformen gesellschaftlich geprägten Lebens wie zugleich um *knotenpunktartige Verdichtungen des Wesens von Gesellschaft* handelt.
Mit dem Gesellschaftlichen Implikationszusammenhang korrespondiert der individuelle Lebenszusammenhang. Dieser beinhaltet die Beziehungen zwischen einzelnen *Lebensbereichen*, d.h. zwischen den Bereichen der Produktions- und Reproduktionssphäre, denen ein Mensch angehört und in denen sich sein Leben durch seine Tätigkeit verwirklicht. Die biographisch-prozessualen, institutionell-organisatorischen bzw. institutionell-funktionalen Bereichsrelationen nennen wir auch *Lebensbezüge*. Aber erst vermittels der durch das gesellschaftliche Bewußtsein und die Verkehrsformen hergestellten Konkretionen der Beziehungen und vermittels der Konstituierung von Sinn ergibt sich *Lebenszusammenhang*.

Der Gesellschaftliche Implikationszusammenhang ist also *nicht* - dies sei ganz ausdrücklich betont - die Summe oder der auf irgendeine Weise als zusammenhängend zu erklärende Komplex von Lebens- bzw. Teilberei-

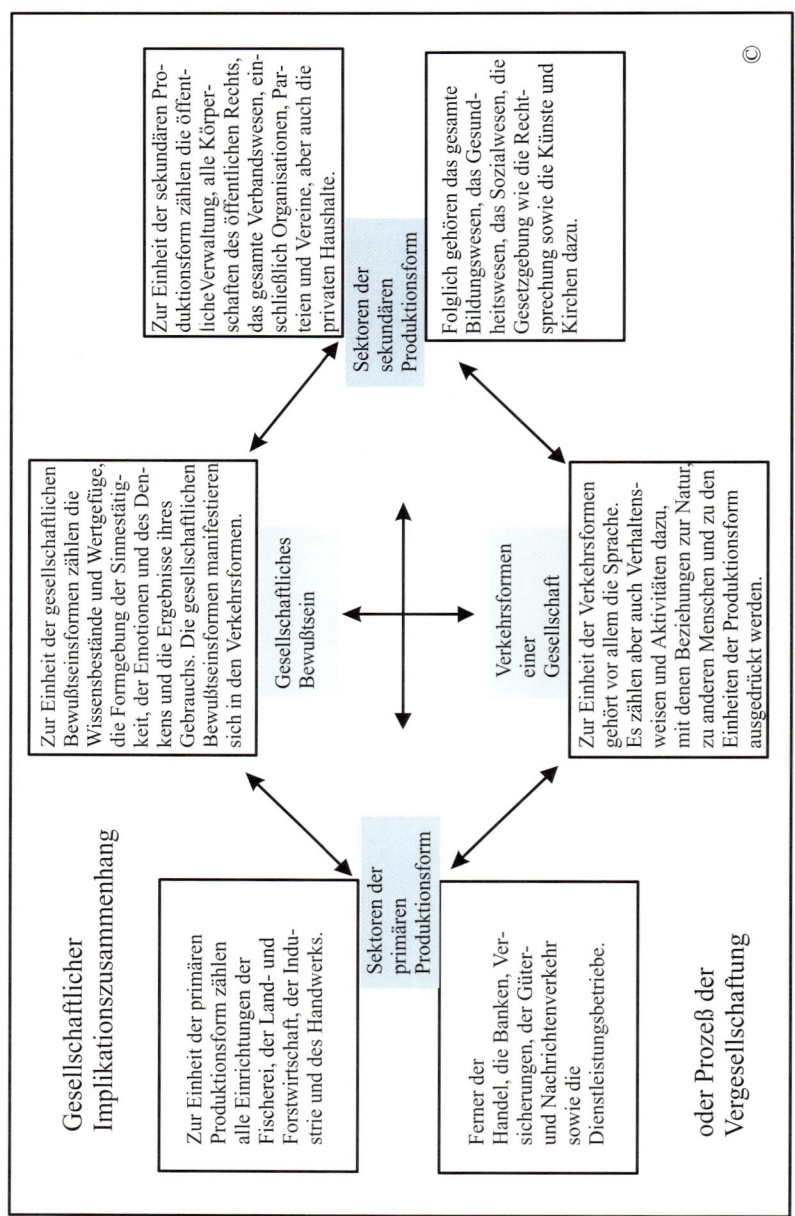

Abb. 5.13: Gesellschaftlicher Implikationszusammenhang

chen der Produktionsformen sowie der Familie, denen ein Mensch in einer bestimmten Lebensphase oder im Laufe seines Lebens angehört; z.b. der Betrieb, in dem er einer Erwerbstätigkeit nachgeht, eine Kirchengemeinde, Vereine, Vereinigungen, Verbände oder - unter anderem Aspekt gegliedert - Familie, Arbeit, Freizeit oder primäre, sekundäre und tertiäre Sozialisation. In solchen Teillebensbereichen kann sich durchaus so etwas wie ein Eigenleben entwickeln; man denke z.b. an das, was sich im Gegensatz zum Unterricht auf Pausenhöfen abspielt; an Kantinenleben, gesellschaftliche Zirkel oder Subkulturen.

Lebensbereiche haben, was das Bewußtsein und das Erleben der Teilnehmer angeht, durchaus den Charakter einer Welt im kleinen, einer Lebenswelt. Aber solche Welten bleiben unaufgeklärte Lebenswelt, wenn sie abgekappt vom Ganzen des Gesellschaftlichen Implikationszusammenhangs, seinen Strukturen und Rationalitäten sind bzw. wenn die Vermittlung ihrer Erscheinungsformen wie ihrer Normen und Werte durch das Ganze nicht oder nur verblendet ins Bewußtsein rückt.

Der Gesellschaftliche Implikationszusammenhang als dialektisches Geflecht von Relationen läßt sich vereinfacht in einem Schaubild (vgl. Abb. 5.13) darstellen.

Die Pfeile der Graphik dürfen nämlich nicht als bloß kybernetischer Prozeß wechselseitig aufeinander verwiesener Impulse bzw. als Monokausalität mißverstanden werden. Anders als in der Kybernetik formieren sich im Prozeß der Vergesellschaftung ständig Einheiten neuer Qualität. Dies erklärt u.a. den Werte- und Strukturwandel wie das Erfordernis, Identitäten immer wieder aufs neue zu justieren.

5.4 Systembezogene Theorie-Ansätze

5.4.1 Die generelle Problemstellung

Im folgenden geht es nicht um die Darstellung von Systemtheorie. Wir benutzen den *allgemeinen Systembegriff*, wie wir ihn in Anlehnung an Brunkhorst im vierten Kapitel vorgestellt haben:

 System ist ein Ensemble von Objekten einschließlich der Beziehungen zwischen den Objekten und zwischen ihren Attributen. System-Forschung zielt auf die Analyse von Wirkungszusammenhängen.

Im Rahmen internationaler Vergleiche und Selbstvergewisserung, auch im Zuge der frühen europäischen Entwicklung, gab es bereits Studien, die sich mit dem *Gesamtsystem der Berufsausbildung* beschäftigten. Die Entwicklungshilfe gab dann einen weiteren Anstoß, Systemfragen theoretisch zu behandeln. Ziel war es, "ausländischen Berufsbildungsexperten und -politikern die komplizierte und singuläre Struktur und Funktionsweise des deutschen Dualen Systems der Berufsausbildung zu vermitteln" (Greinert 1995,Vorwort). Die Sicherung des wirtschaftlichen Standortes Deutschland sowie ein Mangel an Ausbildungsplätzen waren weitere Anlässe, die Strukturen, die Funktion und die Leistungsfähigkeit bzw. Leistungsstörungen und Entwicklungserfordernisse des Systems der beruflichen Bildung zu analysieren. Dies ist der Kern aller systembezogenen Ansätze. Dabei ist es gleichgültig, ob auch auf die Systemtheorie rekurriert wird.

5.4.2 Der Typisierungsansatz von Wolf-D. Greinert

Greinert entwickelt drei Grundmodelle beruflicher Qualifikation (vgl. Greinert 1995).

Modell 1: Das Marktmodell

Foto: Greinert

Der Staat spielt keine oder nur eine marginale Rolle im Rahmen beruflicher Qualifikationsprozesse. Greinert nennt dieses Modell liberalistisch oder marktwirtschaftlich. Die berufliche Bildung ist weitgehend unabhängig vom öffentlichen Einfluß. Als Beispiele führt Greinert vor allem Großbritannien, die USA und Japan an. In diesem Modell spielen die Betriebe eine große Rolle. Die Qualifikation ist von der unmittelbaren Nachfrage der Betriebe abhängig. Die Inhalte der Ausbildung richten sich nach dem geschätzten Verwendungsbedarf. Gesellschaftspolitische Gesichtspunkte, wie z.B. soziale Integration oder Fortführung und Stärkung allgemeiner Bildung, spielen eine geringe bis gar keine Rolle.

Modell 2: Das bürokratische bzw. Schul-Modell

Der Staat plant, organisiert und kontrolliert allein die Berufsausbildung. Greinert spricht vom bürokratischen bzw. Schulmodell. Als Beispiele nennt er Frankreich, Italien und Schweden sowie Länder der dritten Welt. Schulische Berufsbildungssysteme seien prinzipiell "hierarchisch organisierte Elitesysteme" (vgl. Greinert 1995,13). Angebot und Nachfrage werden über staatliche Planungsinstanzen geregelt. Bei schulischen Systemen ist die Integration von allgemeiner und beruflicher Bildung relativ stark ausgeprägt. Greinert sieht die fachlich-technische Qualifikationsleistung zum Teil sogar von der allgemeinen Bildung überformt.

Modell 3: Das staatlich gesteuerte Marktmodell

Der Staat setzt für private Betriebe bzw. sonstige private Ausbildungsträger mehr oder weniger umfangreiche Rahmenbedingungen in der beruflichen Bildung. Greinert nennt hier das deutsche Duale System, das er als staatlich gesteuertes Marktmodell charakterisiert.

Greinert entwickelt Leistungskriterien, die grundsätzlich für alle Modelle gelten; dies allerdings nur in Korrelation zu den politischen Zielsetzungen (vgl. Kapitel zwei).

5.4.3 Die politisch orientierte Systemanalyse nach Günter Kutscha

Kutscha bezeichnet das Duale System als ein *"soziales System spezifischer Prägung"* (vgl. Kutscha 1990,289). In Anlehnung an Luhmann charakterisiert er dieses System zunächst über die Kategorie des Sinnzusammenhangs in Abgrenzung zu seiner Systemumwelt. Der Sinnzusammenhang sei ein doppelter. Er richte sich als spezialisierter auf Berufsausbildung und als verallgemeinerter auf Berufsbildung. Hierfür seien die Gesichtspunkte der organisatorischen Gestaltung nicht von Belang. Anders ausgedrückt: Die duale Organisationsform sei keine spezifische Systemeigenschaft. Organisationsele-

Foto: Kutscha

mente seien lediglich Bedingung für die Ergiebigkeit von Strukturleistungen. Diese zeigten sich vor allem an der Variabilität der organisatorischen Elemente. Was das System an besonderen Leistungen hervorgebracht und was seine Entwicklung bewirkt habe, lasse sich durch *Öffentlichkeit* und *Systematisierung* kennzeichnen.

 Systematisierung ist nach Kutscha die standardisierte Abgrenzung und Differenzierung der Qualifikationsprozesse und -inhalte durch Ordnungsmittel. Diese Systematisierung wiederum habe zwei Seiten: den sachlichen wie zeitlichen Aspekt der Ausbildung und den sozialen Aspekt. Letzterer drückt sich nach Kutscha durch Öffentlichkeit aus. Öffentlichkeit beinhaltet das verallgemeinerbare Interesse des Gemeinwesens an Bildung.

Im selbstreferentiellen Programm des Systems sei Bildung "mitlaufend". Sie drücke sich *in zugeordneten pädagogischen Funktionen bzw. Programmatiken* wie Schlüsselqualifikationen, Handlungskompetenz und selbständiges Lernen aus, an denen ein generelles Interesse der Gesellschaft bestehe.

Je mehr nun der spezialisierte Sinnzusammenhang des Ausbildungssystems, nämlich die Berufsausbildung, mangels Ausbildungsplätzen zur Statusdistribution für Privilegierte gerate, wodurch er seinem allgemeinen Auftrag nicht mehr gerecht werden könne, desto stärker werde der verallgemeinerte Sinnzusammenhang durch scheinbare Bildungsmaßnahmen (wie z.B. Selbstlernprogramme) einerseits und durch zunehmende Systematisierung andererseits verschleiert. Zu letzterem gehöre auch die Variabilität der Lernortkombinationen und die Schaffung immer neuer Ausbildungsberufe und Ausbildungsordnungsmittel. Durch empirische Befunde zum Verhältnis von Ausbildungsplatzangebot und -nachfrage, zu regionalen Ungleichheiten der Ausbildungsqualität und -quantität und zu eingeschränkten Beschäftigungsmöglichkeiten nach der Ausbildung sowie der Notwendigkeit permanenter Weiterbildung sei belegt: Das Berufsbildungssystem sei nicht autonom, sondern von der Wirtschaft abhängig.

Aus der Charakterisierung des Systems und dem Sinn "selbstreferentieller Selbsterhaltung" werden zwei Schlußfolgerungen gezogen:
Zunächst werden die Grenzen der Systemtheorie Luhmanns markiert: Das Berufsbildungssystem sei nicht gegenüber der Systemumwelt indifferent. Die zweite Schlußfolgerung richtet sich gegen zerfallsgeschichtliche Deutungen der Veränderung und Unzulänglichkeiten des Berufsbildungssystems.

Denkt man nicht in der Kategorie System (ganz gleich welcher theoretischen Richtung), sondern in derjenigen der Institution, dann läßt sich nach Kutscha Berufsbildung statt als System auch als universelle Institution vorstellen.

Diese Idee "Institution" präsentiert sich nach Kutschas Ansicht im politischen Konzept der Förderung von Differenzierung, von pluralisierten Lernformen, offenen Kurssystemen und anderem mehr. Damit wäre - nun wiederum streng systemtheoretisch und wertfrei gedacht - der spezialisierte Sinnzusammenhang "Berufsausbildung" aufrechterhalten, während sich der verallgemeinerte Sinnzusammenhang "Bildung" neue institutionelle Konfigurationen suche, deren politische Folgen allerdings offen seien.

5.4.4 Der multiperspektivische Ansatz von Fingerle, Kell und Lipsmeier

Foto: Fingerle

Diesem Ansatz rechnen wir drei Autoren zu, die zum Teil auch gemeinsam zum Themenbereich "Berufsbildungssystem" publiziert haben.

In ihrer Studie »Berufsbildung in der Bundesrepublik Deutschland. Analyse und Kritik« (vgl. Kell und Lipsmeier 1976) streben Kell und Lipsmeier eine Darstellung an, welche die *Interdependenzen innerhalb des Gesamtbildungssystems und die wechselseitigen Abhängigkeiten des Bildungs-, Gesellschafts-, Wirtschafts- und Beschäftigungssystems* berücksichtigt. Die Studie sollte gleichzeitig einen Beitrag für Reformmaßnahmen sein, welche das Gesamtbildungssystem in den Blick nähme. Deshalb befaßt sich die Studie auch mit der vorberuflichen Bildung im Sekundarbereich I, mit der gymnasialen Oberstufe, mit der Berufsbildung im Hochschulbereich sowie mit der beruflichen Weiterbildung. Die Anlage dieser Studie resultiert aus den bildungspolitischen Vorschlägen, wie sie der Bildungsrat im Strukturplan niedergelegt hat (vgl. Deutscher Bildungsrat 1970).

 Basis des multiperspektivischen Ansatzes ist die Frage nach dem verallgemeinerbaren Interesse des Gemeinwesens. Dieses Interesse

Foto: Kell

liegt für sie in der sozialen Integration der Heranwachsenden durch Bildung und Beruf als Schutz vor Marginalisierung.

In ihrem Aufsatz »Berufsbildung als System?« (vgl. Fingerle und Kell 1990) argumentieren Fingerle und Kell ebenfalls von einer Gestaltungsaufgabe her. Sie suchen danach, wie sich *Postulate für die Gestaltung eines Berufsbildungssystems wissenschaftstheoretisch finden* und begründen lassen.

Zu gestalten seien: Differenzierung, Übersichtlichkeit und Transparenz, Entscheidungserleichterung, Durchlässigkeit (z.B. durch Korrektur-, Umstiegs- und Anschlußmöglichkeiten) sowie didaktische Professionalität.

Der Ansatz ist insofern multiperspektivisch, als die Autoren in kritischer Auseinandersetzung mit Luhmanns Systemtheorie die Frage der Binnendifferenzierung des Dualen Systems, seiner vielfältigen Dualitäten, Akteure und Interessengruppen aufgreifen. Folge man im Hinblick auf diese Vielfalt der Systemtheorie, so gelange man vor das Problem der Überschneidungen von Systemen auf der Mikro-, Meso- und Makroebene und von daher in eine nicht mehr überschaubare und gestaltbare Komplexität von Überschneidungsbereichen. Um dieser übermäßigen Komplexität zu entgehen, schlagen sie in Anlehnung an Münch (vgl. Münch 1987) einen multiperspektivischen Ansatz vor. Dieser sucht nach *Übereinstimmungen und Differenzen jeweils aus der Perspektive von Akteuren oder gesellschaftlichen Teilsystemen bzw. von "Kodierungen"* her.

Foto: Lipsmeier

Vorherrschende Perspektiven seien Macht/Recht, Geld/Markt und Pädagogik. Daraus ergäben sich z.B. das Duale System als Rechtsfigur oder als Streitobjekt zwischen Markt und Staat bzw. das Duale System als pädagogische Struktur.

Eine angemessene Gestaltung des Berufsbildungssystems sei weder ohne die juristische Kodierung noch ohne die pädagogische möglich, weil sich alles Handeln in diesem System auf Subjekte beziehe bzw. von diesen getragen werde.

 Eine von Kodierungen ausgehende Sicht überwinde die Schwierigkeit, daß Handlungen stets mehreren Teilsystemen der Gesellschaft zugerechnet werden müssen, sozusagen eine mehrfache Systemreferenz haben.

5.4.5 Der systemtheoretisch-handlungslogische Ansatz von Klaus Harney

Ziel dieses Zugriffs ist es, Entwicklungen, Interaktionen und Veränderungen des Berufsbildungssystems - seiner Vergangenheit, aber auch seiner gegenwärtigen Geschichte - analytisch zu erfassen und darzustellen. Der Ansatz Harneys wird aus einem expliziten gesellschaftspolitischen Interesse heraus entwickelt, nämlich der gesellschaftlichen Integration durch Berufsarbeit sowie der Produktion von Identität, Mobilität, Flexibilität und Lernfähigkeit der Individuen.

Angenommen werden vier Grundtypen von Ausbildung:

Foto: Harney

(1) Eine ausschließlich betriebliche Form überwiegend nebenhergehenden Lernens (learning by doing),
(2) schulische (und universitäre) Ausbildungsformen für akademische Professionen,
(3) hausgemeinschaftliche Ausbildungsformen speziell für Frauenberufe (Sonderformen betrieblicher Ausbildung),
(4) korporative Ausbildungsformen.

Die Ausbildungsformen stehen, entsprechend dem systemtheoretischen Kategoriengefüge, in einem Regulationskontext. Er ergibt sich aus der Polarität Privatheit und Öffentlichkeit. Die Ausbildung ist durch Strukturen bestimmt, die sich von denen anderer Systeme durch die Sinnhaftigkeit abgrenzen, und einer Dispositionsmacht unterliegen. Die Handlungslogik ergibt sich aus der dynamischen Interdependenz dieser Kategorien bzw.

Faktoren. Dabei spielen Fragen der Differenzierung und Abgrenzung bzw. Entgrenzung eine zentrale Rolle im Entwicklungsprozeß des Systems.

Ähnlich, wie wir es schon bei Kell und Fingerle gesehen haben, verweist Harney auf den hohen Komplexitätsgrad der beruflichen Bildung, weshalb er mit einem ausdifferenzierten System- und Sinngefüge operiert (vgl. Harney 1998,106 ff.). Die Systemdimensionen unterscheiden sich jeweils in ihrer sozialen, sachlichen und zeitlichen Hinsicht (auf horizontaler Ebene) und vertikal bezüglich Interaktion, Organisation und Gesellschaft. Die besondere Funktion des Staates wird als Stützform einbezogen, die via organisational realisierter korporativer Interaktion und Verrechtlichung die differenten Systeme Betrieb und Beruf, aber auch Betrieb und Schule in einem Metasystem vereint. Hierin weise "der gegenwärtige gesellschaftliche Modernisierungsdiskurs" sowohl den Prozessen der Rationalisierung als auch der Deregulierung der Berufsbildung, und darin speziell dem organisationalen Lernen "eine avantgardistische Aura von universaler Bedeutung" zu (Harney 1998,258). Hierin sieht Harney im gegenwärtigen Deregulierungsprozeß eine Chance für die Aufrechterhaltung des Berufs, weil sich auch über die berufsförmige Qualifizierung selbsttätiges Lernen und Reflexivität entwickeln ließen. Die Differenz zwischen beruflicher und betrieblicher Identität und dem Sinn beider bleibe als pädagogisches Problem allerdings ebenso offen wie als organisationales.

Harneys Ansatz zeigt in seiner über die strenge Systemtheorie hinausweisenden Ausdifferenzierung besonders deutlich die Interdependenzen auf, die im Berufsbildungssystem wirksam sind. Sichtbar wird vor allem, daß die gegenwärtige Krise beruflicher Bildung nicht nur aus einem Strukturproblem in den Betrieben resultiert. Macht doch die Qualifikation des menschlichen Arbeitsvermögens gesamtgesellschaftlich, individuell und betrieblich sowohl einen unterschiedlichen Sinn, wie es überlagernde Momente gibt. Dies deutet darauf hin, daß es um gesellschaftliche generelle Systemfragen und ein daraus resultierendes bildungspolitisches Grundproblem geht.

5.4.5 Der implikationstheoretische Ansatz von Lisop und Huisinga

Das wissenschaftstheoretische Instrument dieses Ansatzes kam bislang systematisch ausdifferenziert lediglich in der Bildungstheorie und Didaktik zum Tragen (vgl. Lisop und Huisinga 1984 und 1994). Seine Anwendung auf Teilbereiche des Bildungssystems erfolgte lediglich in Untersuchungen

5.4 Systembezogene Theorie-Ansätze

über den Zusammenhang von Berufsausbildung und technischen Wandel (vgl. Lisop 1985 und 1990b), über den Zusammenhang von Technik, Wirtschaft und Gesellschaft als Bedingungsgefüge von Berufsbildung (vgl. Huisinga 1996a) sowie über die Entstehung der Fachhochschulen und die Erscheinungsformen und Ursachen von Methodenbooms (vgl. Huisinga 1996b).

Im zweiten Kapitel des vorliegenden Buches erfolgt erstmals eine konsequente Anwendung auf das Berufsbildungssystem insgesamt.

Im Gegensatz zu systemtheoretischen Ansätzen geht es nicht darum, Erkenntnis von Unterschieden herauszuarbeiten, und zwar mittels Abgrenzungen und Grenzziehungen, sondern darum, neben Gegensätzen auch Identitäten und Entsprechungen zu finden. Aus der Sicht der Implikationstheorie begründen sich sowohl Konflikte und Krisen als auch das Kräfteverhältnis für gesellschaftspolitische Balance und die Möglichkeit der Überwindung von Konflikten aus der Erkenntnis von Rationalitäts-Synthesen.

Mit Hilfe der paradigmatischen Grundposition, die von der gesellschaftlichen Konstitutionslogik und ihren Rationalitäten sowie vom historischen Prozeß von Freisetzung und Vergesellschaftung aus denkt (vgl. dazu das erste Kapitel), erkennt man, daß die Wechselbeziehung von Allgemeinbildung und Berufsbildung sowie die von öffentlicher und privater Trägerschaft ein Kernproblem von Bildungspolitik ist. In dieser erfüllt die Berufsbildung in der Bundesrepublik Deutschland eine komplexe gesellschaftliche Funktion:

♦ Tradierung des gesellschaftspolitischen Ordnungsgefüges;
♦ Flankierung von Strukturwandel;
♦ Kompensation von Defiziten der Allgemeinbildung;
♦ Produktion der Ware Arbeitskraft als gesamtwirtschaftliche wie als individuelle.

Mittels Analyse von Konstitutionslogik und Rationalitäten läßt sich ferner erkennen, daß die Berufsbildung im Prozeß des gesellschaftlichen Wandels dazu dient, das Austarieren von dreierlei Interesse zu ermöglichen, nämlich dem des Staates, der Wirtschaft und der Bürgerinnen und Bürger. Die Abbildung 5.14 veranschaulicht dies.

Im Rahmen der Rationalitäten befriedigt das korporative Modell der Berufsbildung das staatspolitische Grundprinzip des korporativen Liberalismus, und es reguliert den Zugang zu Ressourcen wie es gesellschaftliche Konfliktpotentiale von Interessengruppen ausgleicht. Implikationstheoretisch ist nicht sein oder ein "Binnensinn" von Belang, sondern die gesell-

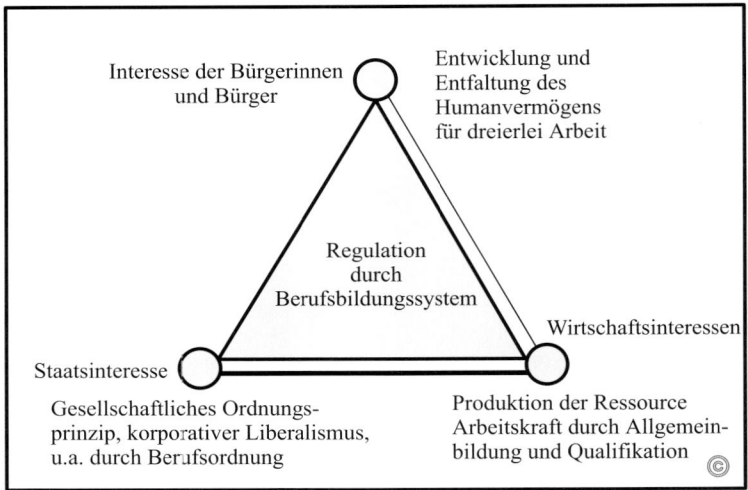

Abb. 5.14: Interessenintegration durch das System der Berufsbildung

schaftliche Rationalitätsfunktion und die ihr entsprechenden Interaktionslinien. So ist beim Dualen System die Interessens- und Interaktionslinie zwischen Staat und Wirtschaft stärker ausgeprägt als die zwischen Staat und Bürgerinnen und Bürgern. Dieses Ungleichgewicht konnte über die Berufsidee und die Funktion des Berufsbildungssystems solange regulierend ausgeglichen werden, wie das Recht auf Ausbildung und Arbeit für die Auszubildenden konkret realisierbar blieb und wie für die Betriebe die Erwartungswerte hinsichtlich einer positiven Kosten-Nutzen-Relation der Berufsbildung erfüllt wurden.

Im Zuge der europäischen Integration und der negativen Entwicklung der Arbeitsmärkte gerät das korporative Prinzip der Verfassung des Berufsbildungssystems unter Druck (vgl. Kapitel zwei). Damit ist die daran geknüpfte Befriedungsrationalität freigesetzt, drängt die Verteilungsrationalität der Unternehmen auf eine günstigere Kosten-Nutzen-Relationierung. Entsteht in dieser Situation kein Druck seitens der Bürgerinnen und Bürger oder ihrer Interessensvertretungen bezüglich der Verteilung von und der Zugänge zu Ausbildung und Arbeit, dann hat das Berufsbildungssystem im Rahmen der staatlichen Reproduktionslogik seine Funktion verloren. Die Gestaltung des Verhältnisses von Bildung und Qualifikation wäre damit freigesetzt. Wie es neu gestaltet bzw. vergesellschaftet werden kann, ist eine historisch offene Frage. Sie wird politisch durch ein neues Gewichten von Rationalitäten entschieden. Die Wissenschaft kann dazu nur logisch und empirisch begründete Modelle und Szenarien entwickeln, bei denen jeweils Wertprämissen bezüglich der Rationalitäten zu berücksichtigen sind (vgl. Kapitel eins). Selbsttätigkeit und Reflexivität, wie z.B. Harney sie nennt, könnten bedeutsame Werte der neuen Reproduktionslogik sein. Ob die Rationalitäten von marktbasierten Systemen diese Werte durch Berufsförmigkeit faktorgünstig garantiert sehen, erweist sich erst im Nachhinein eines historischen Prozesses. Aus implikationstheoretischer Sicht lassen sich hierfür gegenwärtig keine empirischen Anhaltspunkte finden.

5.5 Sozialisationsforschung und -theorie

5.5.1 Die generelle Problemstellung

Sozialisationsforschung ist ein Erkenntnisprogramm, das in der Soziologie, in der Psychologie und in der Erziehungswissenschaft von Bedeutung ist. Der Radius dieses Programms ist nicht in allen Disziplinen übereinstimmend. Wir verwenden hier wegen der Anbindung der Wirtschaftspädagogik an ein breiteres Spektrum von Wissenschaften einen weiten Begriff von Sozialisation. Insbesondere rechnen wir die Forschungen zur Entwicklung des moralischen Bewußtseins zur Sozialisationsforschung. Der Grund dafür, daß wir "Moralerziehung" als eigenständiges Unterkapitel ausweisen, ist lediglich in einer besseren Übersicht begründet.

 Der **Begriff Sozialisation** bezeichnet den Prozeß der Aneignung und Verinnerlichung von Werten, Normen, Urteils- und Handlungsmustern, durch die der Mensch "vergesellschaftet" und handlungsfähig wird sowie seine persönliche Identität erwirbt. Allgemein werden dabei vier Sozialisationsinstanzen unterschieden. Dies sind diejenigen gesellschaftlichen Gruppen und Institutionen, die in bestimmten Lebensphasen einen wesentlichen Anteil am Sozialisationsprozeß haben.

Die primäre Sozialisation
Sie erfolgt in der Familie, die wiederum entscheidend durch das soziale Milieu geprägt ist, dem sie angehört. In der Familie wird vor allen Dingen mittels Gefühlshaltungen, Moral und anderer Grundüberzeugungen sowie über den Verhaltens- und Lebensstil sozialisiert. Man spricht von Milieuspezifik, Mentalitäten und zugehörigem Habitus. Wichtigstes Ausdrucksmittel und zugleich Vermittlungsinstrument ist die Sprache. Imita-

tion und Verinnerlichung sowie Vorwegnahme von Reaktionsmöglichkeiten (korrespondierend, positiv oder negativ sanktionierend) sind zentrale Sozialisationsprozesse.

Die sekundäre Sozialisation
Hierzu gehören alle Einrichtungen des Bildungswesens vor der Berufsausbildung, aber auch sozialisatorische Effekte im Rahmen von altersspezifischen Gruppenbildungen (peer-groups).

Die tertiäre Sozialisation
Sie umfaßt vor allem die Berufsausbildung und Berufstätigkeit.

Die mediale Sozialisation
Dazu zählen alle Formen von Massenmedien sowie multi-mediale Einrichtungen.

5.5.2 Fragerichtungen und Bedeutung der Sozialisationstheorie für die Wirtschaftspädagogik

In der Wissenschaft gibt es eine stattliche Vorläufer-Tradition der Sozialisationsforschung. Sie bezieht sich auf die Erforschung und Reflexion der Entwicklungsbedingungen des Verhältnisses von Individuum und Gesellschaft. Dieses Thema hat in Mitteleuropa seit der Aufklärung kontinuierlich eine Rolle gespielt, so z.B. bei den Philosophen Hobbes, Rousseau, Hegel, Marx und bei dem Nervenarzt und Psychoanalytiker Freud. Freuds Werk gilt bis heute hin als eine wesentliche Wurzel der Sozialisationstheorie.

Man kann nicht von einer einheitlichen Untergliederung bzw. Systematik der Sozialisationstheorie sprechen. Im allgemeinen werden jedoch die folgenden Richtungen bzw. Konzepte unterschieden.

(1)   Rollen- und interaktionstheoretische Ansätze;
(2)   Psychoanalytische Ansätze;
(3)   Handlungs- und konfliktorientierte Ansätze.

 Im Rahmen der Bildungsoffensive im Übergang zu den 70er Jahren erlangte die Sozialisationsforschung besondere Bedeutung für die Pädagogik und Bildungspolitik.
Gefordert war die Ausweitung des Bildungswesens dahingehend, daß ein größerer Prozentsatz von Jugendlichen höhere Abschlüsse erreichen sollte. Dies warf die Frage auf, weshalb Jugendliche aus Elternhäusern der Mittelschicht in den weiterführenden Bildungseinrichtun-

5.5 Sozialisationsforschung und -theorie

gen überproportional vertreten waren. Wenn man nicht annehmen wollte, daß die Begabung schichtspezifisch verteilt wäre, dann konnte dies außer finanziellen Gründen sozialisatorische Ursachen haben. Zu dieser Frage wurden in Großbritannien bereits in den 40er Jahren empirische *Sprachstudien vor allem von Basil Bernstein* (vgl. Bernstein 1972) durchgeführt. Bernstein arbeitete zwei idealtypische Sprachcodes heraus, den elaborierten der Mittelschicht und den restringierten der Unterschicht. Ohne hier darauf einzugehen, wie angemessen die schichtspezifische Differenzierung im soziologischen Sinne ist, so hat sich doch in allen späteren Untersuchungen gezeigt, daß Sprachgebrauch und Spracherwerb in direkter Abhängigkeit zur sozialen Schicht und zur Entwicklung des Denkens stehen. Die Sprachcodes unterscheiden sich nach Art und Umfang des Vokabulars, nach dem Ausmaß, wie individuell differenzierend und kontextspezifisch modifizierend mit Sprache umgegangen wird, auch im grammatikalischen Sinne. Soziale Fähigkeiten wie Empathie, Rollendistanz, Konflikt- und Problemlösefähigkeit sind gleichfalls vom Spracherwerb abhängig.

Schon seit den 30er Jahren hat der berühmte *Schweizer Psychologe Jean Piaget* die Zusammenhänge von operativer Intelligenz und Sprache erforscht. Auch für ihn ist die Sprache unentbehrlich für die Ausformung des Denkens.

Auch Lern- und Leistungsmotivation, Wertorientierungen, Kreativität und Risikobereitschaft sowie die Fähigkeit, sich mit abstrakten Lerninhalten erfolgreich auseinanderzusetzen, wurden als abhängig vom sozialen Milieu erkannt. Dies ergab bildungspolitisch die Einsicht, Förderprogramme zu entwickeln, aber auch bei der Auswahl von Lerninhalten, Lernmethoden und Kommunikationsstilen des Unterrichtes darauf zu achten, daß Kinder aus sozial bescheidenem Milieu sich nicht fremd oder gar ausgestoßen fühlen mußten.

Wirtschafts- und berufspädagogisch hat die sozialisationstheoretisch orientierte Begabungsforschung im Rahmen des Kollegstufenmodells in Nordrhein-Westfalen Bedeutung gewonnen. Sprachforschungen zur Klärung des Einflusses von berufsspezifischen Sprachsystemen auf Lernfähigkeit und Sozialverhalten hat es nur ansatzweise gegeben (vgl. Lisop 1973). Zwischen 1970 und 1973 wurden eine Reihe breit angelegter empirischer Untersuchungen zur Sozialisation der beruflichen Bildung erstellt (vgl. im Überblick Dams 1973). Sie ergaben einerseits Qualifikationsdefizite, andererseits wiesen sie darauf hin, daß es wenig Spielräume zum Erlernen von Autonomie, aktiver Verantwortung, Kreativität und Konfliktfähigkeit gibt. Dies deutete darauf hin, daß die Möglichkeiten zur Persönlichkeitsentwicklung einschließlich der intellektuellen Entfaltung reformbedürftig waren. Wollte man auch berufliche Bildung als Beitrag zur gesellschaftlichen Demokratisierung verstehen, so waren die Möglichkeitsbedingungen genauer zu untersuchen, um Reformen nicht ins Unbestimmte laufen zu lassen.

Mit beruflicher Sozialisation hat sich im Rahmen der Wirtschafts- und Berufspädagogik vor allem *Wolfgang Lempert* befaßt. 1974 skizziert er ein entsprechendes Forschungsprogramm unter dem Titel "Zur Verknüpfung von Gesellschaftstheorie und Bildungstheorie durch Mikroanalysen der Wechselwirkungen zwischen Arbeiten und Lernen" (vgl. Lempert 1974).

 Lempert geht es um präzise Aussagen über die Wirkung von Arbeitsrollen. Dabei sollen im Detail Arbeitsaufgaben, Arbeitsgegenstände, Kooperationsformen, Mechanisierungsgrade, Dispositionschancen, Kontrolle, Kommunikationsformen und Sanktionen untersucht werden, aber auch die Anforderungen an Sprache, Kreativität, Orientierungsvermögen, Motivation und Autonomie. Er betont, daß dabei vom Rollenkonzept ausgegangen werden könne, Lern- und Persönlichkeitstheorien jedoch zu berücksichtigen seien (vgl. Lempert 1974,77).

Von dieser Programmatik ausgehend, hat Lempert dann unter besonderem Rückbezug auf den symbolischen Interaktionismus und auf Kohlberg ein Forschungsprogramm realisiert, aus dem zahlreiche empirische Studien hervorgegangen sind (vgl. vor allem Lempert 1998; Hoff u.a. 1991; Lempert 1977 und 1974).

5.5.3 Abriß der wichtigsten Ansätze der Sozialisationstheorie

Rollen- und interaktionstheoretische Ansätze

Die deutsche Rezeption der vor allen Dingen in den USA entwickelten rollentheoretischen Ansätze ist durch *Ralf Dahrendorfs* Buch "*homo sociologicus*" bestimmt gewesen. Dahrendorf definiert soziale Rollen als ein Bündel von Erwartungen, die sich in einer arbeitsteiligen Gesellschaft an das Verhalten derjenigen knüpfen, die arbeitsteilige Positionen im Prozeß der Reproduktion der Gesellschaft inne haben. Die Nichterfüllung der Erwartungen sei mit Negativ-Sanktionen belegt (vgl. Dahrendorf 1958,5). Durch divergierende Vorstellungen darüber, wie eine Rolle auszuüben sei, könnten Rollenkonflikte entstehen (z.B. einer Berufsschullehrerin gegen-

5.5 Sozialisationsforschung und -theorie

über Betrieben, Gewerkschaften, Behörden, Schulleitung). Aber auch dadurch, daß Menschen in unterschiedlichen Positionen und Rollen wirken (z.b. als Vater, Kirchenvorstand und Umweltschutzpräsident) ergäben sich Konflikte, die als Interrollenkonflikt bezeichnet werden.

Die Rollentheorie Dahrendorfs hat wegen der Kopplung an sanktionskontrollierte Ansprüche Kritik erfahren. Sie drückt sich vor allem im *symbolisch-interaktionistischen Theorieansatz* aus.

Hiernach entwickelt sich die autonome, handlungsfähige und ihrer selbst bewußte Persönlichkeit ("self") vor allen Dingen durch den symbolisch (Sprache, Gesten u.a. Verkehrsformen) vermittelten Austausch von Aktionen der Individuen. Durch die Interaktion werden die Wahrnehmungen mit Sinn belegt, durch den das erkennende Subjekt ein generalisiertes Bewußtsein seiner Umwelt, aber auch des Daseins generell entwickelt. Sozialisation vermittelt den Erwerb einer Perspektive, welcher über die Individualsicht hinaus die Erwartungen anderer, auch der Gesellschaft als Ganzes betrifft. Da der Interaktionsprozeß ein Wechselprozeß ist, verläuft die Sozialisation nicht als einseitige Prägung. Es entstehen auch Freiheitsräume und Möglichkeiten, Rollenkonflikte zu überwinden. Hierzu bedürfe es einer Sozialisation, welche außer Ich-Identität auch Flexibilität und Interpretationsfähigkeit entwickelt. Hierzu gehörten Rollendistanz als Fähigkeit, autonom über die Angemessenheit von Rollenverhalten zu entscheiden; Ambiguitätstoleranz als Fähigkeit, widersprüchliche Anforderungen auszuhalten sowie Empathie als Fähigkeit und Bereitschaft, den Normen-, Wert- und Bedürfnishorizont der Interaktionsparter einzuschätzen und zu bedenken (vgl. Krappmann 1971).

Psychoanalytische Ansätze

Die psychoanalytischen Ansätze der Sozialisationstheorie (vgl. u.a. Brenner 1967) gehen davon aus, daß zwischen der menschlichen Triebstruktur (energetisches Potential und Bedürfnisse) und der gesellschaftlichen Realität, zunächst repräsentiert in Gestalt der Eltern, Konflikte entstehen. Im Laufe der "Vergesellschaftung" der natürlichen Natur des Kindes müssen seine Triebwünsche zum Teil zurückgewiesen, zum Teil aufgeschoben, zum Teil sublimiert, d.h. in kulturell geprägte Gestaltungsaufgaben transponiert werden. Die im Sozialisationsprozeß entstehende Charakter- und Verhaltensstruktur sei der dauerhafte Niederschlag der Art und Weise, wie die Vergesellschaftung der Triebstruktur verarbeitet werde. Von Bedeutung sei dabei zunächst einmal, daß das Kind verschiedene, sozialisationstheoretisch sensible Phasen durchläuft. *Erik Erikson*, einer der bekannte-

208 5. Theorien und Theoriebildung

								Integrität gg. Lebens-Ekel
							Generativität gg. Selbstabsorbtion	
						Intimität gg. Isolierung		
					Identität gg. Identitätsdiffusion			
				Werksinn gg. Minderwertigkeitsgefühl				
			Initiative gg. Schuldgefühl					
		Autonomie gg. Scham und Zweifel						
	Urvertrauen gg. Mißtrauen							
I Säuglingsalter	II Kleinkindalter	III Spielalter	IV Schulalter	V Adoleszenz	VI Früh-Erwachsenenalter	VII Erwachsenenalter	VIII Reifes Erwachsenenalter	

Abb. 5.15: Entwicklungsphasen und Pole möglicher Entwicklung nach Erikson (Quelle: Erikson 1973,150)

ster Sozialisationstheoretiker der psychoanalytischen Richtung, unterscheidet acht Phasen (vgl. Abb. 5.15).

 Strukturell betrachtet, setzt sich die menschliche Psyche nach Ansicht der Psychoanalyse aus drei Instanzen zusammen, nämlich Es, Ich und Über-Ich. Das Es repräsentiert das Triebpotential und Lustprinzip. Das Über-Ich die gesellschaftlichen Normen und Werte. Das Ich entwickelt sich als regulierende Instanz zwischen dem Es und dem Über-Ich. Solche Vermittlungsaufgaben, die das Ich nicht bewältigen kann - vor allem dort, wo tiefgreifende Angst abgewehrt werden muß - werden mit Abwehrmechanismen beantwortet. Das Ich verändert den Inhalt der bedrohlich wirkenden Impulse zum Beispiel durch Verdrängung oder Tilgung aus dem Bewußtsein, Verkehrung ins Gegenteil und Verleugnung der Realität, durch Projektion von eigenen Wünschen, Bedürfnissen oder Gefühlen auf andere Menschen oder Objekte und anderes mehr. Bei Störungen in Lehr- und Lernprozessen, aber auch in vielen anderen Konflikten, spielen Abwehrmuster eine große Rolle (vgl. Lisop und Huisinga 1994,191 ff.).

Obwohl die Psychoanalyse ihr Hauptaugenmerk auf das Individuum richtet, wird gerade an ihrer Theorie deutlich, wie grundlegend der Einfluß der Umwelt auf den Entwicklungsprozeß des Menschen ist. Im weitesten Sinne läßt sich mittels Psychoanalyse erkennen, daß zwischen einem jeweiligen Kulturraum und den Charakterstrukturen, welche die Menschen entwickeln, Wechselbeziehungen bestehen. Die Diskussion darüber, ob in unserer Gesellschaft narzißtische Charakterstrukturen vorherrschen, die u.a. durch Orientierungslosigkeit und Beziehungsarmut gekennzeichnet sind, gehören in diesen Kontext (vgl. z.B. Kohut 1976).

Handlungs- und kognitionspsychologische Ansätze

Der Handlungsbegriff ist aufgrund seiner anthropologischen Grundstruktur sowohl für die Psychologie als auch für Soziologie und Erziehungswissenschaft bedeutsam. Für alle Disziplinen gilt, daß die Handlung durch Subsysteme konstituiert wird. Dazu rechnen das Persönlichkeitssystem oder - psychoanalytisch - die Charakterstruktur mit den spezifischen Modi, nach denen das Ich steuert und z.B. Motivation entsteht, das soziale System mit seinen Rollen- und Beziehungsmustern einschließlich des zugehörigen Handlungswissens sowie das System der Normen und Werte.

Einen zentralen Stellenwert nimmt inzwischen Kohlbergs kognitionspsychologische Theorie der Moralentwicklung ein (vgl. Kohlberg 1994).

Kohlbergs Klassifikation der moralischen Urteile nach Entwicklungsebenen und -stufen

Stufe	Basis des moralischen Urteils	Entwicklungsstufen
I	Moralische Wertung beruht auf äußeren, quasi-physischen Geschehnissen, schlechten Handlungen, oder auf quasi-physischen Bedürfnissen statt auf Personen und Normen.	Stufe 1: Orientierung an Bestrafung und Gehorsam. Egozentrischer Respekt vor überlegener Macht oder Prestigestellung bzw. Vermeidung von Schwierigkeiten. Objektive Verantwortlichkeit.
		Stufe 2: Naiv egoistische Orientierung. Richtiges Handeln ist jenes, das die Bedürfnisse des Ich und gelegentlich die der anderen instrumentell befriedigt. Bewußtsein für die Relativität des Wertes der Bedürfnisse und der Perspektive aller Beteiligten. Naiver Egalitarismus und Orientierung an Austausch und Rezipozität.
II	Moralische Wertung beruht auf der Übernahme guter und richtiger Rollen, der Einhaltung der konventionellen Ordnung und den Erwartungen anderer.	Stufe 3: Orientierung am Ideal des "guten Jungen". Bemüht, Beifall zu erhalten und anderen zu gefallen und ihnen zu helfen. Konformität mit stereotypischen Vorstellungen vom natürlichen oder Mehrheits-Verhalten, Beurteilung aufgrund von Intentionen.
		Stufe 4: Orientierung an Aufrechterhaltung von Autorität und sozialer Ordnung. Bestrebt, »seine Pflicht zu tun«, Respekt vor der Autorität zu zeigen und die soziale Ordnung um ihrer selbst willen einzuhalten. Rücksicht auf die Erwartungen anderer.

Fortsetzung nächste Seite

Kohlbergs Klassifikation der moralischen Urteile nach Entwicklungsebenen und -stufen

Stufe	Basis des moralischen Urteils	Entwicklungsstufen
III	Moralische Wertung beruht auf der Konformität des Ich mit gemeinsamen (oder potentiell gemeinsamen) Normen, Rechten und Pflichten.	Stufe 5: Legalistische Vertrags-Orientierung. Anerkennung einer willkürlichen Komponente oder Basis von Regeln und Erwartungen als Ausgangspunkt der Übereinstimmung. Pflicht definiert als Vertrag, allgemein Vermeidung der Verletzung von Absichten oder Rechten anderer sowie Wille und Wohl der Mehrheit.
		Stufe 6: Orientierung an Gewissen oder Prinzipien. Orientierung nicht nur an zugewiesenen sozialen Rollen, sondern auch an Prinzipien der Entscheidung, die an logische Universalität und Konsistenz appellieren. Orientierung am Gewissen als leitendes Agens und an gegenseitigem Respekt und Vertrauen.

Abb. 5.16: Klassifikation nach Kohlberg (Quelle: Kohlberg 1974,60 ff.)

Kohlberg erforscht im Hinblick auf soziale Konflikte die Entwicklung der sozialkognitiven Reife und hat hierfür ein Modell mit sechs Stadien entwickelt (vgl. Abb 5.16).

Die *kognitionspsychologischen Forschungen* zur Entwicklung von Urteilsfähigkeit in Wertkonflikten (*"moralische Urteilsfähigkeit"*) arbeiten mit Stufenmodellen. Deren höchste Stufe, nämlich autonome Urteilsfähigkeit, entwickle sich erst gegen Ende der Adoleszenz, weil sie von der Entwicklung des formal-logischen Operierens, der Ich-Identität sowie der Lebenserfahrung getragen ist.

Text zur Diskussion der Zeitgemäßheit

Nach obiger Auffassung wären alle Jugendlichen in ihrer Entwicklung benachteiligt, denen nicht ausreichend formallogische Schulung sowie Experimentier- und Verantwortungsspielräume zur Verfügung stehen. Gemessen am Bildungssystem der Bundesrepublik Deutschland wären das alle Jugendlichen, die vor dem Ende der Adoleszenz in den Erwerbsprozeß eintreten. "Aus der Erörterung der drei Aspekte betrieblicher Bildung - der Persönlichkeitsbildung, der politischen Bildung und der Vermittlung eines Weltverständnisses - ist nur der Schluß zu ziehen, daß der Betrieb, am Maßstab einer auf soziale Autonomie und politische Mündigkeit zielenden Bildung gemessen, ein bildungsfernes und sogar bildungsfeindliches Milieu darstellt". So urteilt Baethge 1970 (Baethge 1970,248).

5.5 Sozialisationsforschung und -theorie

Die Studien von Wolfgang Lempert und seinen Mitarbeitern

Lempert und seine Mitarbeiter zeigen, daß die Aussage Baethges sich unter den Bedingungen der Mitbestimmung und einer systematisierten und pädagogisch orientierten Berufsausbildung relativiert und daß darüber hinaus auch noch im Erwachsenenleben Persönlichkeitsentwicklung stattfindet. Dies betreffe auch die Ausprägungen des sogenannten Kontrollbewußtseins (vgl. Hoff u.a. 1991,19 ff.). Darunter ist die Gesamtheit kausaler Vorstellungen zu verstehen, mit denen Personen sich selbst in Relation zu ihrer Umwelt sehen, speziell bezüglich Erfolg und Mißerfolg und bezüglich der eigenen Einflußmöglichkeiten überhaupt. Je nach Lokalisierung der Einflußinstanz wird nach Internalität, Externalität und Fatalismus unterschieden.

Foto: Lempert

Sie korrelieren positiv mit der Entwicklung und Entfaltung der Persönlichkeit im Sinne des "Aufstiegs" in der Rangskala der moralischen Urteilsfähigkeit. Lempert weist darauf hin, daß vor allem zwischen der Mikro-, Meso- und Makroebene sozialisatorischer Wirkungen zu unterscheiden ist. Die Mikroebene umfaßt unmittelbare Kontakte in der Kommunikation, Kooperation und Hierarchie von Betriebsangehörigen sowie die gegenständlichen Arbeitsbezüge. Zur Mesoebene können Betriebsabteilungen, aber auch ganze Betriebe gerechnet werden. Zur Makroebene rechnet Lempert in erster Linie den Beruf, aber auch Arbeitsmärkte und Branchen (nicht dagegen das Wirtschaftssystem als Ganzes).

Es geht auf *Lemperts* Forschungen bzw. den Ansatz des *Max-Planck-Institutes für Bildungsforschung*, Berlin, zurück, daß die Theorie der beruflichen Sozialisation inzwischen nicht mehr nur Rollenmuster untersucht, sondern das Gesamtgefüge technischer, ökonomischer und sozialer Faktoren berufspraktischer Konstellationen beleuchtet.

Soziale Bedingungen der Persönlichkeitsentwicklung im Betriebskontext (nach Lempert)

- Offene Konfrontation mit sozialen Problemen und Konflikten,
- zuverlässige Wertschätzung,
- zwanglose Kommunikation,
- Mitbestimmung und fähigkeitsangemessene Verantwortung.

5. Theorien und Theoriebildung

Bedingungen beruflicher Sozialisation: soziale Umweltstrukturen (U)

auf der Mikroebene
- Interaktionspartner und -beziehungen
- gegenständliche Bezüge

auf der Makroebene
- Beruf (Profession)
- regionaler Arbeitsmarkt
- Branche

auf der Mesoebene
- Betrieb
- Abteilung
- Ablaufstrukturen

Konstellationen
- konsistent
- inkonsistent

Prozesse berufsbedeutsamer Sozialisation: Aspekte der P-U-Interaktion

kurzfristig/detailliert: Strukturelemente   langfristig/global: Phasen, Bereiche, Muster

Wahrnehmung und Deutung

kognitive und emotionale Verarbeitung

Verhalten und Handeln

Sozialisation für den Beruf (vor allem in Elternhaus und Schule)

Sozialisation durch den Beruf
- Aus- und Fortbildung
- Erwerbstätigkeit

berufsbedeutsame außerberufliche Sozialisation

Verlaufsformen
- kontinuierlich
- diskontinuierlich

Auswirkungen berufsbedeutsamer Sozialisationsprozesse: individuelle Persönlichkeitsstrukturen (P)

berufs/betriebsbezogene Merkmale, z.B. Präzision des Uhrmachers, Schering-Stolz, generell: Firmenloyalität

sektoren-/schicht-/geschlechtsspezifische Sozialcharaktere z.B. Gebrauchswertorientierung von Produzenten, Tauschwertorientierung von Kaufleuten, Hierarchiedenken und Regeltreue von Beamten, Fürsorglichkeit in Pflegeberufen

allgemeine Persönlichkeitsmerkmale, z.B. Kontrollbewußtsein, moralische Urteilsfähigkeit, soziale und persönliche Identität

Abb. 5.17: Bedingungen, Prozesse und Auswirkungen beruflicher Sozialisation (Quelle: Lempert 1998, 41)

5.5 Sozialisationsforschung und -theorie

> Besondere Bedeutung für die Persönlichkeitsentwicklung nach der Adoleszenz hat "die Konfrontation mit komplexen Konstellationen gleichzeitig vorhandener Chancen *und* Schranken selbständigen Handelns in verschiedenen Umweltsektoren, innerhalb derselben Lebensbereiche und hier besonders in identischen Situationen. Neben solchen Konstellationen von Handlungsspielräumen und Restriktionen haben wir ... die sozialen Kontakt-, Konflikt- und Verantwortungsstrukturen mit denen sie sich auseinandersetzen mußten als einflußreiche Sozialisationsbedingungen identifiziert " (Hoff u.a. 1991,231). Eine herausgehobene Rolle in der berufsbezogenen Persönlichkeitsentwicklung spielen Kontraste zwischen Arbeitswelt und Lebenswelt.

Abb. 5.18: Faktoren der Persönlichkeitsentwicklung

Insgesamt räumt Lempert jedoch ein, daß die familiale und schulische Sozialisation einerseits, die Arbeitsorganisation und das Betriebsklima andererseits ausschlaggebend dafür sind, ob sich Entwicklungschancen nicht nur ergeben, sondern auch wahrgenommen werden können (vgl. Lempert 1998,130 ff.). Bei der Erforschung von Facharbeiterbiographien wurde von einer gelungenen Bewältigung der Berufsausbildung und des Berufseinstiegs ausgegangen (vgl. Hoff u.a. 1991). In den späteren Untersuchungen über die moralische Entwicklung in der Ausbildung und in der Arbeit von Köchinnen und Köchen, Chemielaborantinnen und Chemielaboranten (vgl. Corsten und Lempert 1997) stellen sich die Ergebnisse schon nicht mehr ganz so positiv dar.

Forschungen zur Lehrzeit als sozialer Risikolage

Der *Sonderforschungsbereich 186* "Statuspassagen und Risikolagen im Lebenslauf " der *Universität Bremen* hat sich u.a. der Problematik von Normierungen in Ausbildung und Beruf angenommen. Ausgangspunkt war die Hypothese, daß die Lehrzeit für viele Jugendliche eine Risikolage im Lebenslauf darstellt. Die Ergebnisse der Untersuchungen, die ausführlich auf Lemperts Forschung Bezug nehmen, sind unter dem Titel "Zur Konstruktion des ordentlichen Menschen" veröffentlicht worden (vgl. Mariak und Kluge 1998).

Mariak und Kluge untersuchen Erstausbildung im Betrieb, in vollzeitschulischer Form sowie in Berufsbildungsmaßnahmen der Jugendberufshilfe. Die Hypothese "Risiko Lehrzeit" wird zunächst einmal aus den statistischen Befunden abgeleitet, wonach z.B. für 1994 die Lehrabbruchsquote bei 25 Prozent lag.

Risiken der Lehrzeit

(1) Konflikte mit Ausbilderinnen und Ausbildern;
(2) gesundheitliche Gründe;
(3) keine Lust mehr auf Berufsschule;
(4) Enttäuschung über den gewählten Beruf;
(5) problembelastete Sozialisation in Elternhaus und Schule.

Da für Haupt- und Sonderschülerinnen sowie -schüler die Risikolage besonders hoch ist, untersuchen Mariak und Kluge speziell dieses Klientel. Es handelt sich im Vergleich zu Lempert ausweislich um eine Kontrast- oder Kontrollgruppe. Die Adoleszenz ist noch nicht abgeschlossen und der Übergang in die Berufstätigkeit noch nicht vollzogen. Aufgrund des Bildungsniveaus und der altersspezifischen Entwicklung des Moralbewußtseins sind die Gefahren des Scheiterns deshalb ungleich größer.

Abgesehen von Schwierigkeiten mit schulischen Leistungen handelte es sich bei den befragten Jugendlichen um ein Klientel mit "problembeladenem Sozialverhalten". Verhaltensweisen wie Kaufhausdiebstahl, unentschuldigtes Fehlen in der Berufsschule, Körperverletzungen, Verstöße gegen die Schulordnung, Gruppenrivalitäten, Unterrichtsstörungen und analoge Verhaltensformen im Betrieb zeigen, daß die Grenze zum Rechtsbruch berührt war. Damit waren bereits zu Ausbildungsbeginn soziale Konflikte gegeben, deren Lösung nicht nur von den Jugendlichen abhing. Allerdings fußt diese Sicht auf einem pädagogischem Ethos, das entsprechend § 6 des Berufsbildungsgesetzes Hilfe zur Charakterentwicklung geben will. Dort heißt es nämlich in Absatz (1), Ziffer 5: "Der Ausbildende hat dafür zu sorgen, daß der Auszubildende charakterlich gefördert sowie sittlich und körperlich nicht gefährdet wird".

Die Studie zeigt nun, daß weder die organisationalen Bedingungen der Berufsausbildung noch die pädagogische Qualifikation der Ausbilderinnen und Ausbilder sowie Lehrerinnen und Lehrer den Anforderungen des § 6 BBiG entsprechen. Auf eine knappe Formel gebracht:

5.5 Sozialisationsforschung und -theorie 217

 Eine große Gruppe von Jugendlichen bedarf einer Ausgestaltung ihrer Ausbildungsphase, die ihnen durch besondere Curricula die Chance bietet, bezüglich ihrer Selbst- und Sozialkompetenz "nachzureifen". Man könnte auch von einem pädagogischen Moratorium sprechen, das die fachlichen und sozialen Leistungsanforderungen sukzessive einführt. Gemessen an den Kosten einer eventuellen Kriminalisierung rechtfertigt sich eine solche Nachsozialisation auch ökonomisch.

Vor allem formale betriebliche Leistungszwänge und informeller sozialer Gruppendruck der Lehrkräfte und Ausbilderinnen und Ausbilder führen in der Praxis aber eher dazu, daß eine Selektion stattfindet, die letztlich zum Abbruch der Ausbildung führt.

Zeigen die Studien des Max-Planck-Institutes die Chancen positiver Persönlichkeitsentwicklung im Beruf auf, wenn die primäre und sekundäre Sozialisation gelungen und das betreffende Umfeld förderlich war, so belegt die Bremer Studie, daß sich innerhalb der Berufsausbildung auch ein Bedarf stellt, mit pädagogisch professionellen Mitteln gezielt nachzusozialisieren, weil viele Jugendliche der Konfliktbewältigung alleine nicht gewachsen sind. Für sie sind Konfliktsituationen keine Herausforderungen, sondern gefährdendes Risiko. Nur wenn sie in ihrer Charakterentwicklung geleitet werden, können sie später die Chancen einer weiteren Entwicklung ihres moralischen Bewußtseins wahrnehmen.

Die Mainzer Sozialisationsforschung von Klaus Beck u.a.

Die ebenfalls von der Deutschen Forschungsgemeinschaft geförderten Mainzer Forschungen betrachten speziell das Arbeitsfeld Wirtschaft und Verwaltung.

Während die Forschungen Lemperts u.a. überwiegend auf die Chancen "moralischer Aufwärtbewegung" im Laufe der Berufsbiographie abstellen, suchen Beck u.a. nach den Möglichkeiten der Gestaltung von Umgebungsbedingungen, welche das Erlernen eines differenzierten moralischen Urteilens stimulieren.

Zentrale Qualifikationsanforderung an kaufmännische Angestellte sei im Rahmen der Sozialkompetenz die Fähigkeit, moralisch im Sinne der Kohlbergschen Stufen zu differenzieren.

 "Die eindimensionale Entwicklungsperspektive einer moralischen Aufwärtsbewegung, auf die sich die Kohlberg-Theorie beschränkt,

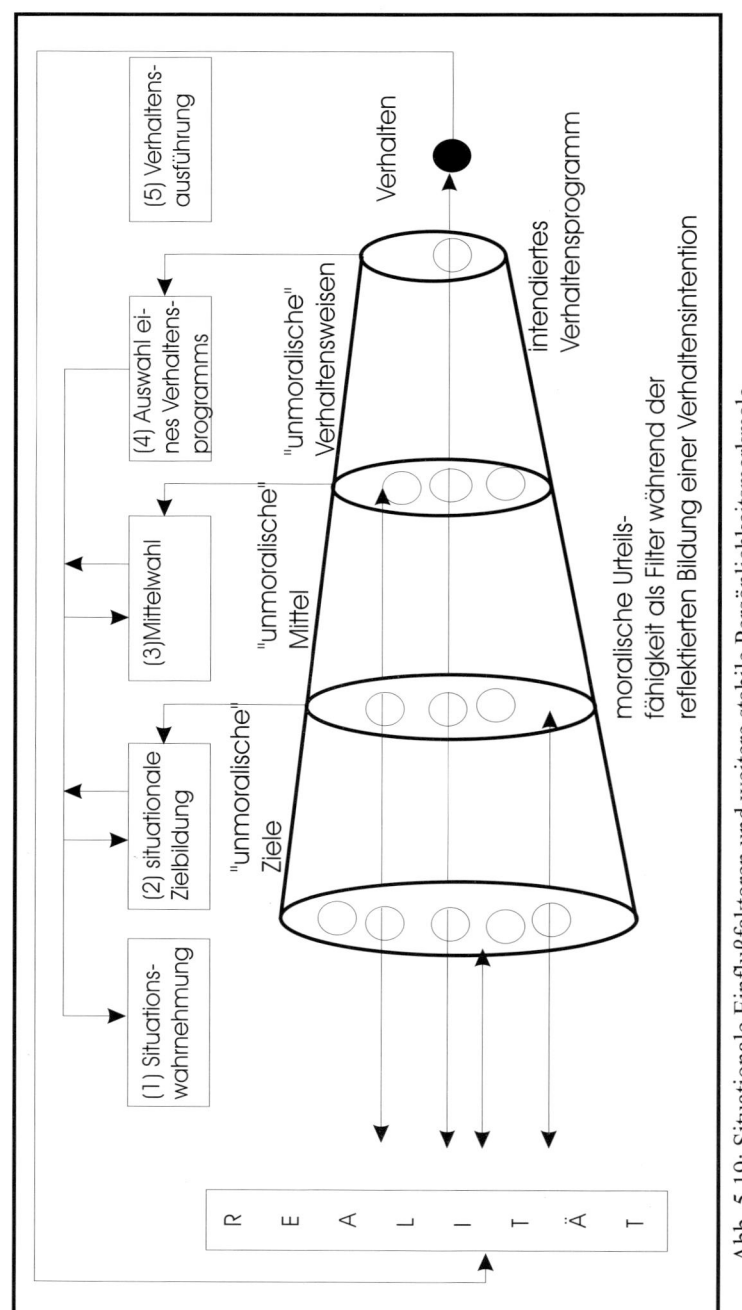

Abb. 5.19: Situationale Einflußfaktoren und weitere stabile Persönlichkeitsmerkmale (Quelle: Beck 1998,191)

5.5 Sozialisationsforschung und -theorie

erscheint ... als zu restriktiv und zu vorurteilsvoll. Aus ihrer Sicht muß man es ja als einen *Rückschritt* (»Regression«) bezeichnen, wenn ein kaufmännischer Lehrling, der zuvor auf der Stufe drei zu argumentieren gewohnt war, es nunmehr lernt, in bestimmten beruflichen (Wettbewerbs-)Situationen sich auf die persönliche Vorteilsorientierung als moralisch zulässiges, ja sogar moralisch gebotenes Argument zu berufen. In Begriffen der Berufsqualifizierung würde diese Veränderung dagegen als *Fortschritt* zu bewerten sein" (Beck u.a. 1998,208).

Befragt werden im Mainzer Projekt Auszubildende aus großen Versicherungsunternehmen. Um eine ganzheitliche Problemsicht zu erhalten, werden die Auszubildenden in Jahresabständen befragt. Sie erhalten vier Dilemmageschichten zur Beurteilung, die auf betriebliche Außen- und Innenbeziehungen, familiäre sowie Freundschaftsbeziehungen bezogen sind.

Ergänzend dazu wird die Einschätzung der Auszubildenden bezüglich der für ihre Urteilsentwicklung förderlichen Sozialisationsbedingungen in der Berufsschule, im Betrieb, in Familie und Freundeskreis erfragt. Es geht um Wertschätzung, Möglichkeiten einer offenen Konfliktaustragung, Kommunikationsmöglichkeiten in eher zwangloser Atmosphäre, Kooperation, Verantwortungsübernahme und Handlungsspielräume.

Die bisherigen Mainzer Forschungsergebnisse

(1) "Der gesamte Prozeß der Genese des Verhaltens zur Lösung eines moralischen Konflikts wird durch eine Vielzahl von Situations- und Persönlichkeitsmerkmalen (wie Motivation, Interessen, Einstellungen, Kontrollüberzeugungen, Emotionen, Selbstwahrnehmung, Einfluß anderer Interaktionspartner, Entscheidungsunsicherheit des Handelnden und Handlungsdruck) bestimmt, u.a. auch durch die moralische Urteilsfähigkeit."

(2) "Erlebt eine Person einen moralischen Konflikt und wird daraufhin ein Reflexionsprozeß angestoßen, wirkt die moralische Urteilsfähigkeit in allen Phasen der Verhaltensgenese als Filter. Sie begrenzt den Möglichkeitsraum der (1) subjektiven Situations- und Konfliktwahrnehmung, (2) der Zielbildung, (3) die Mittelwahl und (4) die Wahl eines spezifischen Verhaltensprogramms."

(3) "Ein moralischer Konflikt kann schon bei (1) der Situationswahrnehmung, aber auch (2) in der Phase der Zielbildung, (3) der Mittelwahl oder bei (4) der Auswahl des Verhaltensprogramms erlebt und daraufhin (erneut) ein Reflexionsprozeß angestoßen werden. Dieser

kann in unterschiedliche Stadien der Verhaltensgenese (1) - (4) einmünden (»Rückkopplungsschleifen«)." (Beck u.a. 1998,192)
Ein weiteres Ergebnis ist, daß die Auszubildenden sich bezüglich der Entwicklung ihres moralischen Urteils im Zeitvergleich eher nach unten bewegen. Ihr Urteil liegt eher auf der "Stufe 2" der naiv egoistischen Orientierung. Beck u.a. interpretieren dahingehend, daß die Spielregeln der Marktwirtschaft erlernt worden sind, und daß die strategische Orientierung hieran als die geeigneteste erscheint (vgl. Beck u.a. 1998,200).

Text zur kritischen Diskussion:

Prüfen Sie die folgenden Texte auf ihren Realitätsgehalt hin.
Vergleichen Sie die Ergebnisse von Beck mit der Tabelle von Kohlberg (Abb. 5.16) im Hinblick darauf, ob man als Ergebnis nicht auch ein stabiles Verbleiben auf Stufe 3 konstatieren kann, wenn man die arabische Untergliederung bei Kohlberg strenger mit der römischen korreliert.

Text 1: *Dilemma im Bereich betrieblicher Außenbeziehungen*
Dem Versicherungssachbearbeiter Weber liegt der Fall des Versicherungsnehmers Danz vor, der an einem Herzinfarkt gestorben ist. Durch Zufall erfährt er, daß Herr Danz schon vor Vertragsabschluß schwer herzkrank war, dies aber nicht angegeben hatte. Die Witwe, Frau Danz, ist selbst schwer krank und benötigt eine überlebensnotwendige Operation, die nur in den USA vorgenommen werden kann nun nicht von der Krankenkasse bezahlt wird.
Soll Weber die Information verschweigen und die Zahlung anweisen?

Text 2: *Dilemma im Bereich Familie:*
In den USA droht eine Frau an seiner speziellen Art von Krebs zu sterben. Alle Bemühungen ihres Ehemannes Heinz, die hohe Geldsumme für das möglicherweise lebensrettende Medikament aufzubringen, waren erfolglos. Der Apotheker, der das Medikament entwickelt hat, ist zu keinerlei Zugeständnissen bereit.
Soll Heinz in die Apotheke einbrechen und das Medikament stehlen?

(Quelle: Beck 1998,193 f.)

5.6 Internationale und interkulturelle Wirtschaftspädagogik

5.6.1 Der allgemeine Problemzusammenhang

Im Rahmen der Erziehungswissenschaft und ihrer wissenschaftlichen Untergliederung hat sich seit Schneiders Arbeiten aus den 30er Jahren die international vergleichende Erziehungswissenschaft als relativ eigenständige Teildisziplin herauskristallisiert (vgl. Schneider 1961).

In der Wirtschafts- und Berufspädagogik bildeten u.a. die Arbeiten von Abel (vgl. Abel 1962) und Lisop (vgl. Lisop 1960) das Fundament einer internationalen Wirtschafts- und Berufspädagogik. Sie verstand sich stark über vergleichende Ansätze mit dem Ziel der Angleichung bzw. Harmonisierung gesetzlicher Grundlagen, Ausbildungssysteme, Berechtigungen und Begrifflichkeiten.

Insofern verläuft die Entwicklung der internationalen und interkulturellen Wirtschaftspädagogik sehr stark parallel zur europäischen Integration.

Heute ist in Artikel 127 des Maastrichter Vertrages die europäische Berufsbildungspolitik juristisch verankert (vgl. Abb. 5.20).

Daneben gibt es seit den 60er Jahren zwei weitere Entwicklungsstränge.

Die "Berufsbildungshilfe" im Rahmen der Entwicklungszusammenarbeit mit den sogenannten Entwicklungsländern verlangte Analysen von Bildungs-, Wirtschafts- und Sozialsystemen zum Zwecke des Aufbaus landesspezifischer Ausbildungseinrichtungen.

Bereits von der Gründung des Bundesministeriums für wirtschaftliche Zusammenarbeit (BMZ) wurden 1956 erste Projekte zur beruflichen Bildung (Aufbau von Gewerbe- und Facharbeiterschulen nach deutschem Vorbild) auf einem hohen Niveau für einen kleinen Teilnehmerkreis gestartet, so daß die Zusammenarbeit auf diesem Gebiet als ein "Urgestein" (vgl. Greinert 1997,7) der Entwicklungszusammenarbeit bezeichnet werden kann. Dabei findet seit der Gründung des BMZ eine Trennung der entwicklungspolitischen Entscheidungsfindung durch das Ministerium und eine anschließende Realisierung durch unterschiedliche internationale, deutsche und lokale Träger statt.

Die berufliche Bildung stellt einen Subsektor des Bildungsbereichs dar, kann aber wegen ihrer besonderen Bedeutung im Rahmen der technischen, personellen und finanziellen Zusammenarbeit selbst als einer ihrer Schwer-

Maastrichter Vertrag Artikel 127
[Berufliche Bildung]

(1) Die Gemeinschaft führt eine Politik der beruflichen Bildung, welche die Maßnahmen der Mitgliedstaaten unter strikter Beachtung der Verantwortung der Mitgliedstaaten für Inhalt und Gestaltung der beruflichen Bildung unterstützt und ergänzt.

(2) Die Tätigkeit der Gemeinschaft hat folgende Ziele:
- Erleichterung der Anpassung an die industriellen Wandlungsprozesse, insbesondere durch berufliche Bildung und Umschulung - Verbesserung der beruflichen Erstausbildung und Weiterbildung zur Erleichterung der beruflichen Eingliederung und Wiedereingliederung in den Arbeitsmarkt;
- Erleichterung der Aufnahme einer beruflichen Bildung sowie Förderung der Mobilität der Ausbilder und der in beruflicher Bildung befindlichen Personen, insbesondere Jugendlichen;
- Förderung der Zusammenarbeit in Fragen der beruflichen Bildung zwischen Unterrichtsanstalten und Unternehmen;
- Ausbau des Informations- und Erfahrungsaustausches über gemeinsame Probleme im Rahmen der Berufsbildungssysteme der Mitgliedstaaten.

(3) Die Gemeinschaft und die Mitgliedstaaten fördern die Zusammenarbeit mit dritten Ländern und den für die berufliche Bildung zuständigen internationalen Organisationen.

(4) Der Rat erläßt gemäß dem Verfahren des Artikels 189c und nach Anhörung des Wirtschafts- und Sozialausschusses Maßnahmen, die zur Verwicklichung der Ziele dieses Artikels beitragen, unter Ausschluß jeglicher Harmonisierung der Rechts- und Verwaltungsvorschriften der Mitgliedstaaten.

Abb. 5.20: Artikel 127 der Maastrichter Verträge zur Berufsbildung

5.6 Internationale und interkulturelle Wirtschaftspädagogik

punkte bezeichnet werden. Der eigenständige Bereich der deutschen Entwicklungszusammenarbeit, der sich mit der beruflichen Bildung, ihren Voraussetzungen und Möglichkeiten für die Entwicklungsländer befaßt, wird als "Berufsbildungshilfe" bezeichnet. Als Berufsbildungshilfe werden in diesem Kontext die Ansätze, Methoden und Maßnahmen aus dem Bereich der beruflichen Bildung verstanden, die in der Zusammenarbeit mit den Partnern aus den Entwicklungsländern geplant und realisiert werden.

Die Berufsbildungshilfe war lange Zeit wegen ihrer Kontinuität und Beharrung auf "bewährten" Ansätzen der Übertragung des deutschen Systems der Berufsausbildung starker Kritik ausgesetzt und steht dementsprechend unter einem permanenten Legitimationsdruck.

Der Niederschlag der wissenschaftlich flankierenden Arbeiten findet sich im wesentlichen in den »Studien zur vergleichenden Berufspädagogik«, herausgegeben von der Deutschen Gesellschaft für technische Zusammenarbeit (GTZ). Als Berater, Gutachter und wissenschaftliche Begleiter von Projekten der GTZ arbeiten Vertreter und Vertreterinnen fast aller wirtschafts- und berufspädagogischen Institute der Bundesrepublik.

"Berufsbildungshilfe" findet zumeist in Form von gegenständlich, zeitlich und regional abgegrenzten Aktivitätenbündeln, sogenannten Projekten statt, die als Vorhaben eines Projektträgers unter dessen Verantwortlichkeit im Partnerland definiert werden und zu denen die deutsche Seite einen abgestimmten Beitrag unterschiedlichen Umfangs leistet. Ziel dieser Pro-

---

Kriterien für die Entwicklung interkultureller und internationaler Wirtschaftspädagogik als Teildisziplin

- Begründungsansätze;
- Analysemodelle von beruflicher Bildung als sozialer Prozeß;
- Modelle für Folgeabschätzungen im Zuge von Internationalisierung und Globalisierung;
- Hilfestellungen für die Praxis;
- kritische Analysen der sogenannten Pädagogisierung ökonomischer und politischer Probleme;
- wissenschaftliche Selbstreflexion.

Abb. 5.21 Kriterien für die Entwicklung interkultureller und internationaler Wirtschaftspädagogik als Teildisziplin

Praxisfeld der internationalen Wirtschaftspädagogik

1 Managementausbildung für den Einsatz in fremden Kulturen;
2 Internationale Berufsbildungszusammenarbeit;
3 Integration und Enkulturation ausländischer Auszubildender;
4 Bewältigung interkultureller Problematiken im Alltag der Erwerbsarbeit;
5 Interkulturelle bzw. internationale Aus- und Weiterbildung von Lehrkräften, Ausbilderinnen und Ausbildern;
6 Vorbereitung von Fachkräften auf den Auslandseinsatz;
7 Allgemeine ökonomische Bildung bezüglich Arbeit und Konsum unter der Bedingung zunehmender Internationalisierung und Globalisierung.

Abb. 5.22: Praxisfeld der internationalen Wirtschaftspädagogik

jekte als organisatorische Einheit mit spezifischen Zielsetzungen ist die Initiierung oder Fortsetzung eines angemessenen Wandels durch die Integration personeller, technischer oder finanzieller Transferleistungen in unterschiedlichen Bereichen der Entwicklungsländer.

Der zweite Strang hat sich aus dem Auslandseinsatz deutscher Arbeitnehmerinnen und Arbeitnehmer ergeben.

In nahezu jedem Land der Welt sind zahlreiche deutsche Unternehmen mit Auslandsniederlassungen oder Produktionsstätten vertreten. In den sogenannten "Entwicklungsländern" findet Entwicklungszusammenarbeit auch mit deutschen Fachkräften (entsandte Fachkräfte, integrierte Fachkräfte und Entwicklungshelfer) vor Ort statt. Darüber hinaus beschäftigen ausländische Unternehmen deutsche Mitarbeiterinnen und Mitarbeiter, zumeist als Fach- und Führungskräfte. Zu den Hauptproblemen dieser Gruppe von Beschäftigten gehört die Eingewöhnung in neue Kulturen, Arbeits- sowie Kommunikations- und Umgangsformen.

5.6 Internationale und interkulturelle Wirtschaftspädagogik

> **Das Themenspektrum der wissenschaftlichen Diskussionen**
>
> 1 Theorie und Praxis der Berufsbildungshilfe;
> 2 Interkulturelle Sozialisation in der beruflichen Bildung;
> 3 Fachdidaktische Probleme internationaler Berufsbildung, speziell Fremdsprachenunterricht;
> 4 Interkulturelle Wirtschaftskommunikation;
> 5 Internationales Management;
> 6 Angleichung von Qualifikationen und Kompetenzen;
> 7 Harmonisierung der Ausbildungssysteme;
> 8 Enkulturation von Migrantenkindern.

Abb. 5.23: Themenspektrum der wissenschaftlichen Diskussion um Internationalität

5.6.2 Internationale und interkulturelle Wirtschaftspädagogik als wissenschaftliche Disziplin

Abgesehen von der Gesamthochschule Kassel gibt es in der Bundesrepublik Deutschland keine Hochschule, an der eine internationale und interkulturelle Wirtschaftspädagogik als gesonderte Teildisziplin ausgewiesen wäre. Gleichwohl wird, wie wir gesehen haben, an fast allen Instituten zu entsprechenden Fragen gearbeitet.

Derzeit sind besonders die Institute für Wirtschaftspädagogik der Göttinger Universität (vgl. unten) und der Humboldt-Universität, Berlin, zu nennen. Hier hat Jürgen van Buer ein Zentrum für osteuropäische Transferforschung aufgebaut.

Foto: van Buer

5.6.3 Interkulturelle ökonomische Handlungskompetenz

Foto: Weber

Der Ansatz einer interkulturellen ökonomischen Handlungskompetenz wird von Susanne Weber vertreten. In diesem Ansatz geht es zunächst darum, die in der Literatur mit den Begrifflichkeiten "internationale Qualifikationen", "kulturelle oder interkulturelle Kompetenz", "Europakompetenz", "Europafähigkeit" oder "Europaqualifikationen" beschriebenen Ziele auszudifferenzieren und zu operationalisieren. Interkulturelle ökonomische Handlungskompetenz soll dabei als wirtschaftspädagogisch adäquate Sammelbezeichnung fungieren. Es gehe darum, die "soziokulturelle Entwicklung fremder Kulturen mit dem Ziel zu durchdringen, fremde Orientierungssysteme der Wahrnehmung, des Denkens, Fühlens, Wertens und Handelns zu verstehen und - durch eine Synthese mit dem eigenkulturellen Orientierungssystem - Denk- und Handlungsperspektiven in interkulturellen Kontexten zu gewinnen" (Weber 1997,36).

Begründend weist Weber vor allem darauf hin, daß die Unternehmen im Zuge der Globalisierung gezwungen sind, in neue Märkte einzutreten und daß hierbei elektronische Märkte zunehmend von Bedeutung sind. Die standortverteilte Organisation der sogenannten grenzenlosen Unternehmung verlange von den Mitarbeitern die Fähigkeit, sich den ständigen Veränderungen im Zuge der Globalisierung durch Selbstorganisation, Selbstmotivation, Team- und Kooperationsfähigkeit mit virtuellen interkulturellen Teams anzupassen (vgl. Weber 1997,32 f.).

Im Hinblick auf den systemisch zugrundegelegten Kulturbegriff (vgl. Abb. 5.24) stehen im Mittelpunkt des interkulturellen Lernens:

- ♦ Umgang mit kultureller Differenz;
- ♦ Multiperspektivische Allgemeinbildung;
- ♦ Training sozialer Kompetenzen;
- ♦ Antirassistische Erziehung.

Aufgrund der Tatsache, daß die Interaktion in interkulturellen Kontexten Kommunikationskompetenz voraussetzt, steht das Konzept der "interkulturellen ökonomischen Handlungskompetenz" in enger Beziehung mit der "interkulturellen Kommunikation" sowie der Komponente "Wissen". Weber beschäftigt sich vor diesem Hintergrund eingehend mit dem Kulturbe-

5.6 Internationale und interkulturelle Wirtschaftspädagogik

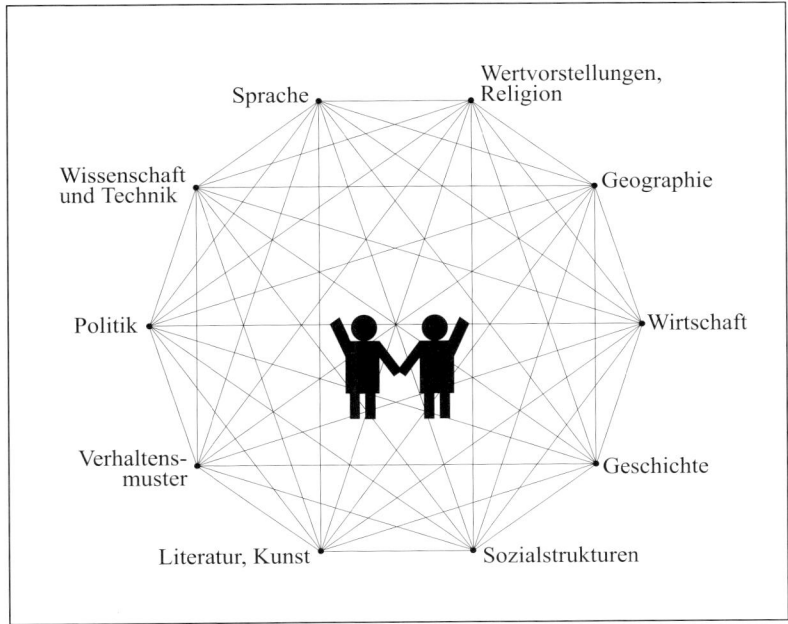

Abb.: 5.24: Kulturbegriff von Weber
(auf der Basis von Keller 1996,228)

griff. Sie orientiert sich dabei eng an Kellers (vgl. Keller 1996) systemischen Kulturbegriff, wonach Kultur als ein komplexes Interdependenzsystem verschiedener Variablen (u.a. Wirtschaft, Geographie, Geschichte, Sprache) beschrieben wird, welches aus einer Oberflächenstruktur (u.a. Institutionen und Verhaltensmuster) und einer Tiefenstruktur (u.a. Wertvorstellungen und Normen) besteht und sich in Subsysteme (u.a soziale und regionale) gliedert.

Bei der Frage, über welche Inhalte, Methoden und Medien sich eine solche Handlungskompetenz vermitteln und bewerten läßt, wird auf die Ansätze der "Ausländerpädagogik", der "vergleichenden Erziehungswissenschaft", der "Pädagogik der Dritten Welt", der "Friedenserziehung", der "Europaerziehung", der "Jugendaustausch- und Partnerschaftsbewegung", der "Migrationssoziologie", der "Didaktik des Fremdsprachenunterrichts" und der Betriebswirtschaftslehre verwiesen.

Das folgende Beispiel Unternehmensformen (vgl. Abb. 5.25) mag veranschaulichen, wie beabsichtigt wird, den Ansatz der interkulturellen ökonomischen Handlungskompetenz auszudifferenzieren.

Beispiel Unternehmensformen

"Zunächst wäre darauf zu verweisen, daß die Wahl der Rechtsform eine wirtschaftliche Entscheidung ist (bezogen auf die Betriebsgröße, das notwendige Kapital, die Geschäftsführungsbefugnis usw.), die durch rechtliche Nebenbedingungen möglichst nicht konterkarriert werden sollte. Daher ist es notwendig, sich die Anzahl der wirtschaftsrechtlichen Regelungen sowie deren Haupt- und Nebeneffekte für den Betrieb in verschiedenen Ländern bzw. Kulturbereichen zu vergegenwärtigen:

(a) Aus der Sicht des Wirtschaftsrechts i.e.S. wären dies:

Handels- und Gesellschaftsrecht, Bürgerliches Recht, Arbeits- und Sozialrecht, Grundstücks- und Wohnungsrecht, Wettbewerbsrecht usw.

(b) Aus der Sicht des Steuerrechts wären dies:

Das Recht der Besitzsteuern (z.B. Einkommens-, Körperschafts-, Erbschafts-, Vermögens- und Gewerbesteuerrecht), das Recht der Verkehrssteuern (z.B. Umsatz-, Grunderwerb-, Kapitalverkehr- und Wechselsteuerrecht) sowie das Recht der Verbrauchssteuern (z.B. Getränke-, Mineralölsteuerrecht, Zollrecht). ...

Als didaktisch-methodisches Vorgehen könnten Schüler im Rahmen eines Projektes verschiedene Szenarios erstellen und im Hinblick auf verschiedene Ausgangssituationen und Zielsetzungen der fiktiven Unternehmensgründer auswerten.

Unter dem Aspekt der interkulturellen Dimension könnten Schüler vergleichbare Szenarios für eine Firmengründung im Ausland erstellen, wobei es sich anböte, daß die Schüler die Szenarios gemeinsam via Internet und e-Mail bzw. in einem sogenannten virtuellen Klassenzimmer konstruierten.

Auf diese Weise könnten Schüler unterschiedliche Kulturstandards bzw. Orientierungssysteme erfahren" (Weber 1997,42 f.).

Abb. 5.25: Beispiel Unternehmensformen

5.6.4 Internationale und interkulturelle Wirtschaftspädagogik im Spiegel der Psychologie interkulturellen Handelns

Allgemeine Problemübersicht

Susanne Webers Rückbezug auf den Kulturansatz zeigt eine notwendige Brücke auf, die von der Wirtschaftspädagogik im interdisziplinären Kontext zu schlagen wäre. Es handelt sich darum, diejenigen Forschungen aufzugreifen, die unter dem Obertitel "Psychologie interkulturellen Handelns" (vgl. Thomas 1996) soziologische und psychologische Studien kulturvergleichend zusammenführen.

Mit Hilfe von empirischen Methoden werden kulturelle Systeme, aufgefaßt als Rahmen subjektiver Lebenswelten, in ihren Wirkungen auf Kognition, Emotion und Verhalten studiert (vgl. Thomas 1996,19).

In sogenannten kulturellen Überschneidungssituationen ist das Individuum sozusagen mit zweierlei Umwelten konfrontiert. Es sind dies die der Herkunftskultur und der je anderen Kultur, an die eine Adaptation erfolgen soll. Das besondere psychologische und zugleich pädagogische Problem besteht in einem gewissen Dilemma. Jede Kultur ist etwas Vorgegebenes, Richtiges und Orientierung stiftendes, zugleich zu Veränderndes und zu Modifizierendes. Sollen die Normen, Werte und Verhaltensmuster der Herkunftskultur, aus denen sich die Identität entwickelt hat, nicht verworfen werden (was einen totalen Identitätsbruch bedeuten würde), dann erfolgt die Öffnung gegenüber der neuen Kultur durch sogenanntes adaptives Pendeln (vgl. Thomas 1996,19). Im Bereich des internationalen Managements sind hierfür spezielle Trainings entwickelt worden (vgl. Bittner 1996; Müller 1996).

Bei interkultureller Kooperation spielen die kulturell spezifischen Problemlösemuster eine zentrale Rolle. Deren wechselseitige Kenntnis und konfliktfreie Nutzung entscheidet über das Gelingen oder Nicht-Gelingen der jeweiligen Prozesse. Dabei wirken außer der fachspezifischen Handlungskompetenz auch Identitätskonzepte, moralische Urteile, Rechtsvorstellungen, Konventionen, Rollen- und Rationalitätsmuster.

Dies bedeutet für eine Didaktik interkultureller Berufsbildung, daß eine sehr breite Methodenkompetenz mit verschiedenen Methodenvariationen zu vermitteln ist und daß in besonderem Maße die Fähigkeit zur Rollendistanz, zur Selbstreflexion und zur Ambiguitätstoleranz zu entwickeln ist.

Besondere Aufgaben der Subjektbildung

Durch die Internationalisierung der Arbeitsmärkte und Unternehmen entstehen Anforderungen an ein breiteres arbeitsbezogenes Wissen. Auf diesen Qualifikationsaspekt weist der Ansatz "Interkulturelle ökonomische Handlungskompetenz" von Susanne Weber hin. Darüber hinaus entstehen aber zahlreiche persönlichkeitsbezogene Bildungsaufgaben. Sie sind sowohl kognitions- als auch sozialpsychologischer Natur. Mit ihnen rückt die augenblicklich in der Wirtschaftspädagogik wenig thematisierte Selbstkompetenz in den Mittelpunkt auch von Qualifikationsaufgaben. Primär geht es um Fragen einer sicher verankerten Identität, die fähig ist, in interkulturellen Lebenszusammenhängen Adaptationsstrategien zu entwickeln, welche die Handlungskompetenz situationsadäquat regeln.

Sozial handlungsfähig ist ein Individuum dann, wenn es in sozialen Interaktionskonstellationen fähig ist, die jeweils geltenden sozialen Normen und Verhaltensregeln zu erkennen und Ziele so zu verwirklichen, daß für die Beteiligten positive Konsequenzen maximiert und negative minimiert werden (vgl. Eder 1996,412).

An dieser Charakterisierung sozialer Handlungsfähigkeit läßt sich erkennen, daß die pädagogische Aufgabe darin besteht, kulturelle Regelsysteme bzw. Kulturstandards als historisch bedingte zu erkennen und zu wissen, daß es subkulturelle Schwankungen und Toleranzgrenzen gibt und daß sich Kulturstandards als Variation übergreifender Muster sozialer Lebensformen begreifen lassen. Man könnte auch formulieren, daß Kulturstandards Orientierungssysteme sind, die sich entwickelt haben, damit Eigenes und Fremdes, Wahrnehmen, Denken, Fühlen und Handeln intersubjektiv kommunizierbar werden.

Entsprechende Orientierungssysteme sind eine Grundbedingung von Gesellschaftsformationen. Formen des Denkens, Fühlens, Wertens und Handelns, die in der Regel als selbstverständlich "normal" und verbindlich angesehen werden und die Handlungsprozesse regulieren, sind Ausdruck solcher Orientierungsformen bzw. kultureller Standards. Sie sind von situationsübergreifender Bedeutung und befähigen zur Selbst- wie zur Fremdwahrnehmung. Sie werden im Prozeß der Sozialisation vermittelt und sind aufs engste mit Sprache, Moral, Reflexivität, Befähigung zur Rollendistanz sowie zur Ambiguitätstoleranz und Empathie verknüpft.

"Das Fremde" ist mehr als das Unbekannte. Das Fremde berührt unser Handlungsrepertoir und damit unser Ich und stellt es möglicherweise in Frage. Es ist nicht so sehr die objektiv andere Wirklichkeit, der wir uns gegenüber sehen, sondern die Deutung bzw. Korrelation der Handlungsaufforderung mit dem zur Verfügung stehenden Handlungspotential. Nach

5.6 Internationale und interkulturelle Wirtschaftspädagogik 231

Boesch (vgl. Boesch 1996,87) bezeichnet "das Fremde" etwas Äußeres mit der Art, wie wir darauf reagieren und meint insofern eine spezifische Innen-Außen-Beziehung. Eine "Pädagogik des Fremden", wie Boesch sie entwirft, stellt daher in besonderer Weise auf Innen-Außen-Prozesse und damit auf Subjektbildung ab.

In der wissenschaftspropädeutischen Allgemeinbildung wird dieses Ziel primär über den Fremdsprachenunterricht angestrebt, der immer auch Landes- und Kulturkunde impliziert. An zweiter Stelle wäre der Umgang mit hermeneutischen Verfahren, d.h. mit Korrelationsmethoden, zu nennen, wie sie im Literatur- und Kunstunterricht, aber auch in der politischen und historischen Bildung zum Tragen kommen. Nicht zuletzt sind die Methodologie und die Theoriereflexion zu erwähnen bzw. alle Auseinandersetzungen mit Paradigmen, weil dadurch die Fähigkeit zum Perspektivenwechsel geschult wird.

Wenn aktuelles Handeln eine Mischung aus erlernten bzw. habitualisierten Mustern und "Herantasten" an die gegebene Situation ist, dann gilt es für das interkulturelle Handeln, entsprechende Handlungsspielräume bewußt zu machen, zu erweitern und der Reflexion zuzuführen. Demorgon und Molz haben hierfür das Modell der adaptiven Oszillation entwickelt (vgl. Demorgon und Molz (1996,43 ff.).

Unter Adaptation verstehen sie unter Rückgriff auf Piaget die "fundamentale Notwendigkeit alles Lebendigen, eine tragfähige Vermittlung zwischen innerem und äußerem Milieu zu etablieren und aufrecht zu erhalten" (Demorgon und Molz 1996,45). Das Ich gleicht unter Nutzung der zur Verfügung stehenden individuellen Freiheiten zwischen äußerem Handlungsdruck und inneren, biologischen und psychologischen Dispositionen und Notwendigkeiten aus. Es assimiliert, indem es eine sinngeleitete Einordnung von Wahrnehmungen in vorhandene kognitive Schemata vornimmt, es akkomodiert, indem es vorhandene Schemata an Realitäten modifizierend anpaßt.

In dynamischen Situationen – wozu interkulturelle Kontexte grundsätzlich zu rechnen sind – muß immer erneut im Wechselspiel von Assimilation und Akkomodation ein Gleichgewicht hergestellt werden. Im Hinblick auf die Erhaltung der Identität nennen Demorgon und Molz diesen Prozeß "adaptives Oszillieren". Erleichternd oder erschwerend sei dabei zwischen sogenannten prä-adaptiven Gegensatzpaaren zu oszillieren. Genannt werden z.B. Kontinuität und Wandel, Differenzierung und Vereinheitlichung, Abgrenzung und Öffnung, explizite und implizite Kommunikation.

Von diesem Modell her definieren sie Kultur als "System mobiler adaptiver Achsen" (Demorgon und Molz 1996,58) und sehen in unterschiedlichen Kulturen unterschiedliche Lösungsversuche der Mensch-Natur-Dialektik.

Auf das wirtschaftspädagogische Praxisfeld gewendet bedeutet dies, über die Qualifikationsaufgaben hinaus die Ziele der Subjektbildung grundsätzlich stärker zu gewichten. Eine Beschränkung auf nebenhergehende Wirkungen und der Glaube daran, daß sich Subjektbildung mittels methodischer Arrangements (z.b. Gruppenarbeit) erreichen ließe, ist nicht länger haltbar. Dies setzt in der beruflichen Erstausbildung, aber auch in der Weiterbildung voraus, daß andere Zeitdeputate und eine breitere Kombination allgemeiner und berufsspezifischer Fächer realisiert werden. Wenn Reflexivität, Flexibilität, Umgang mit Variantenvielfalt, Bewältigung von Kritik und Mißerfolg, Aushalten von Mehrdeutigkeit, Unstrukturiertheit und Unbestimmtheit, aber auch das Bewußtsein der eigenkulturellen Kompetenzen und Schwächen wichtige "Schlüsselqualifikationen" für erfolgreiches interkulturelles Handeln sind, dann zeigt sich auch von daher, in welchem Maße in der Berufsbildung umgedacht werden muß.

Praxisrelevante Forschungsaufgaben

(1) An den verschiedenen Stellen dieses Buches haben wird darauf hingewiesen, daß durch die Internationalisierung der Arbeitsmärkte und Unternehmen neue Anforderungen an ein breiteres arbeitsbezogenes Wissen entstehen. Die "interkulturelle ökonomische Handlungskompetenz" ist ein erster, wichtiger Ansatz hierzu. Es ergibt sich aber die Frage, inwieweit alte, schon aus den 70er Jahren datierende Forderungen erneut aktuell sind, die sich auf eine stärkere Berücksichtigung der Volks- und Weltwirtschaft in den ökonomischen Curricula beziehen. Dies wirft zugleich die Frage der neuen curricularen Relationen von Allgemeinbildung und Berufsbildung auf. Hier sei nur an die Verschränkung von Ökonomie und Ökologie und die Fragen der Nachhaltigkeit verwiesen. Aber auch alle mit weltweitem Strukturwandel einhergehenden sozialen Fragen und solche der Veränderung von Wertmustern und Lebensstilen sind curricular neu zu kombinieren. Exemplarisch könnte man solches – um nur wenige Beispiele zu nennen – von der Internationalisierung des Handels und seinen Wirkungen, von der globalen Standardisierung der Produktion oder von Währungsfragen aus erschließen.

(2) Unterstellt man, daß die Arbeitspraxis auch im ökonomischen Feld einerseits zunehmend durchstandardisiert wird, und zwar im globalen Maßstab, andererseits aber nicht routinisierte Tätigkeiten in er-

5.6 Internationale und interkulturelle Wirtschaftspädagogik

höhtem Ausmaß Kreativität und Problemlösefähigkeit verlangen, dann stellt das an die Unterrichtsinhalte eine spezifische Anforderung. Es sind nämlich die fachlichen und gegebenenfalls auch kulturspezifischen oder nationalen Orientierungs- und Verfahrensmuster so zu berücksichtigen, daß eine größere Variationsbreite von Erkenntnis- und Handlungspraktiken verfügt wird. Darin eingeschlossen sind jene Verfahren, die eine kritische und reflexive Auseinandersetzung mit der Arbeitspraxis und ihrer Systematik und Methodik erlauben.

(3) Auch folgt aus den breiteren Wissenssystemen, auf die man im interkulturellen Feld angewiesen ist, die didaktische Forschung zur Exemplarik stärker auszubauen. Mit dem Aufstocken der Zeitkontingente allein sind nämlich die neuen Stoffpensen kaum zu bewältigen. Die Exemplarik erhält aber auch deshalb einen neuen Stellenwert, weil im interkulturellen Kontext die Implikationen von Wissen, Können, Normen und Werten, Emotionen und Sanktionen, von inneren psychodynamischen Handlungsräumen und externen Handlungsfeldern lernrelevant werden. Die Exemplarik stellt ja Instrumente bereit, solche Implikationen zu erschließen. Die Anwendung auf interkulturelle Lernfelder ist aber noch nicht erfolgt.

(4) Stellt man im interkulturellen Feld, wie oben getan, in besonderem Maße auf die Entwicklung der Selbstkompetenz ab, dann wird die Wirtschaftspädagogik ihren Anschluß vor allem an vier große Bezugswissenschaften reorganisieren müssen. Zu diesen Bezugswissenschaften rechnen wir zunächst einmal die Entwicklungspsychologie, speziell wegen ihrer Bedeutung für die Erklärung der Identität. Ferner ist die Sozialisationstheorie auf den Aufbau von Normen- und Wertvorstellungen für den interkulturellen Handlungskontext neu zu befragen. Desweiteren messen wir der sozialpsychologischen Milieuforschung eine große Bedeutung zu, wenn es um Fragen der "Orientierung im fremden Feld" geht. Und schließlich ist die interkulturelle Psychologie für die Wirtschaftspädagogik grundständig zu erschließen.
Die neue Verortung der Wirtschaftspädagogik gegenüber den Bezugswissenschaften ist auch im Hinblick auf die Curriculumrevision dringlich.

(5) Zum Schluß sei hervorgehoben, daß auch die international vergleichende Wirtschaftspädagogik einen Paradigmenwechsel erwägen müßte. Die bisherigen internationalen Vergleiche stellen fast ausschließlich auf formale Klassifikationen von Strukturkomponenten der Bildungssysteme ab. Demgegenüber würde der interkulturelle Aspekt in stärkerem Maße Curriculumvergleiche, Vergleiche von Erziehungs- und Unterrichtsstilen, Vergleiche von Denk-, Kommu-

nikatons- und Kooperationsmustern sowie von Problemlösemustern anstreben. Sicherlich wäre auch das Wissenschafts-Praxis-Verhältnis neu zu erforschen.

Curriculumtheorie und Didaktik

6.1 Curriculumtheorie

6.1.1 Begriff und Entstehungsgeschichte

Die *Curriculumtheorie* befaßt sich mit der Begründung für Lehrpläne, mit den Methoden ihrer Konstruktion und mit den Rahmenbedingungen ihrer Anwendung. Vereinfacht läßt sich der Begriff als Lehrplantheorie eindeutschen.

Wie wir bereits erwähnt haben, stellte der politische Neubeginn nach dem Zweiten Weltkrieg das Bildungswesen vor eine Reihe von Aufgaben. Hierzu gehörte auch die Revision der Lehrpläne, die ihre nationalsozialistische Ideologie tilgte und sich neuartig demokratisch begründen mußten. Doch schon Anfang der 50er Jahre stellten die technisch-ökonomische Entwicklung und die Umwälzung der Wertmuster und Lebensstile, die im Unterricht zu berücksichtigen waren, das öffentliche Bildungswesen vor neue Lehrplanprobleme. Sie wurden unter dem Stichwort "Bewältigung der Stoffülle" diskutiert. Als Lösungsweg galt die Exemplarik (wir kommen hierauf noch zurück).
Die Diskussion um die Exemplarik blieb auf pädagogische Fachkreise beschränkt und verebbte in den 60er Jahren.

Mit der Veröffentlichung von Saul Robinsohns vielbeachteten Buch "Bildungsreform als Revision des Curriculums" (vgl. Robinsohn 1967) beginnt eine neu Ära. Es ist die Curriculumreformbewegung, die eine breite öffentliche Diskussion über Lehrpläne als Mittel der Bildungsreform auslöst. Robinsohn kritisierte das Vorherrschen des Wissenschaftsprinzips, insofern die Schulfächer sich überwiegend an den wissenschaftlichen Disziplinen und deren Systematik orientierten. Er plädierte für eine stärkere Berücksichtigung der Lebenswelten und der Arbeitspraxis.

Darüber hinaus bezog sich das Modernisierungsziel auf den Abbau von Bildungsschranken und die Ausschöpfung von Begabungsreserven. Auch hierfür sollten curriculare Wege gefunden werden.

Parallel zu Robinsohn fragte Heinrich Roth, auf den ja die realistische Wendung der Erziehungswissenschaft zurückgeht: "Stimmen die deutschen Lehrpläne noch? Wie legitimieren wir, daß Recht, Wirtschaft, industrielle Arbeitswelt, Politik, Technik, Verkehr, Statistik, Medizin, Soziologie, Psychologie, Pädagogik usw. in unseren Lehrplänen kaum zu finden sind?" (vgl. Roth 1968).

Wenn das Ziel der Lebensnähe erreicht werden soll, dann muß darüber nachgedacht werden, wie das Transferproblem zu lösen ist.

Mit *Transfer* ist die Anwendung von erlerntem Wissen und Können entweder in neuen Lern- oder in Arbeits- bzw. Lebenssituationen gemeint. Die Curriculumdiskussion ging zu Recht davon aus, daß der Transfer sich nicht automatisch einstellt. Es müssen vielmehr zwischen Lernsituation oder dem Erlernten und der Anwendungssituation identische Elemente vorhanden sein, welche die Übertragung ermöglichen.

So erhielten auf der Methodenseite das Arbeiten in Projekten, das Experimentieren und das entdeckende Lernen, das kritische Fragen und Reflektieren sowie metatheoretisch systematisierende Ansätze Bedeutung. Da letztere in ihrer wissenschaftspropädeutische und reflexiven Form auf die gymnasiale Bildung beschränkt waren, galt es, neue Ansätze für die nichtgymnasialen Schulformen zu entwickeln.

Die Curriculumreformbewegung umfaßte Länderprogramme unter Beteiligung unterschiedlichster Expertengruppen mit Forschung und Modellversuchen. Es entstand eine Flut von Veröffentlichungen und es gab zahlreiche politische Streite, die zum Teil in den Medien ausgetragen wurden.

Die öffentlichen Debatten bezogen sich auf zwei Seiten der angestreben Bildungsreform. Die eine läßt sich als strukturpolitische kennzeichnen und betraf die Verschränkung von Lehrplanrevision und Neuorganisation des

6.1 Curriculumtheorie

Bildungssystems. Die andere Seite bezog sich auf den konkreten Unterricht. An den Definitionen des Curriculumbegriffs spiegelt sich dies.

So lautet die Definition aus dem Strukturplan für das Bildungswesen des Deutschen Bildungsrates:

 Unter Curriculum versteht man "die organisierte Anordnung auch inhaltlich bestimmter Lernvorgänge im Hinblick auf bestimmte Lernziele. Diese können als ein Verhalten oder als Art und Grad bestimmter Fähigkeiten, Fertigkeiten oder Kenntnisse definiert sein. ... Zum anderen bezieht sich der Begriff Curriculum auf den Lernenden, der das bestimmte Lernprogramm im Hinblick auf das Lernziel durchläuft. So verstanden bezeichnet Curriculum z.b. die Schullaufbahn des Schülers oder die Lehre des Lehrlings, und zwar von den Lernzielen her aufgefaßt. ... Die Bestimmung der Inhalte schulischer und außerschulischer Lernprozesse ist unmittelbar verknüpft mit der Bestimmung der Lernziele. Diese Bestimmungen zu treffen und laufend zu überprüfen ist eine der wichtigsten Aufgaben, die im Bildungswesen wahrzunehmen sind" (Deutscher Bildungsrat 1970,58 f.).

Die Definition der Bund-Länder-Kommission lautet:

 "Unter Curriculum wird ein System für den Vollzug von Lernvorgängen im Unterricht in Bezug auf definierte und operationalisierte Lernziele verstanden. Das Curriculum umfaßt

- Lernziele (Qualifikationen, die angestrebt werden sollen),
- Inhalte (Gegenstände, die für das Erreichen der Lernziele Bedeutung haben),
- Methoden (Mittel und Wege, um die Lernziele zu erreichen),
- Situationen (Gruppierungen von Inhalten und Methoden),
- Strategien (Planung von Situationen),
- Evaluationen (Diagnose der Ausgangslage, Messung des Lehr- und Lernerfolges mit objektiven Verfahren)" (Bund-Länder-Kommission 1973/1,72).

Die Definition der Bund-Länder-Kommission ist fast mit dem *Begriff der Didaktik* identisch.

Die Didaktik wir allgemein als Theorie des Lehrens und Lernens definiert. Sie schließt die Auswahl und Aufbereitung von Lerngegenständen ein, jedoch gegenüber dem Curriculum in einem zeitlich, personell und sachlich eingeschränkten bzw. spezifizierten Rahmen, nämlich für den jeweils konkreten Unterricht. Sie umfaßt dessen Zielstellung sowie die Inhalte und Methoden mitsamt den professionellen Begründungszusammenhängen.

6.1.2 Curriculumansätze in der Wirtschaftspädagogik

(1) Alle curriculumtheoretischen Ansätze, die im Rahmen der Wirtschaftspädagogik entwickelt worden sind, entstammen der sogenannten Curriculumreformära oder sind von ihr geprägt.
(2) Gegenwärtig ruht die Curriculum-Debatte zwar. Sie wird jedoch unter anderen Vorzeichen geführt. Modularisierung z.B. ist der Sache nach ebenso ein Curriculum-Problem wie die Lernfeld-Frage. Auch ist die Programm-Entwicklung an den beruflichen Schulen auf die Curriculum-Theorie rückverwiesen. Die älteren ansätze sind keineswegs obsolet, sondern enthalten immer noch wichtige Impulse für neuere Entwicklungen.
(3) Wir können die Ansätze im folgenden nur sehr stark zusammengefaßt darstellen. Für intensivere Studien sei auf die Originalliteratur verwiesen.

**Der Strukturgitteransatz der Münsteraner Schule
(Blankertz, Kutscha, Kell u.a.)**

Foto: Blankertz

Den Strukturgitteransatz entwickelte Anfang der 70er Jahre der Münsteraner Arbeitskreis für Didaktik. Der Münsteraner Arbeitskreis war Teil des groß angelegten Kollegstufen-Modell-Versuchs in Nordrhein-Westfalen. Unter der Leitung von Herwig Blankertz sollte in kombinierter Theorieentwicklung und Feldforschung, unter Einbezug zahlreicher Schulen und Kollegien, versucht werden, Wege der Integration von Berufsbildung und Allgemeinbildung zu finden.

Grundelement des Entwurfes ist das Strukturgitter. So wird die Matrix bezeichnet, die die fachlichen Inhalte einer Wissenschaftsdisziplin und die auf Emanzipation und gesellschaftspolitisches Denken gerichtete Intentionalität aufeinander bezieht.

Mit dem Strukturgitter-Ansatz legten die Wissenschaftler nämlich ein Modell vor, welches im Gegensatz zu den rein disziplinorientierten Ansätzen stark fächerübergreifend und zudem durch das Kriterium der Kritik (kritisches Hinterfragen) wissenschaftspropädeutisch angelegt war.

Strukturgitter seien zudem:

"... Kriteriensätze, keine fertigen Curricula oder Instrumente zu ihrer rein technischen Herstellung" (Blankertz 1975,207).

Kutschas Definition didaktischer Strukturgitter lautet:

 "Didaktische Strukturgitter ... bilden weder einen in komprimierter Form dargebotenen Lerninhaltskatalog noch eine Lernzieltaxonomie; bei ihnen handelt es sich vielmehr um Zuordnung von Kategorien und Kriterien ..., die den Beteiligten an curricularen Planungsprozessen zur Diskussion gestellt werden, und zwar in der Absicht, Vereinbarung darüber zu erzielen, wie die gesellschaftlichen Ansprüche, die an die verschiedenen Unterrichtsbereiche gestellt werden und hier ernst zu nehmen sind, in pädagogischer Verantwortung für die Interessen der Heranwachsenden in Lernforderungen transformiert werden sollen" (Kutscha 1975,222).

Beispiel: Curriculum Arbeitslehre

Ausgangspunkt für die Curriculumentwicklung ist die Analyse der Bedingungsfaktoren, welche die Aufgabenstellung motivieren. Am Beispiel Arbeitslehre läßt sich dies veranschaulichen.

- Objektivierbare Veränderungen der Lebenssituation: Arbeitswelt, Freizeit, politische Beteiligung;
- entgegenstehende Faktoren aus dem Bereich der vorgegebenen Institutionen: traditioneller Lehrplan und Organisationsstruktur der Schulen, Mängel des Dualen Systems;
- politisch-gesellschaftliche Postulate sowohl konservativer als auch progressiver Art;
- anthropogene und soziokulturelle Voraussetzungen: Grenzen der Bildsamkeit durch naturhaft vorgegebene Anlagen und Beeinträchtigung durch sozialschichtspezifische Schranken (vgl. Blankertz 1971,25 ff.).

Aus der Erörterung der *Bedingungsfaktoren* werden die Aufgabenstellungen des Faches abgeleitet. Für den Fall Arbeitslehre nennt Blankertz vier Aufgaben, die sich im übrigen auf die Berufsbildung übertragen lassen:

- ♦ Interdependenz von Technik, Ökonomie und Politik erkennen;
- ♦ Berufswahlreife (bzw. Berufsreife);
- ♦ Berufsgrundbildung;
- ♦ Theoretisierung des Gesamtzusammenhanges (vgl. Blankertz 1971, 27).

Das politisch-ökonomische Curriculum von Günter Kutscha

Kutscha entwirft ein Strukturgitter, das als Grundlage für das politisch-ökonomische Curriculum der integrierten Sekundarstufe II dienen soll.

Er setzt zunächst an den bestehenden Lehrplänen und Theorien zur Wirtschaftslehre sowohl im gymnasialen als auch im beruflichen Schulwesen an. So versucht er eine erste Kontextbestimmung, damit das Teilcurriculum "nicht im abstrakten Raum völlig offener Vermittlungssysteme" konzipiert wird (Kutscha 1976,15). In einem weiteren Schritt stellt er wirtschaftsdidaktische Theorien vor, die vor allem das Spannungsverhältnis zwischen Qualifikationsbedarf und Bildungsanforderungen im Arbeitsprozeß kaufmännischer Angestellter berücksichtigen. Auf Grundlage dieser fachdidaktischen Rekonstruktion und der damit verbundenen Bedingungsanalyse entwickelt Kutscha dann das didaktische Strukturgitter. Dabei knüpft er an der von Kell entwickelten Matrix zur ökonomischen Dimension des Arbeitslehre-Unterrichts in der Sekundarstufe I an. Eines der Grundprinzipien Kells, die Parteinahme für den zukünftig abhängigen Arbeitnehmer, behält Kutscha bei. Er spezifiziert den Entwurf allerdings im Hinblick auf den Studien- und Berufsbezug der Wirtschaftswissenschaft, das Erkenntnisinteresse und die fachwissenschaftliche Fundierung. Das Strukturgitter, so Kutscha, soll ein auf den Diskussionsstand der Wirtschaftswissenschaft und auf Problemlagen der Wirtschaftswirklichkeit beziehbares Fragen ermöglichen (vgl. Kutscha 1976,126).

Als mögliche didaktische Fragen zur Kategorie "Ware" z.B. werden genannt (vgl. auch Abb. 6.1):

"Welche Kompetenzen zu ökonomischer Planung und Planrealisierung sind erforderlich, um die materiellen Bedürfnisse innerhalb eines Wirtschaftssystems (bzw. einer Wirtschaftseinheit) mit einem optimalen Einsatz güterwirtschaftlicher Transaktionen befriedigen zu können? Welche Kompetenzen des Sinnverstehens und der Analyse müssen vorausgesetzt werden, damit im arbeitsteiligen Wirtschaftssystem Handeln nach gemeinsamen Wohlfahrtskriterien möglich wird? Welche Kompetenzen der Kontrolle und Kritik sind

Strukturgittermodell für die Planung der wirtschaftswissenschaftlich-kaufmännischen Grundbildung im integrierten Sekundarbereich II (Kollegstufe)

Fachdidaktische Bezugs-systeme und Kategorien	Medien ökonomisch-kaufmännischer Systemleistungen	Ware	Geld	Information
Erkenntnis-interessen ⇧ Fundierungsebenen ⇨				
Technisches Interesse Praxisbezug:	Systemfunktionen	Befriedigung von Bedürfnissen	Austausch von Leistungen	Reduktion von Ungewißheit
Kompetenzen:	Planung/Realisation	Optimierung güter-wirtschaftlicher Transaktionen	Optimierung monetärer Transaktionen	Optimierung informationeller Transaktionen
Wissenschafts-bezug:	Wirtschaftstechnologie			
Praktisches Interesse Praxisbezug:	Systemprobleme	Knappheit der Ressourcen	Unbestimmtheit der Austausch-relationen	Komplexität der Umweltereignisse
Kompetenzen:	Sinnerverstehen/Analyse	Verständigung über Wohlfahrtskriterien	Verständigung über Bewertungs-kriterien	Verständigung über Selektions-kriterien
Wissenschafts-bezug:	Wirtschaftsphänomenologie			
Emanzipatori-sches Interesse Praxisbezug:	Systemkonflikt	Disparitäten der Güterverteilung	Disparitäten der Einkommens-verteilung	Disparitäten der Wissens-verteilung
Kompetenzen:	Kontrolle/Kritik	Aufklärung über Armut	Aufklärung über Ausbeutung	Aufklärung über Entfremdung
Wissenschafts-bezug:	Politökonomie			

Abb. 6.1: Strukturgitter (Quelle: Kutscha 1976,128)

notwendig, um Mißstände bei der Verteilung von Gütern identifizieren und Widerstand gegen dadurch verursachte Formen der Verelendung von Bevölkerungsgruppen und Volkswirtschaften leisten zu können?" (Kutscha 1976,126 f.).

Der systematische Bezugsrahmen, also das Strukturgitter, wird durch das technische, praktische und emanzipatorische Erkenntnisinteresse auf der einen Seite und die sogenannten Medien ökonomischer Systemleistungen auf der anderen Seite gesetzt. Kutscha versteht darunter all jene Medien,

"mittels derer die materielle Versorgung sowie die mit ihr verbundenen Probleme der Leistungsverrechnung und -bewertung sowie die Informationsbeschaffung und -verarbeitung in hochgradig arbeitsteiligen Industriegesellschaften bewältigt werden. Kaufmännische Systemleistungen konstituieren und konkretisieren sich in der sachkompetenten Verfügung über Waren (Beschaffung, Lagerung und Verteilung vermarkteter Güter zum Zweck der materiellen Versorgung), über Geld (Bereitstellung, Ansammlung und Übertragung monetärer Dispositionsmittel zum Zweck des Austausches und der Verrechnung heterogener Leistungen bei individuell unterschiedlichen Nutzungsvorstellungen, Zeit- und Sicherheitspräferenzen) und über Informationen (Beschaffung, Speicherung und Verarbeitung wirtschaftlich relevanter Daten zum Zweck der optimalen Nutzung systemstrukturell vorgegebener Chancen ökonomischen Handelns)" (Kutscha 1976,105).

Die horizontale Achse seiner Matrix gliedert Kutscha entsprechend dieser Definition mit den Begriffen Ware, Geld und Informationen. Die vertikalen Kategorien strukturieren sich durch das technische, praktische und emanzipatorische Erkenntnisinteresse. Diese vertikalen Kategorien fächert Kutscha jeweils in einen Praxisbezug und einen Wissenschaftsbezug auf. Dabei ordnet er dem technischen Erkenntnisinteresse als Kompetenzenziel Planung und Realisation zu, dem praktischen Erkenntnisinteresse Sinnverstehen und Analyse sowie dem emanzipatorischen Interesse Kontrolle und Kritik.

Wenngleich über die Konsequenzen für die Inhaltsauswahl, mittels derer die Schüler politisch-ökonomische Kompetenzen erwerben sollen, "im weiteren Prozeß der Curriculumentwicklung entschieden" wird, setzt Kutscha ein generelles Ziel. Die Vermittlung fachlicher Kompetenzen dürfte nicht auf die "enge Perspektive einzelwirtschaftlicher Rationalitätskriterien begrenzt werden", sondern müßte in den Kontext gesamtwirtschaftlicher und von den Interessen der Arbeitnehmerschaft ausdrücklich mitbestimmter Analyse einbezogen und problematisiert werden (vgl. Kutscha 1976,132 f.).

Dauenhauers Stoffstrukturen

Auch Erich Dauenhauer plädiert für eine Wissenschaftsorientierung. Allerdings beschränkt er sie nicht auf die entsprechende (Fach-)Disziplin, sondern schließt Nachbarwissenschaften mit ein. In Ansätzen spielt auch bei Dauenhauer das Situationsprinzip eine Rolle. Grundsätzlich, so Dauenhauer, leiden die Curricula daran, daß

  "alle vorliegenden Wirtschaftslehren, d. h. Lehrpläne, Schulbücher und Wirtschaftsdidaktiken ... nicht auf curricular empirischem Wege, sondern auf hermeneutischem Kommissions- oder subjektivem Autorenwege zustande gekommen sind" (Dauenhauer 1978,56).

Dauenhauer macht zehn Jahre nach Beginn der Curriculumreformbewegung immer noch folgende *Mängel* aus:

  "Curricula sind zu wenig objektiv, d.h. ihre Aussagen sind mehr oder weniger beliebig und nicht genug mit realen Verwendungssituationen abgestimmt. Sie sind zuwenig empirisch, d.h. durch quantitative Forschungsverfahren nicht abgesichert. Sie sind zu wenig unterrichtspraktisch, d.h. nicht ausreichend daraufhin geprüft, ob sie den altersmäßigen Lernsituationen gerecht werden" (Dauenhauer 1978,56).

Allerdings, so räumt Dauenhauer ein, sei den Lehrplankommissionen und Lehrbuchverfassern kein Vorwurf zu machen, setze doch ein empirisch entwickeltes und evaluiertes Curriculum jahrelange wissenschaftliche Forschung voraus, die Einzelpersonen und Kommissionsmitglieder nicht leisten könnten. So bliebe den Lehrplan-Verfassern nichts anderes übrig, als den "altbekannten Weg" (Dauenhauer 1978,57) der Hermeneutik zu beschreiten und alte Entwürfe aufzubessern; vor allem durch eindeutigere Lernzielformulierungen und unterrichtsnahe Beispiele.

Empirische Instrumente der Curriculumentwicklung sind nach Dauenhauer ganz im Sinne der Tradition Robinsohns:

(1) Dokumenten- und Inhaltsanalysen:
    Um den Ist-Zustand des Curriculums zu erheben, schlägt er eine Auswertung von Dokumenten wie Lehrbücher und Lehrpläne nach standardisiertem Raster vor.

(2) Expertenaussagen:
Auf der Grundlage des Ist-Curriculums werden Sachverständige aus Betrieb, Schule und Wissenschaft nach ihrer Auffassung dazu befragt. Auf Basis dieser Aussagen eines möglichst komplementären Personenkreises wird das Soll-Curriculum erhoben.

(3) Situationsanalysen:
Bezugs- und Verwendungssituationen werden quantitativ aufbereitet. Über Indikatoren werden Qualifikationen ermittelt, die der Lernende erwerben muß, um in Lebenssituationen zu bestehen. Bei einem Wirtschaftslehre-Curriculum etwa für Grundschüler seien Familien-, Kauf-, und Freizeitsituationen zu erkunden (vgl. Dauenhauer 1978,58).

---

(1) Wirtschaftswissenschaften: Volks- und Betriebswirtschaftslehre, Wirtschaftspolitik, Finanzwirtschaftslehre sowie mikro- und makroökonomische Modellanalysen;

(2) Nachbarwissenschaften: Wirtschafts- und Arbeitsrecht, die Betriebs- und Industriesoziologie sowie die Berufswissenschaft;

(3) Wirtschaftspraxis, d.h. aus Betrieb, Haushalt und Gesamtwirtschaft.

Abb. 6.2: Curriculare Auswahlbereiche nach Dauenhauer

Dauenhauer wendet sich gegen eine einfache Abbilddidaktik, die die Inhalte des Unterrichtsfaches ausschließlich aus der entsprechenden wissenschaftlichen Disziplin ableitet. Denn primärer Bezug der Wirtschaftslehre seien "reale wirtschaftliche Entscheidungs- und Handlungssituationen in Betrieb und Alltag; für dortige Verwendungssituationen soll tüchtig gemacht werden, nicht für das Verstehen eines wirtschaftswissenschaftlichen Textes" (Dauenhauer 1978,63 f.).

Um diesen breiten und vielfältigen Inhaltsbereich zu erfassen, greift Dauenhauer auf seine sogenannten *Stoffstrukturen* zurück. Stoffstrukturen sind nach Dauenhauer:

6.1 Curriculumtheorie 245

> "bereichsrepräsentative Figuren, Inhalte mit Metacharakter, die größere Teile des objektsprachlichen Bereichs exemplarisch vertreten. In Stoffkategorien ist das Typische mehrerer Inhalte abgebildet. Beispiel: Den großen Objektbereich Werbung kann man durch die Beschreibung weniger Stoffstrukturen (Merkmale der Idealisierung, Emotionalität, Symbolkonstanz usw.) erfassen" (Dauenhauer 1978,67).

Die Stoffstrukturen sollen helfen, das Mengenproblem zu lösen. Denn angesichts der Wissensexplosion sei es nicht mehr möglich, enzyklopädisch alle Inhalte kennenzulernen. Wer aber das Typische eines Bereiches kenne, verstehe das Wesentliche vieler Einzelfälle.

Für wirtschaftskundliche Inhalte hält Dauenhauer folgende Stoffstrukturen für zentral:

(1) *Merkmal der Knappheit:* Wirtschaften bedeutet, die stets knappen Mittel rational so zu disponieren, daß möglichst viele Bedürfnisse in der gewünschten Rangfolge erfüllt werden. Dies sei für einzelne Haushalte und Betriebe ebenso relevant wie für die Volks- und Weltwirtschaft.

(2) *Merkmal der Rationalität*: Wirtschaftliches Handeln verlangt Rationalität, die ihren Ausdruck im ökonomischen Prinzip findet. Dabei gelte es, mit gegebenen Mitteln einen möglichst hohen Nutzen (Maximalprinzip) oder ein gegebenes Ziel mit möglichst geringem Aufwand zu erreichen (Minimalprinzip). Das ökonomische Prinzip gelte für alle Wirtschaftssubjekte und -stufen (Haushalt, Unternehmen, Staat).

(3) *Merkmal der Planung*: Alle Wirtschaftssubjekte handeln auf der Grundlage von Plänen, die Einnahmen, Ausgaben, Ziele und Fristen festhalten. Dies gilt sowohl auf staatlicher Ebene (Etats) als auch für Unternehmen (Investitionsplan) und private Haushalte (Budgets).

(4) *Merkmal der Zielkonkurrenz und Entscheidung*: Wirtschaftliches Handeln bedeutet Entscheidungshandeln. Weil angesichts unbegrenzter Bedürfnisse Zielkonflikte vorliegen, müssen sich die Wirtschaftssubjekte über eine Nutzenordung verständigen. Stoffstrukturell entsprechen etwa Debatten um Haushaltsprioritäten im Bundestag den Ausgabendiskussionen in privaten Haushalten.

(5) *Merkmal des Bedürfnisdrucks*: Gewirtschaftet wird, um Bedürfnisse zu befriedigen. Bedürfnisse nach Waren und Dienstleistungen sind der Antriebsmotor der Wirtschaft.

(6) *Merkmal der Dynamik*: Die Wirtschaft unterliegt in allen Stufen ständigem Pendeln zwischen Gleichgewichten und Ungleichgewichten. Immer geht es darum, Gleichgewichte herzustellen (Nachfrage/Angebot, Einnahmen/Ausgaben).

(7) *Merkmal der Rahmengebundenheit*: Wirtschaft spielt sich in dem bestehenden Rechts-, Politik-, Technik- und Sozialrahmen der Gesellschaft ab. Die Wirtschaftssubjekte sind Teil des Rahmens und reagieren auf alle Veränderungen.

(8) *Merkmal des Tausches und Kreislaufes*: Wirtschaftliche Planungen und Entscheidungen schlagen sich in Tausch- und Kreislaufvorgängen nieder. Zwischen Haushalten, Banken, Staat und Ausland fließen ununterbrochen Geld- und Güterströme.

(9) *Das Stufenmerkmal*: Wirtschaft ist hierarchisch geordnet. Auf der untersten Ebene sind die privaten Haushalte und Unternehmen angesiedelt. Sie erstreckt sich über die Regional- und Landeswirtschaft bis hin zur Weltwirtschaft.

(10) *Merkmal der Funktionalität*: Wirtschaftliche Maßnahmen wirken nie monokausal, sondern mehrstrahlig und ursachenverändernd.

(11) *Merkmal der Abstraktheit*: Dem sichtbaren Bereich der Wirtschaft (Konsum- und Betriebshandeln) steht ein unsichtbarer (Wirtschaftskreislauf) gegenüber. Insbesondere gesamtwirtschaftliche Vorgänge sind als ganze nicht direkt zu beobachten, sondern nur in Modellen und Statistiken zugänglich (vgl. Dauenhauer 1978,68 ff.).

Insgesamt legt Dauenhauer kein Modell zur Curriculumkonstruktion im engeren Sinne vor, wohl aber relativ konkrete Leitlinien für Stoffauswahl und -aufbereitung. Ohne darauf theoretisch näher einzugehen, kommt er dem Gedanken der Exemplarik nahe; speziell durch die Lernebenen "Basiswissen", "Strukturlernen", "Qualifikationslernen" und "politisches Lernen".

Das situationskritische Curriculumkonzept von Lothar Reetz

Foto: Reetz

Reetz geht davon aus, daß Innovationen "nichts völlig Neues hervorbringen, sondern Bestehendes verändern bzw. fortentwickeln" (Reetz 1984,240). Seine Überlegungen zur curricularen Innovation beginnt der Autor deshalb mit einer Bestandsevaluation wirtschaftsberuflicher Inhalte. Dabei bezieht er sich auf Studien von Golas, Krumm und Reetz/Witt aus den 70er Jahren. Auf deren Basis kommt er zu folgender *Kritik*:

6.1 Curriculumtheorie

- *Wissenschaftsbezug*: Im Wirtschaftslehre-Curriculum dominieren juristische Aussagen, häufig fehlen empirische Aussagen und der Praxisbezug. Insgesamt herrscht ein Modernitätsrückstand gegenüber den Wirtschaftswissenschaften. Statt Einblick in theoretische Strukturen und Grundfragen dominieren Detailaussagen.
- *Praxisbezug*: Wirtschaftsberuflichen Lehrinhalten fehlt die Praxisbedeutsamkeit. Der Praxisbezug beschränkt sich auf die handlungstechnologische Perspektive und vernachlässigt die soziale Dimension beruflicher Praxis.
- *Schülerbezug*: Fehlende reflexive Problematisierungen und fehlende Berücksichtigung der Persönlichkeitsentwicklung sowie individueller Bedürfnisse begünstigen rezeptives Lernen mit der Folge, daß das Niveau sinkt (vgl. Reetz 1984,84 ff.).

Reetz verknüpft diese Ergebnisse mit Befunden der Qualifikationsforschung.

Nach Auffassung von Reetz sollte sich die Curriculum-Entwicklung an einem Dreischritt orientieren, der von der Situationsanalyse über die Qualifikationsermittlung zur Bestimmung der Curriculum-Elemente verläuft. Im Rahmen der Situationsanalyse muß die berufliche und allgemeine Lebensperspektive der Auszubildenden Hauptkriterium der Interpretation sein. Wert legt Reetz außerdem auf seinen "erweiterten Qualifikationsbegriff", der die wirtschaftsberufliche Curriculum-Entwicklung vor technologischer Verengung bewahren und die langfristigen Lern- und Sozialinteressen der Auszubildenden zur Geltung bringen soll.

Die Lehrenden haben nach Reetz folgende Aufgabe:

Die im Lehrplan kodifizierten Angaben über Lehrinhalte und -ziele sind in Lernobjekte zu transformieren, damit "die subjektive und objektive Situations- und Handlungsbedeutung gesichert ist" (Reetz 1984,203). Für die didaktische Transformation bedeutet dies, daß die dem Schüler gegenüber ins Spiel gebrachte konkrete Form der Lehrinhalte und Ziele (Lernobjekte) situative Repräsentationskraft besitzt. Dabei muß auch sichergestellt sein, daß die Lernobjekte in der Wissenschaft relevant sind (Wissenschaftsbedeutsamkeit). Dies wiederum bedeutet, daß die Lerninhalte und Lernziele für die Lernenden auch wissenschaftssystematische Repräsentationskraft besitzen.

Dieses vermittlungsstrategische Vorgehen in der unterrichtlichen Planung nennt Reetz *situative Transformation* (Reetz 1984,204). Wichtig ist dem Autor die Abgrenzung seiner Strategie zur Didaktischen Reduktion. Denn die situative Transformation sichere die situative Bedeutsamkeit und die Handlungsrelevanz der Lerninhalte. Dagegen ginge es in der Didaktischen Reduktion vorrangig um die Sicherung von wissenschaftlicher Gültigkeit bei der Umwandlung von komplexen wissenschaftlichen Aussagen in solche, die die Lernenden verstehen (Reetz 1984,204).

Einen zweiten Schwerpunkt im Reetzschen Modell der Curriculum-Entwicklung bildet das Prinzip des aktiven Lernens durch Einführung kooperativer Arbeits- und Lernformen und Veränderung der Lehrerrolle vom Belehrer zum Berater.

Der Schlüsselqualifikations-Ansatz

Die Grundproblematik

In einer durch hohe technische und wirtschaftliche Dynamik gekennzeichneten Gesellschaft wird über die arbeitsmarktbezogene Mobilität der Menschen Flexibilität zu einer allgemeinen Anforderung an geistige Beweglichkeit und arbeitspraktische Anpassungsfähigkeit. Die Verwendungsvielfalt von Qualifikationen wird daher zu einer zentralen Aufgabe der Berufsbildungsforschung und der Berufsbildung. Solche Ziele und Inhalte von Bildung, welche die Menschen auf verschiedene gesellschaftliche Lebensbereiche vorbereiten, nehmen im Vergleich zu berufs- und statusrelevanten Bildungsgängen an Bedeutung zu. Es geht darum, Qualifikationen zu finden, die langfristig Gültigkeit besitzen, eine hohe Transferierbarkeit auf andere Anwendungsgebiete haben und zu lebenslangem Lernen befähigen. Diese Forderungen sind unter dem Begriff "Schlüsselqualifikationen" bekannt geworden.

Die Vermittlung von Schlüsselqualifikationen steht heute im Mittelpunkt aller Innovationsbemühungen im Bereich der beruflichen Bildung. Begriff und Idee der Schlüsselqualifikationen stammen aber nicht aus der Wirtschafts- und Berufspädagogik, sondern aus der Flexibilitätsforschung des Instituts für Arbeitsmarkt- und Berufsforschung, Nürnberg, aus dem Jahre 1974. Mertens und seine Mitarbeiter verstanden unter Schlüsselqualifikationen

"solche Kenntnisse, Fähigkeiten und Fertigkeiten, welche nicht unmittelbaren und begrenzten Bezug zu bestimmten, disparaten praktischen Tätigkeiten erbringen, sondern vielmehr

a) die Eignung für eine große Zahl von Positionen und Funktionen als alternative Optionen zum gleichen Zeitpunkt und

6.1 Curriculumtheorie

b) die Eignung für die Bewältigung einer Sequenz von (meist unvorhersehbaren) Änderungen von Anforderungen im Laufe des Lebens" (Mertens 1988,39).

Als Beispiel für *Schlüsselqualifikationen als "Vehikel der Vielseitigkeit"* nennt Mertens aus der Geschichte die Grundfertigkeiten des Lesens und Schreibens, die Kenntnis der alten Sprachen, die Euklidische Mathematik und anderes mehr. Mertens will ausdrücklich die Schlüsselqualifikationen nicht nur auf extrafunktionale Qualifikationen, auch nicht auf "Tugenden" oder Persönlichkeitsmerkmale beschränkt wissen. Gerade das ist aber inzwischen geschehen.

Im folgenden referieren wir ausführlich den Ansatz von Mertens, weil wir die Weiterentwicklung dieses Ansatzes für unerläßlich halten, wenn Allgemeinbildung, berufliche Erstausbildung und Weiterbildung bildungsbezogen verzahnt werden sollen.

Ähnlich wie in der Curriculumreformära kann man diese Verzahnungsaufgabe eher unter bildungspolitisch-strukturellen oder eher unter unterrichtsbezogenen Gesichtspunkten betrachten. Gleichgültig, von welcher Seite aus man blickt, es ist immer auch die Lehrplanfrage aufgeworfen. Wir ordnen deshalb den Schlüsselqualifikationsansatz der Curriculumproblematik zu. Wir sind der Meinung, daß er auf diese allgemeinere Ebene gehört. So jedenfalls verstehen wir den Ansatz von Mertens. Wir räumen jedoch ein, daß die Zuordnung zur Curriculumtheorie nicht üblich ist.

Der Ansatz von Dieter Mertens

Mertens differenziert und konkretisiert die Schlüsselqualifikationen nach vier Typen, denen in curricularer bzw. didaktischer Arbeit jeweils auch Lerngegenstände zuzuordnen sind. Man sollte bei der Lektüre der Tableaus bedenken, daß Mertens kein Didaktiker war und nur Beispiele und Anregungen aus der Qualifikationsforschung geben wollte. Auch erhebt er keinesfalls Anspruch auf irgendeine Vollständigkeit. Dies schmälert jedoch keinesfalls die Bedeutung seiner Überlegungen.

(1) *"Basisqualifikationen* sind in einer Klassifikation von Bildungselementen, welche das Allgemeinere über das Speziellere stellt, Qualifikationen *höherer Ordnung oder 'gemeinsame Dritte'* von Einzelfähigkeiten. Sie erlauben einen *vertikalen Anwendungstransfer* auf die speziellen Anforderungen in Beruf und Gesellschaft" (Mertens 1974,41; Hervorhebungen im Original). Wir können von logischen oder formalen Operationen sprechen, in der Tradition der geisteswissenschaftlichen Didaktik auch von formaler Bildung (vgl. Abb. 6.3.

Basisqualifikation als Bildungsziel	Konkretisierung	Vehikel, Lehrgegenstand
Logisches Denken	Logisches Schließen	Formale Logik, Schaltalgebra
Analytisches Vorgehen	Analytische Verfahrenstechniken	Linguistik, analyt. Geometrie
Kritisches Denken	Argumentations- und Diskussionsfähigkeit	Dialektik
Strukturierendes Denken	Klassifizieren	Über- und Unterordnung von Phänomenen
Dispositives Denken	Zweck-Mittel-Ökonomie	Organisationslehre Grundlagen d. Ökonomie
Kooperatives Vorgehen	Soziale Spielregeln und -techniken	Konkrete Spiele
Konzeptionelles Denken	Planungsbereitschaft und -fähigkeit	Planungstechniken (Netzplantechnik u.a.)
Dezisionistisches Denken	Risiko-Chance-Ökonomie, Entscheidungsfähigkeit	Spieltheorie, Entscheidungstheorie, Wahrscheinlichkeitstheorie
Kreatives Vorgehen	Assoziierendes Denken	Brainstorming, Littérature automatique, Morphologie
Kontextuelles Denken	Verstehen von Zusammenhängen und Interdependenzen	Schach, Operations Research

Abb. 6.3: Basisqualifikation nach Mertens
(Quelle: Mertens 1974,41)

6.1 Curriculumtheorie

Horizontal-Qualifikation als Bildungsziel	Konkretisierung	Vehikel, Lerngegenstand
Informiertheit über Informationen	Wesen von Informationen	allgemeine Informationskunde, allgemeine Lehre der Zeichen (Semiotik)
	Gewinnung von Informationen	Bibliothekskunde, Medienkunde, Statistik
	Verstehen von Informationen	spezielle Lehre der Zeichen und Symbole: Grundwissen über Verbalsprache, mathematische Symbole, Programmiersprachen, Zeichnungen, Modelle, Signale, Filme, Geräusche; Semantik, Grundwissen über Fremdsprachen (Basic English, Sprachstrukturalismus), Fachwörtersprache (Latein-Griechisch-Englisch), Grundstrukturkenntnisse über technische Pläne und Anleitungen
	Verarbeiten von Informationen	Schnellesekurse, Redundanzreduktion von Fragen und Aussagen, Förderung der Ausdrucksfähigkeit (Muttersprache), Verstehen des Wirtschaftsteils einer Zeitung; Umgang mit Formelsammlungen, Nachschlagwerken, Bibliographien, Dictionnaires.

Abb. 6.4: Horizontalqualifikation nach Mertens
(Quelle: Mertens 1974, 41f.)

(2) *"Horizontalfunktionen* sollen eine möglichst effiziente *Nutzung der Informationshorizonte* der Gesellschaft für den einzelnen gewährleisten, und zwar ... indem sie einen raschen Zugriff zu abrufbarem, anderenorts gespeichertem Wissen bei einer ad hoc auftretenden Problemstellung ermöglichen" (Mertens 1974,41). Heute würden wir von Lerntechniken sowie von Techniken der Informationsbeschaffung sprechen (vgl. Abb. 6.4).

(3) *Breitenelemente* sind keine klassifikatorisch übergeordneten Qualifikationen. Hier handelt es sich um jene Fertigkeiten und Kenntnisse, die als berufsfeldbreit bezeichnet werden können und die am Arbeitsplatz auftreten sowie am Arbeitsmarkt nachgefragt werden. Mertens nennt als Beispiele solcher Querschnittskenntnisse die Meßtechnik, den Arbeitsschutz und die Maschinenwartung.

(4) *Die Vintage-Faktoren* dienen im Rahmen der Weiterbildung bzw. Erwachsenenbildung der Aufhebung von Bildungsdifferenzen. Das Feld der thematischen Schwerpunkte faßt Mertens relativ breit: *"Grundzüge der Mengenlehre, der Sozialkunde, des Verfassungsrechts, des Englischen, der Programmiertechniken, der jüngeren Geschichte, der vergleichenden Religions- und Ideologiekunde, der jüngeren Literatur, Grundwissen über fremde Kulturen, Basiswissen über die Relativitätstheorie und Nuklearphysik"* (Mertens 1974,42; Hervorh. im Original).

Auf den ersten Blick erscheinen die Schlüsselqualifikationen als eine Mischung aus Beispielen für Methoden- und Sozialkompetenz. Betrachtet man aber in der Tabelle "Basisqualifikationen" die Spalte "Lehrgegenstand", dann wird sichtbar, worum es geht: Fach- und Sozialkompetenz sollen explizit unter das Ziel "formaler Bildung (Denkmuster, logische Operationen, soziale und kommunikative Kompetenzen)" gestellt werden.

Das Bildungsziel "Horizontalqualifikation", das heute eher unter "Lernen lernen" bekannt ist, blieb mehr oder minder eine Sache von Modellversuchen und von Praktiken der Unterweisungsmethodik (z.B. Leittexte).

Der Gedanke der Breitenelemente ist auf die berufsfeldbezogene Grundbildung, und der Vintage-Ansatz auf Spezialkurse beschränkt. Weil Mertens der Arbeitsmarktperspektive verhaftet blieb, hat er den Berufsbezug nicht verlassen. Anders herum: Er hat den aufs Allgemeine gerichteten Blick wieder verengt. Auf jeden Fall sollte die Kategorie Berufsfeld nicht als Bereich der Realität angesehen werden, sondern als Konstrukt curricularer Ausbildung, dessen Realität angemessen zu überprüfen ist.

Heute gelten als Schlüsselqualifikationen, anders als von Mertens intendiert, im wesentlichen extrafunktionale Qualifikationen, Arbeitstugenden und Persönlichkeitsmerkmale.

Extrafunktionale Qualifikationen im Zeitvergleich

Betrachten wir die wichtigsten extrafunktionalen Qualifikationen im Zeitablauf technologischer Entwicklung, so finden wir:

50er Jahre	60/70er Jahre	80er Jahre	90er Jahre
Ordnung	Flexibilität	Leistungsfreude	Lernbereitschaft
Sauberkeit	Mobilitat	Zielstrebigkeit	Umstellungsbereitschaft
Fleiß	Kooperationsfähigkeit	Aufgeschlossenheit	Eigeninitiative
Pünktlichkeit	Technische Sensibilität	Zuwendungsfreudigkeit	Unternehmerisches Denken
Ausdauer	Technische Intelligenz	Initiative	Kunden und Marktorientierung
Zuverlässigkeit			Normtreue
Genauigkeit			Bereichsübergreifende Verantwortung
			Denken und Handeln in Vernetzungen

Abb. 6.5: Extrafunktionale Qualifikationen im Zeitvergleich (Quelle: Lisop und Huisinga 1984, 57)

Die Tugendforderungen der 50er Jahre lassen sich auch als Verhaltensmechanismen kennzeichnen, die aus einer relativ statischen Arbeitsorganisation resultieren, in der das System der normativen Sicherung des Betriebsergebnisses getragen schien vom pfleglichen Umgang mit den Dingen, von der gleichbleibenden Qualität der menschlichen Arbeitsleistung und der zeitlichen Nutzung der Kapazitäten.

Demgegenüber erscheint die Sicherung des Unternehmenserfolges heute als Ergebnis einer unternehmerischen Haltung aller Mitarbeiter. Sie ist z.B. durch Offenheit, Zielstrebigkeit und Antriebskraft gekennzeichnet.

Für die zweite Hälfte der 80er Jahre möge beispielhaft die Auflistung der Schlüsselqualifikationen nach dem Modellversuch PETRA der Siemens AG stehen (vgl. Abb. 6.6). In diesem Modellversuch dienten die Schlüsselqualifikationen vor allem als Grundlage zur Beurteilung des Ausbildungserfolgs. Es handelt sich im wesentlichen um Arbeitstugenden bzw. extrafunktionale Qualifikationen, wobei anzumerken ist, daß die inhaltli-

Dimension	Zielbereich	Wesentliche Einzelqualifikationen
Organisation und Ausführung der Übungsaufgabe	Arbeitsplanung Arbeitsausführung, Ergebniskontrolle	Zielstrebigkeit, Sorgfalt, Genauigkeit, Selbststeuerung, Selbstbewertung, Systematisches Vorgehen, Rationelles Arbeiten, Organisationsfähigkeit, Flexibles Disponieren, Koordinationsfähigkeit
Kommunikation und Kooperation	Verhalten in der Gruppe, Kontakt zu anderen, Teamarbeit	Schriftliche und mündliche Ausdrucksfähigkeit, Sachlichkeit in der Argumentation, Aufgeschlossenheit, Kooperationsfähigkeit, Einfühlungsvermögen, Integrationsfähigkeit, Kundengerechtes Verhalten, Soziale Verantwortung, Fairneß
Anwenden von Lerntechniken und geistigen Arbeitstechniken	Lernverhalten, Auswerten und Weitergeben von Informationen	Weiterbildungsbereitschaft, Einsatz von Lerntechniken, Verstehen u. Umsetzen von Zeichnungen und Schaltplänen, Analogieschlüsse ziehen können, Formallogisches Denken, Abstrahieren, Vorausschauendes Denken, Transferfähigkeit, Denken in Systemen (Funktionsblöcke), Umsetzen von theoretischen Grundlagen in praktisches problemlösendes Denken, Kreativität
Selbständigkeit und Verantwortung	Eigen- und Mitverantwortung bei der Arbeit	Mitdenken, Zuverlässigkeit, Disziplin, Qualitätsbewußtsein, Sicherheitsbewußtsein, Eigene Meinung vertreten, Umsichtiges Handeln, Initiative, Entscheidungsfähigkeit, Selbstkritikfähigkeit, Erkennen eigener Grenzen und Defizite, Urteilsfähigkeit
Belastbarkeit	Psychische und physische Beanspruchung	Konzentrationsfähigkeit; Ausdauer z.B. bei Langzeitaufgaben, wiederkehrenden Aufgaben, Unterforderung und Schwierigkeiten; Vigilanz, d.h. Aufmerksamkeit bei abwechslungsarmen Beobachtungstätigkeiten; Frustrationstoleranz, Umstellungsfähigkeit

Abb. 6.6: Schlüsselqualifikationen im Modellversuch PETRA
(Quelle: Schulungsunterlagen der Fa. Siemens AG- PETRA 5/13)

che Füllung der Systematik (Dimension, Zielbereich, Einzelqualifikation) nicht immer schlüssig und zum Teil auch redundant ist; so z.b. wenn die Organisation von Aufgaben durch Organisationsfähigkeit erreicht werden soll oder wenn das "Anwenden von Lerntechniken" mittels "Einsatz von Lerntechniken" angestrebt wird.

Bedeutung der Schlüsselqualifikation für den kaufmännischen Bereich

Vergleicht man die Intentionen von Mertens mit der Qualifikationsforschung aus dem Angestelltenbereich, so läßt sich erkennen, daß die Reformen der Ausbildung nicht zum Kern dessen vorgestoßen sind, was Mertens intendierte. Schlüsselqualifikationen sind nämlich als Ausdruck der Transferproblematik zu verstehen. Mit der Berücksichtigung der Informationstechnik in den Neuordnungen und in den neu geschaffenen Berufen war dieses Problem jedoch nicht gelöst. Dies spiegeln die Ausbildungsordnung und Curricula ebenso wie die Schul- und Lehrbücher für den kaufmännischen Unterricht.

Welche Veränderungen hat der Angestelltenstatus durchlaufen, und was heißt dies in Bezug auf Schlüsselqualifikationen? Diese Frage sei mit Hilfe der Studie von Baethge und Oberbeck über die Zukunft der Angestellten (vgl. Baethge und Oberbeck 1986) beantwortet.

Bis Mitte der 70er Jahre zeichnete sich die berufliche Stellung des "qualifizierten kaufmännischen Angestellten durch die Abhängigkeit des Unternehmens von seiner Fachqualifikation und Loyalität" (Baethge und Oberbeck 1986,298) aus. Gleichzeitig wurde diese berufliche Position gestützt durch die relative Begrenztheit des Angebots dieser Fachqualifikationen auf dem Arbeitsmarkt und eine stetig expandierende Nachfrage. Diese Marktkonstellation eröffnete auch die Chancen zu "relativ leichten Aufstiegs- und Fortkommensmöglichkeiten auch auf den unteren Ebenen der Angestelltentätigkeiten" (Baethge und Oberbeck 1986,298). Den Entwicklungstrend der Beschäftigung von kaufmännisch Angestellten in allen Wirtschaftsbereichen bis zum Ende der 70er Jahre fassen sie wie folgt zusammen:

" ... einer starken Expansion der Beschäftigungszahlen in den 60er folgt ein degressives Wachstum in den 70er Jahren, das bei Versicherungen und Einzelhandel zur Stagnation tendiert" (Baethge und Oberbeck 1986,299).

Die fachberuflichen Entwicklungsmöglichkeiten verteilten sich währenddessen disproportional:

- Der Bedarf an höherqualifiziertem kaufmännischen Fachpersonal, an Unternehmensberatern, Organisatoren, Datenverarbeitern und Rationalisierungsexperten nehme zu, während
- Bürohilfskräfte und Schreibkräfte, Rechnungskaufleute und Kassierer, Sekretärinnen, Steno- und Datentypistinnen und nicht kaufmännisch qualifiziertes Personal beschäftigungsmäßig abnehme (vgl. Baethge und Oberbeck 1986,303).

Drei Funktionstypen qualifizierter Tätigkeiten bzw. Qualifikationsprofile werden von den Autoren gesehen.

Bei der Erfassung der Tätigkeitsstrukturen und der Qualifikationsprofile in

---

Funktionstyp I: Kaufmännische Marktgestalter

Hierzu gehören:

- Akquisition und Gestaltung der Leistungskonditionen und Vertragsmodalitäten,
- Analyse der Marktstrukturen und Auswertung von Geschäftsangeboten und Leistungsbilanzen,
- Regulation der Rahmenbedingungen des innerbetrieblichen Vollzugs abgeschlossener Verträge.

Die Tätigkeitsstrukturen des ersten Funktionstyps lassen sich qualifizieren als:

- unmittelbarer Marktbezug des Arbeitshandelns,
- prinzipielle Offenheit der Kooperationsstruktur,
- begrenzte zeitliche Planbarkeit und damit einhergehende
- Bewältigung von ad hoc Situationen.

Funktionstyp II: Prüfer von Vertragskonditionen und Leistungsansprüchen

Neben einer kundenorientierten Ausgestaltung der Geschäftsbeziehungen zeichnet sich dieser Funktionstyp durch die Ausrichtung der Entscheidungsgrundlagen anhand feststehender Regelungswerke (allgemeine Vertrags- und Gesetzesgrundlagen) aus. Das Arbeitshandeln folgt im Prinzip einer kontinuierlichen und weitgehend gleichförmigen Zeitstruktur.

Fortsetzung nächste Seite

> **Funktionstyp III: Abwickler von Geschäftsabschlüssen und Bestandspflegearbeiten**
>
> Hierzu gehören Tätigkeiten der Nachbearbeitung, der innerbetrieblichen Administration und der Assistenzleistungen. Die Tätigkeiten im Funktionstyp III besitzen "keinen direkten oder mittelbaren Einfluß auf die Gestaltung von Geschäftsabschlüssen und Leistungsbescheiden" (Baethge und Oberbeck 1986,185).
> Die Autoren der Studie gehen davon aus, daß sich alle Dienstleistungstätigkeitsgruppen in diesen drei Funktionstypen widerspiegeln und daß die Tätigkeitsprofile über den "Tätigkeitszuschnitt (Aufgabenumfang und Arbeitsteilung)", die "Arbeitsdurchführung (Arbeitsabläufe und Bearbeitungsweisen einzelner Vorgänge)" sowie durch die Kontrolle der Arbeitsabläufe und des Arbeitshandelns zu erfassen wären (vgl. Baethge und Oberbeck 1986,187).
> "Entscheidend aber ist: je mehr Angestellte mit dem höheren Vorbildungsniveau in die Verwaltungen und Büros einsickern und strategisch-relevante Positionen besetzen, desto mehr und nachhaltiger wird das oben skizzierte *Qualifikationsprofil*, das im Augenblick mit dem *Abiturstitel identifiziert* wird, für alle an betrieblichem Fortkommen interessierten Angestellten zur verbindlichen *Richt- und Selektionsschnur* und *setzt* die *innerbetrieblichen Besetzungskriterien gemäß* den angebotenen *externen Qualifikationen* herauf" (Baethge und Oberbeck 1986,339; Hervorh. im Original).

Abb. 6.7: Funktionstypen kaufmännischer Sacharbeit nach Baethge und Oberbeck

den Büros von Kreditinstituten, Versicherungen und Handel, in den Industrie- und Kommunalverwaltungen gehe es darum, die Auswirkungen der Rationalisierungen inhaltlich genauer zu bestimmen. Die Autoren wenden sich gegen die Sichtweise, die Rationalisierungsfolgen zeitigten einen allgemeinen Trend der Vereinheitlichung von Tätigkeitsstrukturen und Arbeitsabläufen in der Arbeitswelt der Angestellten (vgl. Baethge und Oberbeck 1986,182).

Heute wird dies auch dadurch belegt, daß die überkommenen Branchen sich zum Teil auflösen bzw. daß die Wirtschaftsbereiche neu geschnitten werden. Besonders deutlich läßt sich diese Entwicklung am Phänomen regulativer Zentren zeigen. Diese betreffen die Regulierung des Verhältnisses von Arbeitsinhalten, Arbeitsbeziehungen, Arbeitsteilung und -verteilung.

Neue Formen der integrativen Arbeitsorganisation sind:

- für die Fertigung *CIM-Systeme* (Computer integrated Manufacturing), wozu die BDE (Betriebsdatenerfassung), die Flexiblen Fertigungssysteme sowie die PPS (Produktionsplanungs- und -steuerungssysteme) gehören - heute gern unter dem Schlagwort lean production erörtert;
- für den Bereich der Warendistribution *Warenwirtschaftssysteme* und *Electronic-commerce*;
- für den Bereich des Geldwesens und des internationalen Kapitalmarktes *POS (Point of sale)* und *Electronic-Banking-Systeme*;
- im Versicherungswesen die *Systeme der Allfinanz*;
- im Sektor der Nachrichten- und Informationsverarbeitung sowie Informationsübermittlung die *Telematik*;
- im Bereich des Bildungswesens *neue Lern- und Bildungsverbünde*.

Hinter diesen Begriffen stehen weitreichende Veränderungen des Systems und der Organisation der Arbeit, die sich durch die sogenannte Vernetzung über die Grenzen von Betrieben bzw. Unternehmungen hinaus erstrecken. Auch muß der technische Wandel selbst ja produziert werden, weshalb dafür volkswirtschaftlich immer mehr intellektuelle und materielle Ressourcen bereitgestellt werden müssen, die wiederum auf immer komplexere bzw. differenziertere Weise für die betrieblichen Interessen zu koordinieren sind.

Insgesamt spricht man von der Vernetzung aller gesellschaftlichen Lebensbereiche. Eine neue, komplexere Organisation gesellschaftlicher Arbeit als Ganzes entsteht.

Die curricularen Auswirkungen stellen die überkommenen Berufe-Konzepte der Ausbildung in Frage.

6.2. Didaktische Konzepte und Konzeptionen

Mit der Wirtschaftskrise in der Mitte der 70er Jahre endet die Phase der Bildungsreform und damit auch die der Curriculumrevision. Die mit der Krise einhergehenden Anforderungen an Arbeit und Beruf verstärkten jedoch den Bedarf an Wissenschaftsorientierung, Umgang mit Komplexitäten und Professionalität. Gleiches galt für die Forderung der Reformansätze, in allen Bildungsprozessen die Belange der Arbeits- und der Lebenswelt zu berücksichtigen. Da die curriculare Seite bzw. die Inhaltsseite

6.2. Didaktische Konzepte und Konzeptionen

bildungspolitisch freigesetzt war, mußte auf anderem Wege versucht werden, den weiterhin akuten Reform-Forderungen zu entsprechen. Das Konzept der Handlungsorientierung und diverse Methodenansätze sind Wege, die dazu eingeschlagen wurden und die sich in der pädagogischen Praxis etabliert haben.

Gegenüber der Handlungsorientierung und anderen methodischen Konzepten (d.h. programmatischen Entwürfen) gibt es in der Wirtschaftspädagogik drei didaktische und damit breitere Ansätze, welche die nach wie vor bestehenden curricularen Anliegen weiterhin aufgreifen. Es sind dies die antizipatorische Didaktik von Jürgen Zabeck, der komplexitätstheoretische Ansatz des Göttinger Instituts für Wirtschaftspädagogik unter der Leitung von Frank Achtenhagen sowie die "Arbeitsorientierte Exemplarik" von Ingrid Lisop und Richard Huisinga.

Alle drei Konzeptionen berücksichtigen das Problem der Wissenschaftlichkeit sowie der pädagogischen Professionalität. Gleiches gilt für die Orientierung der Bildungs- und Qualifikationsziele an der zukünftigen Lebens- und Arbeitspraxis. Die Ansätze von Achtenhagen sowie von Lisop und Huisinga behandeln darüber hinaus eingehend die Komplexitätsproblematik. Die paradigmatische Grundposition der drei Ansätze ist jedoch unterschiedlich.

Wir bezeichnen diese Ansätze als didaktische Konzeptionen, weil sie über den Entwurfscharakter als eine bloß prinzipielle Ausrichtung hinaus durchgearbeitete Theoriegebäude im Sinne des Werkentwurfs darstellen. Die Göttinger Konzeption sowie die Arbeitsorientierte Exemplarik wurden zudem in der Praxis erprobt und evaluiert.

6.2.1 Das Konzept Handlungsorientierung

Die Interdisziplinäre Traditionslinie

Die Kategorie Handlung wird in unterschiedlichen wissenschaftlichen Feldern - z.B. Geisteswissenschaften, Sozialwissenschaften, Medizin - untersucht. Eine einheitliche bzw. einheitsbildende Konzeption ist angesichts der unterschiedlichen einzelwissenschaftlichen Ausdifferenzierungen nicht zu erkennen (vgl. Lenk 1980, Bd.1,9 ff.). Daß Handlungsorientierung beinahe zu einem Modebegriff geworden ist, wird von verschiedenen Autoren beklagt (vgl. z.B. Volpert 1987,2f.; Hacker 1986,14f.).

Trotz der Popularisierung und Inflationierung seien aber drei wichtige theoretische Linien in Erinnerung gerufen, die für die Erziehungswissenschaft bedeutsam waren und wohl noch immer sind:

Die erste Linie ist die soziologische. Methodisch ausgefeilt beginnt sie mit Max Webers verstehender Soziologie und seiner Verbindung des Sinn-Begriffes mit dem des sozialen Handelns. Von Weber aus führt der Weg über Parsons "Allgemeine Theorie sozialen Handelns" zu Luhmanns Ansatz, die Erklärung für das Funktionieren sozialer Systeme von der Ebene der Handlungstheorie auf eine Ebene von Systemtheorie zu transponieren. Damit wurde Handlungsrationalität in Systemrationalität überführt.

Die soziologische Denklinie findet über Mollenhauers Theorien Eingang in die Erziehungswissenschaft, wodurch eine zweite Linie konstituiert wird, die der emanzipatorischen Erziehungswissenschaft. Für Mollenhauer ist Erziehungswissenschaft in Anlehnung an Habermas Handlungswissenschaft. Der Objektbereich der Handlungswissenschaft besteht aus Verhaltensweisen, die dadurch als Handlung aufgefaßt werden können, daß sie die menschlichen Interaktionen symbolisch, d.h. durch Bedeutungsgehalte vermitteln. Für die Forschung bedeutet dies, daß nicht allein Daten über äußere Ereignisse und Phänomene, sondern zugleich die Sinnzusammenhänge zu erfassen sind; letztere eröffnen überhaupt erst Zugang zu den Daten (vgl. Habermas 1967,98).

Der Objektbereich der Erziehungswissenschaft, so Mollenhauer, sei folglich eine durch spezifischen Sinn konstituierte Kommunikationsgemeinschaft (vgl. Mollenhauer 1970,15). Handlungslernen sei demnach immer als auch soziales Lernen aufzufassen und schließe dessen kritische Selbstreflexion ein. Kommunikation und Interaktion seien an die Bewältigung gesellschaftlicher Innovationsaufgaben und an den sozialen Diskurs anzuknüpfen.

Nach dem Ende der Reformära, spätestens ab Mitte der 80er Jahre wurde der Begriff soziales Lernen auf kommunikationsfördernde Techniken reduziert (vgl. Huisinga 1982,42). Diese Verkürzung muß erfaßt sein, wenn man zu einer Bewertung der Handlungsorientierung im Bereich der beruflichen Bildung gelangen will.

Eine dritte theoretische Linie - man könnte sie die wirtschafts- und berufspädagogische nennen - fußt auf der Kognitionspsychologie, speziell auf der Didaktik von Aebli (vgl. Aebli 1980, 1981a, 1981b) und auf der Handlungsregulationstheorie.

Die Handlungsregulationstheorie betrachtet die psychische Regulation von (Arbeits)tätigkeiten. Dieser Ansatz ist im wesentlichen als Versuch einer

6.2. Didaktische Konzepte und Konzeptionen

allgemeinpsychologischen Grundlegung arbeitspsychologischer Fragestellungen entstanden, wobei es besonders darum ging, komplexe Formen des Arbeitshandelns in relativ hochtechnisierten Produktionsprozessen zu analysieren und zu gestalten. Im Zentrum stand dabei zunächst die Frage, wie ein erwachsener, genügend erfahrener und vorgebildeter sowie hinreichend motivierter Mensch relativ komplexe Aufgaben bewältigt (vgl. Volpert 1985,110). Neben beobachtbaren Verhaltenssequenzen wird die innere Struktur von Handlungen betrachtet. Die Handlungstheorie als Modell menschlicher Handlungsorganisation beschreibt diese als zielgerichteten und erfolgskontrollierten Prozeß.

Das Kernmodell der Handlungsregulationstheorie (Gesamtdarstellung bei Hacker 1980, Volpert 1974) klammert Lernprozesse zunächst aus bzw. in ein eigenes Prozeßmodell.

"Lernen ist zwar in einem gewissen Sinn auch Handeln (oder: Kommunizieren, oder: Problemlösen), aber die wesentlichen Merkmale des *Lernens* wird man aus einem reinen Modell des *Handelns* nicht ableiten können. Sie sind etwas Zusätzliches, ein auf Prozesse der ersten Art gewissermaßen aufgeschalteter Prozeß" (Volpert 1985,111). Abgesehen hiervon geht die Untersuchungsprämisse ja von einem entsprechend gebildeten, erfahrenen und motivierten Menschen aus und fragt nicht, wie jemand für Arbeitshandlungen angemessen auszubilden und zu motivieren wäre.

In verschiedenen Lernbereichen ist gleichwohl eine handlungstheoretische Fundierung als erfolgreich (vgl. Abb. 6.8) beurteilt worden. Das gilt insbesondere für Bewegungslernen (Sensumotorik) und die Optimierung kognitiver Regulationsgrundlagen, z.B. bei der Maschinenkontrolle.

Als praktische Konsequenz zieht Volpert den Schluß, daß ein organisierter Lernprozeß die Entwicklung von genereller und transferfähiger Handlungsfähigkeit für komplexe Abläufe behindere, wenn einseitig auf Fertigkeits- oder Wissenserwerb abgestellt werde, die Abhängigkeit vom Lehrenden nicht gezielt verringert oder keine Gelegenheit zur (auch experimentellen) Erprobung des Gelernten in unterschiedlichen Situationen bereitgestellt werde. Dabei räumt er ein, daß es sich hierbei um pädagogisch Altbekanntes und Erprobtes handele, auch wenn die Praxis davon häufig noch weit entfernt sei.

Volpert plädiert daher für eine Verstärkung des projektorientierten Lernens bzw. für "genetische Vorformen" des Handlungslernens. Sie tragen die folgenden Merkmale (vgl. Volpert 1985,118):

♦ Sie sind eine in ihrer Komplexität reduzierte Form der zu erlernenden Gesamthandlung mit dem Ziel, an deren Komplexität heranzuführen.

> 1 "Handeln-Lernen vollzieht sich als Entfaltung und Komplexer-Werden ganzheitlicher Zusammenhänge, also als Ausdifferenzierung hierarchischer Regulationsebenen. Als Teilaspekte können die Verinnerlichung zuvor materieller Handlungen (bzgl. der intellektuellen Regulationsebene) und die Entwicklung sensumotorischer Fähigkeiten angesehen werden".
>
> 2 "Mit diesem Entfaltungsprozeß ist eine zunehmende Eigenständigkeit der individuellen Handlungsregulation gekoppelt. Starke Handlungsabhängigkeit von anderen Menschen oder Situationen wird zugunsten eines größeren Handlungsspielraums abgebaut".
>
> 3 "Im Entfaltungsprozeß wird eine »stabile Flexibilität« aufgebaut. Diese gewährleistet ein stabiles Verhalten als Persönlichkeit sowie situationsangemessenes Verhalten. Auf niederen Handlungsebenen bilden sich vielfach kombinierbare Teilhandlungen aus, die auf höheren Ebenen durch verallgemeinerte Verfahren koordiniert werden und in ein persönliches Handeln münden, das dem der »Meisterschaft« oder der »Weisheit« gleichkommt" (Volpert 1985,116f.).

Abb. 6.8: Erfolgskriterien der Handlungstheorie
(Quelle: Volpert 1985,116)

♦ Sie sollen die Ganzheitlichkeit des Handlungszusammenhangs wahren, sowohl in der Verbindung von Planen und Ausführen bzw. Theorie und Praxis als auch in der Verbindung verschiedener, nebengeordneter Handlungsteile mit der Option allerdings, Teilfertigkeiten und spezifische Kenntnisse auszugliedern.
♦ Dem Prinzip der Ganzheitlichkeit wird auch ein unmittelbar erkennbarer, individueller oder gesellschaftlicher Nutzen der Tätigkeit bzw. des Produktes zugerechnet.
♦ Auch die Vorformen sollen Kooperation und Aspekte der eigenständigen Handlungsregulation enthalten.
♦ Sie sollen konkreter und ausführungsnäher sein, als die angezielte Tätigkeit - etwa im Bereich der Arbeit - wenn diese durch Rationali-

6.2. Didaktische Konzepte und Konzeptionen

sierung und Technisierung in gewissem Umfang abstrakt und entsinnlicht sei.

In den neueren Methoden der Berufsausbildung erkennen wir die Rezeption der Handlungsregulationstheorie vor allem an der Tätigkeitstrukturiertheit i.S. des Gliederns vollständiger Handlungssequenzen. Ein Beispiel ist die Handlungssequenz des Sechs-Schrittes "Informieren, Planen, Entscheiden, Durchführen, Kontrollieren, Bewerten". Auch die Interaktionsbetontheit der Zusammenarbeit unter den Lernenden (Gruppenarbeit) und schließlich die Bevorzugung simulativer Lehr- und Lernarrangements ist Kennzeichen einer auf der Handlungsregulationstheorie fußenden Handlungsorientierung.

Dort, wo die Handlungsorientierung sich auf das schulische Feld bezieht, wird stärker auf die kognitionspsychologische Didaktik Aeblis als auf die Handlungsregulationstheorie Bezug genommen. Für Hans Aebli, ein Schüler des Entwicklungspsychologen Jean Piaget, sind Gegenstände "Träger von Vorgängen und Objekte von Handlungen" (Aebli 1981b,113). "Der Mensch erfaßt die ihm in der Objektwelt entgegentretenden Vorgänge, indem er seine Denkmittel, darunter ganz wesentlich die Operationen und Begriffe, auf sie anwendet ... (erkennende Assimilation)" (Aebli 1981b,111). Aebli vertritt die Auffassung, daß die Selbsttätigkeit im Unterricht die dinglich bezogene Erarbeitung vor allem deshalb erforderlich mache, weil darüber die "präzisesten und lebendigsten Vorstellung von den Werken der Menschen, ihren Handlungen und Unternehmungen" zu gewinnen seien (vgl. Aebli 1981b,107).

Handlungen, die sich sinnlich konkret, gegenständlich und in "wirklichen" Bewegungen vollziehen, nennt Aebli *effektive Handlungen*. Davon zu unterscheiden seien die inneren Handlungen. Aus der Tatsache, daß der Aufbau des Denkens, der Vorstellungswelt und der Sprache bzw. die Gesamtheit der inneren Handlungen im Entwicklungsprozeß des Menschen zunächst an effektive Handlung gebunden ist, resultiere die Bedeutung konkreter Veranschaulichung und erprobenden Tuns im Unterricht.

Die Psychologie der geistigen Kommunikation, welche in der Didaktik nicht vernachlässigt werden dürfe, müsse neben den Handlungsvorstellungen die Wahrnehmungsvorstellungen berücksichtigen. Hierzu gehörten die Wahrnehmungen des Sinnesapparates, aber auch Gefühle, Stimmungen und Wertungen, wodurch Bedeutungszuschreibungen und letztlich die geistigen Gehalte einer Kultur entstünden (vgl. Aebli 1981b,22 f.). Wissen und Können seien mit einer Reflexion zu verbinden, welche Perspektiven im System des Weltwissens eröffne und helfe, Wissen sei nicht nur zu erwerben und anzuwenden, sondern auch zu generieren. Denkformen seien auch zu verändern, und statt mit verkürzter Funktionalität sei mit Algorithmen, Methoden und Heuristiken zu arbeiten (vgl. Aebli 1981a, 213 und 383).

Im Konzept der Handlungsorientierung fehlen demgegenüber die Wahrnehmungsvorstellungen, die differenzierten Dimensionen der Denkformen und die Einheit der Bildungsziele "Weltaufschluß", "Weltverfügung" und "Lebensqualität". Auch die generellen Fähigkeiten kognitiver Regulation und psychischer Selbstkompetenz kommen gegenüber den auf das Gegenständliche bezogenen Handlungsvorstellungen zu kurz. Im Rahmen des Dualen Systems der Berufsausbildung ist das insofern verständlich, weil dadurch die praxisbezogenen Lehr- und Lernanteile in den Schulen eine bessere, weil lernpsychologische Legitimation erfuhren.

 Insgesamt läßt sich Handlungsorientierung als ein methodisches Konzept charakterisieren. Es bevorzugt solche Organisationsformen des Lehrens und Lernens, die Selbsttätigkeit ermöglichen, vorzugsweise simulativen Arrangements. Ob und welchen Bildungsbezug das methodische Konzept in seiner Realisierung jeweils erhält, das hängt von den übergeordneten Zielstellungen ab. Diese variieren sehr stark, wie die Abbildung 6.9 zeigt.

(1) Vermittlung von Wertmaßstäben für zukünftiges Handeln
(2) Normative Orientierungen für Curriculum-Entwicklung und didaktische Arbeit
(3) Berücksichtigung praktischer Belange
(4) Synonym für Praxisorientierung (analog zu (3))
(5) Lernen mittels konkreter Gegenstände
(6) Orientierung am produktiven Tun; lebensnahe Aufgaben
(7) Unterrichtskonzepte zur Förderung von Aktivität und Selbständigkeit der Schülerinnen und Schüler
(8) Rückbindung didaktischer Ansätze an handlungstheoretische Ansätze

Abb. 6.9: Bedeutungsvarianten von Handlungsorientierung
(Quelle: vgl. Ebner 1992, 35 f.)

Mögliche kritische Argumente

An der didaktischen Ausklammerung der Wahrnehmungsvorstellungen und der fehlenden Korrelation von Objektebenen und Metaebenen, schließlich der Vernachlässigung der Entwicklung von Denkverfahren zeigt sich die Gefahr einer Verkürzung der Zielstellung auf pragmatische Funktionalität.

Vollständigkeit der Handlung, wie sie z.B. in der Handlungsorientierung angestrebt wird, ist nicht gleichzusetzen mit didaktischer Vollständigkeit und erst recht nicht mit Subjektorientierung bzw. Ganzheitlichkeit der Subjektentfaltung. Dies wird dort am Umgang mit Komplexitäten deutlich, wo diese den Gedanken von Aebli, Handlungs- und Beziehungsnetze aufzuzeigen, auf jeweils eine Ebene von gesellschaftlicher Praxis beschränken. So gehören z.B. zur Verzollung (vgl. Aebli 1981a,97 ff.) nicht nur die unmittelbaren und mittelbaren Handlungskontexte, sondern mindestens auch wirtschaftspolitische Prinzipien, historische Entwicklungslinien und Fragen der Ethik.

Dies zeigt, daß unter dem Standpunkt der Subjektorientierung der handlungstheoretische Ansatz mit Besonnenheit und Vorsicht zu beurteilen ist. Es ist genau zu prüfen, ob unter dem Etikett der Ganzheitlichkeit nicht doch lediglich ein mehr oder minder operatives Training erfolgt.

Insgesamt läßt sich zum Komplex Ganzheitlichkeit, Simulation und Handlungsorientierung sagen:

- In den neueren Methoden der Berufsausbildung kommt dem Konzept der Handlungsorientierung deshalb eine besondere Bedeutung zu, weil es um eine Flankierung bei der Modernisierung der personalen Arbeitsstile geht (Abbau von Hierarchien, größere Selbständigkeit). Der öffentliche Bildungsauftrag ist jedoch auch für die Berufsausbildung weiter gefaßt.
So wird mit der Kategorie Simulation in der Allgemeinen Pädagogik stets auch die Gefahr des Reduktionismus diskutiert. In der Berufs- und Wirtschaftspädagogik bleibt die Kategorie Ganzheitlichkeit dagegen in vielen Fällen auf eine relativ eng begrenzte Situation bezogen.
- Die Begründung der Handlungsorientierung mit Hilfe des Ansatzes von Aebli führt leicht zu einer didaktischen Verkürzung aufgrund der Überbetonung der konkret dinglichen Arbeitsvollzüge. Sie vernachlässigt das soziologische Spektrum der Handlungskontexte ebenso wie das heute zunehmend erforderliche abstrakte Denken. Auch kann man die Frage der Motivation bzw. der Lernwiderstände nicht nur kogniti-

onspsychologisch beantworten. Speziell im Hinblick auf die Erfordernisse ganzheitlicher Bildung und des Wissensmanagementes wären das Konzept der Handlungsorientierung und die Rezeption Aeblis neu zu bedenken.

6.2.2 Die Leittextmethode

Obwohl unabhängig voneinander entstanden, exemplifiziert die Leittextmethode die Handlungsorientierung.

Begriff und Entstehung der Leittextmethode

Leittexte sind schriftliche Materialien, die mittels Leitfragen, Erläuterungen, Arbeitsplan-Unterlagen, Werkzeuglisten, Kontrollbögen u.ä. in teilweise programmierter Form Erkundungs-, Lern- und Arbeitshilfen geben. Sie umfassen die sechs Stufen Informieren, Planen, Entscheiden, Ausführen, Kontrollieren und Bewerten, die als vollständige Handlung im Sinne der Handlungsregulationstheorie gelten. Zur Anwendung gelangen sie in der projektorientierten Grundausbildung, aber auch und insbesondere dort, wo innerbetriebliche Reparatur-, Teilfertigungs- oder Dienstleistungsaufträge an Auszubildende vergeben werden. Außer den Leittexten stehen diesen in der Regel ergänzende audio-visuelle Lehrmittel sowie konventionelle Schulbücher und Nachschlagewerke zur Verfügung.

Unter Projektmethode wird in der betrieblichen Ausbildung einerseits ein Vorgehen verstanden, bei dem alle Kenntnisse und Fertigkeiten einer Phase durch die Ausführung eines differenzierten Auftrages erlernt werden. Andererseits heißen aber auch geschäftliche Teilaufträge Projekt; so z.B. die Herstellung einer neuen Informationsbroschüre oder die Entwicklung eines Marketing-Bausteins in eigener Regie.

Stufen der vollständigen Handlung

Auf der Stufe des *Informierens* macht sich der/die Auszubildende ein möglichst umfassendes Bild von der Aufgabe. Zielsetzung ist es, die benötigten Informationen für die weiteren Arbeitsschritte möglichst selbständig zu erstellen. Von Seiten der Leittextmethode werden dazu Leitfragen gestellt.

Die Stufe des *Planens* dient der Handlungsvorbereitung. Diese Art des vorausschauenden Handelns läuft der konkreten Arbeit voraus und mündet

6.2. Didaktische Konzepte und Konzeptionen

in die Erstellung eines Arbeitsablaufplans. Die Leitfragen dieser Stufe sollen den Auszubildenden helfen, sich eine Art inneres Bild der Handlungen zu verschaffen, die im Arbeitsablaufplan festgehalten werden.

Die Stufe des *Entscheidens* dient der Überprüfung des Arbeitsablaufplans sowie der Festlegung der zu verwendenden Arbeitsmittel. Die Überprüfung wird in einem Fachgespräch mit dem Ausbilder bzw. der Ausbilderin vorgenommen, die dann auch die "Freigabe zur Ausführung" verfügen.

In der *Ausführungs*stufe erfolgt die selbständige Lösung der Aufgabe durch die Auszubildenden oder das Team. Es sollen Kontrollschritte eingeplant sein, die sich an den Vorgaben der nächsten Stufe orientieren.

Die *Kontroll*stufe dient dem abschließenden Soll-Ist Vergleich. Die Fremdkontrolle vollziehen die Ausbilder bzw. Ausbilderinnen.

In der letzten Stufe, der *Bewertung*, erfolgt die Beurteilung durch ein weiteres Fachgespräch mit dem Ausbilder oder der Ausbilderin. Maßgeblich ist dabei, daß in direktem Kontakt zwischen Ausbildern und Auszubildenden die Ursachen und Folgen bestimmter Ergebnisse möglichst objektiv herauszufinden sind. Die Auszubildenden sollen lernen, Gütemaßstäbe zu entwickeln, um ihr Handeln selbst zu bewerten und, soweit erforderlich, zu verbessern.

Der Einsatz der Leittextmethode kann unabhängig davon erfolgen, ob funktionsbezogen, d.h. im Hinblick auf funktionelle betriebliche Abteilungsgliederung ausgebildet wird, oder ob die Ausbildung im Rahmen realer Aufträge außerhalb der funktionellen betrieblichen Arbeitsgliederung erfolgt.

Zur Einschätzung der Leittextmethode

(1) Bezüglich der vorgegebenen Hauptintention der Leittextmethode, nämlich Selbststeuerung des Lernprozesses sowie Entwicklung individueller Lern- und Lösungsstrategien, spielt die innere Strukturiertheit eine wichtige Rolle. In der Realität finden sich Leittexte mit allen Strukturiertheitsgraden:
   ○ tiefreichende Struktur (alle Informationen und Lösungshinweise vorgegeben),
   ○ mittlere Struktur (viele Informationen gegeben, aber auch Quellenhinweise zum Selbststudium),
   ○ flache Struktur (nur Anregungen und Impulse für weitere Informationen und Erkundungen).

Unter pädagogisch-methodischen und motivationalen Gesichtspunkten liegt die Schwierigkeit der Abfassung der Leittexte darin, das sogenannte mittlere Anspruchsniveau in Wort und Bild zu finden. Dieses Niveau ist u.a. eine Voraussetzung für erfolgreiches, selbstgesteuertes Lernen.

Das mittlere Anspruchsniveau kann aber, wenn Differenzierung und Individualisierung gewollt ist, von Gruppe zu Gruppe und von Person zu Person unterschiedlich sein. Das pädagogische Hauptproblem der Strukturierung von Leittexten liegt also in der adressatenbezogenen Aufbereitung der jeweils zu behandelnden Thematik. Alle Leittexte verfehlen diesen Kerngedanken.

Ein zu detailliert ausgearbeiteter Leittext schränkt den freien Entscheidungsspielraum der Lernenden stark ein und nähert sich dem programmierten Lernen. Auch damit wird die Grundintention verfehlt.

(2) Der Einsatz und die Zielsetzung der Leittextmethode sind von Widersprüchen gekennzeichnet.

Die Zielsetzung beruht auf der einen Seite auf der Herausbildung von Fachkompetenz durch komplexe, aufgabenorientierte Ausbildung; auf der anderen Seite muß ein ausreichendes Maß an Fachkenntnissen zur Bewältigung eben dieser Aufgaben vorhanden sein. Es besteht also eine Wechselwirkung von vorauszusetzenden und im Rahmen des Lernprozesses erst zu erwerbenden Kenntnisstrukturen. Dies führt in der Praxis dazu, daß die Leittexte lernpsychologisch nicht immer stimmig abgefaßt sind und das Theoriewissen nicht unbedingt die situativen Handlungsprobleme klären hilft. Ein Grund hierfür liegt auch darin, daß das Verhältnis von umfassendem qualifikatorischen Anspruch einerseits und offiziellem Prüfungsrahmen andererseits nicht gelöst ist. Wir stoßen hier an die Frage der didaktischen Autonomie der Ausbilder/Ausbilderinnen und der didaktischen Kompetenz der Leittextverfasser/-verfasserinnen.

(3) Die Selbststeuerung ist nur als relative gewährleistet:
  o die inhaltlichen Vorgaben sind verhältnismäßig eng und abhängig vom Grad der Strukturiertheit (vgl. oben);
  o die zeitliche Individualisierung ist an Rahmenvorgaben gebunden.

Für eine abschließende Beurteilung aus bildungstheoretischer Sicht einerseits und hinsichtlich des Strukturwandels der Ausbildung andererseits seien hier noch einige ausführlichere Gedanken angeschlossen.

Die Angemessenheit der Leittextmethode leuchtet unmittelbar ein, wenn man an die Notwendigkeit denkt, informationsbezogenes Arbeiten unter den Bedingungen flexibler Fertigung oder Dienstleistung zu erlernen.

6.2. Didaktische Konzepte und Konzeptionen

Die in der Neuordnung der industriellen Metallberufe in § 3, Abs. 4 ausgesprochene Forderung von 1987, daß der/die Auszubildende durch selbständiges "Planen, Durchführen und Kontrollieren" zur Ausübung einer qualifzierten beruflichen Tätigkeit befähigt werden soll, bedarf daher keiner weiteren Legitimation. Sie empfiehlt sich darüber hinaus insofern, als die erhöhte, tendenziell wissenschaftliche Fachkompetenz auch eine neue Stufe in der Professionalität der Ausbilder und Ausbilderinnen darstellt.

Angesichts der Übereinstimmung der Leittextmethode mit der Informationsorientierung betrieblicher Arbeit erstaunt es nicht, daß zur Akzeptanz und Förderung der Leittextmethode erheblicher öffentlicher Aufwand durch Modellversuche betrieben wurde. Eine mögliche Erklärung hierfür liegt u.E. in der bislang nicht erreichten pädagogischen Professionalität des betrieblichen Ausbildungspersonals und der Tatsache, daß die neuen Ausbildungsintentionen ohne pädagogische Professionalität nicht verwirklicht werden können.

6.2.3 Die antizipierende Didaktik von Jürgen Zabeck

Zabeck geht von einer Kritik an der Berufsbildungstheorie Sprangers aus (vgl. Zabeck 1984). Sprangers Entwurf weise mehrere logische Schwachstellen auf, deren Auswirkungen bis in die heutige Zeit hinein reichen. Dies betreffe die Annahme einer Harmonie von Mensch und Welt im Beruf und damit verknüpft die Annahme, daß die Berufswahl aus innerlich determinierten Neigungen erwachse. Diese Entsprechungen seien nicht mehr haltbar.

Foto: Zabeck

Mit der Bezugnahme auf "Kulturgebiete", so die Ansicht Zabecks, wird der "didaktische Brückenschlag zwischen Mensch und Welt" in unzulässiger Weise verkürzt, da nicht die reale Berufsarbeit als Ausgangspunkt didaktischer Überlegungen zugrunde gelegt wird, sondern Kultur als definierte Wirklichkeit. Oder noch fataler: Das, was man sich z.B. unter einem Bankkaufmann oder einer Verkäuferin vorstellt.

Auch die Engführung zwischen Schulfächern und wissenschaftlichen Disziplinen führe zu einer ausschnittsweisen Repräsentation der Wirklichkeit, da jede Wissenschaft unter einem wissenschaftskonstituierenden, also selbstreferentiellen Aspekt an die Wirklichkeit herantrete.

Zabeck, der seine Didaktik als eine "Theorie der Bildungsinhalte und des Lehrplanes" versteht, betont, daß für die Struktur und Auswahl der Lerngegenstände vor allem die erzieherisch relevante Wirklichkeit zu beachten sei. Das hermeneutisch-pragmatische Verfahren der Curriculumkonstruktion, das er vorschlägt, vereinige einen spekulativen sowie einen empirischen Ansatz und gewinne aus dieser Kombination ein eigenes Verfahren. Zugleich konstituiere es sich durch das Spannungsverhältnis zwischen Empirie und Normativität als erziehungswissenschaftlich.

Wesentlich für die Konstruktion des Curriculums ist bei Zabeck die gestufte Bedeutungsstruktur von Didaktik:

(1) Die didaktisch relevante Wirklichkeit.
(2) Die wissenschaftliche Reflexion über die Wirklichkeit mittels Objektsprache. Auf dieser Stufe siedelt Zabeck die besonderen Didaktiken an.
(3) Die Meta-Ebene der wissenschaftstheoretischen didaktischen Reflexion, das Denken des wissenschaftlichen Denkens.

Die Didaktik der kaufmännischen Berufserziehung sei als besondere Didaktik der 2. Stufe zuzuordnen.

 Im Gegensatz zur positivistischen Erziehungswissenschaft kommt es nach Zabeck unter dem hermeneutisch-pragmatischen Paradigma nicht unbedingt auf die Gewinnung allgemeingültiger Aussagen an. Wissenschaft könne auch ohne den Anspruch strenger Allgemeingültigkeit betrieben werden. Dies sei sogar notwendig im Interesse der Menschen, die in der Gesellschaft auf Grund von Wertentscheidungen handeln müssen.

Ausbildung habe zwar auch an die Lösung konkreter Arbeitsaufgaben heranzuführen. Mit der Vermittlung von Orientierungswissen soll den Lernenden jedoch auch die Möglichkeit gegeben werden, den Sinn von Spezialaufgaben oder z.B. eines Arbeitsplatzwechsels zu erschließen. Dieses Orientierungswissen sollte je nach Ausbildungsstand entweder im Zusammenhang mit der Heranführung an Ausführungstätigkeiten oder aber, besonders auf höheren Stufen der beruflichen Bildung, in gesonderten Lehrgängen zur Kenntnis gebracht werden.

Damit stellt Zabeck den Anschluß an das *Situationsprinzip* der Curriculumtheorie her, weshalb er seinen Ansatz "antizipativ" nennt. Die *Persönlichkeitsorientierung* wird speziell durch die Wertorientierung und den

6.2. Didaktische Konzepte und Konzeptionen

Erziehungsgedanken realisiert. Das *Wissenschaftsprinzip* wird auf die Konstruktionsprobleme bezogen. Es betrifft nicht die Inhalts- und Zielfragen. Zabeck verweist auf das Erfordernis empirischer Qualifikationsforschung.

Das Problem der Ermittlung der künftigen Berufsanforderungen versucht Zabeck folgendermaßen zu lösen: "Die Antizipation der in Leistungssituationen gestellten künftigen beruflichen Anforderungen ist mit technischen Mitteln nicht hinreichend genau zu realisieren. Sie erfordert *Interpretation und Spekulation.* ... Es ist deshalb erforderlich, auf dem Hintergrund einer empirischen Erhellung der gegenwärtigen Berufssituation und einer Trendextrapolation die Ausbildungsforderungen zu *setzen*, und zwar indem - wie bereits an anderer Stelle begründet - zugleich der Anspruch der Person auf Selbstorganisation der Individualität vornehmlich durch *quantitative Ausweitung* und *qualitative Überhöhung* der in Branchen und Funktionsbereichen empirisch ermittelten Anforderungen Berücksichtigung findet" (Zabeck 1984,135).

6.2.4 Didaktik als Entscheidungstheorie: Ein Konzept betriebswirtschaftlicher Ausbildung - Der Ansatz des Göttinger Instituts für Wirtschaftspädagogik

Beim Ansatz des Göttinger Instituts unter Leitung von Frank Achtenhagen handelt es sich um den differenziertesten Didaktik-Ansatz einer betriebswirtschaftlichen Ausbildung. Da es hier nicht darum gehen kann, ihn in allen Facetten wiederzugeben, erfolgt die Darstellung unter zwei Gesichtspunkten.

Zunächst wird das Leitziel der Verbesserung (Verwissenschaftlichung) der professionellen didaktischen Kompetenz vorgestellt, das Achtenhagen 1984 veröffentlicht hat. Sodann werden die wichtigsten Dimensionen bzw. Ebenen der wirtschaftsdidaktischen Komplexität skizziert, mit welchen sich das Forschungsprojekt "Lernhandeln in komplexen Situationen" befaßt hat. Hieran haben außer Achtenhagen Tade Tramm, Peter Preiß, Heiko Semann-Weymar, Ernst G. John und Axel Schunk mitgewirkt (vgl. Achtenhagen u.a. 1992).

Foto: Achtenhagen

272 6. *Curriculumtheorie und Didaktik*

Foto: Tramm

Zielstellung professionelle Kompetenz

Im Vorwort seines Buches "Didaktik des Wirtschaftslehreunterrichts" von 1984 beschreibt Achtenhagen es als Ziel seiner Ausführungen, einem wissenschaftsmethodischen Prinzip bei der Planung, Durchführung und Evaluation von Unterricht zum Durchbruch zu verhelfen. Es gehe darum, "für unterrichtliches Handeln (im weitesten Sinne) schlüssige Entscheidungshilfen bereitzustellen und diese im theoretischen Zusammenhang zu begründen. Eine solche handlungsorientierte Theorie soll angeben,

- welche Handlungen
- unter welchen Umständen
- von welchen Personen
- mit Aussicht auf welchen Erfolg ausgeführt werden können" (Achtenhagen 1984,10).

Damit wird sichtbar, daß der didaktische Ansatz professionstheoretisch begründet wird. Da sich eine detaillierte verabsolutierende inhaltliche Festlegung dessen, was zu einer Didaktik des Wirtschaftslehreunterrichts gehören sollte, verbietet, müssen die Lehrenden entscheiden können, was relevant sein soll. Dies kann keine beliebige Meinung sein. Es muß sich professionell begründen lassen. Außerdem ist es mit dem Vorwissen und gegebenenfalls mit den praktischen Erfahrungen der Lernenden zu verknüpfen. Soll dies wiederum nicht dazu führen, Schüler und Schülerinnen aufgrund subjektiver Entscheidungen lediglich Beispiele erzählen zu lassen, dann müssen auch die Lernenden die Systematik begriffen haben, die der Stoffaufbereitung zugrundeliegt.

 Achtenhagen plädiert für einen aufgeklärt-pragmatischen Eklektizismus (also das Zusammentragen aller als didaktisch relevant angesehenen Ideen und Konzepte sowie deren wissenschaftlich begründbare Auswahl) als Methode für die didaktische Entwicklungsarbeit.

Der Ansatz sei in dreifacher Hinsicht als Versuch zu verstehen:

(1) Es soll zeigen, daß Theorie und Praxis keine Gegensätze sein müssen, sondern sich gegenseitig ergänzen können.

6.2. Didaktische Konzepte und Konzeptionen

(2) Es geht aus von den Interessen, Wahrnehmungen und Überzeugungen der Lehrer *und* Schüler. Der Blickwinkel geht also von den *Subjekten* zu den *Objekten* des Lehr- und Lernzusammenhangs.

(3) Es soll Theorie so aufbereiten, daß die Lehrer und Lehrerinnen in bestimmten Situationen handlungsrelevantes Wissen zur Verfügung generieren können.

Begründet wird dieses Vorgehen Achtenhagens mit seinem Verständnis von Handlung als "eine zielgerichtete Tätigkeit, in der ein Handelnder mit ihm geeignet und akzeptabel erscheinenden Mitteln versucht, einen für ihn befriedigenden Zustand zu erreichen oder zu erhalten" (Hofer 1981,159, zitiert nach Achtenhagen 1984,11)

Wesentlich ist in diesem Zusammenhang die "Möglichkeit der Wahl, also das subjektive Vorhandensein von mehr als einer Handlungsalternative" (Achtenhagen 1984,11).

Handlungen stehen in engem Bezug zu Wissen. Wenn man das Wissen verbessert, so die These, verbessert man auch die Handlungen.

Achtenhagen stellt im Hinblick auf die Verbesserung bzw. Professionalisierung des didaktischen Handelns folgende Hypothesen auf:

"1. Je weniger (Kriterium der Vollständigkeit) relativ komplexe (Kriterium der Komplexität) und gut begründete, d. h. empirisch bestätigte (Kriterium der Begründetheit) didaktische Handlungsempfehlungen vorliegen, desto mehr ist der Lehrer auf sich selbst, sein Überzeugungswissen, auf relativ stereotype Handlungsmuster angewiesen.

2. Je weniger Zeit zur Verfügung steht, vorhandene didaktische Handlungsempfehlungen angemessen heranzuziehen und anzuwenden, desto mehr ist der Lehrer gezwungen, auf Intuition, subjektive Erfahrungen, Spontaneität zurückzugreifen" (Achtenhagen 1984,21).

Beide Thesen zusammen ergeben die *"Verschiebungsthese"*:

"Das vorwissenschaftliche Überzeugungswissen, d.h. wenig oder unzureichend begründetes Handlungswissen, und damit zusammenhängend stereotypes, wenig reflektiertes Verhalten, werden desto mehr an Bedeutung gewinnen, je weniger wissenschaftlich begründete Aussagen (und damit auch technologische Theorien) zur Verfügung stehen. Handeln auf dieser Grundlage kann aber mit hoher Wahrscheinlichkeit zur Benachteiligung von Schülern führen" (Achtenhagen 1984,49 f.).

Die Verschiebung geschieht hierbei von den (oft nicht vorhandenen oder nicht genügend bewußten) objektiv begründbaren Handlungsmustern hin zu subjektiv begründeten Handlungsmustern.

Bezogen auf Unterricht und auf Verhalten der daran Beteiligten spricht man von subjektiven Unterrichtstheorien bzw. subjektiver Verhaltenstheorie.

Eine sinnvolle didaktische Analyse des Lehr- und Lernzusammenhangs muß das Vorhandensein von subjektiven Theorien bei den Beteiligten explizit berücksichtigen. Nur so läßt sich verstehen, erklären und möglicherweise sogar vorhersagen, wie sich Lehrer und Schüler in bestimmten Situationen verhalten oder verhalten werden.

Die *subjektive Unterrichtstheorie* der Lehrer stellt sich wie folgt zusammengefaßt dar (unter Berücksichtigung der sozialpsychologischen Theorie der Personenwahrnehmung):

(1) Lehrer betrachten Schüler vor dem Hintergrund ihrer eigenen Werte und Bedürfnisse, also gemäß ihrer eigenen Persönlichkeit.

(2) Lehrer bilden sich ihre Meinung über Schüler aufgrund begrenzter Informationen, wie etwa äußere Erscheinung oder Verhalten der Schüler.

(3) Diese Eindrücke werden in globalen Begriffen geformt, die wiederum Urteile über andere Eigenschaften des Schülers beeinflussen (Halo-Effekt).

(4) Neue Informationen, die im Widerspruch zu den einmal gefaßten Meinungen stehen, werden angepaßt, um nicht in Konflikt zu geraten.

(5) Das so geprägte Lehrerverhalten hat Auswirkungen auf das Schülerverhalten. Schüler können dazu tendieren, die an sie gestellten Handlungserwartungen zu erfüllen ("self-fulfilling prophecy").

Lehrer neigen also (wie die meisten Menschen) dazu, implizite Persönlichkeitstheorien zu entwickeln. Darunter versteht man die Beeinflussung der Beurteilung anderer Menschen durch eine subjektive Theorie über Eigenschaftszusammenhänge. Ein wesentliches Merkmal dieser impliziten Persönlichkeitstheorie ist ihre Reflexivität, also die Rückbezüglichkeit auf denjenigen, der sie anwendet. "Man muß sich selbst anders sehen und damit auch anders verhalten. Das ist die Besonderheit jeder verhaltenserklärenden Psychologie, nämlich ihre Reflexivität, ihre Rückbezüglichkeit" (Heckhausen 1976,4, zitiert nach: Achtenhagen 1984,235).

Implizite Persönlichkeitstheorien manifestieren sich durch:

6.2. Didaktische Konzepte und Konzeptionen

- die Bildung von Analogieschlüssen,
- die Vermischung von objektiven Verhaltensdaten und Interpretation von Verhaltensweisen,
- Ursache-Wirkung-Beziehungen, die postuliert, aber nicht überprüft werden,
- Verweis auf eine implizite Gesellschaftstheorie.

Das Vorhandensein von subjektiven Theorien führt zu einem Verhalten bei Lehrern, welches Achtenhagen als Immunisierungs-Strategie beschreibt: "Die vom Lehrer akzeptierten didaktischen Handlungsempfehlungen erhalten eine Struktur, nach der sie prinzipiell nicht widerlegbar sind" (Achtenhagen 1984,55).

Um den komplexen Problembereich "Didaktik" überhaupt faßbar zu machen, gibt es in der Literatur Tendenzen, die Achtenhagen einerseits als "Komplexionskomplexion" und andererseits als "Simplifizierung durch Parzellierung der Fragestellung" (Achtenhagen 1984,188) bezeichnet.

Didaktische Programme der ersten Art laufen darauf hinaus, die ohnehin schon komplizierte Wirklichkeit durch unrealistische Anforderungen weiter zu verkomplizieren. Damit wird sichergestellt, daß die didaktische Wirklichkeit diesen Anforderungen niemals genügen kann, die Autoren also immer Recht behalten.

Die Programme der zweiten Art lassen sich dadurch kennzeichnen, daß sie eine komplexe Fragestellung in isoliert zu betrachtende Einzelprobleme aufgliedern. Die systematische Einordnung in den didaktischen Gesamtzusammenhang wird oftmals nicht realisiert; Programme dieser Art bleiben, bezogen auf ihre zugrundeliegende Absicht, ohne Effekt.

Handhabung von Komplexität

Der Umgang mit Komplexität erfordert ein hohes Maß an Systematik sowie die Fähigkeit, die Perspektiven auf einen Gegenstand zu wechseln, ähnlich wie in der Technik, Geometrie oder Biologie Schnitte anzufertigen und Bewegungsabläufe in Ursache-Wirkungskontexten zu berücksichtigen sind.

Auf der *inhaltlichen Ebene* hat die wirtschaftsdidaktische Komplexitätsanalyse die Situationsstruktur, die thematischen Schichten und die Freiheitsgrade des Handelns zu berücksichtigen. Die *Situationsstruktur* ist nach Achtenhagen u.a. durch das System Unternehmung und sein Umfeld geprägt, wozu u.a. Kunden, Lieferanten und Faktoranbieter gehören. Desweiteren gehören dazu die funktionalen Subsysteme der Unternehmung und diverse abhängige und unabhängige Variable.

Als *thematische Schichten*, die im Unterricht als erkenntnis- und handlungsrelevant herauszuarbeiten sind, gelten:

(a) der logistische Aspekt,
(b) die Wertdimension auf der Basis des Zahlenwerkes des Rechnungswesens,
(c) der Kapitalaspekt mit den Konzepten von Gewinn, Zins, Struktur des Kapitals und Rentabilität,
(d) der finanzwirtschaftliche Aspekt mit der Zieldimension Liquidität.

Hinsichtlich der *Freiheitsgrade des Handelns* sind Entscheidungsparameter und ihre kognitive Durchdringung besonders wichtig.

Die Kategorien *Erfahrung, Reflexion, Systematisierung und Handlungsorientierung* helfen, zwischen der makrosequentiellen curricularen Struktur (Inhaltsebene) und den Lernenden zu vermitteln bzw. die Inhalte sequentiell und methodisch zu strukturieren.

Die Schüler- und Lehreraktivitäten im Unterricht koordinieren sich zu verschiedenen Dimensionen von Tätigkeit. In Anlehnung an Aebli veranschaulichen die Autoren dies wie folgt:

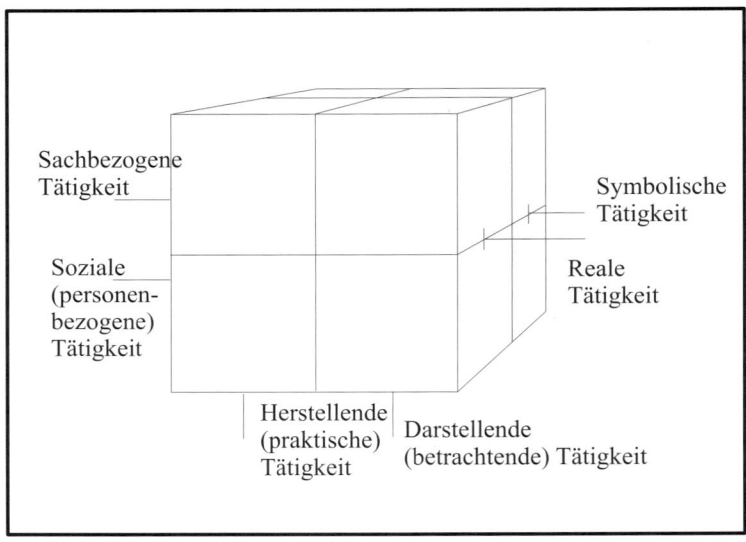

Abb. 6.10: Dimensionen der Tätigkeit im Unterricht nach Aebli

6.2. Didaktische Konzepte und Konzeptionen

Schließlich sind noch mediale Aspekte, speziell der Einsatz moderner Technologie sowie simulative Unterrichtsmodelle zu berücksichtigen. Bekannt geworden ist das Planspiel-Modell "Jeans-Fabrik" des Göttinger Institutes. Es hat nicht nur betriebswirtschaftliche Funktionszusammenhänge modelliert, sondern auch den Schülerinnen und Schülern die Möglichkeit gegeben, ihr ökonomisches Vorverständnis und Vorwissen einzubringen, handlungsleitende kognitive Strukturen aufzubauen, soziale Kompetenz zu erproben, ganzheitliche Sichtweisen zu entwickeln und Querbezüge zu anderen Fächern herzustellen (vgl. Achtenhagen u.a. 1992,200 ff.). Eine besondere Rolle spielt im Göttinger Ansatz die Berücksichtigung der emotionalen Befindlichkeit (vgl. Achtenhagen, Lüdecke, Sembill 1988). Dies liegt in der Beobachtung begründet, daß die emotionale Beziehung zum Lehrenden für die Lernenden von allergrößter Bedeutung ist. Ferner wurde herausgefunden, daß Kognition, Motivation und Emotion sich verschränken.

Da berufliche Ausbildung, aber auch Weiterbildung und Umschulung die Identitätsentwicklung bzw. die Identitätsveränderung der Lernenden berühren, muß die emotionale Befindlichkeit auch in der Didaktik des Wirtschaftslehreunterrichtes berücksichtigt werden.

6.2.5 Die Arbeitsorientierte Exemplarik von Lisop und Huisinga

Der Entstehungskontext

Als *Lisop* und *Huisinga* Ende der siebziger, Anfang der achtziger Jahre vorwiegend mit solchen Studierenden zu arbeiten hatten, die intensive Berufserfahrungen vorweisen konnten, stießen sie bei den Lernenden auf das Erfordernis, deren Berufs- und Lebenserfahrungen im Prozeß der akademischen Ausbildung zu berücksichtigen. Sie standen vor der Aufgabe, Qualifizierung mit Identitäts- und Lebenshilfe zu verbinden. Die Forderung der Curriculumreformer, den Wissenschaftsbezug durch den Bezug zu Lebens- und Arbeitswelten zu ergänzen, wurde damit um einen Aspekt erweitert, nämlich den der reflexiven Aufarbeitung und Reorganisation von Erfahrung. Die Anforderungen, denen sich Lisop und Huisinga gegenüber sahen, stellten eine völlig neue hochschuldidaktische Situation dar. Die Aufarbeitung von Lebens- und Arbeitserfahrungen gehörte nicht zum Selbstverständnis akademischer Ausbildung. Auch wenn die Forderungen der Studierenden berechtigt schienen, war darüber nachzudenken, wie man sie im Rahmen des Lehr- und Studienprogramms berücksichtigen sollte.

Es entstand ein Problem der Stofffülle und gesteigerter Komplexität, und es waren gegensätzliche, bis dahin einander ausschließende Zielvorstellungen an das Studium zu integrieren.

Vor ähnlichen Integrationsaufgaben steht heute z.B. die Schulentwicklungsbewegung.

Lisop und Huisinga suchten die Lösung in der Exemplarik (vgl. Lisop und Huisinga 1984 und 1994). Sie griffen u.a. auf Erfahrungen zurück, die Negt in der Arbeiterbildung gemacht hatte, wo er auf ähnliche Lernwünsche und Lernprobleme wie Lisop und Huisinga gestoßen war (vgl. Negt 1971).

Neben der Komplexitätsbewältigung und der neuartigen, systematischen Berücksichtigung der Subjektseite, und zwar über kognitionspsychologische Fragen hinaus, stellt das Konzept der Arbeitsorientierten Exemplarik darauf ab, mittels eines weiten Arbeitsbegriffs die Entgegensetzung von Allgemeinbildung und Berufsbildung zu überwinden (vgl. Kapitel fünf). Es handelt sich daher um einen Ansatz, der in wirtschafts- und berufspädagogischen ebenso wie in allgemeinen Bildungzusammenhängen genutzt werden kann.

Kennzeichen der Exemplarik

(1) Definitorisch läßt sich Exemplarik wie folgt fassen: Exemplarik ist ein erkenntnistheoretisches Leitprinzip für die Auswahl und Aufbereitung von lernrelevanten Gegenständen. Die Exemplarik zielt auf das Erkennen bzw. Entfalten von Knotenpunkten/Verdichtungen. Sie verschränkt die individuellen Lernbedürfnisse und die gesellschaftlichen Qualifikationsanforderungen bzw. den individuellen Lebenszusammenhang und den Gesellschaftlichen Implikationszusammenhang.

Die Exemplarik hat nichts mit Beispielen zu tun, wohl dagegen mit Muster. Das einzelne, ein Lernziel, ein Thema, ein Stoffgebiet entfaltet seine qualifizierende und bildende Wirkung erst, wenn erkannt werden kann, womit es zu einem Ganzen gehört. Dessen Muster ist geprägt durch die Konstitutionslogik, welche die Beziehung der Teile zueinander strukturiert. Es gilt, dieses Muster des Ganzen von seinen Teilen aus zu erschließen.

(2) Die Exemplarik ist dadurch gekennzeichnet, daß sie die Einheit von Gegensätzen bzw. das Strukturmuster von Teilen und Ganzem zur Erkenntnis bringt. Subjekt und Objekt, Individuum und Gesellschaft, Konkretes und Abstraktes, Prozesse und Strukturen, Realphänomene und Wissenssysteme, Psychodynamik und Gesellschaftsdynamik, (private) Lebenswelt und (berufliche und politische) Systemwelt sind

6.2. Didaktische Konzepte und Konzeptionen

typische "Pole", deren Korrelation aufgehellt wird. Identität, Sinn, Rationalität und Konstitutionslogik sind leitende Kategorien in diesem Erkenntnisprozeß.

Exemplarik wäre somit gründlich mißverstanden, wenn man darunter die Auswahl von (prototypischen) Beispielen zwecks quantitativer Stoffreduktion oder die Veranschaulichung an herausragenden Fällen verstünde. Das Wort exemplarisch ist ja nicht von "Exemplar" abgeleitet, sondern entstammt dem philosophischen Exemplarismus, d.h. einer Methode zur Analyse und Erkenntnis von komplexen, in sich gegensätzlichen Faktorengefügen.

(3) Die Exemplarik ist auf fächerübergreifendes Arbeiten und Interdisziplinarität sowie Reflexivität und Metakommunikation angewiesen. Da in exemplarischen Lernprozessen Knotenpunkte von Lerngegenständen zentral sind, widersetzt sie sich linearen Lernprozessen.

Der Phasenverlauf arbeitsorientiert exemplarischer Lernprozesse

Wie wir in Kapitel 5.3.3 gesehen haben, erfolgen in Lernsituationen spezielle Prozesse der Merkmalsextraktion, der Bedeutungsunterstellung und der Kopplung zugehöriger Bedeutungen zum Zwecke sowohl der Verarbeitung von Informationen als auch der Lösung von Problemen. Neue Informationen bzw. neues Wissen wird mit vorhandenem abgeglichen. Es werden Äquivalenzen zwischen dem Lebenszusammenhang als *erfahrenem* und der durch Unterricht *angebotenen* neuen Gestalt der Individualität bzw. Identität gesucht. Das daraus resultierende Ergebnis bestimmt darüber, welche Hürden im Lernprozeß zu überwinden sind. Dieser Sachverhalt zwingt didaktisch dazu, die vorhandenen Erfahrungen der Lernenden, speziell Erwachsener, zu berücksichtigen.

Das didaktische Problem, das sich damit stellt, läßt sich in der Frage zusammenfassen, wie die "Passung" der Erfahrungen zum Thema bzw. zu den curricularen Vorgaben hergestellt werden kann, soll nicht jede Assoziation, jede Lebenserinnerung der Lernenden zu einer Unterbrechung oder gar Störung des Lernprozesses der Gruppe führen.

Eine der Lösungen, welche die Arbeitsorientierte Exemplarik hierzu entwickelt hat, ist das spiralförmige Planungs- und Verlaufsmuster für Lernprozesse.

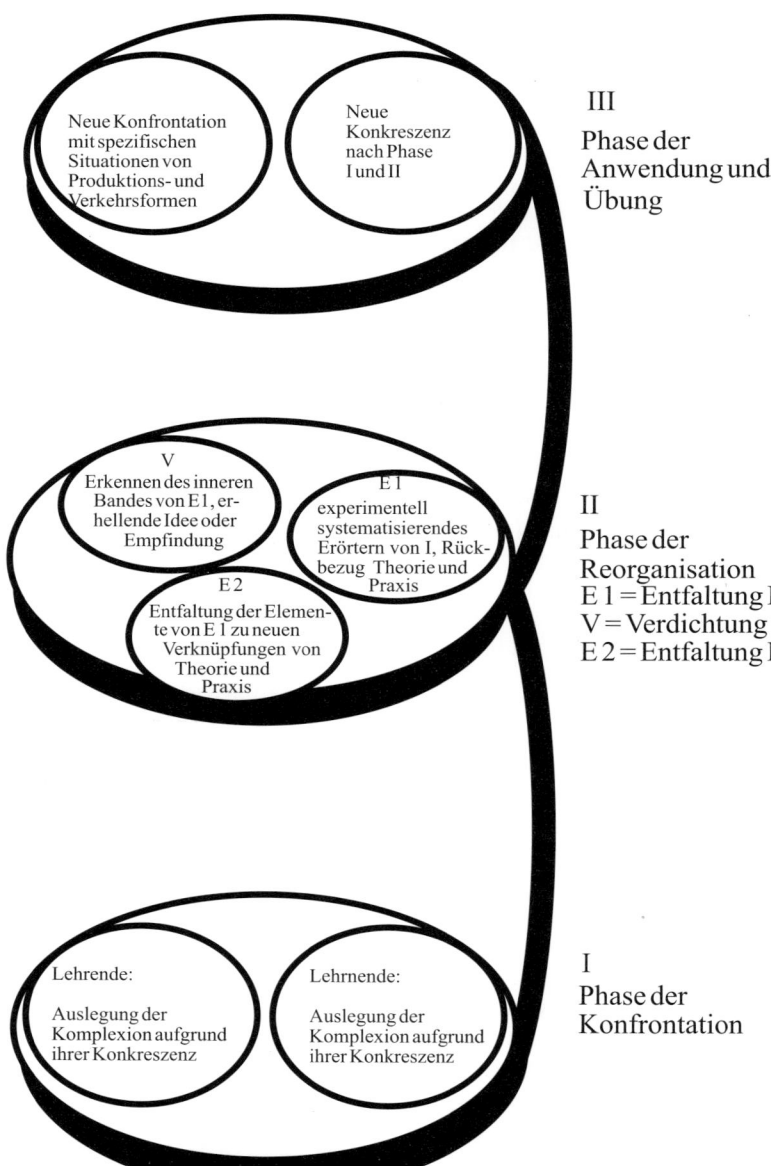

Abb. 6.11: Die spiralförmige Bewegung des Lehr- und Lernprozesses nach der arbeitsorientierten Exemplarik

6.2. Didaktische Konzepte und Konzeptionen

(1) Lehr- und Lernprozesse verlaufen nicht linear, d.h. nicht im Sinne eines stetigen, durch gleichmäßige Abschnitte gekennzeichneten kognitiv hierarchischen Aufstiegs.

(2) Speziell zu Beginn eines jeden Lernprozesses muß ein methodisches Arrangement bereit stehen, welches die Möglichkeit dazu eröffnet, Erfahrungen einzubringen und den Entwurf des didaktischen Implikationszusammenhangs von Zielen, Inhalten und Methoden im sogenannten Unterrichtsgespräch zwischen Lehrenden und Lernenden auszutarieren.

(3) Der Verlauf des Lehr- und Lernprozesses ist ein rhythmischer, insofern inhaltliche Entfaltungen und begriffliche Verdichtungen, Objekt-Sicht und Subjekt-Sicht, Abstraktion und Konkretion, sinnlich konkretes und kognitives, herstellendes, darstellendes und reflexives Arbeiten wechselnd ineinander greifen.

(4) Das Spiralmodell verweist ferner darauf, daß es um reorganisierende Entwicklungs-, aber auch um Entfaltungsprozesse geht, bei denen bereits erreichte Ebenen von Kenntnissen, Fertigkeiten und Fähigkeiten, Haltungen und Einstellungen bzw. Erkenntnissen und Erfahrungen mit neuem Wissen verflochten werden. Die neuen Ebenen stellen im Prozeß der Kompetenzentwicklung nicht schlicht Additionen dar, sondern sie sind als Meta-Ebenen vorheriger Entwicklungsstufen zu begreifen.

Insgesamt vollzieht sich der Umgang mit Komplexität nach der Arbeitsorientierten Exemplarik in zwei Phasen, nämlich in der Planung, die immer einen Versuchs- bzw. Angebotscharakter enthält, und in der Interaktion mit den Lernenden. Auch bezieht sich die Komplexität nicht nur auf den Unterrichtsstoff.

Die didaktischen Komplexitäten

Wie wir gesehen haben, ist es ebenso natürlich wie legitim, daß Menschen in Lernprozessen ihre Erfahrungen einbringen möchten. Der Bildungsauftrag hat demzufolge die Pole Biographie und Geschichte, Gegenwart, Zukunft und Vergangenheit, Denken und Fühlen, Können und Wollen zu umfassen. Komplex ist er nicht nur wegen des sogenannten Situationsbezugs (Berücksichtigung der Lebens- und Arbeitswelt), sondern auch aus lernpsychologischen Gründen. Folgende Komplexitätselemente lassen sich identifizieren:

(1) Erste Ebene: Kompetenz und Arbeit

Diese Ebene ergibt sich aus dem modernen Bildungsauftrag. Er verlangt Qualifizierung für die Bereiche der Erwerbsarbeit, der öffentlichen bzw.

politischen Arbeit und der privaten Reproduktionsarbeit. Das Ensemble der allgemeinen und berufsbezogenen Befähigungen und Befugnisse läßt sich subjekttheoretisch als die Einheit von Selbst-, Sach- und Sozialkompetenz fassen (vgl. Kapitel fünf). Die didaktische Aufgabe der Komplexitätsebene "Kompetenz und Arbeit" liegt darin, daß die drei Dimensionen der Arbeit und der Kompetenz nicht segmentiert werden. Sozialkompetenz z.B. ist nicht nur arbeitsplatz- bzw. qualifikationsbezogen auszurichten.

(2) Zweite Ebene: Wissenschaftsbezug und Interdisziplinarität

In allen Lebensbereichen schließt Kompetenz heute die Fähigkeit ein, mit wissenschaftlich generierten Informationen umzugehen. In der ökonomischen Bildung verlangt dies zumindest Grundkenntnisse der betriebs-, volks- und weltwirtschaftlichen Zusammenhänge. Alle Arbeitskontexte haben zudem eine technische, soziale, organisationale und kulturelle Dimension, der gegenüber Urteils- und Handlungsfähigkeit gefordert ist.

(3) Dritte Ebene: Lebenszusammenhänge und Erfahrung

Jeder Lernprozeß wirft Sinn- und Identitätsfragen auf. Ihre Dynamik äußert sich in Lernmotivation oder Lernabwehr gegenüber Zielen und Inhalten. Sie wird speziell dort akut, wo die Elemente des Systems der Lebenskräfte und Lebensbedürfnisse berührt werden. Damit sind, pädagogisch professionell besehen, Sozialisationsfragen mit Normen und Werten, Verhaltens- und Einstellungsmuster, Zugehörigkeiten zu Milieus und Lebensstile sowie Affinitäten zu gesellschaftlichen Bewußtseinsformen zu beachten.

(4) Vierte Ebene: Didaktische Professionalität

Der Didaktische Implikationszusammenhang, der sich auf die Wechselbezüge von Zielen, Inhalten und Verfahren in Lehr- und Lernprozessen bezieht, generiert sich mittels didaktischer Professionalität. Da die Lernprozesse nicht als bloße Adaptation verlaufen, kann er nur unter Berücksichtigung der drei ersten Ebenen der didaktischen Komplexität erfolgreich realisiert werden. Erst so können sich die Erfahrungen mit den curricularen Vorgaben verbinden. Dies geschieht mittels der didaktisch herzustellenden exemplarischen Verdichtung.

(5) Fünfte Ebene: Verdichtung

Die verschiedenartigen Elemente der Komplexität sowohl auf der Subjekt- als auch auf der Objektseite verdichten sich in einer jeweilig übergeordneten Kategorie, welche zwischen Erfahrung und didaktischen Zielen, individuellem Vorstellungshorizont und gemeinsamem Erkenntnisziel die Verknüpfung herstellt. Wenn z.B. auf einmal "Mein und Dein" die Diskussion beherrschen, dann geht es um Rechtsfragen, Rechtswesen, Gerechtigkeit und Rechtsgestaltung, und zwar in Bezug auf Arbeitssphären (z.B.

Arbeitsrecht und Arbeitsplatzgestaltung), Wirtschaft (z.B. Tarifkämpfe), Politik und private Lebenswelten. Von solchen Sichtweisen, Interessen und Anmerkungen der Lernenden aus, wie sie das Beispiel anführt, lassen sich mit Hilfe der Modelle "Gesellschaftlicher Implikationszusammenhang" und "Psychodynamisches System der Lebenskräfte und Lebensbedürfnisse" abgleichende Verbindungen zu den Lernzielen herstellen. Sie dienen der Entscheidung darüber, wie die Stoffauswahl oder das weitere methodische Vorgehen teilnehmergerecht modifiziert werden müssen. Diese Modifizierung ist die Voraussetzung dafür, daß am Unterrichtsthema mittels innerer und äußerer Unterrichtsmethoden eine Reorganisation der Wissensbestände, der Denk- und Urteilsmuster sowie der Neuerwerb von Wissen und Können gelingt. Da von der Verdichtung der zentrale Impuls für die Subjektentwicklung ausgeht, muß bezüglich des Lernprozesses jegliche Routinisierung vermieden werden, weil diese die Verdichtung einebnet und dadurch die Motivation senkt (vgl. Lisop und Huisinga 1994,208 ff.).

(6) Sechste Ebene: Didaktik und Schulorganisation

Die didaktische Implikation von Zielen, Inhalten und Verfahren schließt mit den Organisationsformen des Lehrens und Lernens und dem Ziel der ganzheitlicher Bildung Praxisprojekte und Produktionsphasen (auch für den Markt) ein. Unter der Bedingung eines ganztägigen sich über die volle Woche erstreckenden Lernens in ein- und derselben Institution läßt sich zwar die Organisationsform Projekt (oder simulative Arrangements) als Grundform denken. Theoretische Wissenspensen und Reflexion und das für die Praxis erforderliche (auch wissenschaftspropädeutische) Basiswissen verlangen aber grundständige Zeit- und Inhaltsanteile. Hier entsteht eine Komplexitätsebene, welche die Didaktik mit der Curriculumplanung und der Schulorganisation verschränkt.

6.2.6 Fachdidaktische Differenzierungen

Nachhaltiges Wirtschaften

Anstoß und Grundgedanke

Seit der UN-Konferenz von 1992 in Rio de Janeiro wird gesellschafts-, wissenschafts- und bildungspolitisch über das Problem des nachhaltigen Wirtschaftens (Sustainability) diskutiert. Es drückt sich darin "ein fundamentales Bedürfnis der Menschen aus, die besinnungslose Plünderung der Natur zu beenden und die Sicherung der Lebensgrundlage der neuen Generation ins Zentrum der Aufmerksamkeit zu rücken" (Negt 1997,20).

Der Grundgedanke ist also der, daß die gegenwärtige Generation ihren Bedarf decken soll, ohne künftige Generationen an den zur Verfügung stehenden Ressourcen zu schädigen. Man könnte es auch so formulieren, daß es um eine neue, weil generationsübergreifende Verteilungsrationalität geht.

Ein weiteres Charakteristikum der Nachhaltigkeits-Idee ist, daß ökonomische, ökologische und soziale Entwicklungen nicht voneinander zu spalten und gegeneinander aufzuwiegen sind. Es besteht Konsens, daß es um die "Entwicklung einer dreidimensionalen Perspektive" (Deutscher Bundestag 1998,32) geht, in der die Ökologie, die Ökonomie und die sozialen Belange integrativ zu behandeln sind.

Durch den generationsübergreifenden und den ökologischen Aspekt erhalten Ethik bzw. Verantwortung und Moral zugleich eine auf globale Zusammenhänge gerichtete Dimension. Hier liegt die persönlichkeitsbezogene Relevanz für die Bildungsarbeit. Bezogen auf fachliche, insbesondere berufliche Kompetenz, verschränkt sich der Gedanke der Nachhaltigkeit mit der Umweltfrage.

In der Bundesrepublik Deutschland haben u.a. der Sachverständigenrat für Umweltfragen (SRU) und der wissenschaftliche Beirat der Bundesregierung "Globale Umweltveränderungen (WBGU)" die Bedeutung der Nachhaltigkeit für die Bildungsarbeit erörtert und Standards beziehungsweise Kriterien für eine erfolgreiche nachhaltig ausgerichtete Bildung entwickelt (vgl. SRU 1994, 156 ff.; WBGU 1996,37).

Didaktische Umsetzungen

Insgesamt besteht noch eine signifikante Lücke zwischen der Nachhaltigkeitsidee und ihrer curricularen und didaktischen Umsetzung. Problematisch scheint uns vor allem zu sein, ob es angesichts der Deregulierung des Dualen Systems noch angebracht ist, den Ansatz primär vom Berufsbezug aus didaktisch voranzubringen. Unseres Erachtens müßten in einem neuen Schritt die "Umweltbildung in Berufsschule und Betrieb" (vgl. u.a. Fingerle und Heid 1987; Drees und Pätzold 1997;) und die ökonomische Fachdidaktik verknüpft werden. Im Gegensatz zur Wirtschaftswissenschaft hat nämlich die Didaktik der Wirtschaftslehre die ökologische Thematik nicht mit der gleichen Konsequenz aufgegriffen wie erstere.

Aus der Nachhaltigkeitsidee ergeben sich für die Didaktik der Wirtschaftslehre zusätzliche Fragestellungen, die in gewisser Weise an Gedanken der Curriculumreformbewegung anknüpfen. So geht es um Rahmenbedingungen des Lebens, insbesondere Energie- und Stoffströme, Technikfolgeab-

6.2. Didaktische Konzepte und Konzeptionen

schätzungen, Transport und Medien. Betrachtet man die Problematik von den Lebenswelten her, dann stehen insgesamt Fragen der Mobilität, der Ernährung, der Gesundheit, des Wohnens, der Lebensstile und Wertvorstellungen zur Debatte.

Mit dem Nachhaltigkeitsgedanken wird somit die traditionelle Unterteilung in eine betriebs- und volkswirtschaftliche Betrachtung der Wirtschaft aufgelöst und das einzelwirtschaftliche Handeln (auch der Konsumenten) in umfassende wirtschaftliche, soziale und ökologische Zusammenhänge und Politiken eingestellt.

Foto: Fischer

Für die ökonomische Fachdidaktik folgt aus alledem die Notwendigkeit einer interdisziplinären Öffnung und die Hinwendung zur Exemplarik, um den lebensweltlichen und fachwissenschaftlichen Bezug zu integrieren.

Wir können diesen Fragen hier nicht im Detail nachgehen. Es sei auf den Forschungsschwerpunkt verwiesen, den der Wirtschaftspädagoge Andreas Fischer an der Universität in Lüneburg entwickelt (vgl. Fischer 1998).

Didaktik des Rechnungswesens

Neben der allgemeinen Wirtschaftslehre ist die Didaktik des Rechnungswesens ein Kernbereich ökonomisch-beruflicher Bildung. Seit längerem ist die Didaktik des Rechnungswesens Gegenstand kritischer Reflexion (vgl. u.a. Achtenhagen 1990). Für die historische Aufarbeitung sei besonders auf die Studien von Holger Reinisch, Jena, verwiesen. Reinisch hat vor allem die ethische und die wirtschaftsstrategische Bedeutung der doppelten Buchführung herausgearbeitet (vgl. Reinisch 1994).

Foto: Reinisch

Neuerdings greifen Peter Preiß und Tade Tramm den Zusammenhang von Rechnungswesenunterricht und ökonomischem Denken auf (vgl. Preiß und Tramm 1996).

Handlungstheoretisch und situationsorientiert setzt Peter F.E. Sloane mit seiner Didaktik des Rechnungswesens an (vgl. Sloane 1996). Er schreibt dem Rechnungswesen drei Aufgaben zu:

(1) "Eine Dokumentationsaufgabe - Hierbei geht es darum, einen gesetzlichen und/oder freiwilligen Rechenschaftsbericht gegenüber Dritten abzugeben. ...
(2) Eine Kontrollaufgabe - Diese dient der Bewertung des Betriebsgeschehens, es geht darum, z.b. die Wirtschaftlichkeit resp. die Rentabilität von Betriebsbereichen bzw. des ganzen Betriebes zu bestimmen, etwa in Form von Soll-Ist-Vergleichen. ...
(3) Eine Planungsaufgabe - Hiermit ist angesprochen, daß das Rechnungswesen die Datengrundlage liefert für Entscheidungen der Geschäftsleitung (dispositiver Faktor)" (Sloane 1996,24).

Foto: Sloane

Vergleicht man diese Aufgaben mit den Curricula der kaufmännischen Schulen, dann wird sichtbar, daß die Planungsaufgabe gegenüber der Dokumentationsaufgabe im engeren Sinne deutlich zu kurz kommt.

Die Verschränkung der strategischen Unternehmensziele in Form von Kennziffern mit den entsprechenden Kalkulationsmodi wird eher vernachlässigt. Neue Produkte, veränderte Werkstoffe, neuartige Prozesse und Produktionsanlagen können aber z.B. Resultat ökonomisch-nachhaltiger Überlegungen und entsprechender kalkulatorischer Nutzung von Subventionen und Steuervorteilen sein.

Die Auflage der Ständigen Konferenz der Kultusminister der Länder in der Bundesrepublik Deutschland vom 9. Mai 1996 (vgl. Ständige Konferenz der Kultusminister 1996), die berufsbezogenen Curricula fächerübergreifend an Lernfeldern auszurichten, verweist die Didaktik des Rechnungswesens auf neue Kombinationen mit der allgemeinen Wirtschaftslehre, und sie begünstigt auch das Aufgreifen des Nachhaltigkeitsgedankens.

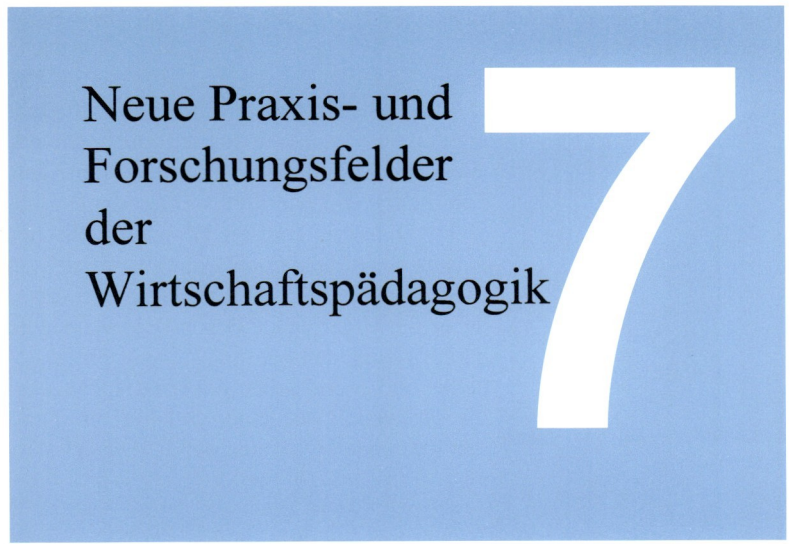

Neue Praxis- und Forschungsfelder der Wirtschaftspädagogik

7.1 Organisationsentwicklung und Programmplanung an Bildungseinrichtungen

Organisationsentwicklung an Bildungseinrichtungen steht in Zusammenhang mit den politischen Bestrebungen, Schulen und anderen Einrichtungen des Bildungswesens einen größeren Autonomieradius zu gewähren.

Dadurch kommen vor allem zwei neue Aufgaben auf die Bildungseinrichtungen zu. Die Führung der jeweiligen Einrichtung muß nun auch unter Management-Aspekten gesehen werden, und die Curricula und Abschlüsse werden nur noch zum Teil vorgegeben. Nimmt man ferner die Kooperation in Teams hinzu, dann zeigt sich eine Erweiterung der pädagogischen Professionalität über Erziehung und Unterricht, Beratung und Verwaltung hinaus in Richtung Curriculumkonstruktion, Akquisition, Aufbau von Netzwerken, Berufe-Konstruktion und Ressourcenmanagement.

Innerhalb der wirtschaftspädagogischen Disziplin gibt es zwei Institute, die sich im besonderen Maße der Führung und Organisationsentwicklung von Bildungseinrichtungen angenommen haben.

Es sind dies das Institut für Wirtschaftspädagogik an der Hochschule St. Gallen, Schweiz, und die Professur für Wirtschaftspädagogik im Fachbereich Erziehungswissenschaften der Johann Wolfgang Goethe-Universität, Frankfurt am Main.

Der St. Gallener Ansatz wurde von Rolf Dubs entwickelt, an dessen Institut entsprechende Weiterbildungskurse für Schulleiterinnen und Schulleiter durchgeführt werden (vgl. Dubs 1994). Dubs greift auf den US-amerikanischen Ansatz des "Educational Administration" zurück. "Leadership" und Management stehen dabei im Mittelpunkt. Besonderer Wert wird darauf gelegt, daß Führung sich aus professioneller und moralischer Autorität speist. Auf die Notwendigkeit einer integrativen Kraft von Führenden wird ausdrücklich verwiesen.

Foto: Dubs

Der Frankfurter Ansatz, der von Ingrid Lisop entwickelt wurde, ist weniger administrativ ausgerichtet. Er betont die Entwicklungsorientierung der Institutionen und Lehrenden und die Veränderung der Professionalität. Auch steht er eher im Kontext ganzheitlicher Ansätze des "Change Managements", flacher Hierarchie und Delegation von Führungsaufgaben, als

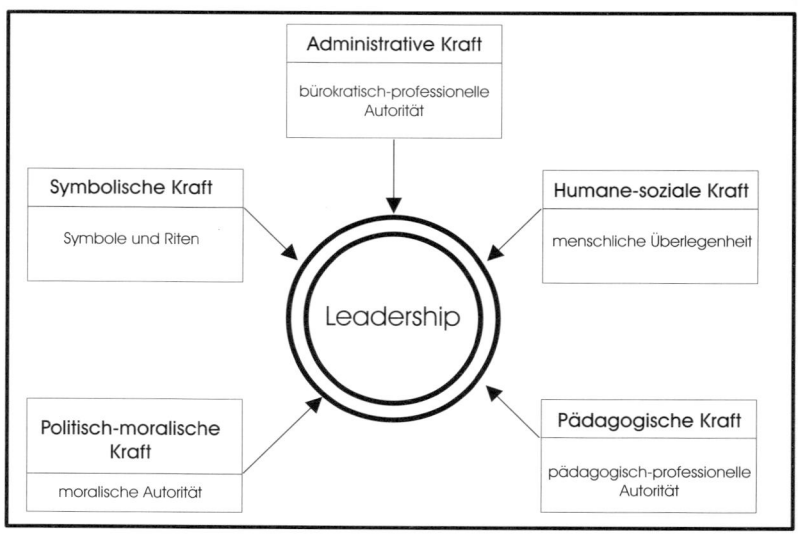

Abb. 7.1: Die fünf Kräfte erfolgreicher Leadership nach Dubs
(Quelle: Dubs 1994, 130)

7.1 Organisationsentwicklung und Programmplanung

daß er die Leadership betonte.

Im Frankfurter Ansatz, der im folgenden skizziert wird (vgl. im einzelnen dazu Lisop 1998), begründen drei Faktorengefüge die Entwicklungsorientierung: die globalen Veränderungen von Arbeiten und Lernen, organisatorische Erfordernisse, speziell an beruflichen Schulen, und ein neues Verständnis der Leitungsfunktion.

1. Schulentwicklung aus der Sicht globaler Veränderungen

- Defizitäre Situation der öffentlichen Haushalte als Resultat weltweiter Kapitalpolitik;
- Deregulierung (Privatisierung und Marktorientierung) öffentlicher Aufgaben als Folge der ökonomischen Situation;
- Bewahrung des öffentlichen Bildungauftrags. Vorbeugung gegenüber den möglichen Folgen der Deregulierung (Eindämmen der sozialen Ungleichheit und gesellschaftlichen Desintegration);
- Qualifizierung für dreierlei Arbeit; Emanzipation und Aufklärung;
- Diskurs und Kooperation; soziale Integration.

Im einzelnen ergeben sich folgende Anforderungen:

Wissens- und Informationsgesellschaft	➞ Orientierungswissen Strukturwissen Nutzung von Medien
Leben und Arbeiten mit Komplexitäten	➞ Didaktische Exemplarik als bündelndes Durchdringen
Ökologische Erneuerung (einschließlich Sozialökologie)	➞ Werte-Orientierungen Neuartiges Grundwissen in Ökonomie und Ökologie inklusive Technik- und Naturwissenschaften
Internationalisierung	➞ Verständnis anderer Kulturen, Toleranz und Miteinander statt ruinösem Wettbewerb, Rechtlichkeit und Aufrichtigkeit, Fremdsprachen-Kenntnisse, Erfahrung in anderen Ländern

Fortsetzung nächste Seite

Befähigung zur Flexibilität	⏵ Befähigung, in der Korrelation von Allgemeinem und Besonderem zu denken, Positive Einstellung zu Veränderungen durch Gestaltungswillen und -fähigkeit/ "Handlungsorientierung" und "Produktions-Schule", Lehren und Lernen bei innerer Differenzierung Neue Balance von festen Gruppen und wechselnden Lernteams

Abb. 7.2: Schulentwicklung aus der Sicht globaler Veränderungen (Quelle: Lisop 1998,15)

2. Schulentwicklung aus der Sicht organisatorischer Erfordernisse

Größere Heterogenität, wechselnde SchülerInnenzahlen, wechselndes Kollegium	⏵ Flexibilität und Differenzierung
Wechselnde Beruflichkeiten	⏵ Flexible Kooperationsstrukturen, offene Curricula
Verschwinden traditionell dualer Trägerschaft	⏵ Arbeit in Netzwerken, auch außerschulisch
Erhöhte Transparenz	⏵ Effizienzsicherung der Informations- und Kommunikationswege

Abb. 7.3: Schulentwicklung aus der Sicht organisatorischer Erfordernisse (Quelle: Lisop 1998,16)

3. Schulentwicklung aus der Sicht neuer Schulleitungsfunktionen

> ♦ Schulleitung wird eine organisationale Funktion, statt Einzelaufgabe zu sein (Teams und Rotation statt Funktionsstelle auf Dauer).
> ♦ Führen wird ausschließlich in einem interaktiven, kooperativen und kollegialen Stil erfolgen.
> ♦ Schulleitung muß Kreativitäts- und Selbstorganisationsspielräume schaffen, erhalten und ausweiten.
> ♦ Schulleitung hat ausgeprägt den Grundgedanken gemeinsamer Verantwortung für die Realisierung schuleigener und juristisch vorgegebener Ziele zu stärken.
> ♦ Schulleitung muß immer erneut die Entwicklung einer Corporate Identity anstoßen bzw. aufgreifen und im Kollegium diesbezügliche Diskussionsprozesse fördern.
> ♦ Organisations- und Personalentwicklung werden Daueraufgabe.
> ♦ Statt Kontrollorgan wird Schulleitung stärker Integrationsstelle und Impulsgeber.

Abb. 7.4: Schulentwicklung aus der Sicht neuer Schulleitungsfunktionen (Quelle: Lisop 1998,16)

Mit der Einbettung von Schulentwicklung in die Gesamtprozesse gesellschaftlicher Veränderung werden weder deren ökonomische Seite (Sparpolitik) noch gewisse politisch-soziologische Aspekte (Fetisch Unternehmertum) geleugnet. Diese Problemseiten werden aber auch nicht verabsolutiert.

Sicherlich wäre es ein eigenes Kapitel zur Bildungsökonomie wert, um über die ökonomischen Zwänge der Rationalisierung auch im Bildungswesen nachzudenken. Sah man doch in den sechziger Jahren in der Expansion des Bildungswesens noch einen Hebel für technischen Fortschritt und wirtschaftliches Wachstum, während nunmehr Reduktion vorherrscht.

Privatisierungen und Teilprivatisierungen des Bildungswesens (z.B. durch Sponsorenschaft) scheinen zunächst die öffentlichen Haushalte zu entlasten. Auch die Kopplung des Zieles von Bildung, speziell von beruflicher

> 1. Auf dem jeweiligen Stand der technisch-ökonomischen Entwicklung Qualifizierung aller für dreierlei Arbeit, nämlich Erwerbsarbeit, öffentliche und politische sowie private Reproduktionsarbeit;
> 2. Entwicklung der Befähigung zu eigenverantwortlichen, sachlich und wissenschaftlich aufgeklärten Entscheidungen und Reflexionen (Emanzipation und Aufklärung);
> 3. Befähigung zu rationalem Diskurs und zu Kooperation;
> 4. Sicherung des sozialen Friedens durch Erziehung zu Toleranz und sozial-integrativen Einstellungsmustern.

Abb. 7.5: Öffentlicher Auftrag des Bildungswesens

Bildung, an den Arbeitsmarkt, erscheint aus streng utilitaristischen Gründen einleuchtend. Von da besehen liegt es nahe, auch Schulen und sonstige Bildungseinrichtungen der Kundenorientierung, dem Markt und der Finanzierung über den Markt zu überantworten.

Oft wird behauptet, Schulentwicklung und Teilautonomisierung widersprächen dem Auftrag des öffentlichen Bildungswesens. Dieser, aus dem Zeitalter der Aufklärung stammende Auftrag, beinhaltet die in Abb. 7.5 genannten vier Erfordernisse.

Diese vier pädagogischen Erfordernisse verlangen, daß analog zum Prozeß des gesellschaftlichen Wandels zwischen dem pädagogisch-politischen Grundethos des öffentlichen Auftrags einerseits und dem konkreten Qualifikationsbedarf andererseits curricular und organisatorisch vermittelt wird.

7.1.1 Autonomie

Mit den Überlegungen dazu, was die Organisationsentwicklung von Schule beinhalten könnte, ist die besonders öffentlichkeitswirksame Debatte um "Autonomie" verbunden. "Autonomie" ist einer der zentralen Begriffe, die im Zusammenhang mit Schulentwicklung diskutiert werden.

Wie umstritten dieser Begriff jedoch ist, das zeigt sich bereits dann, wenn er spezifiziert wird. Man spricht von "Gestaltungsautonomie" oder "korporativer Autonomie" (Rolff 1995,31 und 40), von "Teilautonomie" (Dubs

1997,106), "erweiterter Selbstverwaltung der Einzelschule" oder "höherer Selbständigkeit der einzelnen Schule" (Tillmann 1995,45).

Unstrittig ist, daß es sich nicht um Autonomie im eigentlichen Sinne handeln kann, weshalb die Diskussion eigentlich unter einem falschen Begriff geführt wird. Wirklich "autonom" zu sein, nämlich sich die Gesetze selbst zu geben (abgeleitet von der Bedeutung des ursprünglichen griechischen "autos nomos") oder ohne öffentliche Kontrolle zu arbeiten, ist einer öffentlichen Schule nicht möglich (vgl. Rolff 1995,31).

In der deutschen Erziehungswissenschaft und in der Bildungspolitik ist die Forderung nach "Autonomie" keine Neuheit. Im Zusammenhang mit der Bildungsreform z.b. wurde eine - der aktuellen ähnlichen - Diskussion vom Deutschen Bildungsrat 1973 mit der Empfehlung "Verstärkte Selbständigkeit der Schule und Partizipation der Lehrer, Schüler und Eltern" angestoßen. Andererseits ist der einzelnen Lehrkraft schon längst bei der Umsetzung des Bildungs- und Erziehungsauftrages und auch bei der Konkretisierung von Rahmenlehrplänen gesetzlich ein relativ großer Handlungsspielraum gegeben, der dann im Hinblick auf die besondere Schülerschaft konkretisiert werden muß (vgl. Lisop 1997,3 ff., auch Rolff 1995,39). Tillmann (1995,33 ff.) nennt Begründungen für eine höhere Selbständigkeit:

Begründungen für Autonomie

(1) Das Erfordernis von Demokratie.
   Es ergebe sich daraus, daß Schule in einer demokratischen Gesellschaft Mitwirkungsrechte haben müsse. Auch könne in der Schule Demokratie nur dann glaubwürdig vermittelt werden, wenn sie dort auch umgesetzt wird.
(2) Für die pädagogische Entwicklung wird größere Selbständigkeit als wichtige Voraussetzung gesehen, damit die Beteiligten die Schule im Sinne einer "guten Pädagogik" weiterentwickeln können. Hierzu werden Konzepte der Organisationsentwicklung herangezogen.
(3) Aus betriebswirtschaftlicher Perspektive wird im Sinne von "Schule als Betrieb" und einer Verbesserung des Schulmanagements für Selbständigkeit argumentiert. Ziele sind ein modernes Management bei "flachen" Hierarchien, flexibler Einsatz von Ressourcen, bessere Motivierung der Mitarbeiter sowie möglicherweise Erschließung von zusätzlichen Finanzquellen. Befürworter des autonomen Schulmanagements sehen darin keinen notwendigen Widerspruch zu pädagogischen Leitzielen wie Persönlichkeitsentwicklung und Qualifizierung der Schülerinnen und Schüler.
(4) Die Diskussion um Sparpolitik und Arbeitsbelastung entsteht dadurch, daß die finanziellen Rahmenbedingungen für Schulen durch

Finanzprobleme der öffentlichen Hand zur Zeit zunehmend schlechter werden. Es geht um die Frage, ob Verwaltungsfreiheit der einzelnen Schule - insbesondere von Geldern - als zusätzlicher, erwünschter Spielraum oder als Abwälzen der Verantwortung zwecks Verwaltung eines zunehmenden Mangels gesehen wird.

Von seiten der Lehrerverbände werden Veränderungen im Sinne zunehmender Selbständigkeit der Schule nicht grundsätzlich abgelehnt. Es werden jedoch Probleme und Risiken angesprochen sowie Bedingungen für eine gelingende Selbständigkeit genannt. Im wesentlichen geht es dabei um Mitsprachemöglichkeiten der Beteiligten in einem mehrjährig angelegten Prozeß, um entsprechende Unterstützung der Lehrkräfte einschließlich Schulleitung durch Aus- und Fortbildung sowie den Verzicht auf Verknüpfung der Einführung von Selbständigkeit der Schule mit Sparkonzepten.

Als Problemfeld erweiterter Selbständigkeit bzw. Teilautonomie der Einzelschule wird zunehmend die Frage der Ungleichheit von Bildungschancen diskutiert (z.B. Tillmann 1995,42 ff.).

Es wird befürchtet, daß sich die einzelnen Schulen aufgrund des jeweiligen sozialen Milieus im Umfeld bzw. des Zugangs zu finanziellen Ressourcen stark auseinander entwickeln. Eine solche Tendenz könnte durch die unterschiedliche Attraktivität einer Schule für Schülerinnen und Schüler sowie Lehrerinnen und Lehrer verstärkt werden. Wenn dann die Freiheit der Schulwahl und die tatsächliche Offenheit für alle Schülerinnen und Schüler eingeschränkt würde, wäre die Chance auf eine gleiche Qualität von Bildung nicht mehr gewährleistet.

Es würde eine "profilbezogene Selektion" stattfinden.

Bei der Debatte um Autonomie sollte nicht übersehen werden, daß die formale Gleichheit der Schulen bisher weder verhindert hat, daß große Varianzen in der Qualität von Schulen gleicher Schulform bestehen, noch dazu geführt hat, daß eine wirkliche Chancengleichheit in der Bildung herstellt werden konnte. Daher könnte die Diskussion um "Autonomie" der Schule dazu beitragen, daß das Problemfeld der Chancengleichheit in unserem Bildungssystem wieder stärker thematisiert wird.

Die Diskussion um "Autonomie" verweist auch auf die pädagogische Professionalität des Berufes von Lehrerinnen und Lehrer. Eine starke Einschränkung der beruflichen Autonomie wird als Merkmal für eine (noch) nicht vollentwickelte Professionalität des Lehrberufes angesehen, so daß man dazu neigen könnte, von einer Erweiterung der Autonomie quasi automatisch eine zunehmende Professionalisierung zu erwarten.

Rolff, der sich auf einen strukturtheoretisch-handlungslogischen Ansatz bezieht, erhofft sich von erweiterter Autonomie in der Tat einen Impuls für die Professionalisierung. Das Eigentümliche des pädagogischen Handelns bedinge "Autonomie". Zum einen sei pädagogisches Tun nur begrenzt technologisierbar, da es um komplexe Bildungs- und Erziehungsprozesse gehe, die nicht durch Anweisung, sondern nur durch Eigenaktivität der Schülerinnen und Schüler und entsprechende Hilfestellungen der Lehrerinnen und Lehrer verwirklicht werden könnten. Deshalb könnten Lehrerinnen und Lehrer nicht nach Anweisungen arbeiten. Zum anderen sei pädagogische Arbeit personenorientiert. Letztlich seien die Lehrkräfte verpflichtet, jede einzelne Schülerin und jeden einzelnen Schüler pädagogisch zu betreuen, woraus sich die Notwendigkeit beruflich autonomen Handelns ergebe.

Dubs (vgl. Dubs 1997,106 ff.) merkt kritisch an, daß die Merkmale einer guten Schule zwar mehr Autonomie bedingen, daß daraus aber oft unbedacht der Umkehrschluß gezogen werde, daß eine größere Autonomie ohne weiteres zu besseren Schulen führe. Die Richtigkeit dieses Umkehrschlusses sei empirisch nicht gesichert.

7.1.2 Organisationsentwicklung

Als zentrale Elemente der Organisationsentwicklung (OE) werden angesehen:

♦ ausgearbeitetes Phasenschema für den zeitlich aufeinander aufbauenden Prozeß der Schulentwicklung;
♦ Teambildung, Steuergruppen und Schulleitung;
♦ externe Unterstützungssysteme (Schulentwicklungsmoderatoren, Schulaufsicht oder Supervision);
♦ Motivation.

Zum Element "Team"

Wie aus der Tatsache verschieden veränderungsfähiger Abteilungen deutlich wird, ist es wichtig, teilweise schon vorhandene Aktivitäten von Lehrkräften miteinander zu verknüpfen, die Isolation der einzelnen Lehrkraft in ihrer Klasse zu überwinden und gezielter in Teams zusammenzuarbeiten. Synergie-Effekte, Entlastungen und Arbeitsteilung sind der Sinn. Teams können dabei in der Jahrgangs- oder Fachgruppe, aber auch übergreifend für alle Arten von Vorhaben gebildet werden. Ohne gesamtschulischen Konsens über das schulische Profil, die Ziele von Bildung und Qualifikation und die Inhalte und Zeitspannen der angestrebten Veränderungen gewinnen Teams allerdings keine Effizienz. Sie geraten dann genauso in die Vereinzelung wie dies einem Fachlehrer/einer Fachlehrerin geschehen kann. Aus Teams werden dann Cliquen. Eine andere Fehlentwicklung ist die Stellvertreterrolle. Teams arbeiten dann stellvertretend für das Gesamtkollegium die ins Team hineingetragenen Aufgaben, Konflikte oder Dissense auf.

Teams müssen sich einerseits auf freiwilliger Basis, andererseits aufgrund objektiver Erfordernisse bilden.

Zum Element "Steuergruppe"

Als Gelenkstelle zwischen Teams, Gesamtkollegium und Leitung kann eine Steuergruppe fungieren. Sie hilft z.B., die vielfältigen Wechselwirkungsprozesse der einzelnen Teams systematisch miteinander zu vernetzen und zu koordinieren. Die Mitglieder können durch Wahl oder Delegation der Lehrerkonferenz bestimmt werden. Alle Strömungen des Kollegiums (sowie die Schulleitung) sollen vertreten sein. Die Steuergruppe ist eine temporäre Gruppierung, die etwa für ein bis zwei Jahre besteht.

Damit keine Parallelstruktur zur allgemeinen Schulleitung entsteht, sollten die OE-Aufgaben und OE-Projekte klar definiert sein und immer wieder neu mit dem Kollegium abgeglichen bzw. vereinbart werden.

Zum Element "Beratung und Evaluation"

Die Beratung durch Schulentwicklungsmoderatorinnen oder -moderatoren, wie sie beispielsweise im Bundesland Nordrhein-Westfalen ausgebildet werden, wird dann für unerläßlich gehalten, wenn - z.B. in der Steuergruppe - noch keine Erfahrungen mit Moderation oder Projektentwicklung vorhanden sind oder es innere Konflikte innerhalb der Schule gibt. Die Rolle der Schulentwicklungsmoderation sei nicht deshalb bedeutsam, weil sie Experten für ein spezielles Gebiet seien, sondern weil sie von außen an die Schule kommen und dem Schulgeschehen daher neutral begegnen. Sie dürften deshalb auch nicht weisungsbefugt sein, sondern dienten nur der Beratung im eigentlichen Sinne.

Zum Element "Schulleitung"

Rolff erachtet es als zentral, die Position der Schulleitung zu stärken, da Forschungen zeigen, daß es gute Schulen ohne gute Schulleitungen nicht gibt (Rolf 1995,44 ff.). Schulleitungen sollten jedoch nicht einsame Agenten des Wandels sein und ihre eigenen Visionen vorgeben, sondern eher als Teamentwickler und Prozeßhelfer fungieren, die dazu ermutigen, die Gestaltung der Schule in die eigenen Hände zu nehmen. Sie unterstützen also die Entwicklung einer kooperativen und kommunikativen Organisationskultur. Das erfordert eine Revision des Rollenverständnisses der Schulleitung. Dominanz müsse zurückgenommen werden und Lehrende müßten die Chance erhalten, sich selbst für Organisations- und Entwicklungsaufgaben zu qualifizieren, um aktiv Verantwortung übernehmen zu können.

Überträgt die Schulaufsicht einen Teil ihrer Aufgaben auf die Schulleitung und stärkt damit ihre Position als Vorgesetzte, dann ist die Gefahr gegeben, daß ein Ungleichgewicht zwischen Schulleitung und Kollegium entstehen könnte, wenn die Schulleitung mit ihren erweiterten Aufgaben nicht umgehen kann und sich statt dessen zu einer quasi internen Schulaufsicht entwickelt.

Zum Element "Motivation"

Aufgeschlossenheit gegenüber Schulentwicklungs- und Veränderungsprozessen kann nicht unbedingt unterstellt werden. Rolff interpretiert die Widerstände neben berechtigten Protesthaltungen bezüglich bildungspolitischer Sparmaßnahmen vor allem im Kontext von allgemeiner Resistenz gegenüber Veränderungen und Angst vor Neuerungen. Lehrkräfte, deren Unterrichtsarbeit meist isoliert stattfindet, empfänden es als Autonomieverlust, wenn sie für die Schulentwicklung Ziele mit Kollegen vereinbaren, ein gemeinsames Schulprogramm (auch noch mit Eltern) entwickeln oder gar eine Selbstevaluation durchführen müßten.

Tillmann sieht solche Widerstände auch im Zusammenhang mit den Berufsbiographien der meisten Lehrkräfte, die heute zwischen 40 und 50 Jahren alt sind und seit den siebziger Jahren bereits viele pädagogische Reformen initiiert oder mitgetragen haben (vgl. Tillmann, 1995,14 ff.).

Vielen falle es von daher nicht nur schwer, erworbene Kompetenzen und Sicherheiten nun wieder in Frage zu stellen. Sie hätten auch oft aus der Erfahrung heraus resigniert, da schlechte Bildungspolitik auf ihrem Rükken ausgetragen worden sei. Sich gegenüber veränderten Anforderungen ganz zu sperren, sei jedoch wegen einer veränderten SchülerInnenschaft und des kaum noch durchführbaren klassischen Unterrichts langfristig noch belastender.

Tillmann geht davon aus, daß immer mehr Kollegien dieser Zusammenhang klar wird und daß viele Schulen deshalb wieder in pädagogische Bewegung geraten sind.

Entwicklungstendenzen an berufsbildenden Schulen sind:

- In den beruflichen Schulen steigt der Anteil der berufsvorbereitenden Maßnahmen, der vollqualifizierenden Berufsfachschulen und der Schülerinnen und Schüler mit Hochschulzugangsberechtigung.
- Die Heterogenität der Schülerschaft erhöht sich.
- Die Vielfältigkeit der Schulformen und Bildungsgänge sowie die unterschiedliche Vor- und Ausbildung der Lehrerinnen und Lehrer erfordern besonders stark den Aufbau einer Corporate Identity.
- Die Komplexität der Schulstruktur legt die Bildung von kleineren Einheiten (Dezentralisierung) mit eigenen pädagogischen und ressourcenbezogenen Verantwortungsbereichen nahe.
- Neue methodische und didaktische Konzepte im Sinne einer zunehmenden Förderung von Selbständigkeit und Teamfähigkeit und einer Angleichung an das Methodenspektrum der Betriebspädagogik sind dringlich.
- Die Diskussion über die Lehrplanautonomie gewinnt in den berufsbildenden Schulen besondere Brisanz, weil einerseits die "Gleichwertigkeit" der Abschlüsse zu wahren und andererseits der Bezug zur regionalen Wirtschaftsstruktur zur Sicherung beruflicher Mobilität und Flexibilität herzustellen ist.
- Mit genügend Freiraum könnte die berufsbildende Schule als regionales Innovationszentrum wichtige Beiträge zur wirtschaftlichen und gesellschaftlichen Entwicklung leisten.

Im Vergleich zur allgemeinen Debatte um Schulentwicklung, so läßt sich abschließend konstatieren, haben die beruflichen Schulen bereits ein Entwicklungsstadium erreicht, bei dem über Grundsatzfragen hinaus konkrete gesellschaftspolitisch relevante Aufgaben in den Blick genommen und bewältigt werden.

 Der Frankfurter Ansatz der Organisationsentwicklung an Bildungseinrichtungen legt Wert darauf, daß die Bildung von Arbeitsgruppen als Entwicklungs-Element nicht überbewertet wird. Organisationen seien durch Arbeitsteilung, Koordination von Ressourcen, Prozessen, Handlungsoperationen und Einstellungsmustern auf ein Ziel hin gekennzeichnet. Die Koordination stehe ebenso wie die Arbeitsteilung selbst unter dem Zwang der Zielangemessenheit und der Effizienzsicherung bzw. -optimierung. Die Organisationsentwicklung von Bildungseinrichtungen könne daher niemals für sich alleine betrachtet

werden. Sie stehe stets unmittelbar im Dienste der pädagogischen Prozesse, die sich aus der pädagogischen und ethischen Programmatik einer Bildungseinrichtung ergeben. Die organisationale Struktur sei Mittel, nicht aber Zweck (vgl.Lisop 1998,31).
Organisationsentwicklung gelinge daher nur in Verschränkung mit einem Qualitätsmanagement.

7.1.3 Programmplanung

Die Basis aller Anforderungen an die Schulentwicklung sind neben dem Grundgesetz und den Länderverfassungen die jeweiligen Schulgesetze. Sie enthalten alle Grundlagen des Erziehungs- und Bildungsauftrages von Schulen und öffentlichen Bildungseinrichtungen, zum Teil auch Rahmenhinweise zur Verwirklichung dieses Auftrages. So heißt es z.B. in § 2 des Hessischen Schulgesetzes: "Die Schulen sollen die Schülerinnen und Schüler befähigen, in Anerkennung der Wertordnung des Grundgesetzes und der Verfassung des Landes Hessen ... staatsbürgerliche Verantwortung zu übernehmen und sowohl durch individuelles Handeln als auch durch die Wahrnehmung gemeinsamer Interessen mit anderen zur demokratischen Gestaltung des Staates und einer gerechten und freien Gesellschaft beizutragen". In § 3 heißt es dazu ergänzend: "Die Schule muß in ihren Unterrichtsformen und Methoden dem Ziel gerecht werden, Schülerinnen und Schüler zur Selbsttätigkeit zu erziehen."

Für die beruflichen Schulen, auch für die Teilzeit-Berufsschule, gelten die gleichen Grundsätze. Neben der beruflichen Tüchtigkeit, die ihren Ausdruck in Fach- und Methodenkompetenz findet, sind daher auch Sozialethos und soziale Kompetenz, ökologische Verantwortung und personale Entwicklung prägend für Lehren und Lernen.

Der Grundlagen-Heft-Entwurf für den Bildungsauftrag der Berufsschulen, die Zielvorgaben für den Unterricht und die Weiterentwicklung der Berufsschulen des Landes Hessen z.B. widmen sich ausführlich dem Bildungs- und Erziehungsauftrag. Das Recht auf Bildung wird mit sozialethischen Grundsätzen ebenso verknüpft wie mit den Zielen, die erreicht werden müssen, um "zukünftiges privates, berufliches und öffentliches Leben auszufüllen, bei fortschreitenden Veränderungen wachsende Anforderungen zu bewältigen und die Freizeit sinnvoll zu nutzen" (Hessisches Kultusministerium 1995,22).

Durch die Vereidigung waren und sind alle Lehrerinnen und Lehrer im öffentlichen Schuldienst verpflichtet, auf der Basis der gesetzlich fixierten Erziehungs- und Bildungsaufträge zu arbeiten. Was ist also neu daran, daß diese Grundsätze im Zusammenhang mit Schulentwicklung, Programmplanung und Qualitätssicherung besonders herausgestellt werden?

Weiter vorne wurde bereits auf den Strukturwandel verwiesen. Die gesellschaftlichen Prozesse des hochdynamischen technisch-ökonomischen Wandels und der damit verbundenen Entinstitutionalisierung, Deregulierung und Wertediffusion bedürfen der Gegensteuerung durch das Bildungssystem.

Dieses ist nämlich umso mehr für die soziale Integration verantwortlich, je stärker mit der Individualisierung auch die Gefahr der Desintegration und damit einer Bedrohung des sozialen Friedens und der Toleranz einhergeht.

Der zweite Grund liegt darin, daß die ökonomischen Zwänge, sich teilweise auch am Markt zu orientieren, einer Gegensteuerung im Sinne allgemeiner und politischer Bildung bedürfen. Andernfalls würden der Privatisierung des Bildungswesens und einer Orientierung lediglich an den Interessen und der Finanzkraft einzelner Gruppen Tür und Tor geöffnet.

Vor diesem Hintergrund sind öffentliche Schulen gehalten, sich selbst und der Öffentlichkeit bzw. dem jeweiligen Umfeld zu verdeutlichen, auf welche Weise sie in ihrer jeweiligen konkreten Arbeit die allgemeinen Grundsätze als öffentlichen Auftrag verwirklichen. Programmplanung bedeutet daher nichts anderes, als die Erziehungs- und Bildungsaufträge didaktisch und methodisch, aber auch im Hinblick auf die sonstigen Aktivitäten einer Schule mit Leben zu erfüllen. Neu ist, daß es hierzu ausdrücklich erweiterte organisatorische und inhaltliche Gestaltungsspielräume gibt und daß die Schulen ihrem Umfeld die Programmatik der Schule bekannt machen. Dies heißt auch, daß damit an die pädagogische Professionalität breitere Anforderungen gestellt werden. Doch ist dies auch nicht ganz neu. Schon der Deutsche Bildungsrat nannte 1969 neben dem Unterrichten z.B. auch Beraten, Verwalten und Innovieren als Kernaufgaben der LehrerInnentätigkeit.

Funktionen der Programmplanung

Vom allgemeinen Erziehungs- und Bildungsauftrag her hat Programmplanung zwei Funktionen.

Funktionen nach innen

Innerhalb einer Schule oder einer Bildungseinrichtung dient das Schulprogramm der Vergewisserung und Verständigung. Eine solche immer erneute Vergewisserung ist notwendig, wenn die Rahmenpläne konkretisiert werden, wenn über die Auswahl von Medien entschieden wird oder die Rangfolge von Vorhaben zu bestimmen ist. Zusammenfassend könnte man sechs Funktionen nennen:

(1) Grundlage für Diskurs und Gestaltung
(2) Herstellen von Verbindlichkeit
Verbindlichkeit stellt sich nicht nur über genaue Absprachen, Regeln oder sogar über Kontrolle her. Sie ist umso größer, desto klarer wird, wie sich einzelne Vorhaben aus gesetzlichen Aufträgen legitimieren. Dies ist auch für das schulische Umfeld von Bedeutung.
(3) Transparenz
Programme sichern nicht nur den Rückbezug zum allgemeinen Erziehungs- und Bildungsauftrag. Sie bieten auch einen Überblick darüber, welche Entwicklungsaktivitäten aus welchem Grund jeweils realisiert werden. Das ermöglicht eine ideale Unterstützung auch durch diejenigen, die nicht unmittelbar beteiligt sind.
(4) Erleichterung von Personalentscheidungen
Auch die Besetzung von Funktionsstellen oder das Erteilen besonderer Aufgaben muß im Gesamtprozeß der Schulentwicklung gesehen werden. Solches wird durch Programme erleichtert.
(5) Personalentwicklung
Ohne Schulprogramm bleiben auch die Entscheidungsprozesse bezüglich Fortbildung ohne Basis. Mit Programm läßt sich Fortbildung gezielt zur Entwicklung und Entfaltung der Potentiale nutzen.
(6) Konfliktregelung
Schulprogramme erleichtern die Orientierung und Entscheidung, wenn es um Konflikte geht. Es wäre illusorisch zu glauben, daß Entwicklungsprozesse in jedem Fall harmonisch verlaufen. Konflikte gehören zu jedem Wachstum. Worauf es ankommt, das ist eine Basis, auf die man sich im Ausgleich der Interessen beziehen kann.

Funktionen nach außen

Hier ist zunächst daran zu denken, daß Eltern oder mündige junge Menschen, die eine bestimmte Schule besuchen wollen oder müssen, ein Recht darauf haben, sich über deren Profil, d.h. über besondere Angebote, methodische Orientierungen, Ressourcen u.a.m. ein Bild zu machen. Aber auch die Kooperationspartner in der Trägerschaft und diejenigen, welche eine Schule unterstützen sollen oder wollen, brauchen ein solch klares Bild. Zu denken ist hier an Einzelpersonen ebenso wie an Vereine, Verbände, Wirtschaftsunternehmen oder kommunale Einrichtungen, aber auch an andere Schulen. Dem Schulträger hilft ein Schulprogramm im Hinblick auf die Zuteilung von Ressourcen.

Nicht zuletzt dient ein Schulprogramm dazu, mit der Schulaufsicht in ein kooperatives Verhältnis zu gelangen und eventuelle Reste behördlicher Einstellungsmuster abzustreifen. Entwicklung bedeutet immer auch, nach einer bestimmten Phase innezuhalten und das Erreichte zu bewerten. Verbleibt eine systematische Selbstevaluation, dann wird die Fremdevaluierung nicht als Anregung, sondern als Willkür erlebt.

Es ergeben sich zusammengefaßt fünf Außenfunktionen:

(1) Information des Umfeldes über angebotene Abschlüsse und über das didaktische und methodische Profil;
(2) Kooperationsbasis für Verbundsysteme;
(3) Meßlatte für Ressourcenbedarf;
(4) Kooperationsbasis Schule - Schulaufsicht;
(5) Basis für Evaluationen.

Neben der Organisationsentwicklung im engeren Sinne (z.B. Teambildung), der Programmplanung und der Herstellung von Bildungsverbundsystemen spielen Qualitätssicherung und Controlling eine große Rolle in der Entwicklung von Bildungseinrichtungen. Da sie häufig als gesonderte Bereiche pädagogischer Professionalität betrachtet werden, ist ihnen im folgenden ein eigenes Unterkapitel gewidmet.

7.2 Bildungs-Controlling und Qualitätssicherung

7.2.1 Bildungs-Controlling

Sachverhalt und Probleme

Der Begriff "Controlling" entstammt der Betriebswirtschaftslehre. Seinen Ursprung nahm er schon Ende des vorigen Jahrhunderts in den USA. Heute gilt das Controlling als wichtigster Bereich, um die Zukunftsfähigkeit eines Unternehmens oder einer Organisation bzw. Institution im Prozeß kontinuierlicher Veränderung und Verbesserung zu flankieren.

7.2 Bildungs-Controlling und Qualitätssicherung

Dabei ist einerseits das ökonomische Prinzip der Faktoreffizienz leitend, andererseits sind solche Prinzipien wie Produkt- und Unternehmensidentität, Produktqualität und Marktmacht bedeutend. Controlling wird als das Management der Planung und Kontrolle verstanden.

Kernmerkmale der Praxis von Controlling sind:

(1) Planung
 Explizite, meßbare Formulierung von Zielen und zugeordneten Maßnahmen für einen definierten Zeitraum;
(2) Koordinierendes Management aller Planungen;
(3) Sicherung und Kontrolle der zugehörigen Informationssysteme und ihrer Methoden, einschließlich Kostenrechnung und Revision.

Will man von diesen allgemeinen Merkmalen zu den Besonderheiten des Bildungs-Controllings gelangen, dann bildet das Personal-Controlling eine Brücke. Sie vermittelt zwischen den grundsätzlich quantifizierbaren Strukturen und Prozessen des Unternehmens als Ganzem und den nur partiell quantifizierbaren Faktoren der Bildungsarbeit. Qualitative Aspekte und quantitativ nicht zu determinierende Strukturen, z.B. Wertorientierungen, werden nämlich umso gewichtiger, je mehr es um die Größe "Humanpotential" geht.

In seiner sehr umfangreichen Aufarbeitung des Controllings in der betrieblichen Weiterbildung fordert Volker Bank (vgl. Bank 1997) nicht umsonst eine Selbstbeschränkung des Glaubens, Bildungs-Controlling lasse sich über ein zweckrationales Management der Arrangements hinaus ermöglichen.

"In der Tat ist es noch niemandem geglückt, den Unternehmen ein Controlling-Modell zur Verfügung zu stellen, das eine Steuerung speziell des Bereichs der betrieblichen Weiterbildung ermöglichte. Man beschränkt sich auf mehr oder minder 'handgeschnitzte' Partialansätze ...
Diese Feststellung kann verallgemeinernd auf das gesamte in der Literatur zur Personalentwicklung behandelte Themenfeld ausgedehnt werden: Teils wird auf die praxeologische Ausgestaltung der Werke ausdrücklich hingewiesen, teils erfolgt dies mit geringerer Deutlichkeit, teils bleibt dies sorgsam verborgen" (Bank 1997,5).

Bank weist darauf hin, daß die Differenz zwischen den durch das Controlling relativ leicht erfaßbaren makrodidaktischen Strukturen und dem schwieriger zu erfassenden didaktischen Implikationszusammenhang eine Art gordischen Knoten darstelle, den man nicht ohne weiteres durchtrennen könne. Unter Makrodidaktik versteht Bank im wesentlichen alle organisatorischen Maßnahmen, welche die Ausgangsbasis institutionalisierter Bildungsprozesse sind.

Auf jeden Fall sind die Curriculumtheorie und das didaktische Zusammenspiel von Zielsetzungen, Methoden und Inhalten als Qualitätskriterium stärker zu berücksichtigen.

 Wir vertreten die Auffassung, daß Modelle des Bildungs-Controllings als ein interdisziplinäres Projekt zwischen Wirtschaftspädagogik und Betriebswirtschaftslehre, aber unter Federführung der Wirtschaftspädagogik, neuartig zu entwickeln sind.

Controlling-Phasen	Quantitative Instrumente	Qualitative Instrumente
Einführung eines Bildungs-Controlling-Systems	Kennzahlen Kostenrechnung Weiterbildungsbudget	Dokumentenanalyse Strukturierte Interviews Szenario-Technik Portfolio-Analyse Delphi-Methode Bra instorming Benchmarking Opportunitätskosten Abklärung didaktischer Zielgrößen
Controlling bei der Bildungsbedarfsanalyse	Budgetierung Kennzahlen Qualifikationsstand	Interviews Fragebogen Dokumentenanalyse Managementanalyse Objektiv e Analyse des Qualifikationsbedarfs
Controlling in der Planungsphase von Bildungsmaßnahmen	Kennziffern (z.B. Seminarkosten int/ext. Trainer)	Didaktische Analyse Nutzwertanalyse Curriculumplanung
Controlling bei der Durchführung von Maßnahmen	Rechnergestützte Seminarverwaltung	Gesprächsleitfaden für Vorgesetzte - Teilnehmer Test Feedback/Blitzlicht Teilnehmende Beobachtung Seminarbeurteilung Didaktische Nachbereitung
Controlling in der Transferphase	Kennzahlen Input/Output-Rechnung	Gesprächsleitfaden Vorgesetzte - Teilnehmer Kosten/Nutzen-Vergleich Erfolgsindikatoren Follow up Transferziel-Katalog

Abb. 7.6: Controlling-Phasen und Controlling-Instrumente

Maßnahme	Zielsetzung	eingesetzte Methode	Beteiligte
1. Ist-Zustandserhebung	Stärken/Schwächen-profil der Bildungsprozesse, Instrumentarien der Bildungsbedarfserhebung, Steuerung und Bewertung von Bildungsprozessen, ggf. Aufbau- und Ablauforganisation der Bildungseinheit	Dokumentenanalyse strukturierte Interviews Workshops Ablaufanalysen	Bildungsabteilung/ Bildungseinheit Ausgewählte Mitarbeiter und Führungskräfte aus den jeweiligen Abteilungen
2. Entwicklung eines Sollkonzepts	Festlegung der strategischen Ausrichtung im Bildungsbereich Grundlage für einen Maßnahmenkatalog	Szenario-Workshop strukturierte Interviews moderierte Sitzung	Bildungsabteilung/ Bildungseinheit Ausgewählte Mitarbeiter und Führungskräfte aus den jeweiligen Abteilungen
3. Erstellen eines Maßnahmenkataloges für die Umsetzung des Soll-Konzepts	Operationalisierung des Soll-Konzepts hinsichtlich: Aufgaben, Zeitrahmen, Ressourcen, Budgets, Organisationsformen Informationswegen, Einführungsphasen, usw.,	Einzelarbeit moderierte Sitzung	Bildungsabteilung/ Bildungseinheit Ausgewählte Mitarbeiter und Führungskräfte aus den jeweiligen Abteilungen

Abb. 7.7: Vorgehensweise bei der Planung und Konzeption einer Bildungscontrolling-Systematik

Ein besonderer Grund für die Schwierigkeiten im Umgang mit dem Bildungs-Controlling liegt darin, daß lineare, monokausale Zurechenbarkeiten nach dem Muster Training → Reaktion → Lerneffekt → Verhaltenseffekt am Arbeitsplatz → organisationale Effekte → Effekt auf ökonomische Wertgrößen unterstellt werden.

Eine derartig lineare, mechanistische Annahme von Lernwirkungen ist irrig. Sie verkennt die Gesetze der Lernpsychologie und das Transferproblem.

Wie wir bereits in Kapitel 5 gesehen haben, läßt sich jedoch die Komplexität der Transfer- und Passungsprobleme nur annäherungsweise lösen.

	Kosten-Controlling	Wirtschaftlichkeits-Controlling (Effizienz-Controlling)	Erfolgs-Controlling (Effektivitäts-Controlling)
Aufgaben	Information über Entwicklung und Struktur der Personalkosten Kostenentwicklung und Kostenstruktur in der Personalabteilung Finanzwirtschaftliche Planung und Kontrolle der Personalkosten	Überwachung, Analyse und Optimierung des Ressourceneinsatzes für personalwirtschaftliche Aktivitäten (Vermeidung von Verschwendung) Analyse des Rationalisierungsprogramms	1. Ökonomische Rechtfertigung der Personalarbeit (bzw. einzelner Prozesse) durch Ermittlung ihres Beitrags zum Unternehmenserfolg (Rentabilität) 2. Definition von Erfolgsmaßstäben für die Personalarbeit
Planungsgrößen	Summen der Personalkostenarten je Planungsperiode (Kostenarten-Budgets) Summen der Kostenarten in der Personalabteilung (Kostenstellen-Budgets) je Planungsperiode	Soll-Kosten pro personalwirtschaftlichen Prozeß; Vorgabezeit pro Aktivität z.B. Zeiteinsatz pro Bewerbung Freistellungskosten pro Kündigung Ausbildungskosten pro Stellenbesetzung	Arbeitsproduktivität (direkt) Indikatorenwert (indirekt) Fluktuationsraten Absenzraten Fehlerquoten Kundenreklamationen, Nacharbeiten Beschwerden Ergebnisse von Leistungstests Ergebnisse von Befragungen
Sichtweise der Personalarbeit	Personal als Kostenfaktor Personalabteilung als Kostenstelle	Personalarbeit als innerbetriebliche Servicefunktion	Personalarbeit als Investitionsbereich Human-Ressourcen sind Kapital
Erfolgskriterien	Einhaltung des Budgets Beitrag zum finanzwirtschaftlichen Gleichgewicht	Minimierung des Resssourceneinsatzes für personalwirtschaftliche Prozesse	Optimierung der Rentabilität der Investitionen in der Personalarbeit (z.B. Ersparnis durch verringerte Fluktuationsquote/ Kosten eines Anreizsystems)
Periode	Budgetierungszeitraum (Monat/Jahr)	Entsprechend den Abrechnungszeiträumen der Kostenzeitrechnung	Abhängig von den Wirkungsverzögerungen (langfristige Perspektive)

Fortsetzung nächste Seite

	Kosten-Controlling	Wirtschaftlichkeits-Controlling (Effizienz-Controlling)	Erfolgs-Controlling (Effektivitäts-Controlling)
Erfolgs-faktoren	Arbeitsmarkt (Lohn/Gehaltsniveau Gesetzgebung (Sozialabgaben) Prognostizierbarkeit von Löhnen Gehältern Sozialabgaben	Nutzung der Rationalisierungs-möglichkeiten für personal-wirtschaftliche Prozesse	Leistungspotential Leistungsmotivation Arbeitssituation
Auswertungen	Budgets, kostenanalytische Auswertungen Abweichungsanalyse (Preis- und Mengenanalyse)	Kalkulation ("Kostenträgerrech-nung") der Soll-Kosten sowie Ist-Abrechnung pro Prozeß	Personalstatistik (Indikatorenwerte) Arbeitsproduktivitäts-kennziffern
Datenerfassungs-instrumente	Lohn- und Gehaltsverrechnung Kostenrechnung, Finanzbuchhaltung	Instrumente der Organisationsanalyse (z.B. "Multi-Momentverfahren") Zeitaufzeichnungen Rechnungswesen mit Kontierungsrichtlinie	Personal-informationssystem
Datenqualität Meßskalen	Monetäre Daten (Kardinalskalen)	Monetäre Daten (Kardinalskalen) (Kosten/Prozeß) Zeiteinsatz (Intervallskalen)	Kardinalskalen (z.B. durchschnittliche Absenzeiten) Intervallskalen (z.B. Ergebnisse von Leistungstests) Rangskalen (z.B. bei Befragungen nach Arbeitszufriedenheit)

Abb. 7.8: Drei Ebenen des Personalcontrolling
(Quelle: Wunderer und Sailer 1987)

Die Probleme der Effizienzerfassung von Aus-, Fort- und Weiterbildung wurzeln unseres Erachtens außer in der Annahme linearer Effekte in der Hypostasierung des Controlling-Begriffs.
Mit Hypostasierung ist die vermehrte, überdimensionierte Bedeutungs- und Funktionsanfüllung des Begriffs Controlling gemeint. Läßt er sich doch so, wie er vielerorts verwendet wird, beinahe als Synonym von Unternehmensführung oder Management begreifen.
Zwischen Planung, Koordination und Kontrolle der Organisations- und Personalentwicklung vollzieht sich eine Art Interdependenzzyklus.

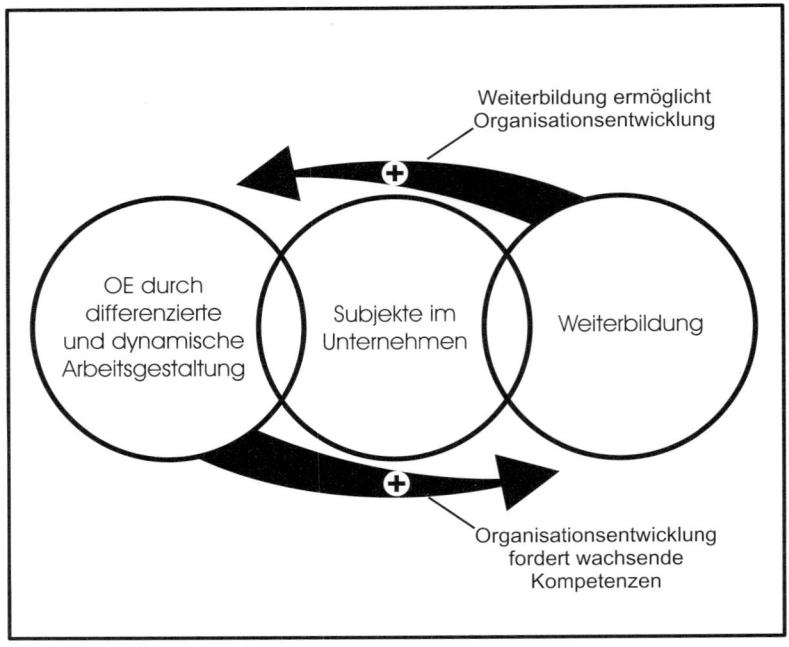

Abb.: 7.9: Interdependenzzyklus zwischen Weiterbildung und Organisationsentwicklung (Quelle: Bank 1997,301)

Es wäre jedoch genauso fatal, die Weiterbildung zum Angelpunkt der Organisationsentwicklung zu definieren, wie es irrig ist zu glauben, die Qualität von Lehren und Lernen ließe sich durch eine Controlling-Systematik steigern, die sich nicht aufs engste mit der pädagogischen Professionalität, speziell mit Didaktik, verzahnte.
Pädagogische Qualität geht nicht in Kostenrechnung und Kennzahlen auf.

Didaktische Planung läßt sich nicht auf betriebswirtschaftliches Kalkül reduzieren.

Bildungs-Controlling in der Phase der Bildungsbedarfsanalyse

Den Ausgangspunkt einer systematischen Bildungsplanung bildet die Analyse des Bildungsbedarfs. Dies sei am Beispiel der Bedarfsermittlung zwecks Weiterbildung skizziert. Dazu werden die gegenwärtigen und zukünftigen Anforderungen an die betrachteten Mitarbeiter mit deren gegenwärtigem Qualifikationsstand und -potential verglichen.

Folgende Methoden können hierzu z.b. herangezogen werden (vgl. Abb. 7.6):

♦ Interviews, Fragebogenerhebung, Gruppengespräch, Rollenanalyse, Expertenvorschau, Delphi-Methode;
♦ Arbeitsanalysen (Fremd-/Eigenbeobachtung, systematische Beobachtung);
♦ Dokumentenanalyse (Stellenbeschreibung, Anforderungsprofile, Organisationsplan, Mitarbeiterbeurteilung, Literaturanalysen technisch-ökonomischer Entwicklungen).

Vielfach wird der (Weiter-)Bildungsbedarf auf zwei Wegen ermittelt:

(1) Anbieterorientierte Ermittlung
Bei der anbieterorientierten Ermittlung stellen die (Weiter-)Bildungsabteilungen den Bedarf fest und erstellen "autonom" ein (Weiter-)Bildungsprogramm für einen bestimmten Zeitraum (z.B. 1 Jahr). Obwohl sich auf diese Weise die Planung von (Weiter-)Bildung einfacher in den jeweiligen Planungsstufen gestaltet, kann ein Nachteil darin bestehen, daß ein bestimmter Bedarf nicht ausreichend erkannt oder Angebote geplant werden, die auf eine geringe Nachfrage stoßen. Wichtig ist hier die Kenntnis der allgemeinen wie der unternehmensspezifischen Entwicklungsgrößen, die mit den Bedarfsvorstellungen der Abteilungen zu korrelieren sind.

(2) Kundenorientierte Bedarfsanlayse
Hierbei ernennen einzelne Bereiche (z.B. Produktion, kaufmännischer, technischer Bereich u.a.) jeweils einen Bildungsbeauftragten, der in Absprache mit den Verantwortlichen vor Ort (z.B. Fertigungsleiter, Betriebsleiter, Meister u.a. den (Weiter-)Bildungsbedarf für das kommende Geschäftsjahr ermittelt.
Bei der kundenorientierten Bedarfsanlayse entsteht das umgekehrte Problem wie bei der Anbieterorientierung. Oftmals planen die Bildungsbeauftragten den Bedarf ohne Berücksichtigung der Verände-

rungen, die aus der Gesamtentwicklung des Unternehmens resultieren. Dem kann dadurch entgegengewirkt werden, daß die Erhebung mit Hilfe eines von der (Weiter-)Bildungsabteilung (z.b. Fachliche Weiterbildung) entworfenen Plans vorgenommen wird. In diesen Formblättern sind alle gängigen Bildungsmaßnahmen aufgeführt, die jedes Jahr angeboten werden. Der Bildungsbeauftragte ergänzt bzw. modifiziert in Gesprächen mit Führungskräften vor Ort den Bildungsbedarf und leitet ihn an die entsprechende (Weiter-)Bildungsabteilung weiter.

Diese Art der Bedarfsanalyse bietet den Vorteil, daß

o der Bedarf systematisch auf die Bedürfnisse der Kunden zugeschnitten ist;

o die Qualität der Entscheidungen höher ist, weil Schnittstelleninteressen berücksichtigt werden und Führungskräfte der Bereiche direkt in die Mitarbeiterentwicklung eingebunden sind;

o (Weiter-)Bildung nicht nur als Aufgabe einer spezialisierten Abteilung verstanden wird.

Die Übermittlung des Bildungsbedarfs kann dahingehend vereinfacht werden, daß der Bedarf in einheitlichen Erhebungsbögen erfaßt wird, die problemlos in ein EDV-Programm eingegeben werden können.

Für den Fall, daß sich Diskrepanzen in der Wahrnehmung des Bildungsbedarfs von seiten der abnehmenden Bereiche und der anbietenden Bildungsabteilung ergeben oder sich größere Unterschiede in einem Bildungsbedarfsgespräch zeigen, müssen die Seiten sich abstimmen. An diesem Gespräch nehmen Vertreter der Bereiche (z.B. Bildungsbeauftragte, Führungskräfte u.a.) und Bildungsverantwortliche, ggf. auch Führungskräfte der Unternehmensleitung teil.

(3) Leistungsvereinbarung

Ist der Bildungsbedarf für einen bestimmten Zeitraum ermittelt, so kann eine Leistungsvereinbarung oder ein Bildungsvertrag zwischen der Bildungsabteilung und einem Bereich als Leistungsnachfrage geschlossen werden. Dadurch würde die Planungssicherheit der Bildungsabteilung bezüglich der tatsächlichen Abnahme ihrer Leistung erhöht werden; der Bereich hätte die Sicherheit, daß eine Leistung an einem bestimmten Termin auch erbracht wird.

Eine Leistungsvereinbarung enthält Angaben über Vertragsparteien, Vertragspaten, Teilnahmebedingungen, Gesamtschulungszeit bzw. tägliche Kursdauer, Termin und Ort, Anzahl der Teilnehmer, Schulungskosten pro Teilnehmer, Verrechnungsmodalitäten, Stornierungsmöglichkeiten und -kosten.

Bildungs-Controlling in der Planungsphase

Nachdem der (Weiter-)Bildungsbedarf mit den nachfragenden Bereichen abgestimmt und ggf. in Leistungsvereinbarungen festgehalten ist, beginnt die Planungsphase im engeren Sinn.

Für eine effektive Abwicklung von (Weiter-)Bildungsmaßnahmen ist es notwendig, den *Informationsfluß* zwischen den Verantwortlichen für die administrativ-organisatorische Seite (häufig Veranstaltungsdienst genannt) und den Verantwortlichen für die Bildungsplanung herzustellen.

So kann beispielsweise durch den Zugang zu den Daten der Leistungsvereinbarungen diese vom Veranstaltungsdienst für dessen Aufgaben benutzt werden.

Der Einsatz einer Checkliste trägt ebenfalls zu einer routinierten Aufgabenabwicklung durch den Veranstaltungsdienst bei. Die Checkliste beschreibt aus der Sicht des Veranstaltungsdienstes den Weg einer (Weiter-) Bildungsmaßnahme von der Veranstaltungsvorbereitung über deren Durchführung bis hin zu deren Nachbereitung und führt alle zu beachtenden Aktionen stichwortartig auf.

Kann oder soll eine (Weiter-)Bildungsmaßnahme nicht durch interne Fachkräfte durchgeführt werden, können externe Anbieter diese Lücke schließen. Unter den Auswahlkriterien spielen pädagogische und fachliche Qualifikation sowie Kosten und Verträglichkeit mit der Unternehmenskultur eine wichtige Rolle. Auf dem relativ unübersichtlichen Weiterbildungsmarkt liefern externe Anbieter Marktüberblicke, so z.B. die Industrie- und Handelskammern.

Der Bildungsverantwortliche kann sich bei der Auswahl externer Anbieter auch auf Weiterbildungsdatenbanken stützen, die es im Offline- und Online-Betrieb gibt. Online-Datenbanken sind prinzipiell von überall her nutzbar, enthalten jedoch häufig ein regional begrenztes Angebot.

Bildungs-Controlling während und nach der Durchführung von Bildungsmaßnahmen

Diese Controllingphase, auch *"Prozeß-Controlling"* genannt, bezieht sich auf die Erfolgskontrolle im Lernfeld. Sie soll feststellen, ob sich die Teilnehmer auf die vorher definierten Lernziele hin bewegen; dazu werden Teilergebnisse gesichert, der Entwicklungsstand der Teilnehmer aufgezeigt und ggf. Korrekturmaßnahmen initiiert. Ihre Durchführung ist eine Aufgabe des Veranstaltungsleiters. Als "Meß-"Methoden stehen dafür zur Verfügung:

- "Papier- und Bleistift" - Test
- Blitzlicht
- Feedback
- Präsentation von (Teil)ergebnissen, z.b. für Vorgesetzte
- Begleitete Übungen im Arbeitsfeld.

Durch eine ergebnisbezogene Erfolgskontrolle wird das Ergebnis von Bildungsmaßnahmen unmittelbar nach deren Durchführung überprüft. Dabei werden hauptsächlich Wissen und Fertigkeiten überprüft werden. Ob sich das Verhalten tatsächlich geändert hat, kann erst im Funktionsfeld festgestellt werden.

Als Mittel zur Überprüfung der Anwendung bereits im Lernfeld (vertikaler Transfer), können z.B. eingesetzt werden:

- Befragung (Seminarbeurteilung, Kartenabfrage, Klebepunkte)
- Rollenspiel
- Fallstudie
- Planspiel
- Anwendungsvertrag.

Um die Verbindlichkeit zu erhöhen, Lerninhalte auch im Funktionsfeld anzuwenden, kann an die Teilnehmer und Teilnehmerinnen ein "Anwendungsvertrag" am Ende der Veranstaltung ausgegeben werden. In ihn werden Transferziele eingetragen, die am Arbeitsplatz in einem bestimmten Zeitraum umgesetzt werden sollen. Durch diese Maßnahme sollen die Teilnehmer und Teilnehmerinnen bereits im Lernfeld den Transfer planen.

Diagnose ermitteln	Prognose läßt Schlüsse zu	Information über	Motivation zum/zur
Wissen	Fertigkeiten	Zulassungsberechtigungen	Weiterlernen
Können	Fähigkeiten	Abschlußbezeichnung	Karriereplanung
Beziehungsdenken	Leistungsnineau	Lernziele	Selbstkontrolle
Anwendungsfähigkeit	Qualifikation	Erreichtes Ergebnis	Abschlußprüfung
Problemlösefähigkeit	Funktionsbild	Einsatzmöglichkeiten	

Abb. 7.10: Funktionen der Lernerfolgskontrolle

7.2 Bildungs-Controlling und Qualitätssicherung

Erfolgskontrollen sind im Bereich beruflicher (Weiter-)Bildung immer Transferkontrollen. Erst durch den Transfer des Gelernten vom Lern- in das Funktionsfeld (lateraler Transfer) trägt eine Bildungsmaßnahme wertschöpfend zum Unternehmensziel bei. Eine quantitative Erfolgskontrolle im Funktionsfeld stößt jedoch an ihre Grenzen, wenn es sich um schwer zu quantifizierende Lernziele handelt, wie z.b. Kommunikationsverhalten, Problemlösefähigkeit, Schlüsselqualifikationen u.a.

Die Schwierigkeit einer monetären Kosten-Nutzen-Kontrolle zeigt sich in der Verwendung der Bildungsrendite-Formel (= durch Bildung erzielte Deckungsbeiträge x 100 ./. eingesetztes Kapital in Form von Kosten der Bildungsinvestition).

Dieser Versuch einer ökonomischen Erfolgsbeurteilung mag im Produktionsbereich gelingen, wo als Output meßbare Größen wie Produktionseinheiten, Fertigungskosten, Ausschußquote zu ermitteln sind. Diese Renditenberechnung beim Erfolg von Führungstrainings einzusetzen, stößt jedoch rasch an Grenzen.

In der Praxis sind eine Reihe von Maßnahmen üblich, die eine qualitative Erfolgskontrolle bzw. -einschätzung erlauben und die Umsetzung/Anwendung von Lerninhalten im Arbeitsbereich fördern.

Förderung von Transfer in der Unternehmenspraxis

(1) Transfergespräche
Analog zur Vorbereitung auf eine Veranstaltung führt der Vorgesetzte als Nachbereitung ein Transfergespräch mit den Teilnehmern und Teilnehmerinnen über die erreichten Lern- und Transferziele; dabei können auch mögliche Transferhemmnisse zur Sprache kommen.
Als Hilfestellung für das Transfergespräch kann die
(2) Transferpaten
Außer durch den Vorgesetzten kann ein sogenannter Transferpate oder eine -patin Teilnehmer und Teilnehmerinnen beim Transfer im Arbeitsfeld unterstützen. Als Voraussetzung dafür kennen die Transferpaten die Lern- und Transferziele und verfügen über Erfahrungen bei der Bewältigung von Transferhemmnissen, z.B. in der Arbeits- oder Unternehmensorganisation.
(3) Follow Up
Durch eine Follow-Up-Veranstaltung können die Teilnehmer und Teilnehmerinnen ihre Transfererfahrungen austauschen. Ein Ziel besteht darin, daß die Teilnehmer ggf. neue Transferstrategien gegenüber Transferhemmnissen entwerfen und sich motivieren. Gün-

stig dürfte es sein, wenn außer den Lehrenden auch Vorgesetzte und/oder Transferpaten und -patinnen teilnehmen könnten.

(4) Selbstorganisiertes Lernen
Sind die Teilnehmer und Teilnehmerinnen bereit und in der Lage, im Sinne eines selbstorganisierten Lernens weiterzuarbeiten, so steigt die Chance, daß sich der Lernerfolg immer mehr der Soll-Kurve nähert und Transferlücken abgedeckt werden. Eine Optimierung des Lernerfolgs dürfte sich dann besonders positiv im Funktionsfeld niederschlagen.

Controlling mittels Kennzahlen / Kenngrößen

Unter Kennzahlen versteht man absolute Zahlen oder Verhältniszahlen, die über einen quantitativ erfaßbaren Tatbestand in konzentrierter Form informieren. In der Weiterbildung ist ihr Einsatz noch relativ wenig verbreitet. Eine wesentliche Ursache ist darin zu sehen, daß viele bildungswirtschaftliche Sachverhalte qualitativer Natur und somit einer Messung nur schwer zugänglich sind. Deswegen sind Kenngrößen ein angemessener Begriff, da sie auch qualitative Größen beschreiben.

Kennzahlen liefern quantitative Aussagen aus rückblickender Perspektive und erfüllen eine Kontrollfunktion durch Soll-/Ist-Vergleiche. Grundsätzlich gilt, daß die Zahlen aktuell, nachvollziehbar, vergleichbar und valide sind.

Beispiele für Kennzahlen sind:

Gesamtkosten der Weiterbildung, Kostenanteil pro Mitarbeiter, Durchschnittskosten einer Veranstaltung.

Zur Kostenerfassung liefert Bank Systematisierungsvorschläge. Die Abbildung 7.11 auf der folgenden Seite zeigt seinen Ansatz zur Kostengliederung.

Gerade unter den Bedingungen des Kostendrucks auf den Faktor Arbeit ist Bildungs-Controlling unerläßlich. Die begrenzte Reichweite der gegenwärtigen Ansätze muß jedoch betont werden.

Qualitätssicherung reicht über das Controlling hinaus, und letzteres ist ohne wirtschaftspädagogisches Know-How wenig sinnvoll. Stehen doch stets Fragen der Curriculumkonstruktion, der didaktischen und methodischen Konzeptionierung, des Trainingsstils, der pädagogischen Angemessenheit von Tests und der Transferhilfen an. Eine "lernende Organisation" bedarf dazu der Unterstützung durch eine wirtschaftsbezogene pädagogische Professionalität.

7.2 Bildungs-Controlling und Qualitätssicherung

Direkte Kosten (einem Weiterbildungsteilnehmer unmittelbar zurechenbar)	**Indirekte Kosten** (nur anteilig mit Hilfe von Verrechnungsgrößen zurechenbar)
Löhne und Gehälter ⌘ gesetzliche Sozialleitungen ⌘ tarifliche und freiwillige Sozialleistungen ⌘ Kosten für Lehrbücher, Übungshefte, Formulare, Fotokopien etc. ⌘ Gebühren für Eintragungen, Zwischen- und Abschlußprüfungen an die zuständige Stelle ⌘ Kosten für die Teilnahme an externen Bildungsveranstaltungen	1. Prozeßkosten ⌘ anteilige Kosten des Lehrpersonals ⌘ anteilige Anlage- und Sachkosten in Produktionsnähe (d. h. für Produktionszwecke dienende Anlagen) in der Lernwerkstatt, im fach-theoretischen Unterricht 2. Kosten der Ausbildungsverwaltung
Unmittelbare Weiterbildungskosten	**mittelbare Weiterbildungskosten**
1. Personalkosten ⌘ Dozentenhonorare für externe Dozenten ⌘ anteilige Löhne und Gehälter incl. Personalzusatzkostenanteile der haupt- und nebenamtlichen internen Lernkräfte 2. Sachkosten ⌘ Kosten für Lehr- und Lernmaterial ⌘ Reisekosten ⌘ Kosten für Unterkunft und Verpflegung ⌘ Raumkosten ⌘ Kosten der Bildungsverwaltung	1. Personalkosten ⌘ Ausfallkosten (anteilige Personalkosten der Weiterbildungsteilnehmer) ⌘ anteilige Personalzusatzkosten der Teilnehmer 2. Sachkosten ⌘ Abschreibungsanteile für Räume ⌘ Abschreibungsanteile für Geräte und Maschinen

Abb. 7.11: Ansätze der Kostengliederung
(Quelle: Bank 1997, 230)

7.2.2 Qualitätssicherung

Qualität als Produkt von Professionalität, Ethik und Ressourcen

Weder aus dem pädagogischen Grundethos, nämlich für die Entwicklung und Entfaltung des Humanpotentials verantwortlich zu sein, noch aus irgendwelchen technisch-ökonomischen oder didaktischen Funktionalitäten ergeben sich ungebrochen und linear Anforderungen an das pädagogische Handeln und seine Qualität. Pädagogische Qualität ist vielmehr das Ergebnis einer hochkomplexen Faktoroptimierung.

Hierbei sind eine Reihe von speziellen Strukturen und Prozessen interdependent zu gestalten.

Lisop hat zur Planung und Evaluierung von pädagogischer Organisationsentwicklung das folgende Koordinatennetz entwickelt.

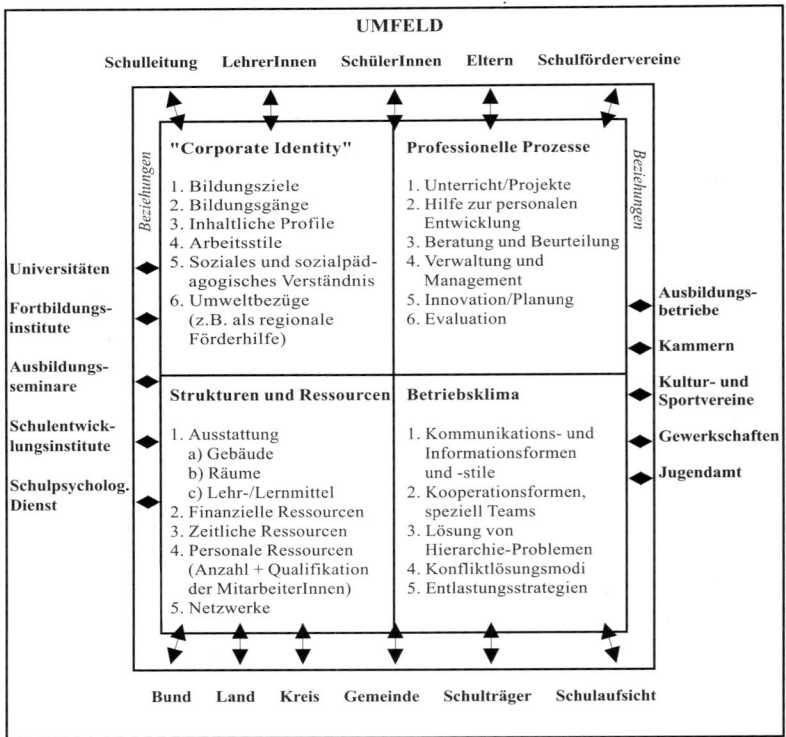

Abb. 7.12: Koordinatennetz des pädagogisches Feldes nach Lisop (Quelle: Lisop 1998,55)

7.2 Bildungs-Controlling und Qualitätssicherung 317

Das Koordinatennetz läßt sich wie folgt erläutern:

Die Corporate Identity (CI) dient als Grundmaßstab, gleichsam als bildungsphilosophische und bildungspolitische Grundposition. Sie beinhaltet die Art und Weise, in der eine Bildungseinrichtung den allgemeinen Erziehungs- und Bildungsauftrag umsetzt. Daran lassen sich die Strukturen und Prozesse einer Einrichtung ebenso bemessen wie an ihrer gesellschaftlichen Funktionalität.

Qualifikationsbeurteilung mit Hilfe des Koordinatennetzes pädagogischer Professionalität:

 Corporate Identity:

> Welches ist die pädagogische Identität einer Einrichtung, welchen Maximen folgt sie, welcher Bildungsphilosophie? Wie setzt sie dies in der Grundkonzeption und den diversen Prozessen und in der Organisationsstruktur um?
>
> z.B. didaktisch/methodisch;
>
> z.B. pädagogisch-organisational (zeitliche Sequenzierungen, Ganztags- oder Halbtagsangebote, Aktionsformen des Theorie-Praxis-Verbundes, etwa durch Projekte oder Arbeit für den Markt), Experimentalformen des Lernens;
>
> z.B. kommunikative Umgangsformen/-stile/-wege;
>
> z.B. Volkshochschule: im Kontext des Gesamtbildungssystems, laut Gesetzen, Statuten und regionalem Bedarf/Arbeitsmarkt, in Korrelation zur spezifischen Bildungsphilosophie;
>
> z.B. Bildungsabteilungen von Betrieben: laut Funktionsplänen, Organigrammen, Projektplänen, Betriebsvereinbarungen, tariflichen Bestimmungen, in Korrespondenz zur "Unternehmenskultur";
>
> z.B. Fördermaßnahmen eines öffentlich-rechtlichen Trägers der Sozialpädagogik: laut Trägerphilosophie und Vorschriften der Auftraggeber;
>
> z.B. Berufliche Schulen; Arbeitsmarkt-Lage; Förderaufgaben; Qualifizierungsbedarf.

Umsetzung in Curricula (Pläne, Angebote)

z.b. Abschlußmöglichkeiten und entsprechende Lehrpläne, Kurspläne (bei freien Trägern: Programmgestaltung einschließlich Informationsmaterial);

z.b. theoretisch-didaktische Rückbezüge (zu wissenschaftlichen Modellen und Prinzipien);

z.B. methodische Schwerpunkte/Gewichtungen (z.B. starke Einbeziehung von Simulationen, Gruppenarbeit, selbstorganisiertes Lernen u.a.m. in Verbindung zur CI).

 Infrastruktur und Ressourcen
z.b. Gebäude nach Alter, bautechnischem Zustand und Aufteilung, Räume entsprechend pädagogischem Bedarf,
Ausstattung entsprechend pädagogischem Bedarf, Modernitätsstand und Lernpsychologie
Budget und Budgetierung
Zeitdeputate
Professionalität der Lehrenden.

 Prozesse
Die relevanten Prozeßbereiche Bildung und Erziehung, Unterricht, Beratung, Verwaltung, Organisationsentwicklung, Controlling, Management lassen sich nur im Rückbezug zur Corporate Identity einerseits, zur Frage der Zuständigkeiten andererseits beurteilen.
Als grundsätzliche Beurteilungskriterien beispielsweise aus der Sicht permanenter Organisationsentwicklung sind hier die Fragen von Flexibilität (oder Bürokratie), von sozialer Integration oder Desintegration, von Offenheit, Klarheit und Überschaubarkeit und damit im Zusammenhang von Systematik und Professionalität zu sehen.
Wichtig ist die Kombination von wissenschaftlichem Know-how in Didaktik, Methodik und Management mit einem ausdifferenzierten Repertoire an Verhaltenstechniken zur Alltagsbewältigung. Dieses reicht z.B. vom richtigen Medieneinsatz über Gesprächs-, Frage- und Antworttechniken, dem Design von Arbeitsmaterialien bis zu nonverbalen Verhaltensmustern und Wegen zur Streßverarbeitung.

Umfeld/Netzwerke
Hier geht es um formalisierte oder informelle Kooperationen mit anderen Bildungseinrichtungen bzw. Lernorten oder zuständigen Stellen (z.b. Kammern, Ämter, Jugendpflege, Arbeitsämter, Fördervereine, Betriebe u.a.m.).
Im einzelnen lassen sich betrachten:
z.b. die Dimensionierung des Netzwerkes mit seinen Strukturen und Prozessen;
z.B. Einzelelemente;
z.b. die Kooperationen innerhalb des Netzwerkes;
z.b. die Fragen der Anerkennung von Zertifikaten und der Stellung im Gesamtfeld;
z.b. die Evaluierungsinstanzen.

Wie man sieht, ist die Beantwortung der Qualitätsfrage zunächst vom bildungspolitischen Kontext abhängig. Es gilt, dazu Stellung zu beziehen, wo man steht und stehen will und welchen Beitrag zur Bildungspolitik als Gesellschaftspolitik man übernehmen will und kann.

Sodann ist die Qualität abhängig von der Professionalität und dem Radius, auf welchen man diese bezieht. Das Koordinatennetz zeigt, wie weit dieser Radius reicht.

Schließlich hat alles, was pädagogisch professionell erfolgt, einen bildungsphilosophischen bzw. ethischen Bezug. Er ist unhintergehbar. Auch und gerade in der technisch-ökonomisch determinierten Gesellschaft. Ohne Weltaufschluß und ohne wertende Auseinandersetzung mit den menschlichen Lebenskräften und Lebensbedürfnissen, also der Sinn-Frage, wird jede Qualifikation mechanistisch. Unter Bedingungen des permanenten und noch dazu raschen Wandels kann aber nur das Humanvermögen, als Produktivkraft, den Transfer bewältigen. Wenn hierzu die geistigen Räume fehlen, wird es kritisch. Auch und gerade die Qualität beruflicher Bildung erhält hier das Niveau, das Fachlichkeit flexibel werden läßt.

Qualitätssicherung und Qualifizierungstheorie

Der Strukturwandel und der Finanzdruck werfen im Kontext der Modularisierung und der Neu-Abstimmung von Allgemeinbildung und Berufsbildung die Frage auf, in welchen umfassenderen Kontext funktionale Qualifikationsvermittlung und Anpassungsqualifizierung zu stellen sind. Ganzheitlich gedacht müßte Qualifizierungstheorie heute humanökologisch ausgerichtet sein.

Eine *humanökologische Qualifizierungstheorie* hätte zu umfassen:

(1) Eine Landkarte der Dimensionierung von Innovationen, ihrer wissenschaftlichen und methodischen Basierung und ihrer kombinatorischen Wirkungen auf Arbeit und Gesellschaft.
Innovationen umfassen eine Vielzahl heterogener Objekte. Zu den Gegenstandsbereichen, die für den Zusammenhang von Innovation und Qualifikation Bedeutung erlangen können, zählen:
- ° Die sozialen Beziehungen, Werte, Normen und Einstellungsmuster
  - in der Gesellschaft;
  - im Unternehmen (zwischen den Mitarbeitern, horizontal und vertikal);
  - zwischen dem Unternehmen und seiner Umwelt.
- ° Die jeweiligen Regelungen und Gestaltung der Beziehungen zwischen Arbeitgebern und Arbeitnehmern (speziell juristisch und hierarchisch)
  - im Betrieb;
  - überbetrieblich.
- ° Die Prinzipien der Erschließung neuer Märkte und deren ökonomische und soziale Folgen.
- ° Die Veränderungen der eingesetzten Produktionstechnologie einschließlich der Werkstoffe und der Energie und die Prinzipien der Technologie.
- ° Die Veränderungen der Kombination von Technik, Arbeit und Arbeitsorganisation.
- ° Die Veränderungen der Produkte.

Aus diesen Gegenstandsbereichen ergeben sich neuartige Sachkomplexe, und diese verlangen eine andere Art der curricularen Fächerung als bisher und stets exemplarische, ganzheitliche Anteile mit Methodentraining. In der Literatur wird häufig eine Einteilung der Gesamtmenge der Innovationsobjekte in zwei überschneidungsfreie Teilmengen vorgenommen:
- ° technologische Innovationen, mit den Untermengen
  - Produktinnovationen;
  - Prozeßinnovationen.
- ° soziale und andere Innovationen.

Der Gegenstandsbereich der technologischen Innovation umfaßt in diesen Systematiken sowohl Produkte als auch Produktionsfaktoren. Die andere Gruppe ergibt sich als Restmenge, mit besonderer Berücksichtigung der organisatorischen und sozialen Beziehungen innerhalb des Betriebes und des Betriebes mit seiner Umwelt.
Dieses einfache, überschneidungsfreie Schema wird jedoch der Komplexität des Strukturwandels nicht gerecht. Es verdeckt eher die vielfältigen Wechselbeziehungen und Überschneidungen zwischen den einzelnen Objekten von Innovation. Vor allem die Trennung der politischen und sozialen Perspektive der Technikveränderung im Betrieb von der "Sichtweise des Ingenieurs", m. a. W. die Reduktion von Technologieentwicklung auf Technikentwicklung ist an diesem Ansatz problematisch.
Im Gegensatz dazu muß die Interdependenz der drei zentralen Objektbereiche
- Soziale Beziehungen,
- Arbeitsbeziehungen und
- Produkt- und Prozeßinnovationen

betont werden.

(2) Kognitionsanalytische Klassifikationen von Wissen und Können: Hierher gehört zumindest das Grundmuster des gegenstandsbezogenen Denkens:
- kognitives Denken (mit den Stufen Festhalten von Fakten, Daten und Benennungen sowie Herstellen von Beziehungen, alle Arten von Kausalität);
- produktives Denken als konvergentes Abrufen von Einzelwissen und als divergentes in Form von Perspektivenwechsel und neuen Verschmelzungen;
- bewertendes Denken als Problemlösedenken.

Schließlich muß das gegenstandsbezogene Denken durch Metakognition ergänzt werden, d. h. durch Kontrolle, Korrektur, Verbesserung der Denkprozesse selbst.

(3) Ein neues Verständnis von Sozialkompetenz:
Hier ist ein Verständnis von Sozialkompetenz anzustreben, das über kommunikative und kooperative Fähigkeiten hinaus die Grundlinien technisch-ökonomischer, sozialer und ethischer Entwicklung berücksichtigt, eingeschlossen die Unterschiede z. B. von Ethnien, Konfessionen und sozialen Milieus, bei Führungskräften die Grundlinien der

Sozialisation. Hierzu gehört auch, die grundlegenden Rationalitätsmuster und ihre konstituierende Wirkung zu begreifen.

(4) Ein neues Verständnis von Selbstkompetenz
Hier wird auf mehr abgestellt als auf Selbständigkeit und Selbstdisziplin.
Zur Selbstkompetenz gehört auch, die Facetten der eigenen Identität, der Lebenskräfte und Lebensbedürfnisse selbstreflexiv begriffen zu haben und damit im sozialen Kontext integrativ umgehen zu können.

(5) Ein ganzheitliches Verständnis von Qualität und Sicherheit, das in personenbezogenen, ökonomischen, sozialen und ökologischen Folgeketten denkt (sustainability).

(6) Methodenrepertoires, trainings-, unterweisungs- und moderationsbezogene Instrumente zur Gestaltung inhaltlicher und methodischer Knotenpunkte, über welche die genannten fünf Leitziele realisiert werden.

7.3 Wissensmanagement und Führung

7.3.1 Wissensmanagement

Zum wissenschaftlichen Standort von Wissensmanagement

Wissensmanagement gehört zu den neueren Themen der Managementlehre. Es wird in Zusammenhang mit den Diskussionen um Lernende Organisation, Informationsmanagement, Expertensystemen oder auch Unternehmensevolution verwendet. Angesichts von Phänomenen wie Segmentierung von Kundengruppen, Deregulierung des Wettbewerbs, kürzere Produktlebenszyklen, wechselnde Kundenpräferenzen müssen sich Unternehmen in ihren Innen- und Außenbeziehungen verändern: intern in überschaubare flexible Einheiten wie z.B. "Module" oder "Fraktale", nach außen in Form flexibler Partnerschaften bei gleichzeitiger Konzentration auf nicht-substituierbare Kernkompetenzen (vgl. Güldenberg, Mayerhofer, Steyrer 1999,591f.)

Dabei gewinnt Wissen als ein wichtiger Produktionsfaktor an Bedeutung und erweitert die drei Faktoren "Arbeit, Sachmittel, Kapital". Begriffe wie "Wissensgesellschaft" oder "Wissenswirtschaft" versuchen, zahlreiche Umbruchserscheinungen bündig zusammenzufassen, ohne daß sie jedoch eine ausgearbeitete Gesellschafts- oder Wirtschaftstheorie anbieten könnten.

Forschungsrichtung und Methodik des Wissensmanagements sind stark von zumindest folgenden Disziplinen geprägt:

- Betriebswirtschaftliche Organisations- und Führungslehre
- Wirtschaftsinformatik
- Systemtheorie
- Kognitionswissenschaften.

Es sind dies Disziplinen mit strategischen und formalisierbaren Denkmustern. Ein spezifischer Bezug zu Sozial- und Geisteswissenschaften, der über systemtheoretische Argumentationen hinausginge, läßt sich nicht erkennen.

Die Rolle von (Wirtschafts-)Pädagogik oder betrieblicher Weiterbildung bleibt so gut wie unberücksichtigt. Das ist insofern verwunderlich, als es beim Wissensmanagement durchaus um Lernen, speziell um Lernen von Organisationen geht, und in diesem Zusammenhang auch um Wissenserzeugung, Wissensbedarfe und Wissensangebote. Versteht man unter Wissenserzeugung nicht nur Forschung, Informationsbeschaffung oder Curriculumkonstruktion, dann sind auch solche Lernprozesse in den Blick zu nehmen, bei denen Mitarbeiterinnen und Mitarbeiter Wissen generieren.

Solches geschieht z.b., wenn unter Auswertung von Erfahrung und bei Nutzung von Informationquellen gemeinsam Probleme gelöst oder Strategien entwickelt werden. Insoweit in solchen Prozessen stets neben rationalen auch psychodynamische Prozesse entstehen können, ist eine pädagogisch professionelle Flankierung notwendig. Zumindest hat sich dies in Organisationsentwicklungsprozessen als sinnvoll erwiesen.

Es muß allerdings auch eingeräumt werden, daß die Wirtschaftspädagogik das Wissensmanagement bislang noch nicht explizit als ihr Feld erklärt hat.

Begriff und Werkzeuge des Wissensmanagements

Zeichen, Daten, Informationen und Wissen sind Grundbegriffe des Wissensmanagements. Ihre Definition geschieht aus der Perspektive der Datenverarbeitung bzw. der ökonomischen Entscheidungstheorie, nicht der Semiotik bzw. Linguistik. So definieren Rehäuser/Krcmar Informationen als "Kenntnisse über Sachverhalte, die ein Handelnder benötigt, um eine Entscheidung darüber zu fällen, wie er ein Ziel am günstigsten erreichen kann" (Rehäuser und Krcmar 1996,4).

Der Informationsbegriff habe - im Unterschied zum Wissensbegriff - in der Betriebswirtschaft bereits einige Aufmerksamkeit als Produktionsfaktor gefunden (vgl. Schwarze 1998). Nun gehe es darum, analog zum Informationsmanagement, Funktionsweise und Aufgaben des Wissensmanagement auszuarbeiten.

 "Während Information als Kenntnis über Sachverhalte bezeichnet werden kann, ist Wissen *begründete* Kenntnis, im Gegensatz zur Meinung ... und zum Glauben".... (Rehäuser und Krcmar 1996,5). "Wissen wird bezeichnet als die zweckorientierte Vernetzung von Information ... Es stellt die Abbildung (externer) realer Verhältnisse, Zustände und Vorgänge auf (interne) Modelle von der Außenwelt dar, über die ein Individuum oder eine Organisation verfügt ... Demnach ist Wissen subjektrelativ-, zweckrelativ, perspektivisch und setzt die Kenntnis seiner Herkunft voraus" (Rehäuser / Krcmar 1996,5). Eine formalere Definition gibt Güldenberg: "Unter *Wissen* verstehen wir deshalb im folgenden die Gesamtheit aller Endprodukte von Lernprozessen, in denen *Daten* als *Informationen* wahrgenommen und Informationen in Form von *strukturellen Konnektivitätsmustern* in Wissensspeichern niedergelegt werden" (Güldenberg 1999,528).

Arten von Wissen

Ein systematisches und umfassendes Management der Ressource Wissen setzt eine Klassifizierung von Wissensbeständen in einem Unternehmen voraus. Dabei wird eine formale Klassenbildung zugrundegelegt: implizites und explizites Wissen, privates und kollektives Wissen, Objekt- und Metawissen. Diese organisationale Wissensbasis ist das wichtigste Subsystem eines Unternehmens, das auch als wissensbasiertes System aufgefaßt wird. Andere Wissensarten, die sich durch inhaltliche Heterogenität auszeichnen, werden in dieses Begriffsraster eingegliedert. Zur organisationalen Wissensbasis gehören z.B. sowohl Begriffs-, Handlungs- und Re-

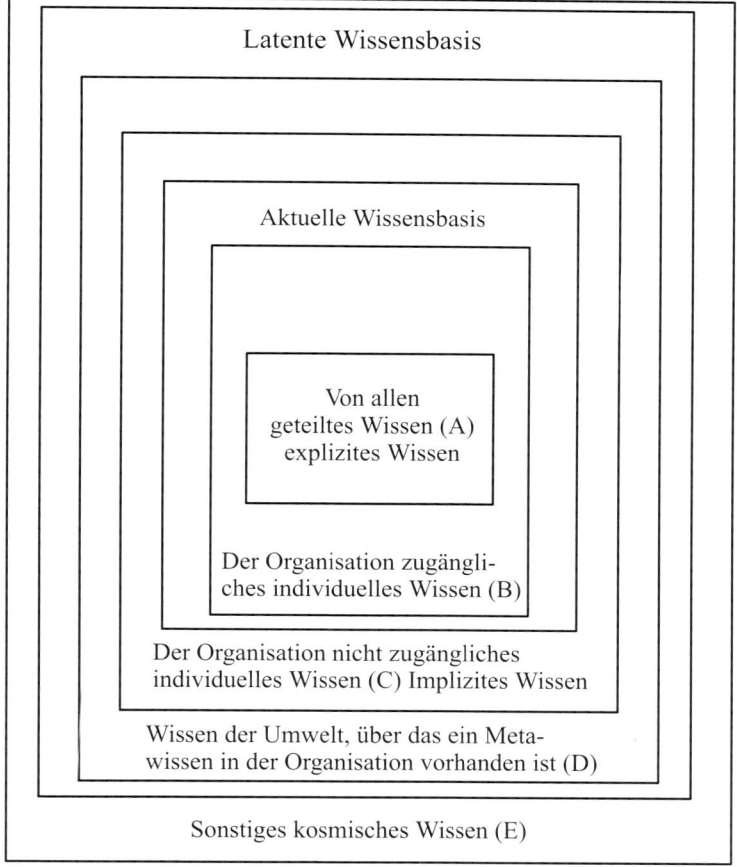

Abb. 7.13: Schichtenmodell der organisatorischen Wissensbasis in Anlehnung an Pautzke (Quelle: Pautzke 1989,87)

zeptwissen als auch die Organisationskultur, Weltbilder und Sinnmodelle (vgl. Güldenberg 1999,531). Entscheidend ist, daß die Entscheidungsträger die unterschiedlichen Wissensbestände für die Organisation zugänglich machen bzw. Barrieren beseitigen und das Wissen in einem "organisatorischen Gedächtnis" dokumentieren. Dadurch werde zugleich die Lernfähigkeit einer Organisation vorangetrieben und ein Wettbewerbsvorteil gesichert.

Rehäuser und Krcmar (vgl. Rehäuser und Krcmar 1996,19) unterscheiden fünf Kategorien organisatorischen Lernens, welche die pädagogische Relevanz der Prozesse belegen.

> Kategorie (A)
> überführt der Organisation bereits zur Verfügung gestelltes Wissen in ein von allen geteiltes Wissen. Durch diesen Lernprozeß wird das Wissen vom bisherigen menschlichen individuellen Wissensträger unabhängig und damit zum Wissen der Organisation.
>
> Kategorie (B)
> transferiert der Organisation bislang nicht zur Verfügung stehendes Wissen eines oder mehrer Organisationsmitglieder in von allen geteiltes Wissen.
>
> Kategorie (C)
> bewerkstelligt, daß für die Organisation bislang nicht zugängliches Wissen eines oder mehrer Organisationsmitglieder nun für sie zugreifbar ist.
>
> Kategorie (D)
> trifft zu, wenn sich Organisationsmitglieder Wissen aus der Umwelt aneignen und sich daran organisatorische Lernprozesse der vorher genannten Kategorien (A), (B) oder (C) anschließen.
>
> Kategorie (E)
> umfaßt organisatorische Lernprozesse höherer Ordnung, die zur Evolution von Wissensbasis und Organisation führen.

Abb. 7.14: Kategorien organisatorischen Lernens
(Quelle: vgl. Rehäuser und Krcmar 1996,19)

7.3 Wissensmanagement und Führung

Modelle des Wissensmanagements

Der Umgang mit Wissensressourcen stellt für Unternehmen prinzipiell nichts Neues dar. Wissensmanagement läßt sich aus den bekannten Grundfunktionen "Führung, Planung und Organisation" ableiten. Es findet überall im Unternehmen statt und somit ist in gewisser Weise jede Führungskraft ein Wissensmanager. Neu ist jedoch das Anforderungsprofil, das sich nicht mehr auf isolierte Veränderungsansätze (z.B. kontinuierlicher Verbesserungsprozeß, Personalentwicklung, Marktforschung oder Einsatz von Frühwarnsystemen) beschränken kann; vielmehr sollen unterschiedliche Wissenssysteme bzw. Lernsubjekte in ein gemeinsames Modell organisationalen Lernens integriert werden (vgl. Pawlowsky und Reinhardt 1997,147).

Hinsichtlich des Aufbaus eines Wissensmanagement-Modells lassen sich zwei Varianten unterscheiden:

Modell 1: Rehäuser und Krcmar entwerfen ein Drei-Ebenen-Modell. Auf der obersten Ebene plant und kontrolliert das Unternehmensmanagement den Wissens- und Informationseinsatz und gibt Vorgaben an die mittlere Ebene.

Auf der mittleren Ebene befinden sich die Wissensträger-, Informations- und Kommunikationssysteme; ihre Aufgabe besteht in der Unterstützung der oberen Ebene sowie in der Gestaltung der Wissens- und Informationsquellen. Die mittlere Ebene spezifiziert ihre Anforderungen an die untere Ebene, der Ebene der Infrastrukturen der Wissens- und Informationsverarbeitung und Kommunikation. Die untere Ebene unterstützt wiederum die mittlere und stellt Wissensträger- und Informationsressourcen bereit mitsamt den notwendigen Technologien (vgl. Rehäuser und Krcmar 1996,17f.).

Modell 2: Pawlowsky und Reinhardt gliedern das Wissensmangement-Modell in 4 Phasen:

Phase 1:
Identifikation und Generierung relevanten organisationalen Wissens.
Hierzu gehören Fragen wie:

o Wer leitet und beeinflußt die Umfeldwahrnehmung?

- Welche Instrumente werden zur Umfeldwahrnehmung eingesetzt? Wie systematisch werden die Resultate genutzt?

- Wie kann das implizite Wissen der Organisation expliziert und somit anderen Organisationsmitgliedern zur Verfügung gestellt werden?

Phase 2:
Diffusion organisationalen Wissens

Fragen:

- Welche Kommunikationsformen (z.B. Anweisung, Diskussion, Dialog) prägen den Austausch im Unternehmen?

- Welche Kommunikationsbarrieren sind vorhanden?

Phase 3:
Integration und Modifikation von Wissen

Fragen:

- Welche Annahmen (mentalen Modelle) steuern die wichtigsten Aktivitäten in einer Gruppe, Abteilung und Organisation?

- Inwieweit werden abweichende Sichtweisen zugelassen und/oder gefördert?

Phase 4:
Aktion

Fragen:

- Wie wird das Wissen in Verhalten umgesetzt?

- Blockiert z.B. das betriebliche Anreizsystem die Umsetzung von Neuerungen – werden überwiegend konservative Verhaltensweisen belohnt?

- Inwieweit bestehen Möglichkeiten zum Erproben neuer Verhaltensweisen, ohne daß gravierende Folgen entstehen (vgl. Pawlowsky und Reinhardt 1997,148ff.)?

Das Phasenmodell an sich ist nicht neu: es kommt aus der Planungstechnik. Auch die Fragen entstammen bekannten Verwendungszusammenhängen

7.3 Wissensmanagement und Führung

wie Organisationsanalyse, Evaluation- bzw. Transferforschung von Weiterbildungsmaßnahmen, Trainings u.a.
Signifikant ist, daß die entsprechenden Lehr- und Lernprozesse, welche sich in den Planungsphasen realisieren müßten, ausgeblendet bleiben. Genau hier hätte die Wirtschaftspädagogik ihren Ansatzpunkt.

Instrumente des Wissensmanagement

Wird der Umgang mit Wissensressourcen zum Bestandteil der täglichen Arbeit, so sind für die Planung und Überwachung hinsichtlich der Qualität des organisationalen Lernens geeignete Meßgrößen erforderlich. Die folgende Tabelle soll verdeutlichen, "daß Meßgrößen organisationalen Lernens sich auf die Reflexionsfähigkeit der einzelnen Wissenssysteme beziehen sollten, wobei auf Ergebnis- und Prozeßmeßgrößen *nicht* verzichtet werden darf" (Pawlowsky und Reinhardt 1997,152). Hier verzahnt sich Wissensmanagement mit Controlling.

Paradigmen / Meßgrößen	Kernfragen
Klassisches Management: Orientierung an *Ergebnismeßgrößen*	Welche Meßgrößen zeigen, daß das Unternehmen überlebensfähig ist (Marktanteile, Umsatzrendite, Cash-Flow, Liquidität)?
Prozeßmanagement: Zusätzliche Orientierung an *Prozeßmeßgrößen*	Welche Meßgrößen zeigen, ob der Wertschöpfungsprozeß noch unter Kontrolle und die Kunden in vorhersagbarer Weise zufriedengestellt werden ("time to market", Prozeßzuverlässigkeit bzw. Qualitätskosten)?
Wissensmanagement: Zusätzliche Orientierung an - zu entwickelnden - *Reflexionsmeßgrößen*	Welche Meßgrößen zeigen, daß im Wertschöpfungsprozeß Lernpotentiale explizit genutzt werden und somit die organisationale Handlungsfähigkeit zunimmt?

Abb. 7.15: Die Entwicklungshorizonte organisationaler Meßgrößen
(Quelle: Pawlowsky und Reinhardt 1997,152)

Bei der Planung des Wissensbedarfs ist die Art, Menge und Beschaffenheit des Wissens zu spezifizieren. Hierbei gehen subjektiver und objektiver Wissensbedarf, Wissensnachfrage und -angebot in die Planung ein. Für die Planung des Wissensbedarfs von Managern steht die Methode der kritischen Erfolgsfaktoren zu Verfügung; sie gründet auf dem Gedanken, daß für den Erfolg eines Managers drei bis sechs Schlüsselfaktoren ausschlaggebend sind, die durch Interviews erhoben werden. "Dies garantiert zumindest das Angebot unbedingt notwendigen und kritischen Wissens" (Rehäuser und Krcmar 1996,32)

Anhand des Wissensintensitäts-Portfolios läßt sich die Relevanz der Ressource Wissen für ein Unternehmen bestimmen. Es differenziert sich in die beiden Dimensionen "Wissensintensität in der Wertschöpfungskette" und "Wissensintensität in der Leistung". Ist der Wissensbedarf im Schnittfeld beider Dimensionen hoch, so hat seine Befriedigung Priorität (vgl. Rehäuser und Krcmar 1996,32f.).

Methoden zur Wissenserzeugung

Nach Rehäuser und Krcmar gibt es vier Grundmuster der Wissenserzeugung. "Organisatorische Wissenserzeugung ist als ein Prozeß zu verstehen, der das von Individuen erzeugte Wissen organisatorisch verstärkt und in

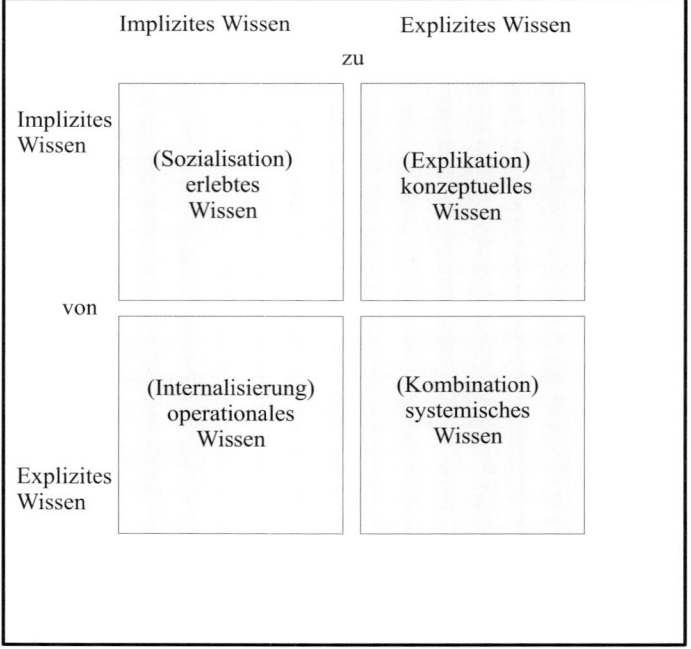

Abb. 7.16 Grundmuster der Wissenserzeugung und der Wissensinhalte
(Quelle: in Anlehnung an Nonaka und Takeuchi 1995,72)

das Wissensnetzwerk der Organisation überführt" (Rehäuser und Krcmar 1996,33). Das Grundmuster wird in Abb. 7.16 dargestellt.

Implizites und explizites Wissen stehen in Interaktion miteinander, so daß von einer "Spirale des Wissens" gesprochen werden kann. "Die Interaktion wird durch den Wechsel zwischen den verschiedenen Grundmustern der Wissenskonvertierung geprägt und durch verschiedene Trigger ausgelöst. Folgende Trigger halten den Ablauf aufrecht (Nonaka und Takeuchi 1995,70 f.):

- Die Sozialisation wird durch die Bildung eines *Interaktionsfeldes*, welche das Teilen der Erfahrungen und der mentalen Modelle der Organisationsmitglieder ermöglicht, ausgelöst.
- Die Explikation wird durch *Dialog* und *kollektives Nachdenken* angestoßen. Dabei werden Metaphern und Analogien eingesetzt.
- Die Kombination wird durch *Vernetzung* des neu geschaffenen mit bereits existierendem Wissen anderer Bereiche und Organisationen getriggert. Ergebnis sind neue Produkte, Services, Managementsysteme usw.
- Die Internalisierung wird durch "*Learning by Doing*" eröffnet" (Rehäuser und Krcmar 1996,34 f.).

Dimensionen der Wissensgesellschaft

Die Entwürfe einer Wissensgesellschaft zeichnen sich entweder durch Euphorie und Faszination gegenüber der Informations- und Kommunikationstechnik bzw. den Medien aus, oder es wird nüchtern mit dem Steuerungspotential argumentiert, welche diese Techniken für die wirtschaftliche und gesellschaftliche Entwicklung haben sollen.

So spricht Don Tapscott euphorisch von der Revolutionierung von Unternehmen, Industrien und Staat aufgrund eines Paradigmenwechsels: Dem alten Modell der Computernutzung (geringe Leistung, nicht integriert, nicht vernetzt) stehe ein leistungsstarkes, integriertes, vernetztes, offenes und kundenorientiertes Modell gegenüber. In intervernetzten Unternehmen, digitalen bzw. elektronischen Märkten, überhaupt bei einer Digitalisierung und damit Virtualisierung von Unternehmensfunktionen von der Ideenentwicklung bis zum Verkauf, konkretisiere sich die Möglichkeit der Informationstechnik (vgl. Tapscott 1996,51 und 169 ff.).

Vor allem das Bildungswesen müsse sich weitaus stärker als bisher Zugang zur Internet-Technologie verschaffen. Das Lernen in der digitalen Wirtschaft zeichne sich seiner Auffassung nach durch sechs Merkmale aus:

- Arbeiten und Lernen fielen zunehmend zusammen;
- Lernen werde zu einer lebenslangen Herausforderung;
- Lernen verlagere sich weg von den öffentlichen Schulen und Universitäten;
- einige Bildungseinrichtungen arbeiteten hart an ihrer Verbesserung, aber Erfolge stellten sich nur langsam ein;
- das bewußte Unternehmen sei Voraussetzung für das Entstehen eines lernenden Unternehmens;
- die neuen Medien könnten die Bildung von Grund auf verändern und eine Arbeits- und Lerninformationsstruktur für die digitale Wirtschaft hervorbringen (vgl. Tapscott 1996,235 f.).

Helmut Willkes Zugang zur Wissensgesellschaft geht es demgegenüber darum, die Vision einer Wissensgesellschaft und lernenden Organisation miteinander zu verbinden und die widersprüchliche und interdependente Herausbildung wissensbasierter Sozialsysteme zu analysieren.

Über die Ressource Wissen, über Wissensbasierung und über Wissensmanagement sollen die Transaktionskosten der Produktion von Gütern und Dienstleistungen gesenkt werden. Das Zusammenspiel von nationaler und transnationaler Ebene verlange sorgfältige Abstimmungen wirtschaftlichen und politischen Handelns, damit es zu gegenseitigen Kompatibilitäten und Verstärkungen kommt, andernfalls wären Interferenzen und Divergenzen die Folge (vgl. Willke 1996,267).

Die Politik scheint ihm dabei auf dreifache Weise gefordert. Sie müsse:

- eine Strategie für das kollektive Ausbildungsniveau und die Lernfähigkeit der Bürger entwickeln;
- auf institutioneller Ebene intelligente Verfahren der Interessensmediatisierung und Entscheidungsfindung anwenden;
- bezüglich der technischen und technologischen Infrastruktur den Schritt von der 1. Generation der Infrastruktur zur wissensbasierten Infrastruktur der 2. Generation vorantreiben.

Willke erläutert den dritten Aspekt am Beispiel des Informations-Superhighways und der Kommunikations-Infrastruktur bzw. Transaktionsleitsysteme. "Eine wesentliche Leistung dieser Infrastruktur aus Netzwerken von Datenleitungen besteht darin, territorial ungebundene translokale Kommunikation zu erleichtern, indem Informationen schnell und kostengünstig gefunden, ausgetauscht und verwendet werden können" (Willke 1996,271). Transaktionsleitsysteme der 2. Generation sind z.B. Daten-Superhighways, Personen- und Güter-Superhighways mit elektronischen Verkehrsleitsystemen, Forschungsverbünde, Technologietransfereinrichtungen, Technologiedisseminationssysteme, regionale und globale Daten-

banken zu Opportunität und Risiken, Verhandlungssysteme für Standardisierung und Sicherheitsstandards (vgl. Willke 1996,274).
Für die Anwendung und Steuerung der neuen technologischen Möglichkeiten müßten auf der Organisationsebene Wissensbasen zur Verfügung stehen. Dieses Wissen stecke unabhängig von Personen in Regelsystemen, welche die Operationsweise eines Sozialsystems definieren, wie z.b. Standardverfahren, Leitlinien, Kodifizierungen, Arbeitsprozeß-Beschreibungen, Rezeptwissen für bestimmte Situationen, Routinen u.a. (vgl. Willke 1996,281).

 Kritische Einwände

Das Hauptproblem des Wissensmanagements liegt in der Überführung des impliziten in ein explizites Wissens. Hält man sich die diskutierten Struktur- und Aufgabenbeschreibungen vor Augen, dann ergibt sich ein abgerundetes Bild zielorientierter, rationaler Handlungen ohne zusätzliches Know-How und ohne zusätzliche Arrangements. Lehr- und Lernprozesse, überhaupt alle über die Nutzung von Informationssystemen und Kommunikation hinausreichenden Prozesse und Probleme bleiben unerörtert. Daß sich jedoch Dialoge und kollektives Nachdenken in einem spannungsreichen Interessensfeld bewegen, darauf weist Anke Hanft hin. Ihren Bedenken gegenüber einer Anreicherung des organisatorischen Gedächtnisses liegen die strategische Organisationsanalyse Croziers und Friedbergs und die "Spiele in Organisationen" auf mikropolitischer Ebene zugrunde.

Wenn Personen in Interaktion miteinander treten, dann tauschen sie außer Information auch gegenseitige Abhängigkeiten aus, in denen sie ihre Handlungsmöglichkeiten austarieren. Diese Handlungsmöglichkeiten - letztendlich Ressourcen, über die der einzelne oder eine Gruppe verfügt - sind zugleich auch die Grundlagen von Macht bzw. von Machtbeziehungen in einer Organisation. Macht "ist ein Kräfteverhältnis, aus dem der eine mehr herausholen kann als der andere, bei dem aber gleichfalls der eine dem anderen nie völlig ausgeliefert ist" (Crozier und Friedberg 1979,41). Der Austausch bzw. das Zurverfügungstellen von Wissen ist in vielfältige und in unvorhersehbare (Macht-) Beziehungen eingebunden und man kann versuchen, seinen Handlungsspielraum durch das "Ausspielen" seiner Mittel gemäß formeller und informeller Organisationsregeln beizubehalten oder zu erweitern. Crozier und Friedberg führen zumindest vier Machtquellen an:

- Spezifisches Sachwissen und funktionale Spezialisierung;
- Beziehungen zwischen der Organisation und ihrer Umwelt;
- Kontrolle von Informationen und Kommunikationskanälen;
- Benutzung organisatorischer Regeln (vgl. Crozier und Friedberg 1979,50).

"Wissen und der Zugang zu Informationen sind demgemäß eine bedeutende Ressource für die Erhaltung oder den Ausbau von Macht- und Einflußzonen und können zu diesem Zwecke in Interaktionsprozesse eingebracht werden" (Hanft 1996,144). Betriebliche Akteure sind dann erfolgreich bei der Erhaltung ihrer Handlungsspielräume, wenn ihnen die Balance zwischen "mitmachen und verweigern", zwischen Routine- und Innovationsspielen gelingt (vgl. Hanft 1996,146 f.). Die Gesamtorganisation ist ihrerseits ebenso auf institutionalisierte Macht - mit der Gefahr der Verkrustung und lernhindernder Strukturen - angewiesen als auch auf Innovationen, die eine Bearbeitung bzw. Verarbeitung einer veränderten Umwelt ermöglichen.

Hierzu gehören nicht nur technische, ökonomische und organisationale Veränderungen, nicht nur solche der Produkte und der Corporate Identity, sondern auch Veränderungen in der Zusammensetzung der Mitarbeiterschaft oder der gesellschaftliche Struktur- und Wertewandel. Es sind daher nicht nur rationale Prozesse wirksam, sondern auch solche in Gestalt von Abwehrmustern aller Art, wie sie latent in allen Lernprozessen vorkommen (vgl. Mentzos 1988; Mertens und Lang 1991; Kasper 1999).

Auch muß man sehen, daß für die Realisierung einer lernenden Organisation nicht nur sogenannte lose Kopplungen von Systemen eine Rolle spielen, sondern ebenso feste Kopplungen. Denn zur Koordination des Gesamtsystems und zur Förderung ihrer Lern- und Entwicklungsfähigkeit sind lose gekoppelte Organisationen auf feste Kopplungen angewiesen. Hanft schlägt die Integration lose gekoppelter Teilsysteme in ein fest gekoppeltes Gesamtsystem vor. "Eng gekoppelte Systeme bieten institutionell verankerte Sicherheit für ein kontinuierliches und systematisches Erfahrungslernen entlang der vorhandenen organisatorischen Wissensbasis" (Hanft 1996,153). Systematisiertes Erfahrungslernen ist zudem per Definition auf didaktische Professionalität, interpersonelle Kommunikation und Diskussion verwiesen.

Was den befürwortenden Entwurf einer Informations- oder Wissensgesellschaft betrifft, so ist zu bedenken, daß dieser Entwurf über die Grenzen von Betrieben, Unternehmen, Organisationen oder Institutionen hinausreicht.

Der Ausbau der Telekommunikations-Infrastruktur, die Entwicklung zur Telematik und die Diffusion von *Multimedia* in Richtung einer Mediengesellschaft suggerieren den Zugang zu Information und Wissen für jedermann und zu jederzeit ohne einschlägige Vorbildung. Zumindest scheint es, als ob letztere sich auf den Umgang mit technischen Konfigurationen beschränke. Dem liegt der Trugschluß zugrunde, daß Wissen und Qualifikation, ja sogar Bildung sich aus einfachen, mehr oder minder linearen Informationsstrukturen und -klassen ergäbe. Demgegenüber muß man sehen, daß der größte Teil dessen, was als Wissen generiert wird, so komplex ist, daß er nur mit Hilfe eines Aufschlusses durch Diskurs und Gespräch angeeignet werden kann, wenn nicht einschlägige Vorkenntnisse vorhanden sind. Dieses Problem wird weder von der Bildungspolitik noch von der Medienwirtschaft zur Kenntnis genommen.

Kulturkritischen Betrachtungen wiederum kann man entgegenhalten, daß die Informationstechnik nicht automatisch das Entstehen einer von Computern beherrschten Unterrichtslandschaft bewirkt, die wie eine "Megamaschine" (Mumford) funktioniert.

Gleichwohl ist auf einen Entgrenzungsprozeß zu achten. Er wird vor allem durch die Erosion von "demokratisch legitimierten Institutionen" wie z.B. Rundfunkanstalten oder öffentlichen Schulen markiert. Am Beispiel der Teilautonomisierung von Schulen zeigt sich, daß einer solchen Erosion, abgesehen von gesetzlichen Sicherungen, nur durch eine erhöhte Professionalität zu begegnen ist. Max Webers frühe Analyse einer drohenden Bürokratisierung der Gesellschaft und seine besorgte Frage, ob wir uns dereinst in ein Gehäuse der Hörigkeit ohnmächtig zu fügen hätten (vgl. Weber 1976,834), ist insofern ernst zu nehmen.

Es entsteht aber auch Widerständigkeit. Dort nämlich, wo der Wert erziehungswissenschaftlicher Theorie und Praxis sich nicht nur als Erinnerung an die Möglichkeiten der Schule und des gemeinsamen Lernens von Menschen erweist.

7.3.2 Führung

Das Grundproblem von Führung

Trotz der Abflachung von Hierarchien und trotz verstärkter Teamarbeit besteht in allen Unternehmen und Bildungseinrichtungen ein grundsätzliches Führungsproblem. Demokratisches Grundverständnis, Teamorientierung und Partizipation schließen nämlich nicht aus, daß von Führungskräften in einem höheren Maße als von anderen Mitarbeiterinnen und Mitarbeitern Kompetenz verlangt wird. Worin das höhere Maß an Kompetenz bestehen soll, darüber gibt es allerdings keine präzisen Aussagen, außer eben, daß es sich auf Führung zu beziehen hat. So kommt es vor allem in kooperativ organisierten Institutionen und Arbeitsbereichen, in denen der Team-Aspekt betont wird, zu Rollenproblemen zwischen Mitarbeiterinnen und Mitarbeitern einerseits und Führungskräften andererseits. Die Führungsrolle gerät in die Ambivalenz. Bringen die Führungskräfte ihr Engagement und ihre Kompetenzen intensiv ein, dann kann es geschehen, daß sie wegen Dominanz getadelt werden. Halten sie sich betont zurück, beschränken sie sich auf Impulse, dann können die Vorwürfe auf Führungsschwäche hinauslaufen.

Führungskräfte stehen somit leicht vor einer Double-Bind-Situation. Anweisungen zu geben und Vorgaben zu machen, kann als autoritär interpretiert werden, obwohl ohne klare Zielstellung Diffusität droht und Aufgaben unerledigt bleiben. Abgesehen von den wirtschaftlichen Folgen können dann auch noch Unzufriedenheit und ein schlechtes Betriebsklima entstehen.

Führung oszilliert folglich zwischen Freiheit und Regulation, Macht und Partizipation, Gängelung und Laissez-Faire. Man scheint es mit einer Gratwanderung zu tun zu haben, für die es keine absichernden, professionellen methodischen Regeln zu geben scheint. Zudem vermischen sich nicht selten politische und qualifikatorische Aspekte, wie das folgende Zitat belegt: "...in einem Großunternehmen mit weltweiten Beziehungen jedoch ist eine Mitbestimmung der Sekretärin ohne Grundlage. Deswegen findet ja in solchen Unternehmungen die Mitbestimmung auch nicht vom einzelnen her statt, sondern über die Gewerkschaft, die ihrerseits die erforderlichen hauptamtlichen Führungskräfte für die Bewältigung der komplexen Führungsaufgaben besitzt" (v. Cube und Alshut, 1992, 265).

Zunächst einmal ist zu diesem Zitat anzumerken, daß die beiden Autoren offensichtlich weder die gesetzlichen Grundlagen der Mitbestimmung noch deren Praxis im Betrieb kennen. Nicht gewerkschaftliche Führungskräfte, sondern Personal- und Betriebsräte, die aus der Belegschaft gewählt werden, sind die Mitbestimmungs-Partner der Geschäftsführung eines Unternehmens. Auch sind die Inhaltsbereiche der Mitbestimmung gesetzlich geregelt und stellen für die Unternehmensseite Pflichten dar. Davon abgesehen nun ist gute Mitbestimmung auf eine entsprechende Qualifikation aller Mitarbeiterinnen und Mitarbeiter angewiesen, denn deren Vertretung in den Mitbestimmungsgremien bedarf der Information über die konkreten Verhältnisse am Arbeitsplatz (vgl. auch Kapitel sechs).

Indirekt schimmert im obigen Zitat ein antiquiertes, dichotomisches Verständnis durch, das übergangslos nach Führungskräften einerseits und Untergebenen andererseits spaltet. Nicht zu Unrecht macht daher Neuberger (vgl. Neuberger 1995) auf die Vater- und Heldenvorstellungen aufmerksam, die immer noch mit Führung verbunden zu werden scheinen und in Allmachts-, Allwissens- und Allzuständigkeitsfantasien kulminieren, verschränkt mit diffusen Vorstellungen von einem charismatischen Heilsbringertum.

Schließlich ist die Führungsfrage aufgrund der nationalsozialistischen Ära der deutschen Geschichte politisch, pädagogisch und betriebswirtschaftlich prekär.

Die wissenschaftliche Positionierung des Problems

In der *Erziehungswissenschaft* gehört Führung zu den sogenannten Grunddilemmata. Führen ist erforderlich (Pädagogik bedeutet vom sprachlichen Ursprung her Knabenführung), hat aber zum Ziel, sich überflüssig zu machen. Sie hat stets das Wissen und das Noch-Nicht-Wissen (bzw. Können), Autonomie und Schutzbedürftigkeit, Anleitung und Selbsttätigkeit auszutarieren. Litts Schrift "Führen oder Wachsenlassen" (vgl. Litt 1956), in der er gegen beides und für Erziehung plädiert, gilt nach wie vor als Klassiker. Doch auch die Existenz einer sogenannten Antipädagogik (vgl. z.B. Braunmühl 1975), verweist darauf, daß "Führung" ein theoretisches und praktisches Kernproblem der Pädagogik darstellt.

Die *Soziologie* behandelt die Führungsproblematik vor allem unter den Aspekten von Gleichheit und Ungleichheit, Macht, Gewalt und Herrschaft oder andererseits Partizipation. Unter dem Aspekt der Vermittlung von Wert- und Rollenmustern spielt die Führungsthematik speziell in der Sozialisationstheorie eine Rolle. Schließlich werden im Hinblick auf das Problem der Selbstkompetenz und Selbststeuerung auch in der Soziologie Qualifikationsfragen behandelt (vgl. Kapitel fünf).

In der *Betriebswirtschaftslehre* werden die Begriffe Führung, Leitung und Management zumeist gleichbedeutend oder synonym benutzt. Während der Managementbegriff bis etwa 1970 vor allem auf ökonomische Führungsaufgaben beschränkt war und erst danach die Mitarbeiterführung einbezog, wurde und wird unter Leitung primär die Lösung organisatorischer Probleme und unter Führung ausschließlich die Personalseite verstanden. Speziell dort, wo Führung als Interaktionsbeziehung betrachtet wird, kommt dies zum Ausdruck. Es werden dann die kommunikativen und sozialen Beziehungsgeflechte in den Blick genommen, ferner die Varianten möglicher Verhaltens- und Handlungsbeeinflussung bzw. Motivationstechniken erörtert. Das, was Führung als Professionalität konkret bedeutet und was ein spezifisches Qualifikationsprofil bilden könnte, bleibt jedoch unbestimmt.

Die in der betriebswirtschaftlichen Literatur zu lesenden Klagen über die Uneinheitlichkeit der Begriffsbestimmung lassen sich u. a. dadurch erklären, daß jeweils sehr unterschiedliche Aufgabenfelder in den Blick genommen werden. Da "Definitionen ihre eigentliche Bedeutung erst im Kontext eines theoretischen Konzeptes erlangen" (Hentze und Brose 1990,25), dürfte es wenig Sinn machen, eine Vereinheitlichung des Führungsbegriffs ohne theoretische Basis einzuklagen.

Als Gemeinsamkeit aller Führungsbegriffe läßt sich im Anschluß an Hentze und Brose festhalten, daß Zielvorgaben und Erreichen von Zielen, Motivation und Hilfe beim Herstellen von zielorientierter Handlungsfähigkeit im Mittelpunkt stehen.

Im übrigen dominieren, auch in sachlich-pragmatischen Ansätzen, Persönlichkeitsleitbilder.

Zweifellos resultiert gute Führung auch aus Persönlichkeitspotentialen. Sie umfassen Besetzungsfähigkeit, Engagement, Befähigung zur Vogelperspektive und Integrationswille. Denkt man vom anthropologischen System der Lebenskräfte und Lebensbedürfnisse aus (vgl. Kapitel eins und fünf), dann sind eine ausgeprägte Orientierung an Gemeinschaftsbildung, an Gestaltung und Produktion sowie an Entwicklung und Entfaltung zu nennen.

Es kann hier dahin gestellt bleiben, unter welchen Sozialisations-Bedingungen sich solche Fähigkeiten entwickeln und auch, woraus entwicklungspsychologisch und sozialisatorisch Verantwortungsbereitschaft resultiert, die immer zur Führungsaufgabe gehört. Wirtschaftpädagogisch relevant ist die Frage, was an Führungskompetenz erlernbar ist.

Im folgenden versuchen wir deshalb, die Professionalitätselemente von Führung genauer zu fassen und hieraus einen Begriff zu entwickeln, der nicht nach pädagogischer Führung und Führung im Betrieb segmentiert, sondern über Zielorientierung und Motivation hinaus weitere Gemeinsamkeiten herausarbeitet.

Da sowohl Manager als auch Führungskräfte in anderen Professionen heute erklären, zeigen, anleiten, motivieren, moderieren, Leistungen beurteilen, diskrepante Wert- und Normengefüge ausgleichen sowie Wissensressourcen kombinieren und innovative Ideen entwickeln müssen, drängt sich die Parallelität zum pädagogischem Tun auf. Dies um so mehr, als die drei idealtypischen Führungsstile, nämlich der autoritäre, der sozialintegrative und der des Laissez-faire auch in der Pädagogik eine Rolle spielen. Bedenkt

7.3 Wissensmanagement und Führung

man ferner den professionellen Kern aller Lehr- und Lernprozesse, nämlich die didaktische Leitfrage, dann drängt sich die Überlegung auf, ob die professionelle Qualität von Führung nicht eine didaktische ist.

In der Definition von Blankertz lautet die methodische Leitfrage:

 "Die methodische Strukturierung des Unterrichts hat immer, ungeachtet aller sonstigen Differenzen der Verfahrensweisen, die individuell subjektiven (anthropogenen)Voraussetzungen der Schüler mit dem objektiven Sachanspruch (der seinerseits sozio-kulturelle Bedingungen hat) zu vereinigen. Für unsere Zwecke wollen wir das die methodische Leitfrage nennen" (Blankertz 1975,99).

Dafür, daß die didaktische Leitfrage, d.h. das Erfordernis einer ziel- und wegbezogenen Vermittlung zwischen gegebenem Humanpotential und sachlichen Determinanten auch betriebswirtschaftlich relevant ist, liefert Bleicher ein aufschlußreiches Beispiel (vgl. Abb. 7.17). Die Graphik veranschaulicht das Erfordernis mehrdimensionaler Zielstellung und Zielabgleichung sowie Vermittlung zwischen personalen und sachlichen Belangen.

Versteht man nun unter Didaktik diejenige Professionalität, die Arrangements, Informations-, Kommunikations-, Interaktions- und Reflexionsprozesse herstellt, mit deren Hilfe menschliche Erkenntnis generiert und Erkenntnis und Handeln zielbezogen zur Kongruenz gebracht werden, dann läßt sich der professionelle Charakter von Führung durchaus als didaktischer kennzeichnen. Führung ließe sich dann wie folgt definieren:

 Führung umfaßt dasjenige Tätigkeitsspektrum, welches mittels spezifischer didaktischer Methoden und unter Einhaltung ethischer Prämissen (d.h. Demokratiegebot, Respekt vor der Persönlichkeit anderer) im zielbezogenen Zusammenwirken unterschiedlich kompetenter Personen und bei sachstrukturell und zeitlich zwingenden Vorgaben dazu dient, zu einem stimmigen Zusammenwirken von Wissen, Erkenntnis und Verhalten bzw. Handeln sowie sachlichen Ressourcen zu verhelfen.

Diese Definition bedarf wegen ihrer Komprimiertheit des Kommentars. In ihrer allgemeinen Form schließt sie sowohl Lehr- und Lernprozesse als auch betriebliche Arbeitsprozesse ein. Der Unterschied liegt zunächst im Komplexitätsgrad des wirtschaftsbetrieblichen Arbeitsgeschehens gegenüber denjenigen in Bildungseinrichtungen und Lehr- und Lernprozessen. Während sich nun die Ziele und die Inhalte derjenigen Prozesse, auf die Führung abstellt, in unterschiedlichen Institutionen und Organisationen

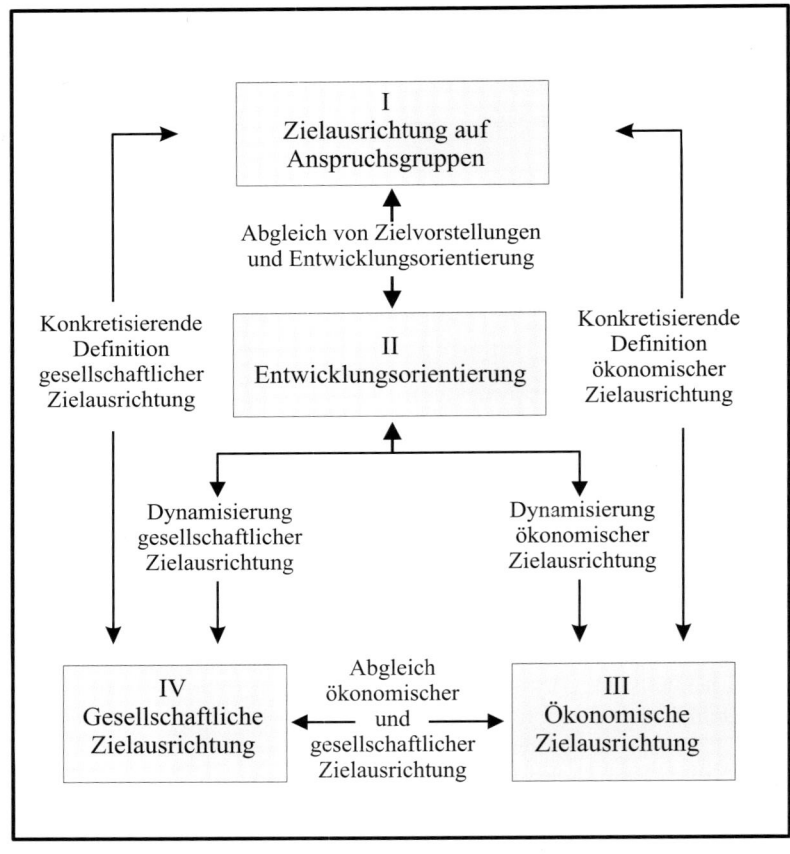

Abb. 7.17: Mehrdimensionale Zielstellung und Zielabgleichung nach Bleicher (Quelle: Bleicher 1996,117)

stark unterscheiden, trifft das nur in geringem Maße für die methodische Seite der Führung zu.

Zur *Inhaltsseite* in Lehr- und Lernprozessen gehören primär die Lehrpläne, während sie in Wirtschaftsbetrieben durch das Ensemble der Leistungsstrukturen und Leistungsprozesse gekennzeichnet ist.

Die *methodische Konkretisierung* des oben angeführten Tätigkeitsspektrums von Führung (Anleiten, Erklären, Ausgleichen von Normen- und Wertgefügen etc.) ist aber mehr oder minder mit dem Verfahrensspektrum von Lehr- und Lernprozessen identisch. So gibt es auch in Wirtschaftsbe-

7.3 Wissensmanagement und Führung

trieben eine zielbezogene Sequenzierung des zeitlichen Verlaufs, eine Herstellung spezifischer Kooperations- und Kommunikationsformen, ferner Aktionsformen des Erklärens und Beurteilens, wozu Gesprächsführung, Fragetechniken, Impulstechniken, Vortrags- und Beratungstechniken sowie differenzierte Beurteilungsmethoden gehören.

Denkt man vom Wissensmanagement her, dann sind ebenso wie in Lehr- und Lernprozessen alle Arten von Informationsbeschaffung, aber auch experimentelles Arbeiten, Diskutieren und Reflektieren einschließlich zugehöriger Denkverfahren wie Analysieren, Synthetisieren, Symbolisieren, Vergleichen, Induzieren usf. zu nutzen.

Was die *Persönlichkeitskomponenten* von Führung betrifft, so gilt hier, wie für alle Professionen, daß es förderliche oder hinderliche Ausprägungen gibt. Durch die mangelnde Konkretisierung der qualifikatorischen Seite bleibt aber außer acht, daß die entsprechende Selbst-, Sach- und Sozialkompetenz nicht angeboren ist, sondern in Ausbildungsprozessen erworben werden muß. Dies läßt sich besonders gut an den sozialen Kompetenzen zeigen. Je heterogener Lerngruppen oder Arbeitsteams zusammengesetzt sind, desto mehr Kenntnisse über (sub)kulturelle Besonderheiten, Sozialisation, Interessen, Mentalitäten usf. sind erforderlich; desto weniger lassen sich soziale Integration oder Konfliktmanagement ohne entsprechende Theorie und professionelle Verfahren bewerkstelligen.

Führungsqualifikationen müssen folglich systematisch erlernt werden. Entsprechende curriculare Bausteine in der Ausbildung speziell von Ingenieuren, Wirtschaftswissenschaftlern, Handwerks- oder Industriemeistern fehlen allerdings. Sie werden bestenfalls – meist jedoch ohne theoretisches Konzept und darauf fußende Systematik – als Elemente in Trainings der Unternehmensberatung angeboten.

Die Wirtschaftspädagogik hätte in der Führungsforschung und -ausbildung ein spezifisches Know-How anzubieten. In der Forschung dominieren immer noch solche Ansätze, die sich auf gruppen- und unternehmensexterne Erfolgsfaktoren von Führung beschränken (und somit die professionelle Qualität ceteris paribus setzen) oder den etwaigen Führungsbedarf und die Wirkung von Stilmustern im allgemeinen untersuchen. Die Klärung der Professionalität und damit die Vermeidung der weiter oben angesprochenen Führungsparadoxien konturiert sich erst langsam als wissenschaftliches Feld heraus (vgl. Eckardstein, Kasper, Mayrhofer 1999).

Die Wirtschaftspädagogik könnte hierin, bei veränderter Identität, als eine neuartige und integrative Kraft wirken.

Glossar: Berufliche Schulen

Die im folgenden beschriebenen Schularten kennzeichnen die Grundtypen beruflicher Schulen. Aufgrund der Kulturhoheit der Länder gibt es zwischen den Bundesländern Unterschiede.

Berufsschulen

Berufsschulen sind Pflichtschulen, die von Jugendlichen und Erwachsenen für die Dauer einer Berufsausbildung im Sinne des Berufsbildungsgesetzes besucht werden. Auch Jugendliche ohne Beschäftigung und solche, die in einem Arbeits- und Dienstverhältnis stehen, sind für die Dauer von drei Jahren, längstens jedoch bis zu ihrer Volljährigkeit, berufsschulpflichtig.

Berufsschulen haben die Aufgabe, berufliche und allgemeine Lerninhalte unter besonderer Berücksichtigung der Anforderungen in der Berufsausbildung und der Arbeitswelt zu vermitteln. Im Rahmen des für alle Schulen gemeinsamen Bildungsauftrages sollen die Berufsschulen durch die Verbindung von beruflichem und allgemeinem Lernen ihre Schülerinnen und Schüler befähigen, sozialverantwortliches Handeln zu entwickeln und sich in Gesellschaft und Berufsleben zu behaupten.

Die Berufsschulen gliedern sich in die Grundstufe und in die Fachstufe. Die Grundstufe dauert in der Regel ein Schuljahr, die Fachstufe in der Regel zwei Schuljahre. Während in der Grundstufe eine eher berufsbezogene Grundbildung erfolgt, werden in der Fachstufe die Kenntnisse und Fähigkeiten des jeweiligen anerkannten Ausbildungsberufs erworben.

Die am stärksten besetzten Berufsfelder sind:

- Metalltechnik
- Elektrotechnik
- Bautechnik
- Holztechnik
- Drucktechnik
- Chemie, Physik, Biologie
- Wirtschaft und Verwaltung
- Ernährung und Hauswirtschaft
- Gesundheit

- Textiltechnik und Bekleidung
- Körperpflege
- Agrarwirtschaft
- Farbtechnik und Raumgestaltung

Der Teilzeitunterricht der Berufsschule, der in der Regel 12 Stunden in der Woche beträgt (der Zeitumfang ist politisch umstritten), kann auch in Teilabschnitten zusammengefaßt als Blockunterricht erteilt werden. Die Berufsschule regelt die Festlegung des Unterrichts in eigener Verantwortung nach pädagogischen Gesichtspunkten und unterrichtsorganisatorischen Möglichkeiten; dabei sind die betrieblichen Ausbildungsbelange zu berücksichtigen. Grundlage des Unterrichts sind staatliche Rahmenlehrpläne.

In der Berufsschule werden Zeugnisse am Ende der Grundstufe und am Ende jeden weiteren Schulhalbjahres erteilt. Für alle Unterrichtsangebote des Pflicht- und Wahlpflichtunterrichts, mit Ausnahme des Stütz- und Förderunterrichts, werden Zeugnisnoten vergeben. Am Ende des Berufsschulbesuchs wird ein Abschluß- oder Abgangszeugnis erteilt.

Berufsschülerinnen und Berufsschülern ohne Hauptschulabschluß, die das Abschlußzeugnis der Berufsschule erwerben, wird ein dem Hauptschulabschluß gleichwertiger Abschluß zuerkannt, wenn sie mindestens das Abgangszeugnis der Klasse 8 einer allgemeinbildenden Schule nachweisen.

Berufsschülerinnen und Berufsschülern mit Ausbildungsverhältnis kann in einigen Bundesländern mit dem Berufsschulabschluß ein dem Mittleren Abschluß gleichwertiger Abschluß zuerkannt werden, wenn sie beim Eintritt in die Berufsschule den Hauptschulabschluß oder einen gleichwertigen Bildungsstand nachweisen und ferner fünf Jahre Unterricht in einer Fremdsprache mit befriedigenden Leistungen oder analoge Fremdsprachenkenntnisse nachweisen. Angerechnet wird auch die erfolgreiche Teilnahme an einem Zusatzprogramm im Fach Englisch. Außerdem müssen sie einen mindestens 80 Stunden umfassenden Unterricht im Fach Deutsch mit mindestens der Note 3,0 erreichen.

Besondere Bildungsgänge an Berufsschulen

Bestandteil der Berufsschule sind besondere Bildungsgänge für Jugendliche ohne Berufsausbildungsverhältnis, mit sonderpädagogischem Förderbedarf oder ohne Hauptschulabschluß, die auf ein Berufsausbildungs- oder Arbeitsverhältnis vorbereiten oder für einen Beruf qualifizieren.

Lernbehinderte Jugendliche, die in einem Ausbildungsverhältnis stehen, nehmen in der Regel am Berufsschulunterricht in den entsprechenden Fachklassen der Berufsschule teil. In Ausnahmefällen werden sie in Sonderklassen zusammengefaßt, um ihnen durch eine gezielte Förderung bei dem Erreichen des angestrebten Berufsschulabschlusses zu helfen.

Absolventinnen und Absolventen von Sonderschulen für Lernbehinderte, die nicht in einem Ausbildungsverhältnis stehen, werden - soweit erforderlich - in Sonderklassen zusammengefaßt, deren niedrige Klassenfrequenz (zwischen 8 und 16 Schülerinnen und Schüler) eine bessere Förderung ermöglichen.

Praktisch bildbare Jugendliche, die in „Werkstätten für Behinderte" an einer Fördermaßnahme im Arbeitstrainingsbereich teilnehmen, erhalten Berufsschulunterricht in Sonderklassen.

Für körperbehinderte, blinde, sehbehinderte uind gehörlose Jugendliche gibt es besondere berufliche Bildungsangebote.

Berufsaufbauschulen

Berufsaufbauschulen haben die Aufgabe, berufstätige Jugendliche und Auszubildende so zu fördern, daß sie nach einem Vollzeitschuljahr oder nach dreieinhalb Jahren Teilzeitunterricht einen Mittleren Abschluß erreichen können.

Berufsaufbauschulen sind nach Fachrichtungen gegliedert. Sie vermitteln während oder nach der Berufsausbildung auf der Grundlage und in Verbindung mit beruflichen Qualifikationen eine allgemeine Bildung, die die Schülerinnen und Schüler befähigt, ihren Bildungsweg in berufs- und studienqualifizierenden Bildungsgängen fortzusetzen.

Während einer Berufsausbildung wird Teilzeitunterricht erteilt, nach einer Berufsausbildung Vollzeitunterricht. In Vollzeitform dauert der Besuch der Berufsaufbauschule mindestens ein Schuljahr. Teilzeit- und Vollzeitform entsprechen sich in der Gesamtstundenzahl des Bildungsganges.

Die Aufnahme in die Berufsaufbauschule in Teilzeitform setzt das Abschlußzeugnis der Hauptschule oder ein gleichwertiges Zeugnis und in der Regel einen mindestens halbjährigen Besuch der Berufsschule voraus.

Die Aufnahme in der Berufsaufbauschule in Vollzeitform setzt eine abgeschlossene Berufsausbildung oder eine mindestens zweijährige Praktikantentätigkeit oder eine mindestens dreijährige Berufstätigkeit und das Abschlußzeugnis der Berufsschule voraus.

Wer die Abschlußprüfung besteht, erhält das Zeugnis der Fachschulreife. Es ermöglicht außerdem den Übergang z.B. in die Jahrgangsstufe 11 eines Beruflichen Gymnasiums oder in die einjährige Fachoberschule.

Berufsfachschulen

Berufsfachschulen sind Schulen mit Vollzeitunterricht von mindestens einjähriger Dauer, für deren Besuch weder eine Berufsausbildung noch eine berufliche Tätigkeit vorausgesetzt wird. Sie vermitteln berufliche und allgemeine Kenntnisse, Fähigkeiten und Fertigkeiten und bereiten auf die Fachbildung in einem Ausbildungsberuf vor oder führen unmittelbar zu einem Berufsabschluß. Berufsfachschulen können zu einem dem Mittleren Abschluß gleichwertigen Abschluß führen.

Einjährige Berufsfachschulen

Einjährige Berufsfachschulen vermitteln berufliche und allgemeine Kenntnisse, Fähigkeiten und Fertigkeiten in Vorbereitung auf bestimmte Ausbildungsberufe. Sie setzen einen Mittleren Abschluß voraus.

Auch Berufsfachschulen gliedern sich nach Berufsfeldern, so z. B.

- die einjährige Berufsfachschule für Wirtschaft (Höhere Handelsschule)
- die einjährige Berufsfachschule für Ernährung/Hauswirtschaft
- usf.

Der erfolgreiche Besuch der einjährigen Berufsfachschule wird auf die Ausbildungszeit in einem dem entsprechenden Schwerpunkt zugeordneten Ausbildungsberuf angerechnet.

Zweijährige Berufsfachschulen

Sie setzen den Hauptschulabschluß voraus. Das erste Ausbildungsjahr kann als Berufsgrundbildungsjahr in vollzeitschulischer Form durchgeführt werden.

Der erfolgreiche Besuch der zweijährigen Berufsfachschule wird nach Maßgabe der auf der Grundlage des Berufsbildungsgesetzes erlassenen Rechtsverordnungen als erstes Jahr der Berufsausbildung in bestimmten Ausbildungsberufen angerechnet.

Nach dem erfolgreichen Besuch der zweijährigen Berufsfachschule ist der Übergang in die betriebliche Berufsausbildung (mit Anrechnung auf die

Ausbildungszeit in einem Ausbildungsberuf des entsprechenden Berufsfeldes), in die Jahrgangsstufe 11 einer Fachoberschule oder eines Beruflichen Gymnasiums möglich.

Berufsfachschulen mit Berufsabschluß

Berufsfachschulen mit Berufsabschluß in einem anerkannten Ausbildungsberuf werden nach Erfüllung der Vollzeitschulpflicht besucht. Die Ausbildung in Vollzeitform gliedert sich in die Grundstufe und die Fachstufe. Die Grundstufe dauert ein Schuljahr, die Fachstufe zwei oder zweieinhalb Schuljahre.

Ziel des zweijährigen Ausbildungsganges ist die Befähigung der Schülerinnen und Schüler, Aufgaben in entsprechenden Bereichen der Wirtschaft und Verwaltung nach Anweisung und in begrenztem Umfang auch selbständig zu bewältigen. Wer die Abschlußprüfung erfolgreich abgelegt hat, ist berechtigt, die der Fachrichtung entsprechende Berufsbezeichnung "Staatlich geprüfte(r) Assistent(in)" zu führen.

Zweijährige Berufsfachschule für Fremdsprachensekretariat

Die Ausbildung zur „Staatlich geprüften Fremdsprachensekretärin" bzw. zum „Staatlich geprüften Fremdsprachensekretär" ist auf die Anforderungen und die Qualifizierung abgestellt. Schwerpunkte der Ausbildung sind der Unterricht in zwei Fremdsprachen, in Wirtschaftslehre, Textformulierung, Maschinenschreiben, Kurzschrift, Bürokommunikation und Sekretariatstechnik. Erste Fremdsprache ist Englisch; zweite Fremdsprache ist Französisch oder Spanisch. Im Wahlbereich kann eine dritte Fremdsprache erlernt werden.

Die Ausbilung wird durch ein Betriebspraktikum unterstützt.

Die Ausbildung schließt mit einer schriftlichen, schreib- und sekretariatstechnischen und mündlichen Prüfung ab.

Über ein zusätzliches Bildungsangebot ist bei diesen Berufsfachschulen die Möglichkeit gegeben, die Fachhochschulreife zu erwerben.

Fachschulen

Fachschulen vermitteln eine vertiefte berufliche Fachbildung und können nach einer Berufsausbildung oder ausreichender Berufspraxis besucht werden. Sie führen Fachkräfte mit beruflicher Erfahrung über schulische Ausbildungsgänge zu aufbauenden berufsqualifizierenden Abschlüssen.

Die Entwicklung in Wirtschaft und Technik zeigt, daß die berufliche Erstausbildung, zum Beispiel zur Facharbeiterin bzw. zum Facharbeiter oder Gesellen, für viele Arbeitsplätze in Industrie und Handwerk nicht mehr ausreicht. Über berufliche Weiterbildung an Fachschulen kann die erforderliche berufliche Befähigung erworben werden.

Einjährige Fachschulen

Die Ausbildung an den einjährigen Fachschulen baut auf der Abschlußprüfung in einem anerkannten Ausbildungsberuf sowie auf einer einschlägigen, mindestens einjährigen beruflichen Tätigkeit auf.

Zweijährige Fachschulen

Zweijährige Fachschulen werden in Vollzeitform und in Teilzeitform geführt. Die Ausbildung dauert in der Vollzeitform zwei Jahre, in der Teilzeitform vier Jahre. Ein Übergang von der Teilzeitform in die Vollzeitform ist nach dem ersten Ausbildungsabschnitt möglich.

Die zweijährigen Fachschulen gliedern sich in Fachrichtungen mit Schwerpunkten. Für die Fachrichtung Betriebswirtschaft sind Schwerpunkte z.B.:

- Controlling
- Finanzwirtschaft,
- Logistik
- Marketing
- Personalwirtschaft
- Wirtschaftsinformatik
- Großhaushalt.

Die Ausbildung schließt mit einer staatlichen Prüfung ab. Die erfolgreich abgelegte Prüfung berechtigt je nach Fachbereich zur Führung z.B. der Berufsbezeichnung:

- „Staatlich geprüfte Technikerin" bzw. „Staatlich geprüfter Techniker"
- „Staatlich geprüfte Betriebswirtin" bzw. „Staatlich geprüfte Betriebswirt"
- "Staatlich geprüfte Gestalterin" bzw. „Staatlich geprüfter Gestalter".

Über ein zusätzliches Bildungsangebot kann Studierenden, die bei Aufnahme in die zweijährige Fachschule einen Mittleren Abschluß nachweisen, die Möglichkeit gegeben werden, die Fachhochschulreife zu erwerben.

Fachoberschulen

Fachoberschulen bauen auf dem Mittleren Abschluß auf und führen neben oder nach einer beruflichen Qualifikation zur Fachhochschulreife.
Auch die Fachoberschulen sind nach Berufsfeldern differenziert.

Berufliche Gymnasien

Berufliche Gymnasien bauen auf dem Mittleren Abschluß auf und führen zur allgemeinen Hochschulreife. Sie sind durch berufliche Fachrichtungen geprägt. Diese sind:

- Wirtschaft
- Technik
- Ernährung und Hauswirtschaft
- Agrarwirtschaft

In den Fachrichtungen werden verschiedene Schwerpunkte gebildet. Berufliche Gymnasien verbinden allgemeines und berufliches Lernen, vermitteln eine allgemeine Grundbildung und in der gewählten Fachrichtung Teile einer Berufsausbildung.

Berufliche Gymnasien umfassen die Jahrgangsstufen 11 bis 13. Sie sind in die Einführungsphase (Jahrgangsstufe 11) und in die Qualifikationsphase (Jahrgangsstufe 12 und 13) gegliedert. In der Einführungsphase werden die Schülerinnen und Schüler auf die Arbeit in der Qualifikationsphase und auf die Wahl der Leistungsfächer vorbereitet.

Die Ausbildung an Beruflichen Gymnasien endet mit der Abiturprüfung. Wer sie besteht, erhält das Zeugnis der allgemeinen Hochschulreife.

In die an Beruflichen Gymnasien eingerichteten einjährigen beruflichen Bildungsgänge, die mit der Prüfung zur „Staatlich geprüften Assistentin" oder zum „Staatlich geprüften Assistenten" abschließen, kann aufgenommen werden, wer die Abiturprüfung in der für den Bildungsgang einschlägigen beruflichen Fachrichtung bestanden hat.

Literaturverzeichnis

Abel, Heinrich: (1962) Die Bedeutung der vergleichenden Erziehungswissenschaft für die Berufspädagogik. In: Die Deutsche Berufs- und Fachschule. 58. (1962) Heft - S. 241-253.

Abel, Heinrich: (1963): Das Berufsproblem im gewerblichen Ausbildungs- und Schulwesen Deutschlands (BRD). Braunschweig: Georg Westermann.

Abraham, Karl: (1957^2) Betrieb als Erziehungsfaktor. Freiburg: Lambertus-Verlag.

Abraham, Karl: (1966^2) Wirtschaftspädagogik. Grundfragen der wirtschaftlichen Erziehung. Heidelberg: Quelle & Meyer.

Achtenhagen, Frank (Hrsg.): (1990) Didaktik des Rechnungswesenunterrichts. Programm und Kritik eines wirtschaftsinstrumentellen Ansatzes. Wiesbaden: Gabler.

Achtenhagen, Frank: (1984) Didaktik des Wirtschaftslehreunterrichts. Opladen: Leske+Budrich (UTB).

Achtenhagen, Frank; Lüdecke, Sigrid; Sembill, Detlef: (1988) Zur Rolle und Bedeutung "emotionaler Befindlichkeit" für das Lernen, Denken, Handeln in komplexen ökonomischen Situationen. In: Zeitschrift für Berufs- und Wirtschaftspädagogik. 84 (1988) 1. S. 50-68.

Achtenhagen, Frank; Tramm, Tade; Preiß, Peter; Seemann-Weymar, Heiko; John, Ernst G.; Schunck, Axel (1992) Lernhandeln in komplexen Situationen. Neue Konzepte der betriebswirtschaftlichen Ausbildung. Wiesbaden: Gabler.

Adorno, Theodor W.: (1975) Studies in the Authoritarian Personality. In: Adorno, Theodor W.: (1975) Gesammelte Schriften Band 9.1. Frankfurt am Main: Suhrkamp.

Aebli, Hans: (1980) Denken: Das Ordnen des Tuns. Band I: Kognitive Aspekte der Handlungstheorie. Stuttgart: Klett-Cotta.

Aebli, Hans: (1981a) Denken: Das Ordnen des Tuns. Band II: Denkprozesse: Stuttgart: Klett-Cotta.

Aebli, Hans: (1981^{12}b) Grundformen des Lehrens. Eine Allgemeine Didaktik auf kognitionspsychologischer Grundlage. Stuttgart: Klett-Cotta.

Albert, Hans; Topitsch, Ernst (Hrsg): (1971) Werturteilsstreit. Darmstadt: Wissenschaftliche Buchgesellschaft.

Anacker, Ulrich: (1974) Subjekt. In: Krings, Hermann; Baumgartner, Hans-Michael; Wild, Christoph (Hrsg.): Handbuch Philosophischesr Grundbegriffe. Studienausgabe Band 5. München: Kösel-Verlag.

Arbeitsgemeinschaft Qualifikations-Entwicklungs-Management Berlin (Hrsg.) (1995): Von der beruflichen Weiterbildung zur Kompetenzentwicklung. Lehren aus dem Transformationsprozeß. Memorandum. Beschlossen vom Kuratorium der Arbeitsgemeinschaft Qualifikations-Entwicklungs-Management Berlin. Heft 40 der Schriften zur beruflichen Weiterbildung in den neuen Ländern. Berlin.

Arnold, Rolf: (1994) Berufsbildung. Annäherungen an eine Evolutionäre Berufspädagogik. Baltmannsweiler: Schneider Verlag Hohengehren.

Arnold, Rolf: (1997) Von der Weiterbildung zur Kompetenzentwicklung. Neue Denkmodelle und Gestaltungsansätze in einem sich verändernden Handlungsfeld. In: Arbeitsgemeinschaft Qualifikations-Entwicklungs-Management Berlin (Hrsg.) (1997): Kompetenzentwicklung '97. Berufliche Weiterbildung in der Transformation - Fakten und Visionen. Münster: Waxmann. S. 253-307.

Arnold, Rolf; Lipsmeier, Antonius (Hrsg.): (1995) Handbuch der Berufsbildung. Opladen: Leske+Budrich.

Beck, Ulrich; Brater, Michael; Daheim, Hansjürgen: Soziologie der Arbeit und der Berufe. Reinbek bei Hamburg: Rowohlt.

Baethge, Martin: (1970) Ausbildung und Herrschaft. Unternehmerinteressen in der Bildungspolitik. Frankfurt am Main: Europäische Verlagsanstalt.

Baethge, Martin: (1980) Bildungsexpansion und Beschäftigungslage von Angestellten. Entwicklungstendenzen von Ausbildungs- und Beschäftigungsstrukturen im kaufmännisch-verwaltenden Angestellenbereich unter den Bedingungen eines erhöhten Angebots an Absolventen weiterführender Bildungseinrichtungen und fortschreitender Rationalisierung. Zwischenbericht des Soziologischen Forschungsinstitutes (SOFI). Göttingen.

Baethge, Martin; Oberbeck, Herbert: (1986) Zukunft der Angestellten - Neue Technologien und berufliche Perspektiven in Büro und Verwaltung. Frankfurt am Main: Campus.

Bank, Volker: (1997) Controlling in der betrieblichen Weiterbildung - Über die freiwillige Selbstbeschränkung auf ein zweckrationales Management quasi - deterministischer Strukturen. Köln: Botermann & Botermann.

Beck, Klaus: (1995) Theorieansätze. In: Arnold, Rolf; Lipsmeier, Antonius (Hrsg.): Handbuch der Berufsbildung. Opladen: Leske+Budrich. S. 457-464.

Beck, Klaus: (1996) "Berufsmoral" und "Betriebsmoral" - Didaktische Konzeptualisierungsprobleme einer berufsqualifizierenden Moralerziehung. In: Beck, Klaus; Müller, Wolfgang; Deißinger; Thomas; Zimmermann, Matthias: Berufserziehung im Umbruch. Didaktische Herausforderungen und Ansätze zu ihrer Bewältigung. Weinheim: Deutscher Studien Verlag. S. 125-142.

Beck, Klaus; Bienengräber, Thomas; Heinrichs, Karin; Lang, Bärbel; Lüdecke-Plümer, Sigrid; Minnameier, Gerhard; Parche-Kawik, Kirsten; Zirkel, Andrea: (1998) Die moralische Urteils- und Handlungskompetenz von kaufmännischen Lehrlingen - Entwicklungsbedingungen und ihre pädagogische Gestaltung. In: Zeitschrift für Berufs- und Wirtschaftspädagogik. Beiheft 14. (1998). Kompetenzentwicklung in der Berufserziehung: Kognitive, motivationale und moralische Dimensionen kaufmännischer Qualifizierungsprozesse. Stuttgart: Steiner. S. 188-210.

Bell, Daniel: (1975) Die nachindustrielle Gesellschaft: Frankfurt am Main: Campus. (Erstausgabe 1972).

Benner, Dietrich: (1996^3) Allgemeine Pädagogik. Eine systematisch-problemgeschichtliche Einführung in die Grundstruktur pädagogischen Denkens und Handelns. Weinhein und München: Juventa.

Bergmann, Jörg R.: (1998) Über den lokalen Charakter der Moral in der gegenwärtigen Gesellschaft. In: Institut für Sozialforschung an der Johann Wolfgang Goethe-Universität. Mitteilungen Heft 9. November 1998. S. 70-91.

Bernien, Maritta: (1997) Anforderung an eine qualitative und quantitative Darstellung der beruflichen Kompetenzentwicklung. In: Arbeitsgemeinschaft Qualifikations-Entwicklungs-Management Berlin (Hrsg.) (1997): Kompetenzentwicklung '97. Berufliche Weiterbildung in der Transformation - Fakten und Visionen. Münster: Waxmann. S. 17-83.

Bernstein, Basil: (1972) Studien zur sprachlichen Sozialisation. Düsseldorf: Schwann.

Bittner, Andreas: (1996) Psychologische Aspekte der Vorbereitung und des Trainings von Fach- und Führungskräften auf einen Auslandseinsatz. In: Thomas, Alexander (Hrsg.): (1996) Psychologie interkulturellen Handelns. Göttingen: Hogrefe-Verlag. S. 317-339.

Blankertz, Herwig: (1963) Berufsbildung und Utilitarismus. Problemgeschichtliche Untersuchung. Düsseldorf: Schwann.

Blankertz, Herwig: (1969) Bildungs im Zeitalter der Großen Industrie. Hannover: Schroedel.

Blankertz, Herwig: (1971^4) Curriculumforschung: Strategien, Strukturierung, Konstruktion. Essen: Neue Deutsche Schule Verlagsgesellschaft.

Blankertz, Herwig: (1975) Analyse von Lebenssituationen unter besonderer Berücksichtigung erziehungswissenschaftlicher Modelle: Didaktische Strukturgitter. In: Frey, Karl (Hrsg.): (1975) Curriculumhandbuch Band 2. München: Piper. S. 202-214.

Blankertz, Herwig: (1975a) Berufsbildungstheorie und berufliche Ausbildungskonzeptionen. In: Stratmann, Karlwilhelm; Bartel, Werner (Hrsg.): (1975) Berufspädagogik. Ansätze zu ihrer Grundlegung und Differenzierung. Köln: Kiepenheuer & Witsch. S. 285-299. (Erstveröffentlichung in: Die Deutsche Berufs- und Fachschule 63 (1967) 6, S.408-422.

Blankertz, Herwig: (1975b) Deutsche Bildungstheorie und vorindustrielles Berufsverständnis. In: Stratmann, Karlwilhelm; Bartel, Werner (Hrsg.): (1975) Berufspädagogik. Ansätze zu ihrer Grundlegung und Differenzierung. Köln: Kiepenheuer & Witsch. S. 2-23.

Blättner, Fritz: (1954) Über die Berufserziehung des Industriearbeiters. In: Archiv für Berufsbildung. 6. Jg. 1954. Heft 3. S.33-42.

Blättner, Fritz: (1960) Die Aufgaben der Berufsschule. In: Blättner, Fritz; Kiehn, Ludwig; Monsheimer, Otto; Thyssen, Simon: (1960) Handbuch für das Berufsschulwesen. Heidelberg: Quelle & Meyer. S. 1-45.

Blättner, Fritz; Kiehn, Ludwig; Monsheimer, Otto; Thyssen, Simon: (1960) Handbuch für das Berufsschulwesen. Heidelberg: Quelle & Meyer.

Bleicher, Knut: (1996^4) Das Konzept Integriertes Management. Frankfurt am Main: Campus.

Bloch, Ernst: (1980^3) Das Prinzip Hoffnung (drei Bände). Frankfurt am Main: Suhrkamp.

Bloch, Ernst: ($1980a^3$) Geist der Utopie. Frankfurt am Main: Suhrkamp.

Boesch, Ernst E. (1996) Das Fremde und das Eigene. In: Thomas, Alexander (Hrsg.): (1996) Psychologie interkulturellen Handelns. Göttingen: Hogrefe-Verlag. S. 87-105.

Böhme, Günter: (1976) Die philosophischen Grundlagen des Bildungsbegriffs. Eine Propädeutik. Kastellaun: A. Henn.

Boretty, R.; Fink, R.; Holzapfel, H.; Klein, U.: (1988) PETRA Projekt- und transferorientierte Ausbildung. Grundlagen, Beispiele, Planungs- und Arbeitsunterlagen. Siemens AG Berlin und München. 1988.

Bourdieu, Pierre: (1994^5) Zur Soziologie der symbolischen Formen. Frankfurt am Main: Suhrkamp.

Brauchle, Manfred u.a.: (1987) Neue industrielle Metall- und Elektroberufe - Die "Integrative Ausbildungskonzeption" (IAK) der AEG. In: Berufsbildung in Wissenschaft und Praxis. 16. Jg. 1987. Nr. 3/4. S.93-98.

Bremer, Rainer; Heidegger, Gerald; Schenk, Barbara; Tenfelde, Walter; Uhe, Ernst: (1993) Alternativen zum Abitur. Frankfurt am Main: G.A.F.B.-Verlag.

Brenner, Charles: (1959) Grundzüge der Psychoanalyse. Frankfurt am Main: S. Fischer.

Brezinka, Wolfgang: (1971) Von der Pädagogik zur Erziehungswissenschaft. Eine Einführung in die Metatheorie der Erziehung. Weinheim, Berlin, Basel: Beltz.

Brunkhorst, Hauke: (1989) Systemtheorie. In: Lenzen, Dieter (Hrsg.): Pädagogische Grundbegriffe Band 2. Reinbeck bei Hamburg: Rowohlt.

Bund-Länder-Kommission für Bildungsplanung: (1974) Bildungsgesamtplan. Bonn: Bundesdruckerei.

Bundesministerium für Bildung, Wissenschaft, Forschung und Technologie (Hrsg.): (1998) Berufsbildungsbericht 1998. Bonn.

Bunk, Gerhard; Zedler, Reinhard: (1986) Neue Methoden und Konzepte beruflicher Bildung. Köln.

Bürger, Peter: (1998) Das Verschwinden des Subjekts. Eine Geschichte der Subjektivität von Montaigne bis Barthes. Frankfurt am Main: Suhrkamp.

Capra, Fritjof: (1992) Wendezeit. Bausteine für ein neues Weltbild. München: Deutscher Taschenbuch Verlag.

Cleve, Bernd van: (1994) Zur Reform der Berufsausbildung innerhalb der Drukkindustrie der Niederlande. Berufsbildung zwischen Modularisierung und Allgemeinbildung. In: Zeitschrift für Berufs- und Wirtschaftspädagogik. 90. Jg. S. 147-158.

Cleve, Bernd van; Kell, Adolf: (1997) Module in der beruflichen Bildung: Reformoption oder Deformationsvirus? In: berufsbildung. 51. Jg. Heft 43. S. 4.

Combe, Arno; Helsper, Werner (Hrsg.): (1996) Pädagogische Professionalität. Untersuchungen zum Typus pädagogischen Handelns. Frankfurt am Main: Suhrkamp.

Corsten, Michael; Lempert, Wolfgang: (1997) Beruf und Moral. Exemplarische Analysen beruflicher Werdegänge, betrieblicher Kontexte und sozialer Orientierungen erwerbstätiger Lehrabsolventen. Weinheim: Deutscher Studien Verlag.

Coulter, Jeff: (1979) The social construction of mind. Studies in ethnomethodology and linguistic philosophy. London: Basingstoke Macmillan.

Crozier, Michel; Friedberg, Erhard: (1979) Macht und Organisation. Die Zwänge kollektiven Handels - Königstein: Athenäum.

Cube, Felix von; Alshuth, Dietger: (1992^4) Fordern statt Verwöhnen. Die Erkenntnisse der Verhaltensbiologie in Erziehung und Führung. München: Piper.

Dahrendorf, Ralf: (1959) homo sociologicus. Ein Versuch zur Geschichte, Bedeutung und Kritik der Kategorie der sozialen Rolle. Köln und Opladen: Westdeutscher Verlag.

Dams, Theodor: (1973) Berufliche Bildung - Reform in der Sackgasse. Freiburg i.Br.: Herder.

Dauenhauer, Erich: (1976) Curriculumforschung. Eine Einführung mit Praxisbeispielen aus der Berufspädagogik. München: Verlag Dokumentation.

Dauenhauer, Erich: (1978) Didaktik der Wirtschaftslehre. Paderborn: Schöningh.

Decker, Franz (Hrsg.): (1974) Grundlagen der Wirtschaftsdidaktik. Ravensburg: Otto Maier.

Deißinger, Thomas: (1996) Modularisierung der Berufsausbildung. - Eine didaktisch curriculare Alternative zum "Berufsprinzip"? In: Beck, Klaus; Müller, Wolfgang; Deißinger; Thomas; Zimmermann, Matthias: Berufserziehung im Umbruch. Didaktische Herausforderungen und Ansätze zu ihrer Bewältigung. Weinheim: Deutscher Studien Verlag. S. 189-207.

Demorgon, Jacques; Molz, Markus: (1996) Bedingungen und Auswirkungen der Analyse von Kultur(en) und interkulturellen Interaktionen. In: Thomas, Alexander (Hrsg.): (1996) Psychologie interkulturellen Handelns. Göttingen: Hogrefe-Verlag. S. 43-86.

Deutsche Forschungsgemeinschaft (DFG): (1990) Berufsbildungsforschung an den Hochschulen der Bundesrepublik Deutschland. Weinheim: VCH Verlagsgesellschaft.

Deutscher Ausschuß für das Erziehungs- und Bildungswesen: (1966) Gutachten über das Berufliche Ausbildungs- und Schulwesen. In: Empfehlungen und Gutachten des Deutschen Ausschusses für das Erziehungs- und Bildungswesen. S. 413 - 515. Stuttgart: Klett.

Deutscher Bildungsrat: (1970) Empfehlungen der Bildungskommission Strukturplan für das Bildungswesen. Bonn: Bundesdruckerei.

Deutscher Bildungsrat: (1974) Zur Neuordnung der Sekundarstufe II. Konzept für eine Verbindung von allgemeinem und beruflichem Lernen. Bonn.

Deutscher Bundestag: (1990) Schlußbericht der Enquete-Kommission "Zukünftige Bildungspolitik - Bildung 2000" des 11. Deutschen Bundestages und parlamentarische Beratung am 26. Oktober 1990. In: Zur Sache 90/20. Bonn.

Deutscher Bundestag: (1998) Abschlußbericht "Nachhaltigkeit" der Enquete-Kommission "Schutz des Menschen und der Umwelt" des Deutschen Bundestages. Bonn.

Diebold, John: (1956) Die automatische Fabrik: Ihre industriellen und sozialen Probleme. Frankfurt am Main: Nest-Verlag. (amerik. Erstausgabe 1952).

Dilthey, Wilhelm (1970) Gesammelte Schriften, hrsg. von Hermann Nohl. Band 10. Stuttgart und Göttingen: Teubner und Vandenhoeck und Ruprecht.

Dörschel, Alfons: (1971) Einführung in die Wirtschaftspädagogik. München: Verlag Franz Vahlen.

Dörschel, Alfons: (1975) Betriebspädagogik. Berlin: Erich Schmidt.

Dostal, Werner: (1985) Wandel der Personalqualifikationen durch flexibel automatisierte Fertigungssysteme. In: Hoppe, Manfred; Erbe, H.-H.: Neue Qualifikationen - alte Berufe? Rechnerunterstütztes Arbeiten und Konsequenzen für die Berufsausbildung. Wetzlar 1985.

Drees, Gerhard; Ilse, Frauke (Hrsg.): (1997) Arbeit und Lernen 2000. Herausforderung an die Didaktik. Bielefeld: Bertelsmann.

Drees, Gerhard; Pätzold, Günter: (1997) Umweltbildung in Berufsschule und Betrieb. Möglichkeiten - Grenzen - Perspektiven. Frankfurt am Main: G.A.F.B.-Verlag.

Drexel, Ingrid: (1997) Die bilans de compétences - ein neues Instrument der Arbeits- und Bildungspolitik in Frankreich. In: Arbeitsgemeinschaft Qualifikations-Entwicklungs-Management Berlin (Hrsg.) (1997): Kompetenzentwicklung '97. Berufliche Weiterbildung in der Transformation - Fakten und Visionen. Münster: Waxmann. S. 197-249.

Dubs, Rolf: (1994) Die Führung einer Schule: Leadership und Management. Stuttgart: Steiner.

Dubs, Rolf: (1997) "Teilautonome Schule" - ein Thema für die berufsbildende Schule? In: Euler, Dieter; Sloane, Peter F.E. (Hrsg.): (1997) Duales System im Umbruch. Eine Bestandsaufnahme der Modernisierungsdebatte. Pfaffenweiler: Centaurus-Verlagsgesellschaft. S. 105-119.

Durkheim, Emile: (1977) Über die Teilung der sozialen Arbeit. Frankfurt am Main: Suhrkamp. (Original 1893).

Ebner, Hermann, G.: (1992) Aspekte handlungsorientierten Lernens - Standortbestimmung in Theorie und Praxis. In: Pätzold, Günter (Hrsg): (1992) Handlungsorientierung in der beruflichen Bildung. Frankfurt am Main: G.A.F.B.-Verlag. S. 33-53.

Eder, Gudrun: (1996) "Soziale Handlungskompetenz" als Bedingung und Wirkung interkultureller Begegnungen. In: Thomas, Alexander (Hrsg.): (1996) Psychologie interkulturellen Handelns. Göttingen: Hogrefe-Verlag. S. 411-422.

Elias, Norbert: (1976) Über den Prozeß der Zivilisation. Soziogenetische und psychogenetische Untersuchungen (2 Bde). Frankfurt am Main: Suhrkamp.

Erikson, Erik H.: (1971^4) Kindheit und Gesellschaft. Stuttgart: Klett.

Erikson, Erik H.: (1973) Identität und Lebenszyklus. Frankfurt am Main: Suhrkamp.

Esser, Albert: (1972) Interesse. In: Krings, Hermann; Baumgartner, Hans-Michael; Wild, Christoph (Hrsg.): Handbuch Philosophischer Grundbegriffe. Studienausgabe Band 3. München: Kösel-Verlag.

Euler, Dieter: (1998) Modernisierung des dualen Systems. Problembereiche, Reformvorschläge, Konsens- und Dissenslinien. In: Bund-Länder-Kommission für Bildungsplanung und Forschungsförderung. Materialien zur Bildungsplanung und Forschungsförderung. Heft 62. Bonn.

Euler, Dieter; Sloane, Peter F.E. (Hrsg.): (1997) Duales System im Umbruch. Eine Bestandsaufnahme der Modernisierungsdebatte. Pfaffenweiler: Centaurus-Verlagsgesellschaft.

Europäische Kommission: (1995) Weißbuch zur allgemeinen und beruflichen Bildung. Lehren und Lernen. Auf dem Weg zur kognitiven Gesellschaft. Brüssel und Luxemburg.

Faulstich, Peter: (1996) Qualifikationsbegriffe und Personalentwicklung. In: Zeitschrift für Berufs- und Wirtschaftspädagogik. 92. Jg. (1996) Heft 4. S. 366-379.

Faulstich, Peter: (1997) Kompetenz - Zertifikate - Indikatoren im Hinblick auf arbeitsorientierte Erwachsenenbildung. In: Arbeitsgemeinschaft Qualifikations-Entwicklungs-Management Berlin (Hrsg.) (1997): Kompetenzentwicklung '97. Berufliche Weiterbildung in der Transformation - Fakten und Visionen. Münster: Waxmann. S. 141-196.

Feld, Friedrich: (1928) Grundfragen der Berufsschul- und Wirtschaftspädagogik. Versuch einer Systematik der berufspädagogischen Theorie. Langensalza: Beltz.

Fenger, Herbert: (1986) Analyse der Qualifikationsanforderungen im Berufsfeld 06 (kaufmännische und verwaltende Berufe). Unveröffentlichter Zwischenbericht im Modellversuch Hermes. Wiesbaden: Hessisches Institut für Schulentwicklung und Bildungsplanung.

Fingerle, Karlheinz; Heid, Helmut (Hrsg.): (1987) Umweltlernen in der beruflichen Bildung. Beiheft 7 zur Zeitschrift für Berufs- und Wirtschaftspädagogik. Stuttgart: Steiner.

Fingerle, Karlheinz; Kell, Adolf: (1990) Berufsbildung als System? In: Harney, Klaus; Pätzold, Günter (Hrsg.): Arbeit und Ausbildung. Wissenschaft und Politik. Festschrift für Karlwilhelm Stratmann. S. 305 - 330. Frankfurt am Main: G.A.F.B.-Verlag.

Fingerle, Karlheiz; Gerdsmeier, Gerhard: Die Umwelt der Wirtschaftslehrbücher. In: Fingerle, Karlheinz; Heid, Helmut (Hrsg.): (1987) Umweltlernen in der beruflichen Bildung. Beiheft 7 zur Zeitschrift für Berufs- und Wirtschaftspädagogik. Stuttgart: Steiner. S. 51-69.

Fischer, Aloys: (1963) Wirtschaft und Schule. In. Röhrs, Hermann (Hrsg.): (1963) Die Bildungsfrage in der modernen Arbeitswelt. Frankfurt am Main: Akademische Verlagsanstalt. S. 35-60.

Fischer, Andreas: (1998) Wege zu einer nachhaltigen beruflichen Bildung. Bielefeld: Bertelsmann.

Flitner, Elisabeth: (1998) Vom Kampf der Professoren zum "Kampf der Götter". In: Zeitschrift für Pädagogik. 44 Jg. Nr. 6. S. 889-906.

Forneck, Hermann J.: (1992) Moderne und Bildung. Modernitätstheoretische Studie zur sozialwissenschaftlichen Formulierung allgemeiner Bildung. Weinheim: Deutscher Studien Verlag.

Gehlen, Arnold: (1957) Die Seele im technischen Zeitalter. Sozialpsychologische Probleme in der industriellen Gesellschaft. Reinbek: Rowohlt.

Georg, Walter; Sattel, Ulrike: (1995) Arbeitsmarkt, Beschäftigungssystem und Berufsbildung. In: Arnold, Rolf; Lipsmeier, Antonius (Hrsg.): Handbuch der Berufsbildung. Opladen: Leske+Budrich. S.123-141.

Geulen, Dieter: (1989) Das vergesellschaftete Subjekt. Zur Grundlegung der Sozialisationstheorie. Frankfurt am Main: Suhrkamp.

Golas, Heinz G.: (1969) Didaktisch-historische Analyse des Betriebwirtschaftskundeunterrichts. Diss. Berlin.

Golas, Heinz G.: (Hrsg.): (1973) Didaktik der Wirtschaftslehre. Situation Diskussion Revision. München: Kösel-Verlag.

Gonon, Philipp: (1997) Berufsbildung. In: Zeitschrift für Pädagogik. 36. Beiheft. Weinheim und Basel: Beltz. S. 151-184.

Greinert, Wolf Dietrich: (1995) Das duale System der Berufsausbildung in der Bundesrepublik Deutschland. (Erste Auflage 1992). Stuttgart: Holland + Josenhans.

Greinert, Wolf Dietrich: (1997) Konzepte beruflichen Lernens. Stuttgart: Holland + Josenhans.

Greinert, Wolf-Dietrich; Heidmann, W.; Stockmann, R.; Vest, B. (Hrsg.): (1997) Vierzig Jahre Berufsbildungszusammenarbeit mit Ländern der Dritten Welt. Die Förderung der beruflichen Bildung in den Entwicklungsländern am Wendepunkt? Baden-Baden: Nomos Verlagsgesellschaft.

Grubauer, Franz; Ritsert, Jürgen; Scherr, Albert; Vogel, Martin Rudolf: (1992) Subjektivität - Bildung - Reproduktion. Perspektiven einer kritischen Bildungstheorie. Weinheim: Deutscher Studien Verlag.

Güldenberg, Stefan: (1997) Wissensmanagement und Wissenscontrolling in lernenden Organisationen. Ein systemtheoretischer Ansatz. Wiesbaden: Deutscher Universitäts-Verlag.

Güldenberg, Stefan: (1999) Wissensmanagement. In: Eckardstein, Dudo von; Kasper, Helmut; Mayrhofer, Wolfgang (Hrsg.): Management. Theorien - Führung - Veränderung. Stuttgart: Schäffer-Poeschel. S. 521-547.

Güldenberg, Stefan; Mayerhofer, Helene; Steyrer, Johannes: (1999) Zur Bedeutung von Wissen. In: Eckardstein, Dudo von; Kasper, Helmut; Mayrhofer, Wolfgang (Hrsg.): Management. Theorien - Führung - Veränderung. Stuttgart: Schäffer-Poeschel. S. 589-598.

Habermas, Jürgen: (1967) Zur Logik der Sozialwissenschaften. Frankfurt am Main: Suhrkamp.

Habermas, Jürgen: (1968) Erkenntnis und Interesse. Frankfurt am Main: Suhrkamp.

Habermas, Jürgen: (1968) Technik und Wissenschaft als Ideologie. Frankfurt am Main: Suhrkamp.

Habermas, Jürgen: (1973) Kultur und Kritik. Verstreute Aufsätze. Frankfurt am Main: Suhrkamp.

Habermas, Jürgen: (1976) Gegen einen positivistisch halbierten Rationalismus. In: Adorno, Theodor W.: (1976) Der Positivismusstreit in der deutschen Soziologie. Neuwied: Luchterhand. S. 235-266.

Habermas, Jürgen: (1985) Die neue Unübersichtlichkeit. Frankfurt am Main: Suhrkamp.

Hacker, Wilfried: (1980^3) Allgemeine Arbeits- und Ingenieurpsychologie: psychische Struktur und Regulation von Arbeitstätigkeiten. Berlin: Deutscher Verlag der Wissenschaften.

Hacker, Winfried: (1986) Arbeitspsychologie. Psychische Regulation von Arbeitstätigkeiten. Bern, Stuttgart, Toronto: Huber Verlag.

Hanft, Anke: (1996) Organisationales Lernen und Macht - Über den Zusammenhang von Wissen, Lernen, Macht und Struktur. In: Managementforschung 6: Wissensmanagement, hrsg. von Georg Schreyögg/Peter Conrad - de Gruyter: Berlin, New York 1996, S. 133-162.

Hansmann, Otto: (1988) Kritik der sogenannten "theoretischen Äquivalente" von "Bildung". In: Hansmann, Otto; Marotzki, Winfried (Hrsg.): Diskurs Bildungstheorie I: Systematische Markierungen. Rekonstruktion der Bildungstheorie unter Bedingungen der gegenwärtigen Gesellschaft. Weinheim: Deutscher Studien Verlag.

Hansmann, Otto: (1992) Moralität und Sittlichkeit. Neuzeitliche Teleologie als Vermittlungsansatz und als Chance zur Selbstaufklärung aufgeklärter Pädagogik. Weinheim: Deutscher Studien Verlag.

Hansmann, Otto; Marotzki, Winfried (Hrsg.): (1988) Diskurs Bildungstheorie I: Systematische Markierungen. Rekonstruktion der Bildungstheorie unter Bedingungen der gegenwärtigen Gesellschaft. Weinheim: Deutscher Studien Verlag.

Harney, Klaus: (1990) Arbeit, Lernen, Berufsausdifferenzierung: Anmerkungen zum Wandel des parasitären Status traditioneller Industrieausbildung. In: Harney, Klaus; Pätzold, Günter (Hrsg.): Arbeit und Ausbildung. Wissenschaft und Politik. Festschrift für Karlwilhelm Stratmann. S. 99-110. Frankfurt am Main: G.A.F.B.-Verlag.

Harney, Klaus: (1990) Berufliche Weiterbildung als Medium sozialer Differenzierung und sozialen Wandels. Theorie - Analyse - Fälle. Frankfurt am Main: Lang.

Harney, Klaus: (1997) Geschichte der Berufsbildung. In: Harney, Klaus; Krüger, Heinz-Hermann (Hrsg.): (1997) Einführung in die Geschichte der Erziehungswissenschaft und der Erziehungswirklichkeit. Opladen: Leske+Budrich. S. 209-245.

Harney, Klaus: (1998) Handlungslogik betrieblicher Weiterbildung. Stuttgart: Hirzel.

Harper Collins German Dictionary: (1991) Glasgow und New York: Harper Collins Publisher.

Heinemann Uwe: (1996) Neurobiologie. Neurobiologische Grundlagen des emotionalen Verhaltens. In: Uexküll, Thure von: (1996^5) Psychosomatische Medizin. München: Urban & Schwarzenberg. S. 120-135.

Hellpach, Willy: (1922) Gruppenfabrikation. Berlin: Springer.

Herrmann, Ulrich: (1975) Bildung und Beruf im Denken Wilhelm Diltheys. In: Stratmann, Karlwilhelm; Bartel, Werner (Hrsg.): (1975) Berufspädagogik. Ansätze zu ihrer Grundlegung und Differenzierung. Köln: Kiepenheuer & Witsch. S. 24-41. (Erstveröffentlichung in: Die Deutsche Berufs- und Fachschule. Jg. 65. (1969). Heft 7. S.503-519.)

Hesse, Hans-Albrecht: (1998) Experte, Laie, Dilettant. Über Nutzen und Grenzen von Fachwissen. Opladen: Westdeutscher Verlag.

Hessisches Kultusministerium: (1995) Die Berufsschule. Grundlagen für den Bildungsauftrag. Zielvorgaben für den Unterricht. Empfehlungen für die Weiterbildung. Entwurf einer Arbeitsgruppe des Hessischen Kultusministeriums. Wiesbaden.

Hofbauer, Wolfgang: (1997) Mannheimer Versicherung - Wissensmanagement. In: Dr. Wieselhuber & Partner (Hrsg.): Handbuch Lernende Organisation. Unternehmens- und Mitarbeiterpotentiale erfolgreich erschließen. Wiesbaden: Gabler. S. 449-454.

Hoff, Ernst H.; Lappe, Lothar; Lempert, Wolfgang: (1991) Persönlichkeitsentwicklung in Facharbeiterbiographien. Bern: Huber.

Hoffmann, Dietrich: (1991) Die Transformation des Bildungsbegriffs in der Epoche der Bildungsreform. In: Hoffmann, Dietrich; Heid, Helmut (Hrsg.): Bilanzierungen erziehungswissenschaftlicher Theorieentwicklung. Erfolgskontrolle durch Wissenschaftsforschung. Weinheim: Deutscher Studien Verlag.

Homann, Karl: (1988) Die Rolle ökonomischer Überlegungen in der Grundlegung der Ethik. In: Hesse, Helmut (Hrsg.): Wirtschaftswissenschaft und Ethik. Schriften des Vereins für Sozialpolitik. Band 171. Berlin: Duncker & Humblodt

Hoppe, Manfred; Erbe, Heinz-H. (Hrsg.): (1986) Rechnergestützte Facharbeit. Wetzlar 1986.

Horlebein, Manfred: (1994) Kaufmännische Berufsbildung im Zweiten Deutschen Kaiserreich. - Ein Beitrag zur Gründer-, Krisen- und Profilierungsepoche eines beruflichen Bildungssektors im Spiegel der "Zeitschrift für das gesamte kaufmännische Bildungswesen". In: Stratmann, Karlwilhelm (Hrsg.): Berufs- und Wirtschaftspädagogische Zeitschriften. Aufsätze zu ihrer Analyse. Frankfurt am Main: G.A.F.B.-Verlag. S. 101-123.

Horlebein, Manfred: (1998) Didaktik der Moralerziehung - Eine Fundierung durch pädagogische Anthropologie und praktische Philosophie. Markt Schwaben: Eusl-Verlagsgesellschaft.

Hufnagel, Erwin: (1982) Pädagogische Theorien im 20. Jahrhundert. Frankfurt am Main: Haag+Herchen Verlag.

Hughes, Thomas P.: (1987) The Evolution of Large Technological Systems. In: Bijker, Wiebe; Hughes, Thomas; Pinch, Trevor (Hrsg.): (1987) The Social Construction of Technological Systems. London und Cambridge (Mass.): MIT-Press. S. 51-82.

Huisinga, Richard: (1982) Die neue Stufe der Vergesellschaftung und das Bildungsproblem. (Diss.) Frankfurt am Main.

Huisinga, Richard: (1996a) Theorien und gesellschaftliche Praxis technischer Entwicklung. Soziale Verschränkungen in modernen Technisierungsprozessen. Amsterdam: G+B Verlag Fakultas.

Huisinga, Richard: (1996b) Bildung und Zivilisation. Frankfurt am Main: G.A.F.B.-Verlag.

Huisinga, Richard; Lisop, Ingrid; Speier, Hans Dieter (Hrsg.): (1999) Lernfeldorientierung. Curriculare und didaktische Realisierung. Frankfurt am Main: G.A.F.B.-Verlag.

Husemann, Rudolf; Münch, Joachim; Pütz, Claudia (Hrsg.): (1995) Mit Berufsausbildung zur Hochschule. Argumente zur Gleichwertigkeit allgemeiner und Beruflicher Bildung. Frankfurt am Main: G.A.F.B.-Verlag.

IAB-Prognos-Studie: (1985) Die Zukunft der Arbeitslandschaft. Zum Arbeitskräftebedarf nach Umfang und Tätigkeit bis zum Jahr 2000. In: BeitrAB94.1. Nürnberg: Institut für Arbeitsmarkt- und Berufsforschung der Bundesanstalt für Arbeit.

IfO-Institut für Wirtschaftsforschung: (1962) Soziale Auswirkungen des technischen Fortschritts. München.

IG Metall-Vorstand (Hrsg.): (1976 a) Stellungnahmen zu Grundsatzfragen der Berufsausbildung I. Schriftenreihe der IG Metall. Heft 69. Frankfurt am Main.

IG Metall-Vorstand (Hrsg.): (1976 b) Stellungnahmen zu Grundsatzfragen der Berufsausbildung II. Schriftenreihe der IG Metall. Heft 79. Frankfurt am Main.

Intenationales Handbuch der Berufsbildung (IHBB): (1995) hrsg. vom Deutschen Institut für Internationale Pädagogische Forschung, U. Lauterbach. Baden-Baden: Nomos Verlagsgesellschaft.

Jaide, Walter: (1978) Achtzehnjährige zwischen Reaktion und Rebellion. Politische Einstellungen und Aktivitäten Jugendlicher in der Bundesrepublik. Opladen: Leske+Budrich.

Jaide, Walter: (1989) Bilanz der Jugendforschung. Ergebnisse empirischer Analysen in der Bundesrepublik Deutschland von 1975 bis 1987. Paderborn: Schöningh.

Joas, Hans; Rehberg, Karl-Siegbert: (1996) Soziologische Theorie im Zeitalter des Umbruchs - Einleitung. In: In: Clausen, Lars: (1996) Gesellschaftlichen im Umbruch. Verhandlungen des 27. Kogresses der Deutschen Gesellschaft für Soziologie in Halle an der Saale 1995. Frankfurt am Main; New York: Campus. S. 139 - 140.

Kaiser, Franz-Josef; Kaminski, Hans: (1994) Methodik des Ökonomieunterrichts. Bad Heilbrunn: Klinkhardt.

Kasper, Helmut u.a. (1999) Emotionalisierung des Managements - Versachlichung in der Familie. In: Eckardstein, Dudo von; Kasper, Helmut; Mayrhofer, Wolfgang (Hrsg.): (1999) Management: Theorien - Führung - Veränderung. Stuttgart: Schaeffer-Poeschel.

Kell, Adolf: (1971) Kriterien zur Analyse des dualen Ausbildungssystems. In: Die Deutsche Berufs- und Fachschule. 67.Jg. Heft 3. S. 170 - 180.

Kell, Adolf: (1982) Das Berechtigungswesen zwischen Bildungs- und Beschäftigungssystem. In: Lenzen, Dieter (Hrsg.): Enzyklopädie Erziehungswissenschaft. Band 9.2. Stuttgart: Klett. S. 289-320.

Kell, Adolf; Lipsmeier, Antonius: (1976) Berufsbildung in der Bundesrepublik Deutschland. Analyse und Kritik. Hannover: Schroedel.

Keller, Gustav: (1996) Zehn Thesen zur Neuorientierung des interkulturellen Lernens. In: Praxis des Neusprachlichen Unterrichts. 43 (1996). S. 227-236.

Kern, Horst; Schumann, Michael: (1984) Das Ende der Arbeitsteilung? Rationalisierung in der industriellen Produktion: Bestandsaufnahme, Trendbestimmung. München: Beck.

Kerschensteiner, Georg: Berufserziehung im Jugendalter. In: Kühne, Alfred (Hrsg.): (1929^2) Handbuch für das Berufs- und Fachschulwesen. Leipzig: Verlag von Quelle & Meyer. S. 83-98. Auch erschienen in: Kerschensteiner, Georg: (1966) Berufsbildung und Berufsschule. Ausgewählte pädagogische Schriften. Band I. (Schöninghs pädagogische Schriften). Paderborn: Schöningh. S. 130-146.

Kipp, Martin: (1978) Arbeitspädagogik in Deutschland: Johannes Riedel. Ein Beitrag zur Geschichte und Theorie der beruflichen Ausbildung - mit einer Riedel-Bibliographie. Hannover: Schroedel.

Kipp, Martin; Miller-Kipp, Gisela: (1995) Erkundungen im Halbdunkel. Einundzwanzig Studien zur Berufserziehung und Pädagogik im Nationalsozialismus. Frankfurt am Main: G.A.F.B.-Verlag.

Klages, Helmut; Kmieciak, Peter: (1979) Wertewandel und gesellschaftlicher Wandel. Frankfurt am Main: Campus.

Klingberg, Lothar: Einführung in die Allgemeine Didaktik. o.Jg. Kronberg: Fischer Athenäum.

Kmieciak, Peter: (1977) Wertstrukturen und Wertewandel in der Bundesrepublik Deutschland. Grundlagen einer interdisziplinär empirischen Wertforschung. Göttingen: Schwartz.

KMK-Gutachten: (1952) Gutachten zur Berufsausbildung der deutschen Jugend, erstattet vom Ausschuß für Berufserziehung im Auftrag der ständigen Konferenz der Kultusminister in der deutschen Bundesrepublik. Bielefeld: Bertelsmann.

KMK-Gutachten: (1952) Gutachten zur Berufsausbildung der deutschen Jugend, erstattet vom Ausschuß für Berufserziehung im Auftrag der ständigen Konferenz der Kultusminister in der deutschen Bundesrepublik. In: Pätzold, Günter: (1991) Die betriebliche Berufsbildung 1945-1990. In: Quellen zur Geschichte und Berufsbildung in Deutschland. Reihe A. Band 3/1. Köln und Wien: Böhlau. S. 259-266.

Kohlberg, Lawrence E.: (1974) Zur kognitiven Entwicklung des Kindes. Frankfurt am Main: Suhrkamp.

Kohlberg, Lawrence E.: (1995) Die Psychologie der Moralentwicklung. Frankfurt am Main: Suhrkamp.

Kohut, Heinz (1976) Narzißmus. Eine Theorie der psychoanalytischen Behandlung narzißtischer Persönlichkeitsstörungen. Frankfurt am Main: Suhrkamp.

Konietzka, Dirk; Lempert, Wolfgang: (1998) Mythos und Realität der Krise der beruflichen Bildung. In: Zeitschrift für Berufs- und Wirtschaftspädagogik. 94. Band. Heft 3. 1998. S. 321-339.

Körzel, Randolf: (1996) Berufsbildung zwischen Gesellschafts- und Wirtschaftspolitik. Frankfurt am Main: G.A.F.B.-Verlag.

Krappmann, Lothar: (1971) Soziologische Dimensionen der Identität. Strukturelle Bedingungen für die Teilnahme an Interaktionsprozessen. Stuttgart: Klett.

Krüger, Heinz-Hermann: (1997) Einführung in Theorien und Methoden der Erziehungswissenschaft. Opladen: Leske+Budrich.

Krumm, Volker: (1973) Wirtschaftslehreunterricht. In: Deutscher Bildungsrat. Gutachten und Studien der Bildungskommission Band 26, Stuttgart: Klett.

Krumm, Volker: (1995) Kritisch-rationale Erziehungswissenschaft. In: Lenzen, Dieter; Mollenhauer, Klaus: (1995) Enzyklopädie Erziehungswissenschaft Band 1. Stuttgart: Klett. S.151 f.

Kuhn, Thomas S.: (1978) Die Entstehung des Neuen. Studien zur Struktur der Wissenschaftsgeschichte. Frankfurt am Main: Suhrkamp.

Kuhn, Thomas S.: (1989^{10}) Die Struktur wissenschaftlicher Revolutionen. Frankfurt am Main: Suhrkamp.

Kühne, Alfred (Hrsg.): (1929^2) Handbuch für das Berufs- und Fachschulwesen. Leipzig: Verlag von Quelle & Meyer.

Küpper, Willi; Orthmann, Günter: (1992^2) Mikropolitik. Rationalität, Macht und Spiele in Organisationen. Opladen: Westdeutscher Verlag.

Kuratorium der deutschen Wirtschaft für Berufsbildung: (1995) Finanzierung der Berufsausbildung. Standpunkt der Wirtschaft. Bonn.

Kutscha, Günter (Hrsg.): (1975) Ökonomie an Gymnasien. Ziele, Konflikte, Konstruktionen. München: Kösel-Verlag.

Kutscha, Günter: (1976) Das politisch-ökonomische Curriculum. Wirtschaftsdidaktische Studien zur Reform der Sekundarstufe II. Kronberg: Fischer Athenäum.

Kutscha, Günter: (1990) Öffentlichkeit, Systematisierung, Selektivität - Zur Scheinautonmie des Berufsbildungssystems. In: Harney, Klaus; Pätzold, Günter (Hrsg.): Arbeit und Ausbildung. Wissenschaft und Politik. Festschrift für Karlwilhelm Stratmann. S. 289-304. Frankfurt am Main: G.A.F.B.-Verlag.

Kutscha, Günter: (1994) Modernisierung der Berufsbildung im Spannungsfeld von Systemdifferenzierung und Koordination. In: Buttler, Friedrich; Czycholl, Reinhard; Pütz, Helmut (Hrsg.): (1994) Modernisierung beruflicher Bildung vor den Ansprüchen von Vereinheitlichung und Differenzierung. Nürnberg: Institut für Arbeitsmarkt- und Berufsforschung. BeitrAB 177. S. 40-56.

Kutscha, Günter: (1997) Berufsbildungspolitik. In: Kahsnitz, Dietmar; Ropohl, Günter; Schmid, Alfons (Hrsg.): Handbuch zur Arbeitslehre. S. 667-686. München und Wien: Oldenbourg.

Kutscha, Günter: (1997) Berufsbildungssystem. In: Kahsnitz, Dietmar; Ropohl, Günter; Schmid, Alfons (Hrsg.): Handbuch zur Arbeitslehre. S. 649-666. München und Wien: Oldenbourg.

Lange, Hermann: (1975) Technik und Praxis. In: Stratmann, Karlwilhelm; Bartel, Werner (Hrsg.): (1975) Berufspädagogik. Ansätze zu ihrer Grundlegung und Differenzierung. Köln: Kiepenheuer & Witsch. S. 309-337. (Erstveröffentlichung in: Zeitschrift für Pädagogik 17 (1971) 6, S.721-751.

Lau-Villinger, Doris: (1994) Betriebliche Sozialberatung als Führungsaufgabe. Frankfurt am Main: G.A.F.B.-Verlag.

Le Goff, Jacques: (1993) Kaufleute und Bankiers im Mittelalter. Frankfurt am Main: Campus.

Lempert, Wolfgang: (1974) Zur Verknüpfung von Gesellschaftstheorie und Bildungstheorie durch Mikroanalysen der Wechselwirkungen zwischen Arbeiten und Lernen. In: Lempert, Wolfgang: (1974) Berufliche Bildung als Beitrag zur gesellschaftlichen Demokratisierung. Frankfurt am Main: Suhrkamp. S. 62-114.

Lempert, Wolfgang: (1998) Berufliche Sozialisation oder Was Berufe aus Menschen machen. Baltmannsweiler: Schneider Verlag Hohengehren.

Lempert, Wolfgang; Hoff, Ernst H.: (1977) Untersuchungen zum Sozialisationspotential gesellschaftlicher Arbeit. Ein Bericht. Berlin: Max-Planck-Institut für Bildungsforschung.

Lempert, Wolfgang; Thompsen, W.: (1974) Berufliche Erfahrung und gesellschaftliches Bewußtsein. Untersuchungen über berufliche Werdegänge, soziale Einstellungen, Sozialisationsbedingungen und Persönlichkeitsmerkmale ehemaliger Industrielehrlinge. Bd. 1. Stuttgart: Klett.

Lenk, Hans: (1980) Handlungstheorie interdisziplinär. Bd. 1. München: Fink.

Lipsmeier, Antonius: (1975) Vom Beruf des Berufspädagogen. Zur Wissenschaftstheorie der Berufspädagogik. In: Stratmann, Karlwilhelm; Bartel, Werner (Hrsg.): (1975) Berufspädagogik - Ansätze zu ihrer Grundlegung und Differenzierung. Köln: Kiepenheuer & Witsch.

Lisop, Ingrid: (1960) Die Harmonisierung der kaufmännischen Berufserziehung in den Ländern der EWG. In: Deutscher Verband für das kaufmännische Bildungswesen (Hrsg.): (1960) Die Berufserziehung des Kaufmanns in der europäischen Wirtschaftsgemeinschaft. Braunschweig: S. 46-316.

Lisop, Ingrid: (1973) Die Denk- und Sprachsysteme der Wirtschaftswissenschaften und des Rechts in der Didaktik der Wirtschaftslehre. In: Golas, Heinz G. (Hrsg.): (1973) Didaktik der Wirtschaftslehre. München: Kösel. S. 167-183.

Lisop, Ingrid: (1985) 40 Jahre Berufsausbildung im technischen Wandel. Ihre Zukunft im Rückspiegel betrachtet. Frankfurt am Main: G.A.F.B.-Verlag.

Lisop, Ingrid: (1990a) Das Duale System - Realität und zukünftige Entwicklung im Verhältnis zur Weiterbildung. In: Zukünftige Bildungspolitik - Bildung 2000. Zwischenbericht der Enquete-Kommission des 11. Deutschen Bundestages "Zukünftige Bildungspolitik - Bildung 2000". Hrsg: Deutscher Bundestag. S. 259-273.

Lisop, Ingrid: (1990b) Technischer Wandel und Bildung. In: Zukünftige Bildungspolitik - Bildung 2000. Zwischenbericht der Enquete-Kommission des 11. Deutschen Bundestages "Zukünftige Bildungspolitik - Bildung 2000". Hrsg: Deutscher Bundestag. S. 325-340.

Lisop, Ingrid: (1990c) Neue Berufe ohne Lernkonzepte? Von der objektzentrierten zur subjektzentrierten Sicht. In: Dikau, Joachim; Ehrke, Michael: Neue kaufmännische Berufe - Neues pädagogisches Handeln. Frankfurt am Main: G.A.F.B.-Verlag. S. 25-39.

Lisop, Ingrid: (1997) Zur Rolle der Berufsbildung in den bildungspolitischen Reformgutachten der Bundesrepublik Deutschland. In: Arnold, Rolf; Dobischat, Rolf; Ott, Bernd (Hrsg.): Weiterungen der Berufspädagogik. Von der Berufsbildungstheorie zur internationalen Berufsbildung. Festschrift für Antonius Lipsmeier. Stuttgart: Steiner. S. 97-113.

Lisop, Ingrid: (1998) Autonomie, Programmplanung, Qualitätssicherung. Ein Leitfaden zur Organisationsentwicklung von Schulen und Bildungseinrichtungen. Frankfurt am Main: G.A.F.B.-Verlag.

Lisop, Ingrid; Huisinga, Richard: (1984) Arbeitsorientierte Exemplarik. Wahrnehmen, Auslegen und Entscheiden in der Jugend- und Erwachsenenbildung der Zukunft. Frankfurt am Main: G.A.F.B.-Verlag.

Lisop, Ingrid; Huisinga, Richard: (1984) Bildung zum Sozialschrott? Ausbildungsbeeinträchtigte? 10. Schuljahr und ihre spezielle Pädagogik. Frankfurt am Main: G.A.F.B.-Verlag.

Lisop, Ingrid; Huisinga, Richard: (1994^2) Arbeitsorientierte Exemplrik. Theorie und Praxis subjektbezogener Bildung. Frankfurt am Main: G.A.F.B.-Verlag.

Lisop, Ingrid; Huisinga, Richard: (1996) Arbeitsorientierte Exemplarik als universelle Theorie lebendigen Lernens. In: Arnold, Rolf (Hrsg.): (1996) Lebendiges Lernen. Baltmannsweiler: Schneider Verlag Hohengehren. S. 142-161.

Litt, Theodor: (1956^6) Führen oder Wachsenlassen. Ein Erörterung des pädagogischen Grundproblems. Stuttgart: Klett.

Litt, Theodor: (1964) Technisches Denken und menschliche Bildung. Heidelberg: Quelle & Meyer.

Luhmann, Niklas: (1977) Zweckbegriff und Systemrationalität. Über die Funktion von Zwecken in sozialen Systemen. Frankfurt am Main: Suhrkamp.

Luhmann, Niklas; Schorr, Karl-Eberhard (Hrsg.): (1979) Reflexionsprobleme im Erziehungssystem. Stuttgart: Klett-Cotta.

Luhmann, Niklas; Schorr, Karl-Eberhard: (1982) Zwischen Technologie und Selbstreferenz. Frankfurt am Main: Suhrkamp.

Lutz, Burkhard; Sengenberger, Werner: (1974) Arbeitsmarktstruktur und öffentliche Arbeitsmarktpolitik. Göttingen: Schwartz.

Marcuse, Herbert: (1967) Der eindimensionale Mensch: Studien zur Ideologie der fortgeschrittenen Industriegesellschaft. Neuwied: Luchterhand.

Mariak, Volker; Kluge, Susann: (1998) Zur Konstruktion des ordentlichen Menschen. Normierungen in Ausbildung und Beruf. Frankfurt am Main: G.A.F.B.-Verlag.

Marotzki, Winfried; Sünker, Heinz (Hrsg.): (1992) Kritische Erziehungswissenschaft - Moderne - Postmoderne. Weinheim: Deutscher Studien Verlag.

Maslankowski, W.: (1985) Berufsbildung in Teilqualifikationen. Der modulare Ansatz MES der Internationalen Arbeitsorganisation. In: Zeitschrift für Berufs- und Wirtschaftspädagogik. 81. Jg. S. 323-331.

Matjan, Gregor: (1998) Auseinandersetzung mit der Vielfalt. Politische Kultur und Lebensstile in pluralistischen Gesellschaften. Frankfurt am Main: Campus.

Mayntz, Renate: (1996) Gesellschaftliche Umbrüche als Testfall soziologischer Theorie. In: Clausen, Lars: (1996) Gesellschaften im Umbruch. Verhandlungen des 27. Kogresses der Deutschen Gesellschaft für Soziologie in Halle an der Saale 1995. Frankfurt am Main; New York: Campus. S. 141 - 153.

Meadows, Dennis: (1972) Die Grenzen des Wachstums: Bericht des Club of Rome zur Lage der Menschheit. Stuttgart: Deutsche Verlagsanstalt.

Mentzos, Stavros: (1988) Interpersonale und institutionalisierte Abwehr. Frankfurt am Main: Suhrkamp.

Mertens, Dieter: (1974) Schlüsselqualifikationen. Thesen zur Schulung für eine moderne Gesellschaft. In: Mitteilungen aus der Arbeitsmarkt- und Berufsforschung (MittAB) 1/1974. S.36-43.

Mertens, Dieter: (1988) Das Konzept der Schlüssenqualifikationen als Flexibilisierungsinstrument. In: Literatur- und Forschungsreport Weiterbildung. Dezember 1988. S. 33 - 46.

Mertens, Wolfgang; Lang, Hans-Jürgen: (1991) Die Seele im Unternehmen. Psychoanalytische Aspekte von Führung und Organisation im Unternehmen. Berlin, Heidelberg, New-York: Springer.

Mertz, Tabea: (1997) Krisis der Bildung. Zur Postmoderne-Rezeption in der bildungstheoretischen Diskussion. Essen: Verlag Die blaue Eule.

Mohn, Reinhard: (1998) Wie der globale Wettbewerb gemeistert werden kann. Zu einer mutigen Wirtschaftspolitik gehört auch die Konzeption des partnerschaftlich verfaßten Unternehmens. In: Frankfurter Rundschau. (1998) Nr. 260, 9. November 1998. S. 10.

Mollenhauer, Klaus: (1970[4]) Erziehung und Emanzipation - polemische Skizzen. München: Juventa.

Müller, Kurt, R.: (1973) Entscheidungsorientierte Betriebspädagogik. München: Reinhardt (UTB).

Müller, Stefan: (1996) Auslandsorientierung als Zielsetzung der Personalentwicklung. In: Thomas, Alexander (Hrsg.): (1996) Psychologie interkulturellen Handelns. Göttingen: Hogrefe-Verlag. S. 341-346.

Müllges, Udo: (1967) Bildung und Berufsbildung. Die theoretische Grundlegung des Berufserziehungsproblems durch Kerschensteiner, Spranger, Fischer und Litt. Ratingen: Henn.

Müllges, Udo: (1969) Das literarische Erbe Georg Kerschensteiners und seine wissenschaftliche Aufnahme. In: Die Deutsche Berufs- und Fachschule. 65 Jg. (1969). S. 481-503.

Münch, Joachim: (1987[3]) Das berufliche Bildungswesen in der Bundesrepublik Deutschland. Luxemburg: Amt für amtliche Veröffentlichungen der Europäischen Gemeinschaft.

Münch, Joachim: (1997) Berufsausbildung im nächsten Jahrtausend oder die Zukunft des Dualen Systems. In: Zeitschrift für Berufs- und Wirtschaftspädagogik. 93. Band. Heft 2. 1997. S. 160-176.

Negt, Oskar: (1971) Soziologische Phantasie und exemplarisches Lernen. Zur Theorie der Arbeiterbildung. Frankfurt am Main: Europäische Verlagsanstalt.

Negt, Oskar: (1997) Kindheit und Schule in einer Welt der Umbrüche. Göttingen: Steidl.

Negt, Oskar; Kluge, Alexander: (1976[4]) Öffentlichkeit und Erfahrung. Frankfurt am Main: Suhrkamp.

Negt, Oskar; Kluge, Alexander: (1993) Geschichte und Eigensinn (3 Bde.). Frankfurt am Main: Suhrkamp.

Neuberger, Oswald: (1995[5]) Führen und Geführt werden. Stuttgart: Enke.

Nieser, Bruno: (1992) Aufklärung und Bildung. Studien zur Entstehung und gesellschaftlichen Bedeutung von Bildungskonzeptionen in Frankreich und Deutschland im Jahrhundert der Aufklärung. Weinheim: Deutscher Studien Verlag.

Nonaka, Ikujiro; Takeuchi, Hirotak.: (1995) The Knowledge-Creating Company - How Japanese Companies Create the Dynamics of Innovation. New York und Oxford. Oxford University Press.

Ogburn, William: (1953) Social Change. Neuausgabe 2. Auflage New York 1953, zuerst 1922.

Parsons, Talcott: (1982) Talcott Parsons on Institutions and Social Evolution. Selected Writings. Chicago: University of Chicago Press.

Pätzold, Günter: (1991) Die betriebliche Berufsbildung 1945-1990. In: Quellen zur Geschichte und Berufsbildung in Deutschland. Reihe A. Band 3/1. Köln und Wien: Böhlau.

Pätzold, Günter: (1992) Handlungsorientierung in der beruflichen Bildung - Zur Begründung und Realisierung. In: Pätzold, Günter (Hrsg): (1992) Handlungsorientierung in der beruflichen Bildung. Frankfurt am Main: G.A.F.B.-Verlag. S. 9-29.

Pautzke, Gunnar: (1989) Die Evolution der organisatorischen Wissensbasis. Bausteine zu einer Theorie des organisatorischen Lernens. Herrsching: Kirsch.

Pawlowsky, Peter; Reinhardt, Rüdiger: (1997) Wissensmanagement: Ein integrativer Ansatz zur Gestaltung organisationaler Lernprozesse. In: Dr. Wieselhuber & Partner (Hrsg.): Handbuch Lernende Organisation. Unternehmens- und Mitarbeiterpotentiale erfolgreich erschließen. Wiesbaden: Gabler. S. 145-155.

Pleiß, Ullrich: (1973) Wirtschaftslehrerbildung und Wirtschaftspädagogik. Die wirtschaftspädagogische Disziplinbildung an deutschsprachigen wissenschaftlichen Hochschulen. Göttingen: Schwartz & Co.

Pleiß, Ulrich: (1986) Wirtschafts- und Berufspädagogik als wissenschaftliche Disziplin. Eine wissenschaftstheoretische Modellstudie. In: Lassahn, Rudolf; Ofenbach, Birgit: (1986) Arbeits-, Berufs- und Wirtschaftspädagogik im Übergang. Festschrift zum 60. Geburtstag von Gerhard P. Bunk. Frankfurt am Main: Lang. S. 79-130.

Pollock, Friedrich: (1956) Automation: Materialien zur Beurteilung der ökonomischen und sozialen Folgen. Frankfurt am Main: Europäische Verlagsanstalt.

Popitz, Heinrich u.a.: (1957) Technik und Industriearbeit. Soziologische Untersuchungen in der Hüttenindustrie. Tübingen: Mohr (Siebeck).

Preiß, Peter; Tramm, Tade (Hrsg.): (1996) Rechnungswesenunterricht und ökonomisches Denken. Didaktische Innovationen für die kaufmännische Ausbildung. Wiesbaden: Gabler.

Rasche, Christoph: (1994) Wettbewerbsvorteil durch Kernkompetenzen - ein ressourcenorientierter Ansatz. Wiesbaden: Gabler.

Reemtsma-Theis, Monika: (1998) Moralisches Urteilen und Handeln. Eine wirtschaftspädagogische Studie. Markt Schwaben: Eusl-Verlagsgesellschaft.

Reetz, Lothar: (1984) Wirtschaftsdidaktik. Eine Einführung in Theorie in Praxis wirtschaftsberuflicher Curriculumentwicklung und Unterrichtsgestaltung. Bad Heilbrunn/Obb.: Klinkhardt.

Reetz, Lothar; Witt, Ralf: (1974) Berufsausbildung in der Kritik. Curriculumanalyse Wirtschaftslehre. Hamburg: Hoffmann und Campe.

REFA: (1989^2) Methodenlehre der Betriebsorganisation. Arbeitspädagogik. München: Carl Hanser.

Rehäuser, Jakob; Krcmar, Helmut: (1996) Wissensmanagement im Unternehmen. In: Schreyögg, Georg; Conrad, Peter (Hrsg.): (1996) Managementforschung 6. Wissensmanagement. Berlin, New York: de Gruyter. S. 1-40.

Reinisch, Holger: (1994) Fünfhundert Jahre Traktat über die doppelte Buchführung von Luca Pacioli. In: Zeitschrift für Wirtschaft und Erziehung. 46. Jg. (1994) Heft 9. S.287-292.

Reinisch, Holger: (1994) Luca Pacioli und die wirtschaftsethische Dimension des Rechnungswesenunterrichts heute. In: Zeitschrift für Berufs- und Wirtschaftspädagogik. 90. Jg. (1994) Heft 6. S. 559-585.

Richter, Horst-Eberhard: (1970) Patient Familie: Entstehung, Struktur und Therapie von Konflikten in Ehe und Familie. Reinbek: Rowohlt.

Riedel, Johannes: (1931) Über Industrieerziehung. In: Arbeitsschulung. Lehrgang II. S. 72-75. (Heft 3, 1. Juli 1931).

Riedel, Johannes: (1967) Einführung in die Arbeitspädagogik. Braunschweig: Georg Westermann.

Robinsohn, Saul B.: (1967) Bildungsreform als Revision des Curriculums. Neuwied: Luchterhand.

Rolff, Hans-Günter: (1995) Autonomie als Gestaltungs-Aufgabe. Organisationspädagogische Perspektiven. In: Daschner, Peter; Rolff, Hans-Günter; Stryck, Tom (Hrsg.) (1995) Schulautonomie - Chancen und Grenzen. Impulse für die Schulentwicklung. Weinheim: Juventa. S. 44-54.

Roth, Heinrich (Hrsg.): (1968) Begabung und Lernen. Ergebnisse und Folgerungen neuer Forschungen. Gutachten und Studien der Bildungskommission des Deutschen Bildungsrates. Band 4. Stuttgart: Klett.

Roth, Heinrich: (1968) Stimmen die deutschen Lehrpläne noch? In: Die Deutsche Schule 60/2. (1968) S. 63-76.

Rühli, Edwin (1995) Ressourcenmanagement - Strategischer Erfolg dank Kernkompetenzen. In: Die Unternehmung. (1995) Nr. 2. S.91-105.

Sachverständigenrat für Umweltfragen (SRU): (1994) Umweltgutachten für eine dauerhaft umweltgerechte Entwicklung. Stuttgart.

Schelsky, Helmut: (1961) Der Mensch in der wissenschaftlichen Zivilisation. In: Schelsky, Helmut: (1965) Auf der Suche nach Wirklichkeit. Gesammelte Aufsätze. Düsseldorf: Diederichs.

Schelsky, Helmut: (1975) Die skeptische Generation. Eine Soziologie der deutschen Jugend. Frankfurt am Main und Berlin: Ullstein.

Schelten, Andreas: (1986) Arbeitspädagogik - Grundzüge und Aktualität. In: Lassahn, Rudolf; Ofenbach, Birgit: (1986) Arbeits-, Berufs- und Wirtschaftspädagogik im Übergang. Festschrift zum 60. Geburtstag von Gerhard P. Bunk. Frankfurt am Main: Lang. S. 211-228.

Schelten, Andreas: (1994^2) Einführung in die Berufspädagogik. Stuttgart: Steiner.

Schelten, Andreas: (1995³) Grundlagen der Arbeitspädagogik. Stuttgart: Steiner.

Schlieper, Friedrich: (1954) Das Wesen der Erziehungshilfe im Handwerk. In: Berufserziehung im Handwerk. 1. Folge der Untersuchungen des Institutes für Berufserziehung an der Universität zu Köln. Coesfeld.

Schlieper, Friedrich: (1963) Allgemeine Berufspädagogik. Freiburg i.Br.: Lambertus.

Schmied-Kowarzik, Wolfdietrich: (1993) Bildung, Emanzipation und Sittlichkeit. Philosophische und pädagogische Klärungsversuche. Weinheim: Deutscher Studien Verlag.

Schneider, Friedrich: (1961) Vergleichende Erziehungswissenschaft: Geschichte, Forschung, Lehre. Heidelberg: Quelle & Meyer.

Schoenfeldt, Eberhardt: (1997) Internationalisierung versus Partikularisierung der Berufspädagogik. Aspekte der Entwicklungszusammenarbeit. In: Arnold, Rolf; Dobischat, Rolf; Ott, Bernd (Hrsg.): Weiterungen der Berufspädagogik. Von der Berufsbildungstheorie zur internationalen Berufsbildung. Festschrift für Antonius Lipsmeier. Stuttgart: Steiner. S. 205-212.

Schroll-Machl, Sylvia: (1996) Kulturbedingte Unterschiede im Problemlöseprozeß bei deutsch-amerikanischen Arbeitsgruppen. In: Thomas, Alexander (Hrsg.): (1996) Psychologie interkulturellen Handelns. Göttingen: Hogrefe-Verlag. S. 383-409.

Schulte, C.: (1992) Kennzahlengestütztes Weiterbildungs-Controlling als Voraussetzung für den Weiterbildungserfolg. In: Landsberg, Georg von; Weiss, Reinhold: (1992) Bildungscontrolling. Stuttgart: Schäfer-Poeschel. S. 173-194.

Schütze, Thomas: (1993) Ästhetisch-personale Bildung. Eine rekonstruktive Interpretation von Schillers zentralen Schriften zur Ästhetik aus bildungstheoretischer Sicht. Weinheim: Deutscher Studien Verlag.

Schwarze, Jochen: (1998) Informationsmanagement. Planung, Steuerung, Koordination und Kontrolle der Informationsversorgung im Unternehmen. Herne und Berlin: Verlag Neue Wirtschafts-Briefe.

Seubert, Rolf: (1977) Berufserziehung und Nationalsozialismus. Das berufspädagogische Erbe und seine Betreuer. Weinheim und Basel: Beltz.

Sloane, Peter F.E.: (1996) Didaktik des Rechnungswesens. Pfaffenweiler: Centaurus-Verlagsgesellschaft.

Sloane, Peter F.E.: (1997) Modularisierung in der beruflichen Ausbildung - oder: Die Suche nach dem Ganzen. In: Euler, Dieter; Sloane, Peter F.E. (Hrsg.): (1997) Duales System im Umbruch. Eine Bestandsaufnahme der Modernisierungsdebatte. Pfaffenweiler: Centaurus-Verlagsgesellschaft. S. 223-245.

Spranger, Eduard: (1929) Berufsbildung und Menschenbildung. In: Kühne, Alfred (Hrsg.): (1929²) Handbuch für das Berufs- und Fachschulwesen. Leipzig: Verlag von Quelle & Meyer. S. 27-42.

Spranger, Eduard: (1966) Der Eigengeist der Volksschule. Heidelberg: Quelle & Meier.

Spranger, Eduard: (1966^9) Lebensformen. Geisteswissenschaftliche Psychologie und Ethik der Persönlichkeit. Tübingen: Max Niemeier. (Erstveröffentlichung 1914).

Spranger, Eduard: (1979^{29}) Psychologie des Jugendalters. Heidelberg: Quelle & Meier.

Ständige Konferenz der Kultusminister der Länder in der Bundesrepublik Deutschland: (1996) Handreichungen für die Erarbeitung von Rahmenlehrplänen der Kultusministerkonferenz für den berufsbezogenen Unterricht in der Berufsschule und ihre Abstimmung mit Ausbildungsordnungen des Bundes für anerkannte Ausbildungsberufe. Bonn.

Stratmann, Karlwilhelm: (1967) Die Krise der Berufserziehung im 18. Jahrhundert als Ursprungsfeld pädagogischen Denkens. Ratingen: Henn.

Stratmann, Karlwilhelm: (1979) Berufs- und Wirtschaftspädagogik. In: Groothoff, Hans-Hermann (Hrsg.): (1979) Die Handlungs- und Forschungsfelder der Pädagogik (Differentielle Pädagogik), Erziehungswissenschaftliches Handbuch (hrsg. von Ellwein, Thomas u.a.). Band 5. Teil 2. S. 285-337. Königstein (Ts.): Athenäum

Stratmann, Karlwilhelm: (1988) Zur Sozialgeschichte der Berufsbildungstheorie. In: Zeitschrift für Berufs- und Wirtschaftspädagogik. 84. Jg. (1988). S.579-598.

Stratmann, Karlwilhelm: (1989) Berufs- und Wirtschaftspädagogik. In: Lenzen, Dieter (Hrsg.): Pädagogische Grundbegriffe. Reinbek: Rowohlt.

Stratmann, Karlwilhelm: (1993): Die gewerbliche Lehrlingserziehung in Deutschland. Modernisierungsgeschte der betrieblichen Berufsausbildung. Bd.1. Berufserziehung in der ständischen Gesellschaft. Frankfurt am Main: G.A.F.B.-Verlag.

Stratmann, Karlwilhelm: (1999) Berufserziehung und sozialer Wandel. Hrsg.: Pätzold, Günter; Wahle, Manfred. Frankfurt am Main: G.A.F.B.-Verlag.

Stratmann, Karlwilhelm; Bartel, Werner (Hrsg.): (1975) Berufspädagogik. Ansätze zu ihrer Grundlegung und Differenzierung. Köln: Kiepenheuer & Witsch.

Stratmann, Karlwilhlem; Schlösser, Manfred: (1990) Das Duale System der Berufsbildung. Eine historische Analyse seiner Reformdebatten. Frankfurt am Main: G.A.F.B.-Verlag.

Tapscott, Don: (1996) Die digitale Revolution. Verheißungen einer vernetzten Welt - die Folgen für Wirtschaft, Management und Gesellschaft. Wiesbaden: Gabler.

Thomas, Alexander (Hrsg.): (1996) Psychologie interkulturellen Handelns. Göttingen: Hogrefe-Verlag.

Tillmann, Klaus-Jürgen: (1995) Schulentwicklung und Lehrerarbeit. Nicht auf bessere Zeiten warten. Hamburg: Bergmann und Helbig.

Uexküll, Thure von, Wesiack, Wolfgang: (1996) Wissenschaftstheorie: ein biopsycho-soziales Modell. In: Uexküll, Thure von: (1996^5) Psychosomatische Medizin. München: Urban & Schwarzenberg. S. 13-52.

Ulrich, Hans (1987^2) Unternehmungspolitik. Stuttgart: Haupt.

Volpert, Walter: (1974) Handlungsstrukturanalyse als Beitrag zur Qualifikationsforschung. Köln: Pahl-Rugenstein.

Volpert, Walter: (1985) Pädagogische Aspekte der Handlungsregulationstheorie. In: Passe-Tietjen, Helmut; Stiehl, Hans; (Hrsg.): Betriebliches Handlungslernen und die Rolle des Ausbilders. Wetzlar: Jungarbeiterinitiative an der Werner von Siemens Schule.

Volpert, Walter: (1987) Zauberlehrlinge - Die gefährliche Liebe zum Computer. Weinheim: Beltz.

Wagenschein, Martin: (1959) Zur Klärung des Unterrichtsprinzips des exemplarischen Lehrens. In: Gerner, Berthold: (1963) Das exemplarische Prinzip. Darmstadt: Wissenschaftliche Buchgesellschaft. S. 1-18.

Wahrmut, Hans: (1957) Die Kosten und Erträge der Lehrlingshaltung im Handwerk. Ergebnis einer Untersuchung in einem westfälischen Landkreis. Köln-Deutz.

Ware, George W. (1952) Berufserziehung und Lehrlingsausbildung in Deutschland. In: Pätzold, Günter: (1991) Die betriebliche Berufsbildung 1945-1990. Quellen zur Geschichte und Berufsbildung in Deutschland. Reihe A. Band 3/1. Köln und Wien: Böhlau. S. 231-247.

Weber, Max: (1976^5) Wirtschaft und Gesellschaft. Grundriss der Verstehenden Soziologie. Hrsg. v. Johannes Winckelmann. Tübingen. J.C.B. Mohr Verlag.

Weber, Max: (1981) Die protestantische Ethik. Hrsg. v. Johannes Winckelmann. Bd.1. Gütersloh: Gütersloher Verl.-Haus Mohn.

Weber, Susanne: (1997) Zur Notwendigkeit des interkulturellen Lernens in der Wirtschaftspädagogik. In: Zeitschrift für Berufs- und Wirtschaftspädagogik. 93 (1997) 1. S. 30-47.

Willke, Helmut: (1996) Dimensionen des Wissensmanagements - Zum Zusammenhang von gesellschaftlicher und organisationaler Wissensbasierung. In: Schreyögg, Georg; Conrad, Peter (Hrsg.): (1996) Managementforschung 6: Wissensmanagement. Berlin, New York: de Gruyter. S. 263 ff.

Wissenschaftlicher Beirat der Bundesregierung "Globale Umweltveränderungen" (WBGU): (1996) Wege zur Lösung globaler Umweltprobleme. Berlin und Heidelberg.

Womack, James P.; Jones, Daniel T.; Roos, Daniel: (1991) Die zweite Revolution in der Autoindustrie. Konsequenzen aus der weltweiten Studie aus dem Massachusetts Institute of Technology. Frankfurt am Main; New York: Campus.

Zabeck, Jürgen: (1984) Didaktik der Berufserziehung. Heidelberg: esprint.

Zabeck, Jürgen: (1984) Entwurf eines didaktischen Systems als Voraussetzung für die Entwicklung eines Programmes der Curriculumforschung im Bereich der kaufmännischen Berufsausbildung. In: Zabeck, Jürgen: (1984) Didaktik der Berufserziehung. Heidelberg: esprint.

Zabeck, Jürgen: (1991) Ethische Dimensionen der "Wirtschaftserziehung". In: Zeitschrift für Berufs- und Wirtschaftspädagogik. 87. Jg. (1991) S. 534-562.

Zabeck, Jürgen: (1992) Das Theorie-Praxis-Problem in der Wirtschaftspädagogik. In: Zabeck, Jürgen: (1992) Die Berufs- und Wirtschaftspädagogik als erziehungswissenschaftliche Teildisziplin. Baltmannsweiler: Schneider Verlag Hohengehren. S. 77-99.

Zapf, Wolfgang (Hrsg.): (1969) Theorien des sozialen Wandels. Köln und Berlin: Kiepenheuer & Witsch.

Bildnachweise

Blankertz, Herwig: In: Kutscha, Günter (Hrsg.): (1989) Bildung unter dem Anspruch von Aufklärung. Zur Pädagogik Herwig Blankertz. Weinheim und Basel: Beltz-Verlag. S. 2.

Blättner, Fritz: In: Pongratz, Ludwig J. (Hrsg.): (1975): Pädagogik in Selbstdarstellungen. Bd. I. Hamburg: Felix Meiner Verlag. S. 6 f.

Fischer, Aloys: In: Röhrs, Hermann: (1967) Die Pädagogik Aloys Fischers. Heidelberg: Quelle & Meyer Verlag. S. 2.

Kerschensteiner, Georg: In: Wehle, Gerhard (Hrsg.): (1966) Georg Kerschensteiner. Ausgewählte pädagogische Schriften. Bd. 1. Paderborn: Schöningh Verlag. S. 3.

Litt, Theodor: In: Derbolav, Josef; Nicolin, Friedhelm (Hrsg.): (1960) Erkenntnis und Verantwortung. Festschrift für Theodor Litt. Düsseldorf: Pädagogischer Verlag Schwann. S. 2.

Spranger, Eduard: In: Wenke, Hans (Hrsg.): (1957) Eduard Spranger. Bildnis eines geistigen Menschen unserer Zeit. Heidelberg: Quelle & Meyer Verlag. S.2.

Namensverzeichnis

Abel 156, 157, 158
Abraham 105, 151
Achtenhagen 139, 259, 271, 275
Adorno 134, 173, 182
Aebli 260, 276
Albert 140
Anacker 173, 174
Aquin, Thomas von 140
Arnold 91, 94, 101, 140
Baethge 70, 155
Bank 303, 308, 314, 315
Bartel 8
Beck, Klaus 24, 128, 139, 163, 217
Bell 70
Benjamin 134
Benner 6, 8
Bernstein 205
Bittner 229
Blankertz 135, 156, 157, 158, 238, 339
Blättner 114, 134, 151
Bleicher 339, 340
Boesch 231
Brater 24
Bremer 159
Brezinka 138
Brunkhorst 136
Bürger 172
Crozier 333, 334
Daheim 24
Dahrendorf 206, 207
Dams 205
Dauenhauer 243, 246
Deißinger 79
Demorgon 231
Dilthey 134, 135
Dörschel 105
Drechsel 135

Drees 284
Drexel 88, 89
Dubs 288, 292, 295
Ebner 139
Eckert 36
Eder 230
Erikson 209
Esser 129
Euler 6, 72, 132
Faulstich 91, 92
Feld 112
Fichte 173
Fingerle 138, 197, 284
Fischer, Alois 145, 153
Fischer, Andreas 285
Förster 105
Freud 204
Friedberg 333, 334
Fromm 134
Gehlen 173
Georg 85
Goethe 130
Golas 246
Gonon 113
Greinert 24, 27
Grüner 36
Güldenberg 323, 324
Habermas 59, 96, 129, 134, 140
Hacker 259
Hanft 333
Harney 36, 138, 199, 200
Hartmann 167
Hegel 135, 204
Heid 139, 284
Heinemann 180
Hellpach 105
Hesse 174
Hobbes 204

Homann 164
Horkheimer 134
Horlebein 120, 167
Huisinga 29, 48, 131, 172, 176, 178, 180, 259, 277
Humboldt 149
Husemann 159
Joas 68
John 271
Jost 120
Kant 135, 173
Kell 33, 82, 92, 197, 238, 240
Kern 79
Kerschensteiner 121, 145, 149, 150
Kiehn 114
Kipp 123
Kluge 13, 216
Kohlberg 160, 206, 209, 217
Kohut 209
Körzel 132
Krappmann 207
Krcmar 324, 326, 327
Krüger 133
Krumm 139, 141, 146
Kuhn 9
Kühne 114
Kutscha 135, 138, 195, 238, 239, 240, 242
Lange 158
Lau-Villinger 109
Le Goff 21
Lempert 135, 213, 215, 217
Lipsmeier 111, 197
Lisop 29, 48, 135, 172, 176, 178, 180, 259, 277, 288, 299, 316
Litt 134, 155, 337
Luchtenberg 36, 114
Luhmann 135, 136, 173, 195, 196, 198, 260
Lutz 81
Marcuse 134
Mariak 215

Markert 135
Marx 135, 204
Matjan 173
Maturana 175
Mayerhofer 323
Mayntz 67
Mentzos 334
Mertens 248, 249
Mill, J.S, 163
Miller-Kipp 123
Mollenhauer 135, 260
Molz 231
Monsheimer 114
Müller 107
Negt 13, 134, 278
Neuberger 337
Nonaka 331
Oberbeck 255
Ogburn 67
Pache 120
Pampus 27
Parsons 260
Pätzold 123, 284
Pautzke 325
Pawlowsky 327, 329
Piaget 205, 231, 263
Plato 165
Pleiß 113
Preiß 271, 285
Reemtsma-Theis 170
Reetz 246
Rehäuser 324, 326, 327
Rehberg 68
Reinhardt 327, 329
Reinisch, 285
Riedel 102
Robinsohn 236, 243
Rolff 292, 295, 296
Roth 138, 236
Rousseau 204
Rützel 176
Sattel 85

Schelten 102
Schlieper 49, 151
Schlösser 125
Schorr 135
Schumann 79
Schunk 271
Seemann-Weymar 271
Sengenberger 81
Seubert 123, 135
Sloane 286

Spranger 27, 134, 145, 147, 269
Steyrer 323
Stratmann 8, 21, 23, 111, 113, 125, 132
Takeuchi 331
Tapscott 331
Thyssen 114
Tillmann 293

Topitsch 140
Tramm 271, 285
Uexküll 180
van Buer 225
van Cleve 82
Voigt 135
Volpert 259, 261
Wahrmut 49
Ware 123
Weber, Max 127, 136, 260, 335
Weber, Susanne 226
Willkes 332
Witt 246
Zabeck 113, 124, 139, 259, 269, 270

Sachwortverzeichnis

Abwehrmuster 209
Allgemeinbildung 5 23 f., 29, 35, 82ff., 120, 123, 126, 144, 150, 157, 159, 184 f., 231 f., 238
Allokation 24
Ambiguitätstoleranz 207, 229 f.,
Anthropologie 167, 184
Anwendungswissen 175
Arbeit 6 ff., 20 ff., 43, 69, 84, 90, 102, 110, 127, 153, 158, 173, 176 ff., 184 ff., 258, 320
Arbeitslehre 239
Arbeitsmarkt 25, 29 ff., 63, 76, 81 ff., 94, 126 f., 185, 248, 252, 255
Arbeitsmarktsegmentierung 81 ff.
Arbeitsorganisation 215, 253, 258
Arbeitsorientierte Exemplarik 277
Arbeitsorientierung 184
Arbeitspädagogik 102
Arbeitsplatz 65, 98, 103 f., 108, 110, 189, 252, 312
Arbeitspsychologie 98
Arbeitstugenden 98, 127, 147, 252, 253
Arbeitswissenschaft 92
Aufklärung 136, 147, 150, 172 f., 178, 204, 292
Ausbilder 36, 58, 96, 107, 216 f., 267f., 269
Ausbilderinnen 96
Ausbildung 21, 24, 30 ff., 46, 49 f., 58, 62, 75, 78, 82 f., 96, 107, 110 ff., 122 f., 157 f., 166, 194, 196, 199, 215, 217, 255, 271, 277
Ausbildungsmethoden 103
Ausbildungsordnung 38, 46, 65, 255
Ausbildungssystem 31
Auszubildende 51, 54, 216, 219, 266, 269
Automationsdebatte 69
Automationsstudien 68

Autonomie 47, 62, 69, 82, 133, 136, 158, 162, 173, 176, 189, 205 f., 268, 292 ff., 337

BBiG 36, 38, 46, 65, 103, 216
Befriedungsrationalität 13, 25, 30, 31, 202
Begabung 139, 205
BerBiFG 36, 39, 41, 43, 44, 46
Beruf 8, 17, 21, 23, 31, 81, 113, 127, 144, 146 ff., 151, 153 f., 155, 158, 184 f., 200, 215, 217, 249
Berufsarbeit 153, 161, 269
Berufsausbildung 22, 32, 36 ff., 45ff., 72, 75, 76, 82, 83, 105, 122, 123, 125 f., 143, 158 f., 185, 194 ff., 204, 213, 215 ff., 223
Berufsbildung 6, 23 ff., 35 ff., 43 ff., 51, 53, 64, 78, 87, 126 f., 144, 149 f., 153, 156 f., 159 f., 195, 197, 200 f., 229, 232, 238f.
Berufsbildungsbericht 37, 43, 71 f., 76
Berufsbildungsforschung 45, 100, 107, 159, 160, 248
Berufsbildungsgesetz 34, 36 f., 43, 158, 159
Berufsbildungsstatistik 37, 43, 45
Berufsbildungssystem 52
Berufsbildungssysteme 195
Berufsbildungstheorie 121, 134, 143 ff., 269
Berufserziehung 120, 123, 125, 145, 154
Berufsethos 47, 149, 150, 161
Berufsfachschule 37, 53, 346
Berufsfelder 56
Berufsforschung 126, 159, 248
Berufspädagogik 101, 111ff., 156 ff., 160, 185, 221, 223
Berufsprinzip 75, 76, 158
Berufsschule 32, 65, 75, 121, 123, 147, 148 f., 153 ff., 216, 219, 343

Berufsschulpflicht 23, 121
Beschäftigungssystem 53, 74, 90
Betrieb 24, 32 f., 46, 54, 57, 72, 76, 105, 110, 123, 155, 193, 200, 216, 219, 244, 311, 321
Betriebspädagogik 104, 108 f., 111, 176, 298
Betriebswirtschaftslehre 119, 227, 302, 304, 337
Bewußtsein 18, 111, 158, 172 f., 177, f., 184, 191, 193, 207, 209, 232
Bildung 1, 4 ff., 18 f., 30, 32, 38, 41, 43, 62, 78 f., 84, 114, 124, 144, 147, 150 ff. 166, 171 ff., 184 f., 189, 194 ff., 200, 205 f., 221, 223, 231, 236, 252, 291 f., 299, 309, 310, 313, 319
Bildungsidee 133, 157
Bildungspolitik 126, 139, 204, 293, 297, 319, 335
Bildungssystem 25, 31, 53, 137, 300
Bildungstheorie 94, 144, 158, 164, 178, 185, 200, 206
Bildungswesen 29, 32, 48, 71, 111, 120, 123, 125, 158, 159, 291, 331
Biographieforschung 113
Bundesinstitut für Berufsbildung 37 ff., 41 ff.

Chancengleichheit 159, 294
Controlling 29, 93, 302 ff., 329
Curriculum 65, 158, 237, 238, 240 ff.
Curriculumentwicklung 242 ff.
Curriculumforschung 159
Curriculumtheorie 235

Demokratisierung 29, 134, 206
Denken 170, 176, 230, 253, 270, 321
Denkmuster 252
Deregulierung 32, 75 ff., 86, 90, 102, 200
Deutsche Forschungsgemeinschaft 100, 160
Deutscher Ausschuß 158
Deutscher Bildungsrat 33, 159, 237
Dialektik 135, 167, 173, 189, 232

Didaktik 35, 48, 107, 137, 160, 164, 169, 227, 229, 237, 270, 271
Disziplin 4, 5, 86, 100, 102, 107, 111 ff., 124, 225, 243, 244
Duales System 32 ff., 71, 76, 78, 82, 85, 124, 157, 159, 195, 198
Durchlässigkeit 53, 54, 198

Eckwertepapier 39
Emanzipation 135, 136, 238
Empirie 156, 270
Enquete-Kommission 126
Erwachsenenbildung 92, 94, 107, 252
Erwerbsarbeit 8, 17, 102, 153, 185
Erziehung 6 f., 18 f., 22, 102, 105, 114, 120, 147, 155, 158, 167, 172, 226, 337
Erziehungswissenschaft 90, 96, 99, 111, 156, 158, 175 f., 178, 182, 184 f., 203, 209, 221, 227, 236, 260, 270, 293, 33
  Empirische 138
  Kritische 134
  Systemtheoretische 135
Ethik 7 f., 102, 137, 150, 158, 163 f., 167, 170, 177
Ethos 31, 125 f., 176, 178, 216
Europäisierung 5, 32, 84, 87
Evaluation 62, 90, 93, 272, 296, 329
Exemplarik 18 f., 94, 150, 155, 178, 183, 233, 278

Fachdidaktik 100
Fachkompetenz 98, 268, 269
Fachschulen 145, 153, 347
Faktoroptimierung 316
Finanzierung 49
Flexibilisierung 72, 74, 76, 78, 95
Forschung 32, 36, 43, 45, 62, 78, 107, 139, 160, 215, 233, 324, 341
Forschungsmethoden 5
Fortbildung 75, 87, 294, 301
Fortbildungsschule 120, 121, 144, 145
Frankfurter Schule 134
Freisetzung 10, 13, 29, 68, 86, 147
Führung 45, 105, 288, 323, 335 ff.
Führungskräfte 3, 224, 310, 336, 338

Ganzheitlichkeit 6, 9, 98, 127, 176, 188, 262, 265
Gehilfe 22
Gesellschaftstheorie 173, 206, 275
Gilden 21, 149
Gleichwertigkeit 298
Globalisierung 70, 166, 226
Gruppenarbeit 232

Habitus 18, 68, 203
Handelshochschule 112, 114
Handlung 172, 209, 259, 266, 273
Handlungskompetenz 196, 226 ff.
Handlungsorientierung 108, 259 ff., 276
Handlungsregulation 108, 262
Handlungsregulationstheorie 260
Handlungstheorie 260 f.
Hermeneutik 14, 134, 137, 243
Heuristik 14
homo oeconomicus 163, 178
Humanökologie 8
Humanvermögen 4, 319
Hypothesen 273

Identität 6, 14, 74, 107, 165 f., 174, 178, 180, 188, 200, 203, 207, 212, 229, 230 ff., 322
Implikation 18 f., 179, 182 f., 191
Implikationszusammenhang 14, 181, 182, 183, 186, 189, 191, 303
  Didaktischer 282
  Gesellschaftlicher 10, 14, 20, 30, 191, 193
Individualisierung 166, 268, 300
Individualität 147, 271
Informationsmanagement 323, 324
Instanzen 43, 64
Institution 197, 302
Integration 24, 29, 64, 104 f., 120, 124, 150, 159, 161, 169, 170, 184, 194 f., 198, 202, 221, 224, 238, 300, 328, 334
Interdisziplinarität 86, 110
Internationalisierung 5, 52ff., 68, 70, 230, 232
Jugendforschung 156

Kennzahlen 93, 314
Klassifikation 43, 249
Kommunikation 98, 175, 178, 191, 213, 226, 231, 332, 334
Kompetenz 5, 19, 20, 29, 48, 86 ff., 164, 226, 268, 271 f., 277
Kompetenzbegriff 96
Komplexität 14, 33, 91, 136, 180, 198, 261, 271, 273, 275, 298, 305, 321
Konflikte 163, 166, 173 f., 207, 212, 216, 296, 301
Konfliktmanagement 341
Konkreszenz 183
Konstitutionslogik 10 ff., 19, 27, 30, 36, 182, 201, 278
Konstruktivismus 175
Kooperation 22, 43, 68, 82, 86, 98, 213, 219, 229, 262, 287
Korporationen 43
Kritische Theorie 135, 173
Kultur 134, 149 f., 155, 174, 184, 189, 227, 229, 231, 269
Kultusministerkonferenz 46

lean production 258
Lebensbedürfnisse 10, 14, 181, 185 f., 188, 189, 322, 338
Lebensformen 148 f., 156, 230
Lebenskräfte 181, 185 f., 188 f., 322, 338
Lehre 159, 167
Lehrplan 239, 247
Leittextmethode 266
Lernen 86, 180, 183, 186, 191, 196, 200, 206, 236, 247, 252, 261, 268, 289, 314, 323, 331
lernende Organisation 110, 314
Lernfeld 79 ff.
Lernort 22, 27, 33, 53, 57, 63
Lernprozeß 261
Lernpsychologie 305, 318
Lerntheorie 180

Management 93, 287 f., 293, 303, 318, 325, 337

Mediengesellschaft 334
Meister 112
Meisterlehre 22
Mentalitäten 5, 13, 18, 68, 203
Methoden 33, 35, 90, 139, 176, 223, 227, 229, 235, 252, 263, 265, 303, 309, 311, 330
Methodik 107, 233
Methodologie 102, 138, 231
Modularisierung 79ff., 238, 319
Moralentwicklung 95, 209
Moralerziehung 147, 160 ff., 203
Motivation 164, 206, 209, 219, 277, 295, 297
Multimedia 334
Mündigkeit 176, 180

Nationalsozialismus 105, 121, 122, 123, 151
Netzwerke 319
Neuordnung 33, 39, 269
Neurologie 180
Normen 22, 150, 162, 164, 169, 171, 193, 203, 207, 209, 227, 229 f., 233

Objekt 12, 278, 281, 325
Objektsprache 270
Objektwelt 140
Ökonomie 2, 7 f., 29, 163 ff., 184, 232
Ordnung 22 f., 27, 36, 79, 84, 123, 136, 146, 158, 161, 249, 253
Ordnungspolitik 36
Organisationsentwicklung 3, 108, 287, 293, 295, 298

Pädagogik 102 f., 119, 138, 149 f., 156, 176, 198, 204, 227, 231
 Psychoanalytische 133
 Geisteswissenschaftliche 134
Pädagogisches Personal 35
Paradigma 9, 137, 270
Partizipation 29, 86, 159, 162, 293
Personalcontrolling 307
Personalentwicklung 75, 108, 110, 111, 301, 303, 327
Persönlichkeit 150, 166, 207, 213, 274

Philosophie 102, 119, 139, 150, 163, 173 ff., 184
Praxis 6, 8, 10, 19, 72, 107, 110, 170, 178, 217, 234, 247, 268, 272, 313
Prinzipal 112
Problemlösemuster 229
Produktion 2, 8, 12, 70, 81, 84, 107, 175, 189, 232
Produktionsformen 30, 191, 193
Produktrationalität 12
Profession 112, 137
Professionalität 33, 47 f., 90, 110, 198, 269, 288, 294, 300, 308, 314, 317 f., 334, 335, 341
Prüfung 56

Qualifikation 5, 8, 19 f., 29 ff., 52, 78, 91 f., 157, 162, 180, 194, 216, 253, 311, 319, 320, 336
Qualifizierung 22, 24, 29, 35, 53, 75, 105, 110, 112, 123, 127, 185, 200, 277, 293
Qualifizierungsbedarf 108, 123
Qualifizierungstheorie 319 f.
Qualitätssicherung 316

Rationalisierung 43, 71, 87, 122, 200, 262, 291
Rationalität 11, 163, 178, 245
Reflexion 4, 144, 160, 165, 167, 172, 174, 204, 231, 270, 276
Reflexivität 18, 29, 173, 189, 200, 230, 232, 274
Reproduktionsrationalität 11, 12

Sachverständigenausschuß 41
Satellitenmodell 79
Schlüsselqualifikation 82, 95 ff., 127, 176, 196, 232, 248 ff. 313
Schule 24, 32 f., 46, 53 ff., 56, 63, 76, 86, 121, 159, 200, 244, 293, 294, 296, 298, 301, 302
Schulentwicklung 289, 290 ff.
Selbstkompetenz 98, 110, 132, 230, 322, 337
Selbstreferenz 137, 175
Selbstständigkeit 293 f., 298

Sachwortverzeichnis

Simulation 265
Sinn 23, 27, 30, 76, 134, 136, 153, 170 ff., 182 f., 185, 191, 196, 200, 207, 260 f., 295, 311, 338
Sozialisation 22, 105, 109, 111, 143, 178, 193, 203 ff., 230, 322
Sozialkompetenz 18 f., 31, 98, 132, 217, 252, 321, 341
Sozialparteien 34
Sozialpolitik 35, 125
Soziologie 24, 91, 111, 135, 160, 170, 173, 184, 203, 206, 209, 260, 337
Stoffstrukturen 243
Struktur 9, 26 ff., 36, 51, 57, 148, 183, 194, 198, 261, 267, 275 f. 333 f.
Strukturgitteransatz 238
Strukturplan 237
Strukturwandel 23, 27, 67, 103, 193, 232, 300
Subjekt 12, 20, 137, 172 ff., 207, 278, 281
Subjekt-Objekt-Dialektik 140, 175
Subjektbildung 31
Subjektbildungstheorie 160, 172ff
Sustainability 322
System 17, 32, 135, 136, 175, 180, 193 ff., 231, 253, 325
Systemlernen 108, 110
Systemtheorie 136, 137, 193 ff., 200, 260

Technik 55, 56, 155, 201, 246, 275
Technisierung 107, 263
Technologie 32, 71, 78, 277, 331
Theorie 19, 23, 72, 81, 110, 124 ff., 133, 154, 177, 193, 209, 213, 217, 260, 272 ff.
Tradition 23, 27, 172 f., 177, 204
Trägerschaft 34, 62
Transfer 110, 236, 305, 312 f.

Umlagefinanzierung 51
Umschulung 277

Unterricht 54, 56, 110, 114, 169 f., 193, 255, 272, 274, 276, 299

Verantwortung 62, 65, 127, 137, 150, 163, 171, 205, 239, 294
Vergesellschaftung 10 29, 68, 86, 147, 193, 207
Verhaltensmuster 22, 227, 229
Verkehrsformen 20, 29 f., 191, 207
Verknotung 19, 180
Vernunft 172 ff.
Verteilungsrationalität 12

Wahrheitsanspruch 139
Wandel 48, 67 ff., 82, 96, 113, 185, 231, 258
Warenrationalität 12
Weißbuch 87
Weiterbildner 48
Weiterbildung 48, 94, 95, 105, 107, 111, 196 f., 232, 249, 252, 277, 310, 314, 323
Werte 13, 19, 22, 47, 166, 169, 171, 183, 193, 209, 229, 274
Wertmuster 22, 68, 176
Wirtschaft 36, 38, 44, 53, 64, 87, 107, 113, 123, 126, 155, 163, 201, 217, 227, 245 f., 331 f.
Wirtschaftspolitik 122, 125 f.
Wissen 22, 47, 83, 110, 138, 172 f., 175 f., 183, 226, 230, 232 f., 252, 273, 312, 321, 324 ff., 330, 335
Wissenschaft 128
Wissenschaftlichkeit 47
Wissenserzeugung 330
Wissensformen 138
Wissensgesellschaft 12, 323, 331 f., 334
Wissensmanagement 323 ff.

Zertifizierung 87, 91
Zugangsrationalität 13, 21, 25, 30 f.
Zünfte 21, 149
zuständige Stelle 45